南開日本研究

NANKAI JAPAN STUDIES

2021

南开大学日本研究院

教育部国别和区域研究基地南开大学日本研究中心   主办

宋志勇 主编

天津出版传媒集团

天津人民出版社

图书在版编目（ＣＩＰ）数据

南开日本研究. 2021 / 宋志勇主编. －－ 天津 : 天
津人民出版社, 2021.12
ISBN 978-7-201-18002-1

Ⅰ. ①南… Ⅱ. ①宋… Ⅲ. ①日本 - 研究 Ⅳ.
①K313.07

中国版本图书馆CIP数据核字(2021)第259206号

南开日本研究 **2021**

NANKAI RIBEN YANJIU 2021

出　　　版	天津人民出版社	
出 版 人	刘　庆	
地　　　址	天津市和平区西康路35号康岳大厦	
邮政编码	300051	
邮购电话	（022）23332469	
电子信箱	reader@tjrmcbs.com	

责任编辑	岳　勇
装帧设计	卢炀炀

印　　　刷	天津市宏瑞印刷有限公司
经　　　销	新华书店
开　　　本	787毫米×1092毫米　1/16
印　　　张	27.5
插　　　页	2
字　　　数	400千字
版次印次	2021年12月第1版　2021年12月第1次印刷
定　　　价	68.00元

编辑委员会

主　编

　　宋志勇

编辑委员（按拼音排序）

　　　　毕世鸿　　陈秀武　　程永明　　崔世广

　　　　高　洪　　关　权　　胡令远　　李玉潭

　　　　李　卓　　刘江永　　刘岳兵　　莽景石

　　　　庞德良　　平力群　　宋志勇　　谭建川

　　　　陶德民　　王新生　　王　勇　　徐万胜

　　　　杨栋梁　　张建立　　赵德宇　　周颂伦

.

目 录

纪念九一八事变 90 周年

昭和初期"国体明征"运动述论/3 　　　　　　　　　　　　宋成有

日本"满洲移民"时期的瑞穗村/25 　　　　　　　　　　　石艳春

"治安强化运动"时期日伪在冀津地区的碉堡(1941—1942)/37 　　耿殿龙

日本经济

疫情下中日经贸合作关系的现状与展望/59 　　　　　　　　吕克俭

日本的金融开放：历史过程、重大事件与后果/76 　　　　　叶　浩

战后日本供给侧结构性改革阶段划分研究/93 　　　　　　　田　正

企业家精神与近代日本纺织业的发展/107 　　　　　　　　徐　玥

"庭园之岛"：日本的环境立国战略与实践/121 　　　　　　云大津

日本古代史

试论足利义满的对明外交/143 　　　　　　　　　　　　　王玉玲

日本室町时期的神木入洛与南都传奏/157 　　　　　　　　马　藤

田沼意次改革与江户幕府的官僚体制/175 　　　　　　　　许译兮

日本外交

政经不可分：日俄领土问题难解之因
　　——以 1956 年《日苏联合宣言》为起点/193 　　　　　李　凡

"印太"视域下日本—东盟关系的发展及其影响/211 　　徐万胜　苟子奕

试析二战后美国传教士在琉球（冲绳）的活动/227 　　　　安文斌

1

战争文学

目取真俊小说《群蝶之树》的创伤与记忆/245　　　　　　　　李　敏　王振平

抗日战争时期在华冲绳人的青春体验与精神构造

　　——浅析大城立裕《清晨，伫立在上海——小说东亚同文书院》/255常　芬

思想与文化

继承与演变：日本阴阳道招魂祭中的中国信仰元素辨析/273　　　　　时　秋

排耶弃佛与神儒合一——会泽正志斋国体论中的宗教因素/285　　　费清波

日本战后初期民主教育制度的确立及其局限/300　　　　　　　臧佩红

日本80年代的后现代主义思潮与国民身份认同/320　　　　　　徐一然

郭沫若对日观的史学探析（1913—1945）/333　　　　唐鹤娜　王美平

荣休纪念讲座

研习日本古代史心得谈/349　　　　　　　　　　　　　　　李　卓

日本近世佛教的失格/364　　　　　　　　　　　　　　　赵德宇

臻于至善　精益致远——李卓先生日本社会文化史研究述评/383　程永明

放眼世界究东瀛历史之变　立足中国探日本文化之基

　　——赵德宇教授与日本文化史研究/396　　　　　　　　　瞿　亮

书评·综述

探析思想资源与日本国家认同建构关系的有益探索

　　——评田庆立的《战后日本国家认同建构》/415　　　　　龚　娜

"中国日本史学会2021年会暨两次世界大战期间日本的内外矛盾

及其政策选择学术研讨会"会议综述/420　　　　　　　　程永明

纪念九一八事变 90 周年

昭和初期"国体明征"运动述论*

宋成有

内容摘要 自奈良时代以来,以"神国""皇国""武国"自我标榜的"国体论"成为在日本流传既久,影响深远的社会意识。特别是 1933—1937 年,由国会议员发难,军部、右翼团体、政府、政党与御用学者联手制造的"国体明征"运动肆虐,导致日本社会思想为之一变,"大正德谟克拉西"时代的群言堂,演变为昭和初期"国体论"独尊的一言堂,将日本人驱入天皇制意识形态的狭窄空间,为急剧的法西斯化和逐步升级侵华战争提供了精神支撑。"国体论"还伴随着侵华战争以及太平洋战争的全过程, 并衍生出了"八纮一宇""忠君爱国""神国神佑"等魔咒,成为军国主义的精神武器。战后,"国体论"被非军国主义化的民主改革所扫除。但其阴魂不散,随着日本在高速发展中成为世界经济大国,右翼势力乘机活跃起来,重弹战前"国体论"的老调,值得警惕。

关键词 "国体明征""国体论""天皇机关说" 美浓部达吉

---

* 本文为国家社会科学基金重大项目"近现代日本对'满蒙'的社会文化调查书写暨文化殖民史料文献的整理研究(1905—1945)"(编号:19ZDA217)的研究成果。

On the "Kokutai Meicho（Clear Evidence of the National Polity）" Movement in the Early Showa Period

Song Chengyou

Abstract: Since the Nara era, the "Theory of National Polity" which advertises Japan as "the Kingdom of God" "Imperial State" and "War State" became a long-standing and influential social consciousness in Japan. Especially between 1933–1937, starting with the diet members, the military ministry, right-wing groups, government, political parties, and scholars jointly boosted the movement of "Clear Evidence of the National Polity", which caused dramatic change in Japanese social thinking. The "Taisho Democracy" which honored the public opinion changed to the domineering "Theory of National Polity" in the early Showa era. This change drove the Japanese people into the narrow space of imperial ideology, and kept providing spiritual support for the rapid development of fascism and the escalation of the aggression war against China. The "Theory of National Polity" was accompanied by the entire process of the war against China and the Pacific War, and derived many curses such as "Universal Brotherhood" "Loyalty to the Tenno and Nation" "God Blessing and protection" etc., which became the spiritual weapon of militarism. After the war, the "Theory of National Polity" was swept away by non-militaristic democratic reforms. However, its shadow persists. As Japan regain its great economic power, the right-wing groups seized the opportunity to replay the old tune of the "Theory of National Polity", which is worthy of vigilance.

Keywords: Clear Evidence of the National Polity; the Theory of National Polity; the Emperor Organ Theory; Tatsukichi Minobe

近年来，"国体论"研究成为日本学术界关注的热点。例如，2019 年弘文堂出版藤田大诚的《国家神道与国体论》，着重探讨宗教与民族主义的互动关系；2020 年的《宗教研究》收录了多篇论文，从思想史、社会学、历史学、宗教学等视角出发，论述"国体论"的相关问题。相形之下，我国关于日本"国体论"的研究才刚刚开始。给人留下印象的专著，似乎只有 2015 年庄娜的《日本"国体论"研究——以近代国家建构为视角》（中国社会科学出版社）。此外，尚有数篇有关"国体论"或"国体明征"运动的论文。总体看来,相关研究尚需进一步拓展。

1933—1937 年,侵华战争逐步升级。其间,由国会议员发难,到军部、右翼团体、政党与内阁联手制造的"国体明征"运动花样翻新,愈演愈烈,导致日本社会舆论从"大正德谟克拉西"时代的群言堂,转为昭和初期的一言堂,日本法西斯化的进程急剧加速,推出日本近代思想史上群体癫狂的一大奇观。本文拟就大正时代"国体论"面临的挑战、昭和初期"国体明征"运动的演进过程及其与侵华战争的关联做一探讨,请予批评指正。

一、大正时期"国体论"面临的挑战

在讨论挑战之前,有必要简略说明有关"国体论"的相关问题。众所周知,日本"国体论"的"国体"二字,来自中国《春秋公羊传》等中国典籍。"国体论"的原初观念则源自"记纪"即《古事记》(712)和《日本书纪》(720)的《神代》卷。其内容,包括宣扬日本国土由伊奘诺尊、伊奘冉尊(伊耶那岐、伊耶那美)两尊大神营造,并得到诸神护佑的"神国观";指认"天照大神"为皇祖神,天皇遵奉"神敕"君临日本,皇位以三件神器为标志,皇统"万世一系"的"皇国观";强调日本以武立国的"武国观"。以上"国体三观"流于历朝历代,经常在内外冲突之际被反复强调。至江户时代,经国学始祖契冲以及荷田春满、贺茂真渊、本居宣长、平田笃胤 "国学四大人"等的理论升华,推出由"神国论""皇国论""武国论"构成"国体论",强调日本乃大地最早形成之国,国乃"神国",君为"现御神",国体"金瓯无缺",有权郡县全世界。至幕末,再经后期水户学君臣名分论与华夷论的浸染,直接为尊王攘夷运动提供思想武器。

至明治时代,"国体论"正式成型并嵌入天皇制意识形态。其标志主要有三:其一,形成展现"国体论"的国家神道体系。明治建政伊始,大力焕发"神国论"与"皇国论"的活力,标榜王政复古,打造国家神道。1870 年明治天皇发布诏书,宣扬"惟神之大道",使之成为"国体论"的灵魂;1879 年东京招魂社升格为官币敕祭的靖国神社,形成以国币、官币神社为根干,都道府县、市町村各级神社配套成龙的国家神道体系,将"国体论"具象化,"敬神崇皇""忠君爱国"等"国体论"滋生的国家神道理念浸入全社会。其二,将"国体论"写进国家大法。1889 年颁布《大日本帝国宪法》,规定"大日本帝国,由万世一系之天皇统治之"(第一条）；"天皇神圣不可侵犯"（第三条）；"天皇为国家元首，总揽统治权，依本宪法规定实行之"（第四条）。①通过上述法律条文，将"神国论""皇国论"等"国体论"的核心价值观植入国家大法。其三，1890年发布《教育敕语》，将"国体论"定为教育方针。敕语强调"朕惟皇祖皇宗肇国深远，树德深厚；我臣民克忠克孝，亿兆一心，世济厥美。此乃我国体之精华，而教育之渊源亦实在于此"。②概言之，教育的源头在"国体之精华"，通过捧读，融入一代代学生的心灵深处，为"义勇奉公"未雨绸缪。

颁宪之后，东京帝国大学法学教授、四等奏任官穗积八束著《宪法大意》，做出权威性的阐释。穗积强调"皇位乃统治的主体，国土臣民乃统治的客体，治者与被治者的分界明晰且横亘古今万世"；皇位来自"万世一系的皇统"，皇统"乃展示祖宗正统的皇胤"；强调"大日本帝国与万世一系的皇位相始终，皇位亡，帝国灭，宪法可以修改，国体不能变更"；强调"统治权即国权，天皇总揽统治帝国的主权，君主的统治权即帝国的主权，此乃我国体也"；相反，"国权归属国民之制非我国体"。③穗积认为天皇主权为国体，立宪制度为政体，但"将立宪政体理解为目的在于保全自由与权力，则是误解"。④经过天皇率先垂范与御用学者们的宣讲，国家神道化、国家大法化、教育方针化的"国体论"，在明治时代的日本社会牢牢扎下了根。

1912年7月，引导帝国武力崛起的明治天皇睦仁病故，体弱多病的皇太子嘉仁即位，日本进入大正时代。其间，国家的国际地位显著变化，并通过武力崛起为世界级强国，但也纠结于国内外矛盾的交织与激化。在政治上，社会结构随着近代阶级登上舞台而发生变化。1913年2月，长州藩阀桂太郎内阁在民众踊跃加入的第一次护宪运动冲击下总辞职；1918年的"米骚动"显示城乡民众"以暴挫富"的强大冲击力；1924年5月，政友会、宪政会和革新俱乐部等组成护宪三派发起第二次护宪运动取得成果，并在大选中获胜，开启为期8年的政党政治时期。经济上，第一次世界大战期间，日本经济由于连年战争变得景气，迅速实现重工业化与军工企业的现代化，研制作战飞机、航空母舰、坦克、重炮，加紧扩军备战。思想

---

① 末川博編：『岩波基本六法』，岩波書店，1978年，第102—103頁。
② 歴史学研究会編：『日本史史料』4近代卷，岩波書店，2001年，第200頁。
③ 穗積八束：『憲法大意』，有斐閣，1899年，第15、16、18、19、57、27頁。
④ 長尾竜一編：『穗積八束集』，信山社，2001年，第153頁。

上，社会思潮活跃。宪政主义、国家主义、社会主义、无政府主义、大亚细亚主义、女权主义乃至法西斯主义思潮竞相展示其风采，冲击并挑战明治时代的"国体论"。其中，尤以宪政思潮、法西斯思潮和社会革命思潮为甚。

东京帝国大学教授美浓部达吉的"天皇机关说"和吉野作造的"民本主义"构成宪政思潮的基本内容，影响最为强烈而广泛，为"大正德谟克拉西"提供理论支撑。1897年，美浓部毕业于东京帝国大学法学科。1899年，赴德、英、法等国留学，研修法学。1902年回国，升任东帝大法学教授。1903年在《法学新报》上载文，质疑穗积关于天皇赦免大权的解释，双方展开经年累月的争论。1912年3月，美浓部出版大部头论著《宪法讲话》，在序文中抨击"借口国体，恣意浪言，鼓吹专制思想，压抑国民的权利"，①把矛头指向穗积、上杉慎吉等"天皇主权论"者，引发双方激烈论争。6月，上杉在最大的时论性杂志《太阳》上发表文章，指责美浓部散布国体完全不同于日本的西洋思想，是鼓吹国民主权论，危害国体的"异端邪说"。重病缠身的穗积多次致信上杉，给予坚决支持。

7月，美浓部也在《太阳》上发文予以回敬，索性将"天皇机关说"公之于世。其要点包括：（1）"国家乃一个在法律上具有人格的团体"。（2）"统治权是属于这一团体人格国家的权力"。（3）"国家乃团体人格者（法人），故与所有的团体相同，日常借助机关开展活动，国家的活动即国家机关的活动"。（4）"国家机关的组织因国家不同而多有异同，依据其异同而形成政体的区别"。（5）"国家机关中必有一最高机关，若正确表述，通常所说的主权者意即最高机关，依据此一最高机关如何组织，形成君主国与共和国的区别"。（6）"在君主国，君主拥有的统治权并非自身的权利，君主是作为最高的国家机关而总揽国家的统治权，实现并行使统治权的最高权力固然属于君主，但君主不可将这一权力视为自身的权利而享有之，权力的主体不在君主而在国家。"②在不触犯天皇主权的前提下，美浓部对帝国宪法进行了最大限度的宪政主义诠释。

穗积、上杉等不依不饶，10月，在《太阳》上发文，指责"天皇机关说"来自德国的君主机关说，美浓部是"早就要模仿外国学说来说明我国体"；"国家统治权力的本位在民意，实际上是否认皇位主权"，给美浓部扣上"不懂我国体的由

① 長尾竜一编：『穗積八束集』，第403页。
② 歷史学研究会编：『日本史史料』4近代卷，岩波书店，2002年，第294页。

来，不懂历史，不懂前不久宪法制定的来历"的三项"不懂"的大帽子。①

　　重压之下，美浓部有所退让。1927 年 12 月，其新著《宪法逐条精义》出版。绪论明确表述君主主权主义，强调"统治权是属于国家的权力"，但"君主作为国家机关乃统治的最高渊源"，承认君主主权；继而解说立宪主义，认为自西欧传入的立宪主义，与"以日本固有历史为基础的君主主义并立不悖"。正文仍坚持"天皇机关说"的精神实质，其一，主张立宪政治"是依靠国民翼赞的政治"，其"根本主义，就在于民众政治即以国民的公论来决定万机"；强调"包容民众政治"和"君主以民心为心"。其二，"是责任政治"，认为"国务大臣对国家政治担负责任，意味着作为国民特别是作为其代表的议会评论政治，询问大臣的责任"。其三，"是法制政治"，"即国民个人的权利和义务悉由法律规定，行政权和司法权也依据法律行使"；行政官僚"不得以专断的权力，要求全体国民尽义务，剥夺已经给予的权利"。② 在以上论述中，美浓部主张限制贵族院、枢密院等机构的特权，发挥众议院的作用；抑制行政官僚主义，焕发国民的政治主动精神和政党政治的活力，为"大正德谟克拉西"提供有益的思想启发。

　　吉野作造的"民本主义"，是堪与"天皇机关说"相媲美的另一宪政主义论说。1909 年，吉野作造任东京帝大主讲政治史的副教授。1910 —1913 年赴欧美留学，系统研究了西方的宪政史、法律学、政治学，重点考察了英国的君主立宪议会制度。旅欧期间，吉野目睹奥地利工人党领导反对物价上涨的示威活动、比利时工人同盟总罢工，痛感民众的力量可用诸实现普选和两党制，转变为宪政主义者。

　　1913 年回国后，吉野被聘任为东京帝大教授，讲授法律学、政治学和近代日本宪政史，经常发表抨击军阀内阁劣迹的文章，为舆论界所注目。1914 年 4 月，吉野在《中央公论》上就日比谷公园的群众示威事件，发表评论文章《论民众的示威运动》，针对舆论对民众示威运动的指责，吉野反驳说："所谓民众的示威运动，是因为政界弊风严重，用正常手段难以解决故不得不举行的示威"，但结果"使民众对政治日益感兴趣，对宪政的发达有某种贡献"，值得庆贺。③1915 年 6 月，吉野在《国民论坛》上发表的时论《欧美宪政的发展及其现状》中，首次使用"民本主义"概念。

---

① 長尾竜一编：『穂積八束集』，第 231、234 页。
② 歴史科学協議会编：『史料日本近现代史』Ⅱ，三省堂，1985 年，第 12、13 页。
③ 『吉野作造選集』3，岩波書店，1995 年，第 20 页。

昭和初期"国体明征"运动述论

1916 年 1 月,吉野在《中央公论》上发表题为"论立宪本义及其至善至美的途径"的连载文章,阐释宪政的途径和民本主义。吉野认为,"宪政即立宪政治或宪法政治";宪法即"国家统治的根本法则",应包括保障人民权利、三权分立主义、民选议院制度 3 项内容;宪政的本义在实行民本主义,即"不问法律理论上的主权在何处,在行使主权时,主权者采取重视一般民众的权利幸福和意向";为畅达民意,则应赋予民众参政权,选举众议院议员,由议会监督政府"彻底贯彻责任内阁制度"。吉野强调:"宪政的本义在民本主义,彻底实现民本主义,是以前述各种改革为前提,最终使下院成为政治的中心"。[①]

吉野追求英国式的贵族政治模式,反对法国大革命式的"暴虐"。在吉野看来,实现完美的宪政,需要两个基本条件,一是"制度的建立及其运行问题",二是"一般国民的智德问题"。然而,"如果国民智德的发展程度低下,则只能依靠少数贤人即英雄实行专制政治或贵族政治"。因此,"民本主义同时也是贵族主义,平民政治同时也是英雄政治"。[②]吉野特别声明,之所以把 Democracy 称为民本主义而不译为民主主义,是因为"民本主义这个词在日语中是个极为新鲜的用语",为了防止"与社会民主党强调'国家的主权在人民'的危险学说发生混淆",避免引起"平民与贵族之间的对立,并被误解为站在平民的一方"。[③]吉野在小心翼翼地避免触及写入帝国宪法的"国体"问题,如同美浓部论述"天皇机关说"一样,吉野倡导"民本主义",也是在不触犯天皇主权的前提下,对国家的政治生活实行调整,尽可能地发挥宪政的机能。

由此,不难看出宪政主义思潮的复杂心理:既要利用民众的力量削弱军阀、元老等特权势力,为政党政治开辟道路,又要将民众运动限制在帝国宪法框架之下的宪政主义合法范围内。尽管如此,在藩阀、官僚飞扬跋扈的时代,立宪主义者提出"天皇机关说"和"民本主义",已经对藩阀政府宣扬的"国体论"构成有力的挑战。毋庸置疑,在当时的社会历史条件下,能够提出"天皇机关说"或"民本主义"学说的本身,需要有足够的勇气与学养根基。特别是在 1910 年"大逆事件"以来,日本思想界陷入沉闷冷寂。当此之际,"天皇机关说"和"民本主义"给大学讲坛与读书界带来了清新的空气,有积极影响。

---

① 『吉野作造选集』2,岩波书店,1996 年,第 11、14、30、82、91、98 页。
② 同上,第 5、52 页。
③ 同上,第 23 页。

相对于美浓部、吉野温和的"宪政常道"主张，第一次世界大战后成为法西斯理论家的北一辉，1906 年自费出版《国体论与纯正社会主义》，对"国体论"展开激烈批判。所谓"纯正社会主义"，即国家社会主义，由经济正义、社会民主与个人主义等组成。北一辉强调，其"纯正社会主义"既非马克思的社会主义，也非卢梭的民主主义，[①]而是由其本人原创。

北一辉从生物进化论与社会哲学的立场出发，把矛头主要指向宪法权威学者穗积八束，强烈质疑载入帝国宪法的"国体论"。北一辉认为，"万世一系"是个"谬误"，帝位相传并非为日本所独有，英德王室的子孙同样世代延续；因此，"天皇即国家""万邦无比的国体"等说法不过是"极其不开化的国家观"，不过是继续提倡"尊王攘夷"。北一辉断言除了穗积，没有其他宪法学者赞成"天皇神圣不可侵犯"；认为"天皇与议会均为立法机关的要素"，"天皇并非国家元首"，"并未总揽统治权"等。[②]此时的北一辉视"国体论"为实现"纯正社会主义"的巨大障碍，不惜采用激烈言辞，予以彻底否定。

1919 年，北一辉在上海写成日本法西斯的经典《国家改造案原理大纲》（1923年改称《日本改造法案大纲》）。与 13 年前相比较，北一辉对"国体论"，特别是对天皇的认识上，大幅度后退。他寄希望于"国民的天皇"在国家改造中发挥不可取代的作用。他阐释"天皇的本义"，强调必须"明确天皇为国民的总代表，乃国家根柱的原理主义"。为贯彻此一"义理"，则须"遵循神武国祖创业、明治大帝的革命原则，以图宫中一新，罢免现在的宫内顾问及其他官吏，向天下广求辅佐天皇之才"等。[③]北一辉以"辅佐天皇之才"自居，承认神武天皇为"国祖"，表示要循"明治大帝的革命"，推行宫中一新，由"国体论"的批判者转变为维护者乃至策士谋臣。

此外，北一辉还主张"发动天皇大权，在 3 年间停止实行宪法，在全国发布戒严令"，废止华族制度、贵族院、《维持治安法》等有损国民自由的机构和宪法精神的法律；设立"国家改造内阁""国家改造议会"。对外，北一辉保有国家"开战的积极权力"，向英国、苏联宣战，扩充日本的领土。[④]北一辉所主张的法西斯

---

① 末川博编：『北一辉著作集』第一卷，みすず书房，1967 年，第 1、2、4 页。
② 同上，第 226—231 页。
③ 高桥正卫编：『现代史资料』5『国家主义运动』（2），みすず书房，2004 年，第 11 页。
④ 同上，第 11、13、34 页。

主义国家改造，离不开“天皇大权”的支撑。这种在“国体论”的框架下，“发动天皇大权”以实现国家改造的构想，对法西斯下级军官与民间法西斯势力的影响广泛而深远。

真正挑战“国体论”，力主废止君主制的政治诉求，来自日本共产党。无论建党初期的《纲领草案》，还是 1927 年纲领、1932 年纲领，尽管对革命性质、途经、阶段、依靠力量的表述不尽相同，但废除天皇制的革命目标始终不变。1922 年 7 月，日共在东京涩谷秘密成立。12 月，共产国际执行委员会为日共制订第一个党纲，即《纲领草案》。这个纲领强调日本社会存在前近代封建关系残余，天皇是“最大的地主”；“国家机关掌握在一部分资产阶级和大地主的集团手中”；国家权力具有“半封建特性”。因此，日本革命的性质是先开展资产阶级革命，而后转为无产阶级革命。革命分两阶段完成，第一阶段党的任务是“颠覆天皇政府及废除君主制”，“在共产党的旗帜下，最大限度地集中力量，掌握这种力量的领导权”，“开辟未来的斗争道路”等。[①]可见，就制度上彻底否定“国体论”而言，在“大正德谟克拉西”年代期间，唯独日共最为坚决也最为彻底。正因为如此，日共受到来自日本政府、军警当局的打击也最为沉重。政府在 1922 年 2 月提出的《过激社会运动取缔法案》的基础上，1925 年 4 月，又制定《治安维持法》，重点打击“变更国体”与“否定私有财产”的行为，违者可判 10 年以下有期徒刑。1928 年再行修改，违者可判处死刑。

二、昭和初期的“国体明征”运动

昭和初期，日本进入新的动荡时期。在国内，1927 年的危机尚未过去，1929 年的世界金融危机带来更加沉重的打击，各种矛盾激化。在国外，1931 年九一八事变的轻易得手以及国际社会的不承认主义,刺激军部、右翼势力把矛头指向华北，持续军事冒险。痴迷“国家改造”的法西斯势力日趋活跃。在维护“国体”名义下右翼政客、学者乘机活跃起来，围剿自由主义、宪政主义、社会主义等进步思潮。在这个过程中，捍卫“国体”成为社会意识法西斯化的指路标，“明征”运动来势

① 村田阳一编:『コミンテルンと与日本関する资料』集 1 卷，大月书店，1986 年，第 141、142、143 页。

汹汹。

概括起来看，1933—1937 年的"国体明征"运动，可以共分三个阶段：

第一阶段：1933 年 1 月—1935 年 1 月，政府、议会与政党呼应，开展外围打击作业。其间，矛头指向"赤色教授"，采取行政手段并动员社会力量，形成足够的舆论压力。1933 年 1 月，贵族院议员、男爵菊池武夫中将与众议院议员宫泽裕等联名要求文部相鸠山一郎采取行动，驱逐大学讲台上"赤色教授"。京都帝国大学法学教授泷川幸辰受到指控，其著作《刑法讲座》《刑法读本》被查禁。斋藤实内阁的文部相鸠山一郎要求京大开除泷川，但遭到拒绝。5 月，鸠山根据《文官分限令》，责令泷川停职。京都帝大师生群起抗议政府践踏"大学自治""学术自由"原则的粗暴行为，东京帝大、东北帝大、九州帝大大学师生予以声援。"泷川事件"一度闹得沸沸扬扬，后被政府分化瓦解，京都帝大更换了校长，教授辞职、学生罢课的抗议活动戛然而止。在此背景下，3 月，众议院一致通过政友会议员久原房之助等提出的《关于教育革新的决议》，要求严加管束教师言论。4 月，斋藤内阁成立思想对策协议会，与各省厅协调政策，整肃各种"赤化"事件。法西斯势力闻风而动，为"国体明征"推波助澜。

5 月，响应菊池武夫、宫泽裕等发起的攻击，法西斯团体大日本生产党创始人的铃木善一提出《日本主义建设案》，主张：①在思想上清除个人主义、崇洋倾向和赤化趋势，宣扬"皇国意识"；②在政治上进行"遵循亿兆一心、一国一家政治大本，辅翼大政"的改革；③在经济上建立"将一君万民、一国一家国体精神社会化"的"皇国经济组织"，限制世袭财产、私有土地，金融国营化，"将满洲国作为与内地日本同一个经济单位，加以统制"；④在军事上"拥有执行大陆政策和作为大亚洲同盟盟主任务的实力"；⑤在国际上，宣扬"皇道"伸张"国威和国权"，强调"日本永远拥有指导和保护满洲国的义务"，"使支那建立有统制能力的政治组织"，今后绝不与欧美缔结"非对等的裁军条约"，向美俄中法英等"大地主国家"，要求"公平分配土地和资源"等。①

6 月，九州帝国大学法文学部讲师、法西斯主义鼓吹者半田敏治发表《皇国日本重建案大纲》，叫嚣"彻底实行天皇政治，以妥善处理皇国现在及将来来自内外的危机，在数年后可以预测的第二次世界大战惨祸中拯救皇国，以辅翼与天壤无穷之皇运，向实现皇国历史使命迈进"。为此，半田主张"发扬国体精华，实现君民

---

① 高橋正衛編：『現代史資料』5『国家主義運動』（2），みすず書房，2004 年，第 104—107 页。

昭和初期"国体明征"运动述论

一致的强有力政治,排除议会中心的政党政治";"彻底纠正金融资本主义",推行"以大亚洲主义为基轴"的外交政策,"国民皆兵""完备国防""明征国体观念"等;据此,设计以"发扬国体精华"为导向,建立"天皇政治"的思想原理和具体国家改造的蓝图。①

7月,思想对策协议会提出《内阁思想对策协议会及其决定对策》,宣布思想引导的方针是"鉴于国民中动辄有迷惑于不稳思想者,故需阐明日本精神并彻底普及所有社会层面,以努力振兴国民精神为根干";强调"严厉取缔不稳思想的人与物,完善对不稳思想加以防范和镇压的思想取缔方针";同时进行社会改善,清除产生不稳思想的政治、行政、经济原因。为此,在内阁首相监督下,由内务省、司法省、文部省及陆海军选定的人员组成思想对策委员会,提出建议,负责实施。前述"对策"要求大学教育"注重人格教育,防止教育的功利化";师范教育"讲究提高学生的见识与道德操行的方法",强调"重视德育",修身、国史课的讲授突出"日本精神",彻底排除教员队伍中的"不稳思想者"。②

8月,思想对策委员会提出《思想指导方策具体方案》并报告内阁。首先,建议在中央设置国民精神文化研究所,内设研究部、事业部,引导研究或指导大中小学教师、研究生开展"日本精神"的研究和宣传;在各都道府县也设立国民精神文化研究所的支所,接受知事的检查指导;支持宣扬"日本精神"的出版物,奖励在乡军人团、消防组、妇女团体、青少年团体、教化团体的活动;在工人和成人教育中持久开展相关的活动,言论界、企业界给予援助。其次,委员会要求搞清楚"不稳思想"的本质、产生和传播的原因、"不稳思想"影响下的运动状况及其对国家社会的影响等问题;强调以"日本精神"批判并克服"不稳思想"。至于什么是"日本精神",方案并未详加论述,仅仅做出"国家的指导原理""敬神崇祖之美风"等源出"国体论"的归纳,③语焉不详。9月,委员会提出《思想取缔方策具体方案》,强调对"变更国体"或"否认私有财产制度"的"犯罪"加重刑罚,"充实强化检查机构和特别高等警察机构","严厉取缔危害国民道德根本

---

① 高橋正衛編:『現代史資料』5『国家主義運動』(2),みすず書房,2004年,第108、109页。
② 『現代史資料』42『思想統制』,みすず書房,1967年,第1、2、4页。
③ 同上,第101页。

的言论和著作"等，①加大钳制思想的力度。全面宣扬"日本精神"，肃清"不稳思想"的运动全面、持久的展开，毒化了社会的氛围，形成围剿进步思想的政治高压氛围。

第二阶段：1935 年 1 月—1936 年 2 月，在维护"国体"的名义下，重点围剿"天皇机关说"。1935 年 1 月，右翼团体"国体拥护联合会"散发小册子，指责提出"天皇机关说"的美浓部达吉"紊乱国宪"。2 月，菊池武夫在贵族院议会上以美浓部的《逐条宪法精义》为例，指责"天皇机关说"否定了"国体"和"君主"，顺便给美浓部扣上"学匪""叛逆者""谋叛者"等政治大帽子。6 天后，美浓部在贵族院回击菊池。美浓部说，菊池要么未读过《逐条宪法精义》，要么没有读懂，其指责缺乏事实依据。美浓部说，宪法关于"国家统治大权属于天皇"的规定，在日本是个常识问题，也是"最重要的基本原则"，即"以日本国体为基础的君主主权主义"与"西洋文明传承下来的立宪主义要素"的结合。美浓部重申了"天皇机关说"的真谛，说"国家元首"即"国家的最高机关"，系指"国家的一切活动，包括立法、行政、司法等，均来自天皇之最高源泉"。美浓部说，国家"即法律学用语所说的法人，天皇即居于此一法人国家元首的地位，代表国家，总揽国家的一切权力。天皇按照宪法所采取的行为，即具有国家行为的效力"。②实际上，美浓部强调"天皇机关说"并未否认天皇在宪法框架内的至高无上地位，承认天皇总揽国家统治权。尽管美浓部做出了解释，其抗辩也在贵族院赢得了掌声，但军部、右翼和政党照旧不依不饶，愈加起劲地围剿"天皇机关说"。

3 月，众议院一致通过政友会、民政党、国民同盟等联名提出的《国体明征决议案》，宣称"明征国体本意、人心归一乃目前最大的要务"；要求"政府必须对与我崇高无比国体不相容的言论，应立即采取断然措施"。③4 月，军部就"国体明征"问题表态。教育总监真崎甚三郎向陆军传达《训示》，内称："神圣建极垂统，列圣相承君临神国，天祖神敕炳如日月，万世一系之天皇作为现人神为国家统治主体，实乃不容置疑之建国大义，我国体崇高无比，崭然冠绝万邦之所由即

---

① 『現代史資料』42『思想統制』，第 101、102 頁。
② 歴史学研究会編：『日本史史料』5 現代巻，第 58、59、60 頁。
③ 社会問題資料研究会：『社会問題資料シリーズ』第 1 輯，東洋文化社，1975 年，第 116 頁。

昭和初期"国体明征"运动述论

在于此"。《训示》又说，"我军队有天皇亲自统率，是以皇军以天皇的大御心为心，上下一体、脉络一贯，令行禁止于唯一的大命，此乃建军之大义，皇军威武之源泉也"。据此建国、建军的"大义"，《训示》要求发扬"军人精神""辅翼皇猷的大义"，"坚持国体尊严、建国本义不动摇"。《训示》指责"以国家为统治的主体，认为天皇乃国家之机关"的"天皇机关说"是"谬误"，与军人的"信念和根本立场不相容"，要求官兵杜绝其影响。《训示》还要求从事教育者加强钻研，坚定信念，军民一体，共同维护国体。[①]民间右翼势力闻风而动，东京都、京都和大阪 2 府、北海道和 32 个县的国体拥护联合会、皇道会、黑龙会、在乡军人会等 140 余个民间右翼团体，或举行集会，或散发小册子，向政府施加压力，要求罢免美浓部及其支持者的公职。

为推进"国体明征"，司法手段也派上了用场。美浓部被告上法庭，其《逐条宪法精义》《宪法撮要》《日本宪法的基本主义》等著作遭到查禁。文部省训令各地各级学校开展"国体明征"活动，清除"天皇机关说"影响。严令之下，京都帝大法学部责令持"天皇机关说"立场的教授渡边宗太郎停止讲授《宪法讲座》。5 月，高等文官考试委员会取消美浓部达吉、渡边宗太郎、野村淳治、宫泽俊义等人的委员资格。田畑忍的《帝国宪法逐条要义》、森口繁治的《帝国宪法论》等 34 部著作，也因持"天皇机关说"的立场而被勒令绝版。重压之下，学术界噤若寒蝉。

7 月，国会再次出面施压，政党予以配合。政友会议员总会发表声明，要求排除"天皇机关说"。8 月，冈田启介内阁发表《政府关于国体明征的声明》，内称"我国体依据天孙降临之际下赐之神敕而得以明示，万世一系之天皇统治，宝祚之隆，与天地无穷。因此，颁发宪法的上谕宣示曰'国家统治之大权承自祖宗，传诸子孙也'；宪法第一条明示曰'大日本帝国由万世一系之天皇统治之'，大日本帝国统治之大权确属天皇乃是一清二楚"。声明把矛头指向美浓部的"天皇机关说"，强调"若统治权不属于天皇，天皇是行使统治权的机关，则完全违背了我万邦无比的国体本义"；重申"政府将愈加效力于国体明征，以期发扬其精华"。[②]在乡军人会等右翼团体响应"国体明征"运动，举行有关时局的全国大会，

---

① 歴史科学協議会編：『史料日本近現代史』Ⅱ，第 184、185 頁。
② 歴史学研究会編：『日本史史料』5 現代巻，第 60 頁。

在通过的宣言中，集中攻击"天皇机关说"，同时指责政府处理不力。

9 月，美浓部辞去贵族院议员的职务，从政界隐退，起诉也因此延期执行。军部和右翼势力继续施加压力，将"国体明征"运动引向施压政府、排除政敌的方向。美浓部的恩师、枢密院议长一木喜德郎受到牵连，其宪法学说也被追究。10月，备受压力的冈田内阁发表第二次《声明》，提高了对"天皇机关说"的处置力度。《声明》申明"天皇乃我国统治权之主体，乃我国国体之本义，帝国臣民绝对不动摇之信念"。继而，将矛头指向"天皇机关说"，甩锅美浓部，说"随意援引外国事例比拟我国国体，以为统治权主体非天皇而是国家，天皇是国家机关等所谓'天皇机关说'违背了我神圣之国体，其歪曲国体本义无以复加，必须严加芟除。政教及其他百般事项，要基于万邦无比之我国体本义，并显扬其真髓"①。政府的《声明》撇清了与"天皇机关说"的关联，置美浓部于"严加芟除"的危险之中。1936 年 1 月，内阁法制局局长金森德次郎被扣上"天皇机关说"论者的帽子，被迫辞职。2 月，法西斯暴徒小田十壮登门刺伤美浓部，刻意制造恐怖气氛。实际上，特别是在"国体明征"运动的第二阶段，接连发生刺杀军务局长永田铁山、"二二六"兵变等血腥事件，展示该运动背景复杂与充满暴力的特点。

第三阶段：1936 年 3 月—1937 年 3 月，由政府为"国体"定调，在社会上强力推行"国体论"。1936 年 3 月，号称"军部工具"的广田弘毅内阁执政，内务省通告禁止纪念"五一"国际劳动节的集会游行，取消了"大正德谟克拉西"仅存的成果。5 月，恢复陆海军大臣与次官的现役武官制；8 月，实行五相会议制度，集中权力，增强军部大臣发言权。五相会议通过《国策基准》，决定在外交上展现"皇道精神"，伺机"南进"。广田内阁加紧扩军备战，不断扩大在华北的侵略，推行"准战时体制"。10 月，在文部省教学局的主持下，教学刷新评议会举行讨论会，加紧炮制宣扬"国体论"的出版物，以供教学与社会教化之需。11 月，日本与纳粹德国在柏林签订《反共产国际协定》，大力推进法西斯化。

1937 年 2 月，林铣十郎组阁，继续推行广田内阁的内外方针，扩充军备，组建"军财抱合"的战时体制。 3 月，文部省教学局向学校和社会教化团体颁发小册子《国体本义》，首次以政府的名义提出"国体论"的标准释义，总结为期 4 年的"国体明征"。在《绪言》里，说明开展运动，增进"国体自觉"的原因，即"社

---

① 歴史科学協議会編：『史料日本近現代史』Ⅱ，第188頁。

会主义、无政府主义、共产主义等诡激的思想，归根结底是构成西洋近代思想根柢的个人主义"，在今日欧美，"抛弃本来的个人主义，全体主义、国民主义勃兴，法西斯纳粹抬头，无论在欧美还是我国，个人主义均行不通"。因此，必须"真正返回我国独自的立场，阐明万古不易的国体"，要求国民"在看透西洋思想本质的同时，真正体会我国体之本义"。①

在正文中，《国体本义》将"国体"定义为："大日本帝国由万世一系之天皇奉皇祖神敕而永远统治，此乃我万古不变之国体"。同时，以公权力的立场解释《教育敕语》中的"国体精华"，即"作为一大家族国家，亿兆一心，奉体圣旨，发挥恪守忠孝的美德，此即我国体的精华"。《国体本义》强调臣民拥戴天皇，"既非所谓义务，也非服从统治力，而是难以抑制的本心显现，渴仰随顺地以身仕奉至尊。"②通过这种强调，"国体精华"就由"皇祖皇宗肇国深远、树德深厚"与"我臣民克忠克孝"双方构成的"国体精华"，转变成臣民单方面的"克忠克孝"。

《国体本义》围绕"万世一系的皇位"，一方面，强调"神敕"神圣无比，是"天照大神的子孙世世代代即位，永久不渝之大本"；另一方面，强调"天皇出自万世一系的皇统，此乃肇国之大本"，③尽最大可能地发挥"神国论""皇国论"的效应。5 月，文部省印制 20 万部《国体本义》，散发给各地学校和社会团体，用"国体论"统一国民思想。随着"大正德谟克拉西"理论支柱之一的"天皇机关说"被剿灭，"国体论""家族国家论"等宣扬天皇绝对权威的谬论畅行无阻，钳制并压缩了日本社会的思想空间。军部和右翼势力的舆论影响力倍增，加速思想上的法西斯化进程。

三、"国体论"的喧嚣与侵略战争

经由"国体明征"运动而膨胀于社会并深入日本人头脑骨髓的"国体论"，对此后的历史进程产生多方面的影响。概括起来看，主要包括：

第一，为法西斯化提供精神支撑。日本法西斯势力构成庞杂，政见多歧，层次互异，仅在军内即有以毕业于陆军大学、手握重权，主张以外制内、有秩序地推进

---

① 歴史科学協議会編：『史料日本近現代史』Ⅱ，第 235 頁。
② 同上，第 235、236 頁。
③ 同上，第 236 頁。

法西斯化的高级军官"统制派"；出身士官学校，强调以内制外、自下而上地实现法西斯化的由中下级军官组成的"皇道派"。然而，在选择"国体论"为推行法西斯化的旗帜与思想武器方面，却出现罕见的一致，显示了"国体"意识与法西斯化的内在逻辑关系。

1932 年 1 月， 法西斯团体昭和皇政维新促进会抛出《昭和皇政维新国家总动员法案大纲》，主张"在政治、经济、社会、思想、教育、外交、国防等各部门，基于国体原理，彻底实行重建"；呼吁在天皇之下设置戒严司令部，实行国家改造。①所谓"国体原理"，无非是写入帝国宪法或《教育敕语》的"国体论"，即穗积八束等再三强调的"天皇总揽统治帝国主权"的"国体"解说。践行"国体原理""彻底重建日本"主张，转化为法西斯军人的流血政变。

一时间，"国体论"竟成为血腥暴行的最大由头。在重申"国体"与"清君侧"的旗号下，1932 年 2 月，民政党竞选委员井上准之助被刺杀；3 月，三井合名公司理事长团琢磨又被刺杀。法西斯团体血盟团展开"一人一杀"的疯狂行动，东京的氛围诡异且紧张。5 月 15 日，法西斯少壮派军官联络爱乡塾等民间法西斯团体发起流血政变，践行"皇政维新"和 "国家改造"。结果，暴徒杀死首相犬养毅，袭击政友会总部、三菱银行、东京变电所、警视厅等处。同时，沿途散发《告日本国民檄》，叫嚣"杀掉君侧的奸臣！杀光国民之敌现有政党和财阀！"呼吁"在陛下的圣明之下，重归建国精神"， 建设"维新日本！"②檄文中的"天皇圣明"与"建国精神"等语，不过是"国体论"的另一种说法而已。法西斯军人铤而走险的"五一五"事变很快被挫败，元老、重臣与军部暗中操作，退役海军大将斋藤实出面组成"举国一致"内阁，历时 8 年的政党政治沦为法西斯政变的殉葬品。

随着"国体明征"运动的持续展开，"国体精华""肇国大本""亿兆一心""拥戴天皇"等源自"国体论"的意识弥漫日本全社会，特别是在军内急剧发酵。除非常手段难以出头的"皇道派"痴迷"国家改造"，愈加尊崇"国体论"。1936年 2 月 26 日，"皇道派"法西斯军人发动血腥的兵变。20 余名青年军官指挥 1400余名士兵，杀死前首相斋藤实、高桥是清以及教育总监渡边锭太郎，重伤侍从长铃木贯太郎，占领首相、陆相官邸、陆军省、参谋本部、警视厅等要害部门。

---

① 高橋正衛編：『現代史資料』5『国家主義運動』（2），みすず書房，1967 年，第 41—43 頁。
② 歴史科学協議会編：『史料日本近現代史』Ⅱ，第 177 頁。

昭和初期"国体明征"运动述论

在兵变头目、陆军大尉香田清贞呈交给陆相川岛义之的《蹶起趣意书》中，将暴行美化为建立"万世一系天皇陛下统帅下的举国一致体制"和"八纮一宇的国体"，必须清除"破坏国体之元凶"；应付外来危机，实现昭和维新的"宏谟"。①在《趣意书》中，"国体论"既是兵变的舆论引导，也是血腥暴行的辩护词。川岛等随即拟定《陆军大臣告示》予以呼应，肯定其 "行动基于显现国体之至情"，忧虑"国体真相之现状（包括弊风）令人不胜恐惧"。②在这里，"国体"意识同样成为表态支持兵变的口实。28 日兵变失败。"统制派"随即展开军内整肃，荒木贞夫等"皇道派"头面人物被边缘化，川岛转入预备役，香田等带头闹事的军官被枪决或判处有期徒刑，"皇道派"被彻底击垮。掌握主导权的"统制派"启动以外制内、自上而下有序实现法西斯化的进程。法西斯化即意味着扩张战争升级，在"统制派"的操控之下，侵华战争随即全面爆发。

第二，"国体明征"运动为国民精神总动员、产业报国运动的展开推波助澜。1937 年，日本发动难以为继的全面侵华战争。8 月 24 日，近卫文麿内阁通过《国民精神总动员实施纲要》，宣称"固守举国一致，尽忠报国的精神"；强调"愈益辅翼皇运，官民一体"，投入侵华战争。"精忠报国""皇运""举国一致"等"国体论"意识，成了国民精神总动员的兴奋点。中央与地方的主管官厅随即运转起来，各公司、银行、工厂、商店以及报纸杂志、演艺界也闻风而动，投入狂热的"国民精神总动员"运动。③

9 月 4 日，昭和天皇裕仁在 72 届帝国议会开幕式发布诏书，发誓把侵华战争进行到底。诏书宣称，"朕期待帝国臣民鉴于今日之时局，忠诚奉公，和协一心，襄赞并达成预定之目标"④。此举给国民精神总动员运动增添巨大动力。11 日，近卫内阁主办演说大会，提高精神总动员的调门。10 月 12 日，由内相马场锳一和文相安井英二出面指导，成立作为政府外围组织的国民精神总动员中央联盟，海军大将有马良橘出任会长。联盟在成立的当天，发表《声明》，宣称裕仁的敕语为"明确皇国对事变的方向，指出国民的前进道路"，将侵华战争美化为"剪除祸根"，以及"稳定东亚"并"确立世界和平"，宣称"这是我皇国的崇高使命"；号召后

① 高橋正衛編：『現代史資料』5『国家主義運動』(1)，みすず書房，1963 年，第 174 頁。
② 歴史学研究会編：『日本史史料』5 現代卷，第 48、49 頁。
③ 『日中戦争における国民動員』(1)『資料日本現代史』10，大月書店，1984 年，第 46—47 頁。
④ 森末義彰、岡山泰四編：『歴代詔勅集』，第 970 頁。

方的国民"以奉公的至诚","体会圣旨，遵循国体之本义，举国一致，坚忍持久，克服时艰，完成皇国的大使命，辅翼皇运"。[1]作为政府的外围团体，联盟随即展开全国规模的"国体论"的意识形态灌输。利用举国狂热支持侵华战争，11 月在东京皇居内设置大本营，内分陆军部和海军部，协调侵华战争的部署，提升战时体制的效能。

1938 年 7 月 30 日，在近卫内阁指导下，秉承产业报国会劳资联手、报效国家宗旨的产业报国联盟创立。其《创立纲领》号召将"产业报国精神"提升至"国体论"的新高度，即开展"产业道德化运动"。产业报国运动拥戴"日本光辉的历史传承以皇室为中心，以皇国一家理想为根基的万邦无比的国体为宗旨"，要求"全体产业人将所思所想浸透在国体的本义之中，以皇国产业人的觉悟尽报国之诚"；强调"皇国三千年辉煌的历史在我日本国民的头顶放射光芒"，"肇国大精神、明治维新大气魄源源不断地流动于我们的血管。从父祖继承了此一大精神、大气魄的昭和日本一亿同胞，无论遭遇何种难局也都能打开通路"。[2]在这里，纲领一再宣扬"国体"意识，鼓动"皇国产业人"将所思所想全都浸入"国体本义"之中，开足马力，生产飞机大炮、枪支弹药、炸弹鱼雷，为侵华日军攻城略地、烧杀劫掠，提供大量杀伤性武器。

1939 年 1 月，枢密院议长、"国体论"国本社的创立者平沼骐一郎组阁。3 月，平沼内阁继而增设国民精神总动员委员会，由法西斯头目荒木贞夫充当委员长。4 月，组建产业报国联合会，强调"皇国产业的本义，在于彻底普及以劳资一体产业报国精神为目的的产业报国运动"，[3]在都道府县，也全面设立产业报国会，稳固"官民一体"的战时体制。 8 月，国民精神总动员委员会为促使国民"自肃自省，共同翼赞兴亚大业"，制定《国民生活纲要》，每月选定一天为"兴亚奉公日"。届时，全体国民"黎明起床，遥拜皇大神宫，祈祷皇军昌隆"，还要向"护国英灵"致谢、走路加快脚步、停止饮酒吸烟和娱乐，等等，[4]日本列岛变成臣民个人私生活严格受控的大兵营。至此，标志着日本法西斯化完成的"大政翼赞"运动已是呼之欲出。

---

① 歴史科学協議会等編：『史料日本近現代史』Ⅱ，第236—237頁。
② 同上，第239、240頁。
③ 同上，第240、241頁。
④ 同上，第238—239頁。

第三，太平洋战争期间，"国体论"为日军疯狂战斗意志的源泉。1942 年 8 月，日美瓜岛作战期间，日本陆军士兵不计伤亡，迎着美军轻重机枪的猛烈火力突击阵地的"万岁冲锋"，以成堆成片的日军尸首，见证"国体论"用诸战场造成视生命如草芥的疯狂。随着日军在太平洋战场的失败，"国体论"更激发了日军的战斗狂热。1944 年 10 月在菲律宾莱特湾的海战中，狂信"神国神佑"足以扭转战局的有马正文少将，率先率领多架战机对美军舰队发起自杀式攻击，受到大本营对其"殊勋"的褒奖。①号称"特攻之父"的第一航空舰队司令官大西泷治郎，随即将航校学生编成队名分别为"敷岛""大和""至诚队""忠勇队""神武队""神兵队"等"神风特别攻击队"，在空中，对蜂拥而来的美国舰群发起自杀式攻击。在海上，"特攻"微型潜艇"回天"的战斗部塞满 1.6 吨炸药，有去无回地冲击美舰。② 冲绳战役期间，大本营发起自杀式"特攻"机 1 至 10 号的"菊水作战"，出动 1500 架次，击沉美军舰船 26 艘、击伤 202 艘。③战斗部塞满 1.2 吨炸药的"特攻"兵器"樱花"滑翔机在接近敌舰时与母机脱离，由驾驶员操纵着直奔轰击目标，炸沉、炸伤 14 艘美国军舰。④这种残酷的人体炸弹战法，唯独经"国体论"毒化过头脑，痴迷武士道精神的日本军队能够接受。

第四，"护持国体"构成战败前日本与同盟国博弈的底牌。至 1945 年 6 月初，纳粹德国已经投降，冲绳守军被全歼，美军的战略轰炸，已使东京、大阪、名古屋等近百座城市废墟化，市民伤亡数 10 万。败局已定，但日本犹作困兽斗。早在 2 月 14 日，忧虑"战败已然必至"的前首相、公爵近卫文麿上奏裕仁，为防止战败后发生颠覆国体的"共产革命"，主张"从护持国体的立场出发，研究早日结束战争的方法"。⑤6 月 8 日，御前会议通过《今后必须采用的战争指导基本大纲》，准备"本土决战"。大纲强调"以七生尽忠之信念为原动力，以地利人和彻底完成战争，护持国体、保卫皇土，以期达成征战之目的"。⑥"护持国体"与"保卫皇土"正式成为避免败亡的救命稻草。23 日，铃木贯太郎内阁发布《义务兵役法》，

① 大畑笃四郎『近代の戦争 7』，人物往来社，1966 年，第 211 页。
② 渡辺大助：『特攻絶望の海に出撃せよ』，新人物往来社，2009 年，第 184—185 页。
③ 〔美〕克劳福德：《二战经典战役全纪录：席卷太平洋》，叶春雷编译，安徽文艺出版社，2011 年，第 248 页。
④ 渡辺大助：『特攻絶望の海に出撃せよ』，第 114、168 页。
⑤ 外务省编：『日本外交年表並主要文書』下卷，第 608、610 页。
⑥ 同上，第 615、616 页。

21

规定：15 岁至 60 岁以下的男子、17 岁至 40 岁以下的女子均编入国民义勇队，①充当"护持国体"的炮灰，至于臣民的死活，不在御前会议的考虑之内。

7 月 26 日，中美英三国发布《波茨坦公告》，敦促日本投降。两天后，首相铃木贯太郎约见记者，宣称要将"本土作战"进行到底。8 月 6 日、9 日，美国先后核爆广岛、长崎，造成重大伤亡；9 日，150 万苏军兵分三路，攻入中国东北，横扫关东军。中国军民展开大反攻。帝国摇摇欲坠，最高决策集团惶惶不可终日。8 月 9 日一整天，最高战争指导会议围绕接受公告的条件，展开激烈争吵。陆相阿南惟几等提出投降"不包括皇室""驻外日军自主撤回和复原""日本政府处理战犯""盟国保证不占领"等多项条件，②意在激怒同盟国，继续"本土决战"。外相东乡茂德只提出接受公告的"唯一要求"以"护持国体"，海相米内光政等附议赞同。③两派无法达成共识，夜半时分，裕仁出场，最高战争指导会议转为御前会议。

8 月 10 日深夜 2 时 30 分，倾听两派陈述各自条件的裕仁表态支持东乡，斥责阿南等痴迷"本土决战"将"毫无胜算的可能"，遂以不变更"天皇统治大权"的"国体"为交换条件，接受公告，宣布"终战"。④上午 7 时 15 分，东乡急电驻瑞士公使加濑俊一、驻瑞典公使冈本季正，将御前会议的要求转告美中英苏四大国，要求不变更"天皇统治国家大权"，若能达成谅解，则日本"接受公告"，停战投降。⑤同盟社也奉命广播乞降照会，宣布接受公告的前提，是"不包含损害天皇作为主权统治者的任何要求"。⑥大厦将倾之际，日本最高决策集团最关注的是"国体"的安危，而非其他。

11 日，美国起草复电，透露出投降后保留天皇与天皇制的考虑，即"投降之际，天皇及日本政府统治国家的权力将置于盟军最高司令官的限制之下，由其采取实施投降条款的必要措施"；天皇制则"依照《波茨坦宣言》，由日本人民自由表述的意志决定之"。⑦经紧急磋商，盟国最终接受美国的立场。国务卿伯恩斯将复

---

① 岩波書店編集部編：『近代日本総合年表』第 2 版，第 342 頁。
② 外務省編：『日本外交年表並主要文書』下卷，原書房，1973 年，第 627 頁。
③ 同上，第 628 頁。
④ 同上，第 630、631 頁。
⑤ 同上，第 632 頁。
⑥ 《日寇要求投降盟国》，《解放日报》1945 年 8 月 11 日。
⑦ 外務省編：『日本外交年表並主要文書』下卷，第 635 頁。

电交由瑞士驻美代理公使克拉斯里，转致日本政府。12 日至 13 日，东乡与军部大臣围绕是否重议停战条件问题意见分歧，竞相争取天皇的支持。14 日上午，在皇宫防空洞里举行的最后一次御前会议上，裕仁认为同盟国关于"国体"问题，"抱有相当的善意"，拍板复电同盟国，接受公告并准备"站在扩音器前面"，向国民呼吁终战。[①] 8 月 15 日正午，中央放送局如约广播裕仁宣读的《终战诏书》录音，完成向同盟国承诺的停战程序。在《终战诏书》中，裕仁表示要继承"皇祖皇宗之遗范"，乞求"皇祖皇宗之神灵"的护佑，要求臣民"确信神州之不灭"，"护持国体"并世世代代"发扬国体之精华"。[②] 在帝国行将崩溃的时刻，依旧伴随着"国体论"的梦呓。

结 论

第一，1933—1937 年，由国会议员发难，军部、右翼团体、政府、政党与御用学者联手制造的"国体明征"运动肆虐，导致日本社会思想为之一变，"大正德谟克拉西"时代的群言堂，演变为昭和初期"国体论"独尊的一言堂，思想钳制的螺丝帽愈拧愈紧，将日本人驱入天皇制意识形态的狭窄空间，为急剧的法西斯化和逐步升级侵华战争提供了精神支撑。

第二，"国体论"伴随着侵华战争以及太平洋战争的全过程。特别是在爆击珍珠港、横扫东南亚的太平洋战争初期，"国体论"成了炫耀并见证"赫赫战果"的精神源泉。至中途岛战役和瓜岛战役受挫，日军失去战场主导权，屡战屡败之际，"国体论"为疯狂的"万岁冲锋"或"神风特别攻击"提供痴迷心窍的兴奋剂。最终，在反法西斯盟国的联合打击下，日本帝国行将崩溃，"护持国体"又成了与"终战"交涉的最后底线。随着战败投降，"国体论"衍生的"八纮一宇""忠君爱国""神国神佑""皇土决战"等魔咒破产，被迫实施非军国主义化的民主改革，"国体论"面临总破产。

第三，自奈良时代"记纪"问世以来，以"神国""皇国""武国"自我标榜的"国体论"成为在日本流传既久、影响深远的社会意识，千余年间，一以贯之。

---

① 外务省编：『終戦史録』，第 700—702 页。
② 历史学研究会编：『日本史史料』5 现代卷，岩波书店，1997 年，第 148 页。

1945 年日本战败投降，1946 年元旦裕仁发表自我否定神格的《人间宣言》，1947年实施《日本国宪法》，天皇主权转变为国民主权，在接踵而至的冲击下，"国体论"一度销声匿迹。随着日本在高速发展中成为世界经济大国，民族自信心高扬以及"一亿总中流"意识流行，右翼势力乘机活跃起来，重弹"国体论"的老调。右翼书籍与历史教科书，依然在不同的人群产生共鸣效应。其中，自由主义史观支配下的《新历史教科书》，将大和朝廷的源头上溯至"天照大神"，神武天皇东征大和即位形成皇统等描述，[①]即为复活战前"国体论"历史记忆的典型事例。

（作者：宋成有，北京大学历史系教授）

---

① 『新しい歴史教科書』，扶桑社，2001 年，第 36、60—63 頁。

日本"满洲移民"时期的瑞穗村[*]

石艳春

内容摘要 从 1932 年到 1936 年,日本先后向中国东北地区实施五次武装移民(也称试验移民)。瑞穗村是日本在第一次和第二次移民后移民事业受挫的背景下组织的第三次移民团,其移民形态属于全国混合集团武装移民。瑞穗村移民的实施吸取了前两次移民的教训,在移民村落的建设和农业生产方面均为日本政府以后的大规模移民提供了经验。包括瑞穗村移民在内的武装移民对中国人民来讲其侵略性最大,带来的灾害也最深。

关键词 日本 "满洲移民" 瑞穗村 侵略

* 本文系国家社科基金后期资助项目"日本'满洲移民'村落研究"(项目号:18FSS002)的阶段性成果。

An Analysis of the Mizuho Village during the "Manchuria Emigrants" from Japan

Shi Yanchun

Abstract: Japan successively dispatched five military immigrations (also called experiment immigration) to the north-east of China from 1932 to 1936. Mizuho village was the third group of immigrants since Japan had been faced with the frustration of immigration. With assimilating the lessons of former two immigrations, the immigration of Mizuho village provided experience for following massive immigrations in terms of the construction of the village and agricultural production. To Chinese, military immigrations including Mizuho village was most aggressive, which also brought about the deepest disaster.

Keywords : Japan; Manchuria Emigrants; mizuho village; aggression

九一八事变爆发以后，日本于 1932 年 3 月 1 日建立了伪满洲国。由此，中国东北地区成了日本的殖民地。出于政治、经济和军事方面的考虑，在关东军的策划和推动下，日本开始向中国东北进行武装移民。武装移民是日本政府侵略中国东北的重大战略步骤，是作为日本的国策而被实施的。瑞穗村[①]是日本武装移民时期的第三次移民团建立的村落，其移入地区为黑龙江省绥棱县北大沟[②]，移民形态属于全国混合集团武装移民，成员主要来自日本的青森、宫城、山形等 27 个府县[③]。与前两次武装移民相比，瑞穗村在移民实施、村落建设及农耕生产等方面均有所改变，为以后日本政府向中国东北地区推行大规模"满洲移民"[④]政策提供了经验与参考，对其深入研究，能够更加全面认识日本政府实施的武装移民政策的侵略本质。

[①] 作为第三次移民团于 1934 年侵入中国东北地区以后，称为"第三次特别农业移民团绥棱开拓组合"，1938 年 1 月 1 日解散开拓组合，实施村制，更名为"瑞穗村"。本文为行文方便，统一称为"瑞穗村"。

[②]移民当时为黑龙江省，同年 12 月编入滨江省，1939 年 6 月编入北安省。

[③]具体包括：青森、宫城、山形、福岛、茨城、神奈川、新泻、长野、山梨、爱知、岐阜、三重、石川、大阪、兵库、和歌山、冈山、鸟取、岛根、广岛、山口、德岛、高知、福冈、佐贺、熊本、鹿儿岛。

[④] "满洲移民"所指代的是"近代以来日本向中国东北地区的移民"。本文为行文方便而使用"满洲移民"这一提法。1939 年，满洲拓殖委员、事务局长稻垣征夫呈请伪满洲国国务院总务长官星野直树，明确要求将"满洲移民"改称"满洲开拓民"，"满洲农业移民"改称"满洲开拓农民"，"满洲移民团"改称"满洲开拓团"，将"移民地"改称"开拓地"，"移民政策"改称"开拓政策"。同年 12 月，日本政府颁布的《满洲开拓政策基本要纲》正式采用了上述名称，企图从表面上掩盖他们的移民本质。历史胜于雄辩，日本"满洲移民"虽然以"开拓民""开拓农民"相称，却无法掩盖其移民侵略的性质。

一、日本"满洲移民"政策的演变

在日本，向中国东北移民的主张由来已久，19 世纪末 20 世纪初，日本已跻身于帝国主义国家的行列。随之，向海外寻求殖民地的各种帝国主义理论也盛极一时。著名的代表人物有德富苏峰、高山樗牛及浮田和民等人。浮田早就主张把日本人分布在朝鲜和"满洲"等地。但那时他们还不愿公开承受吞并邻国领土而招致的谴责，他们的真实意图就是通过向朝鲜及中国东北地区大量输送移民，达到实际控制这些地区，进而长期占有的目的。

日俄战争结束以后，俄国在中国东北地区旅大租借地的管理权由日本接替，日本在此设立了殖民统治机构"关东州都督府"，开始对旅大地区实施殖民统治，并且掌握了南满铁路的控制权。日本国内从官吏、商人，到军界、财界都在热烈讨论"如何经营满洲"的问题。参谋总长儿玉源太郎对首任满铁总裁后藤新平说："满洲的经营是：第一，经营铁路；第二，开发煤矿；第三，移民；第四，畜牧等农工业设施；其中尤以移民为主……如以现在之铁路经营方式，于 10 年内能将 50 万国民移至满洲。届时，俄国虽横蛮亦不敢轻易与我开战"，应以此作为"经营满韩之大局"。①日本外相小村寿太郎于 1909 年 2 月 2 日召开的帝国议会上提出"与其向远隔万里之地移民，不如集中力量向附近的满洲移民更为必要"。②此后，在 1910 年 3 月的议会上，小村外相又提出了 20 年向"满洲"移居大和民族百万人的计划。③当时的日本统治阶级担心俄国发动第二次日俄战争，报第一次战败之仇，因而在国防上总是把俄国作为主要敌国，他们认为：只要让更多的日本移民定居在"满洲"，提高日本人口在"满洲"的比例，该地区自然会成为日本强大的势力范围。这样既能牢固地占领中国东北地区，又可以防御俄国的反扑。福岛安正大将作为日本军界的上层人物，是弥漫于日本统治阶级的"经营满洲""扩张国权""满韩移民集中论"等思潮的拥护者，策划与组织了爱川村的移民侵略活动。爱川村作为日本帝国主义向中国东北地区进行移民侵略的最早的实验村，其结果虽以失败告终，然而日本统治者却将其作为一种尝试，不厌其详地调查、分析、总结爱川村移民的

---

① 高乐才：《日本"满洲移民"研究》，人民出版社，2000 年，第 25 页。
② 渡邊良夫：『満州開拓農業移民と埼玉県』，御園書房，2004 年，第 13 頁。
③ 細川嘉六：『植民史』，東洋経済新報社，1941 年，第 487 頁。

经验教训，并在几百种书籍或刊物上加以宣传，使它对九一八事变后的日本政府实施的武装移民与国策移民产生了重要影响。正如日本官方人士所言，他们是以爱川村移民活动来积累经验，以促进以后大规模的日本农家向"满洲"内地发展。①

1931 年，日本关东军出于军事上的考虑而蓄谋制造了九一八事变。事变之后，石原莞尔等人主张"满蒙占有论"，但考虑到对外关系的日本政府和日本陆军中央反对"满蒙占有论"，最终以建立傀儡国家"满洲国"②而达成妥协。"满洲国"的建立，表明石原莞尔等关东军幕僚构想的"满蒙占有论"遭到否定，但是他们并没有就此放弃，而是开始策划"满洲移民"。1932 年 3 月，日本军国主义在制造傀儡"满洲国"后，明明是把中国东北人民置于人间地狱之中，却声称是在"建设王道乐土"。③ 1936 年 9 月 18 日，关东军司令部制订了《满洲国的根本理念与协和会的本质》，明确规定"关东军司令官乃天皇之代理人，为皇帝之师傅、监护人"。④充分说明日本人是"满洲国"的实际统治者，特别是关东军握有绝对的实权。

日本占领中国东北以后，其国内掀起了"满洲热"，从政府方面来讲，不断制造氛围，企图推行大量"满洲移民"，增加在中国东北地区的日本人口。在此过程中，起到原动力作用的是加藤完治和东宫铁男。加藤完治是近代日本农本主义的主要代表人物，认为要想挽救日益疲敝的日本农村经济，只有推行"满洲移民"，没有其他办法。东宫铁男时任日本陆军军人，他从维持"满洲国"治安的必要性出发，认为应该推行"满洲移民"。而在中国东北地区的关东军于 1932 年 1 月 26 日召开关东军统治部产业咨询委员会，参加会议的东京帝国大学农学系教授那须皓、京都帝国大学农学系教授桥本传左卫门起到领导作用，主张实施"满洲移民"政策。与此同时，日本拓务省在九一八事变之后开始探讨"满洲移民计划"。可见，"九一八事变和伪满洲国的建立，恰好给日本帝国主义者一个机会，以日本人口问题为理

① 関東州庁土木課編纂：『愛川村——邦人満洲移民の魁』，関東州庁水源水利調査資料，満洲日日新聞社，1935 年，第 3 頁。
② 本文使用"满洲"和"满洲国"，引用文献等出现的"满州"和"满州国"，未作改动，保持原样。
③ 李玉、骆静山主编：《太平洋战争新论》，中国社会科学出版社，2000 年，第 39 页。
④ 稲葉正夫、小林竜夫、島田俊彦編集・解説：『現代史資料 11・続・満洲事変』，みすず書房，1965 年，第 908—911 頁。

日本“满洲移民”时期的瑞穗村

由，在‘满洲’实施开拓政策”①。于是，日本拓务省与加藤完治等人联手合作，为推进移民事业而努力。然而拓务省的计划因财政问题没有得到大藏省的同意。时任“满洲国军顾问”而在中国东北地区实地进行治安防守的东宫铁男此时向石原莞尔提出以在乡军人为主体的武装移民计划。其结果是将初期屯田兵式移民与一般移民混同在一起的移民计划改成以维持“满洲国”治安这一具有明显军事目的的武装移民计划。武装移民也称试验移民和特别移民，其目的在于配合关东军维持东北的治安，镇压抗日武装力量。他们不顾中国抗日武装力量的反抗，执意推行其移民侵略政策，其经验为以后日本大规模的集团移民奠定了基础。

1936 年，日本国内爆发了“二二六”事件，直接导致日本陆军对政治的影响力增强。在陆军内部，作为九一八事变的中心人物——石原莞尔达到了权力的顶峰，他极力推行“日满一体化”。事件后成立的广田弘毅内阁更是制订了“20 年百万户移民计划”，并将其作为内阁的“七大国策”②和“满洲国”政府的“三大国策”③之一，被称为国策移民，从 1937 年开始实施，企图以此计划来解决日本国内的政治和经济危机。事实上，“百万户移民”是日本建立“大东亚共荣圈”的基础，其目的是确立以大和民族为核心的殖民统治，达到永久霸占东北地区，进而吞并整个中国。这一计划制订之后，日本政府在全国各地以放映电影、召开演讲会等各种形式，不断宣传“满洲国”是“王道乐土”，各市町村掀起了到实地进行调查的热潮，宣扬“满洲国乐土面貌”的报告书到处泛滥，各种时报、村报的相关报道也十分盛行。④在政府的宣传与欺骗下，移民主观认为前往中国东北并不是“侵略满洲”，而仅仅是“开拓”“开发”，可见移民本身自觉不自觉地成为日本殖民侵略政策的

---

① 古海忠之笔供，中央档案馆等编：《日本帝国主义侵华档案资料选编·东北经济掠夺》，中华书局，1991 年，第 625 页。

② 日本广田弘毅内阁的“七大国策”于 1936 年 8 月 25 日通过，内容包括：①充实国防；②革新改善教育；③整顿中央、地方税制；④安定国民生活；⑤振兴产业和发展贸易；⑥确立对满的重大政策，即移民政策以及鼓励投资等；⑦整顿改善行政机构。

③ 伪满洲国的“三大国策”于 1939 年 4 月 8 日发表，内容包括：①北边振兴计划，②产业开发五年计划，③“百万户移民”计划。

④ 如长野县的饭田下伊那地区在昭和初期就由龙丘和下久坚的青年会和农会等开始发行时报、村报，从大约 1935 年到 1940 年 10 月在各村分发，而且是全户免费，此外，从村中输出士兵和“满洲移民”。到了 1936 年，经济更生运动及作为其一个环节的“满洲移民”的报道增多。1937 年以后，村葬礼、后方守卫、防空训练、纪元节 2600 年与战争相关的报道成为中心。村报、时报作为县、国家政策的传达手段的色彩变得浓厚。见饭田市历史研究所：『時報・村報にみる「満洲」移民』発刊詞，饭田市歷史研究所，2006 年。

参与者和帮凶。随着移民数量的增加，市町村输送移民的压力也越来越大，有的地方甚至把一个村作为"母村"，从这个"母村"中分解出近一半的农户移入中国东北地区组成移民团，这个移民团被称之为"分村"或"子村"，如大日向型移民。有的地方是将出生地不同的移民组成一个集团，被称为"分乡"移民，如庄内型移民。总之，伴随着移民政策的调整，日本政府在实施所谓的农村经济更生计划的借口下，逐渐将分村移民①、分乡移民②作为向中国东北地区大量移民的重要形态。然而日本发动全面侵华战争以后，为扩大兵源，适龄移民陆续被征召入伍，送往侵华战场，严重影响了"百万户移民"侵略计划的实施。为了继续推行和完成"百万户移民"计划，从 1938 年开始，日本政府正式实施"满蒙开拓青少年义勇军移民"，以加强国防力量，扩充关东军兵源，直至日本战败。

二、瑞穗村移民侵略的实施与建设

从 1932 年开始，日本向中国东北地区实施"武装移民"，第一次弥荣村与第二次千振村移民的移入地区均是吉林省桦川县，地点是永丰镇和湖南营。自实施移民以来，东北人民抗日武装力量就不断发展，并掀起强烈的反抗运动，使移民惶恐不安。特别是 1934 年 3 月爆发的土龙山事件，更是沉重打击了日本的移民气势，使移民团的"屯垦病"③日益严重，导致"移民团内部的动摇情绪十分明显"④。从移民人数来看，减少的数量也是相当明显，到 1934 年 11 月 26 日至 12 月 6 日的第一次移民会议召开前，第一次移民由 493 名减少到 320 名，第二次移民由 492 减少到 313 名。⑤这些退团者回到日本以后进行各种宣传，直接后果是产生了"移民悲观论"，有些人甚至开始怀疑移民能否维持下去。⑥

在此背景下，日本关东军对移民事业的实施并未产生丝毫动摇，为了实现其战

---

① "分村"这一词语从字义上来看，与从本家分出的分家一样，就是指"从本村分出的村庄"，即所谓的"出村"，但在日本向中国东北推行农业移民政策以后，"分村"这一词语专指移向中国东北的"移住分村"。见长野县更生协会：『分村计画の立て方』，1938 年，第 1 页。
② 分乡移民指由几个町村联合组成的移民。
③ 屯垦病即思乡病。
④ 王承礼主编：《中国东北沦陷十四年史纲要》，中国大百科全书出版社，1991 年，第 339 页。
⑤⑥ 满洲开拓史刊行会：『满洲开拓史』，满洲开拓史刊行会，1966 年，第 159 页。

日本"满洲移民"时期的瑞穗村

略计划，仍然一意孤行，如何动员和组织移民再次移入到中国东北地区，成为关东军思考的重要问题。为此，他们想方设法着手大量收购土地，并在 1933 年末的日本内阁会议上通过决议，获取关系到移民成功与否的经费，总数达 48 万多日元。[①]关于第三次移民数量问题，计划输送总数是 500 人，募集范围相比第一次和第二次移民都有所扩大，要达到 15 个县，而实际上达到了 27 个县之多。移民募集资格则与前两次移民相同，几乎全部由帝国在乡军人会支部及分会推荐，要求是思想坚定、拥有务农经验、受过教育的在乡军人。此外，在第三次移民募集要领中，明确规定"携带妻子与单身者均可"[②]，同时也规定"从家庭角度来讲，要求负担少（尽量为次男以下）"[③]。与前两次移民相比，虽然募集资格有所松动，已婚者数量也有所增加，但实际上最后选定的移民几乎全部为单身者。在此情况下，关东军和日本政府总结前两次移民的经验，抛弃了单纯武装移民的观念，将移民募集范围扩大到普通人员和技术人员，以避免移民全副武装，要求只携带自卫兵器，而且还要控制在最小限度内。另外，要求移民来到中国东北地区以后，平时尽量不穿军装，避免引起中国当地居民的不满，减少与中国人发生冲突，在此基础上还要尽可能加强与当地中国人的融合，为长期居住奠定基础。

移民募集工作结束以后，1934 年 9 月 27 日，3 名建设指导员与 5 名移入先行者来到绥棱县北大沟，着手准备宿舍。奉天（今沈阳）北大营日本国民高等学校组编的 47 名先遣队员在林恭平等 3 名农业指导员的带领下，于 10 月 6 日从奉天出发，11 日到达绥棱县北大沟，分成 3 个屯。移入以后，先遣队员在加强警惕中国人民反抗的同时，加紧进行各项准备工作，包括燃料的收集、宿舍和仓库等设施的修建等。瑞穗村本队队员总计 259 人则于 10 月 16 日从日本敦贺港出发，由清津上陆，21 日到达移入地区，分散在各屯中，具体数字是第一屯 87 人，第二屯 80 人，第三屯 92 人。[④]

与第一次和第二次移民相比，瑞穗村移民最大的不同之处在于"不仅仅是已经接受教育的兵役相关者，而且来自日本内地的 27 个府县，年龄最大为 35 岁，技术员则为 40 岁，是纯粹的农业移民，是有所进步的试验移民"[⑤]。由此可见，瑞穗

---

①②③ 满洲开拓史刊行会：『满洲开拓史』，满洲开拓史刊行会，1966 年，第 152 页。

④ 小西俊夫：『瑞穗村総合調查』，满洲国立开拓研究所，1941 年，第 78 页。

⑤ 滨江省公署：『第三次開拓团瑞穗村建设五か年史』，滨江省公署，1940 年，第 58 页。

村移民的选取一方面强调的是接受教育的兵役相关者，另一方面其选取范围较前两次有所扩大，而且扩大的规模并不小。从年龄方面来讲，要求移民年龄不宜太大，考虑的重点则是其劳动能力的大小，以青壮年为主，为以后长久的殖民统治奠定基础。

瑞穗村移民来到中国东北地区以后，面临的第一个问题是如何度过寒冷的冬天。中国东北地区的气候与日本内地相比，冬天非常寒冷，如何越冬对于整个移民团来说无疑是个非常严峻的考验。为了顺利越冬，移民大力整修房屋，并多方收集燃料。与此同时，瑞穗村移民为加强管理于1934年11月13日成立了《绥棱开拓组合章程》起草预备委员会，11月21日又设置了创立总会，通过了章程决议，选任了干部，将瑞穗村命名为绥棱开拓组合，移民团的中枢机构即组合由此成立。《绥棱开拓组合章程》共24条，第2条指出组合的目的是"为拓务省派遣到绥棱地区的第三次满洲特别农业移民，在移居地区的经营方面提供便利，实现其移居目标"[1]。组合本部下设部门有庶务部、购买部、医务部、警备部、农耕部等，另外设有特别班（下设木工部、汽车部和酿造部等），负责处理组合全体事务。为保证移民顺利越冬，增强移民长期居住的信心，组合长林恭平鼓励大家："要拥有日本农民的自觉与信念，满洲农业移民非集团形式难以达到目的。因此，全体团员必须团结一致，而且在集体共同经营的过程中，学习农业技术，在实践中成长为优秀的自耕农。"[2]此外，林恭平进一步明确了移民的建设目标是在不出现一名落伍者和死伤者的前提下，完成移民的各项任务。但实际上，"弥荣村、千振村、瑞穗村、城子河和哈达河五个移民村在移民初期总人数是1668名，但相继有146名战死、病死。死亡主要是由于当地抗日武装和民众抵抗造成的"。[3]

1934年12月13日，瑞穗村专门成立了建设委员会，商定个人房屋建设规模等事宜，并派50名相关人员到森林地区进行调查，以保证采用优质木材建造房屋。针对瑞穗村移民的移入，当地中国人民从未停止过抵抗活动，如在1935年7月发生19次，8月23次，9月37次，10月26次，[4]这些抵抗活动都不同程度地打击了

① 小西俊夫：『瑞穂村総合調査』，満洲國立開拓研究所，1941年，第82頁。
② 長野県開拓自興会満州開拓史刊行会：『長野県満州開拓史』各団編，長野県開拓自興会満州開拓史刊行会，1984年，第38頁。
③ 満洲開拓史刊行会：『満洲開拓史』，満洲開拓史刊行会，1966年，第120頁。
④ 長野県開拓自興会満州開拓史刊行会：『長野県満州開拓史』各団編，長野県開拓自興会満州開拓史刊行会，1984年，第39頁。

移民团的建设。在此情况下，瑞穗村本部被迫东移，决定以分散的屯形式实施共同经营，共分成 10 个地方，每个屯 20 户左右，屯位置以抽签形式决定，名称则以日本国内的县名来命名。每户在房屋周围垒上土墙，架设铁丝网，挖有深和宽各 2.5 米的壕沟。"这种集体式的部落建筑，主要是为防止抗日队伍的袭击，是开拓团村落建设的安全措施。"[①] 白天移民在屯长的统一指挥下从事农耕生产，晚上则有荷枪实弹、全副武装的哨兵交替警戒。即便如此，在中国人民的强烈抵抗下，从移民初期到 1936 年共出现 90 名退团者，另一方面，也不断有新加入者，如仅在 1935 年就有 29 户、109 人新移入，其中包括 11 名儿童。[②]

　　1936 年 1 月 11 日，为解决儿童就学问题，瑞穗村在集体宿舍旁边修建了寄宿宿舍和教室，1 月末即开设了两年制的小学，第一任校长由组合长林恭平担任。瑞穗村小学的教育以日本移民当局制订的"移居地区小学教育实施要领"为根本方针，此外特别强调遵奉《教育敕语》，以共同协和精神为基础，期望实现彻底的真正的农民教育。[③] 到了 1937 年，瑞穗村的农业发展可以说取得了一定成绩，移民基本安定下来。在此背景下，为了进一步加强移民的稳定性，瑞穗村机构也进行了部分改革，从本部部门到各屯均做了调整，解散了移入初期成立的开拓组合，细分为行政部门与经济部门。在 12 月 15 日的组合总会上，将村名命名为瑞穗村，并制订了村条例，村长由拓务省委任的桶口孝一担任，并成立了产业组合总会，组合长由桶口村长兼任。村制和产业组合于 1938 年 1 月 1 日正式实施，从这一年开始瑞穗村更注重屯设施和个人房屋的建设，完善了一系列的公共设施，如学校、医院、训练所等，一方面为瑞穗村移民展开各项活动提供了便利，另一方面为长期霸占中国东北地区奠定了基础。

三、瑞穗村在农业生产方面的侵略

　　瑞穗村对中国东北地区实行移民侵略的活动最重要的是从事农业生产，主要表

---

　　① 李淑娟：《日本移民开拓团的组织形态及对东北村屯组织结构的破坏》，《民国档案》，2010 年第 3 期。

　　② 長野県開拓自興会満州開拓史刊行会『長野県満州開拓史』各団編，長野県開拓自興会満州開拓史刊行会，1984 年，第 40 頁。

　　③ 浜江省公署：『第三次開拓団瑞穗村建設五か年史』，浜江省公署，1940 年，第 392 頁。

现在两个方面：一是对中国当地劳动力的雇用，二是对土地的掠夺。瑞穗村移民以单身者为主，大多数为贫农出身的次子和三子，即便是有妻子的移民，也由于妻子要照顾孩子和料理家务而无暇帮助丈夫从事农业生产，于是每户仍以丈夫一人为主要劳动力。移民来到中国东北地区以后，在从事农业生产方面，旱田主要采取的是中国东北地区传统的农耕方法，水田耕作采取的是朝鲜族传统农耕方法。中国东北地区传统的农耕方法在播种时必需的劳动力为 3 人，畜力 2 头，另外在除草及收获时以劳动力为主。因此，每次农耕生产需要较多的人力和畜力是不言而喻的。朝鲜族传统农耕方法在播种时采取的是粗放式的播种方式，往往不需要太多的人力和畜力，但在除草和收获时仍然需要较多的人力和畜力。另一方面，从农作物生长这一角度来说，如果杂草长势旺盛，错过了适宜除草期，不论是旱田还是水田都会极大的影响产量，因此，在除草期势必需要大量劳动力。一般除草期在 6 月上旬至 7 月下旬，除草次数因作物种类、生长期长短、杂草多少、劳力多少和气候状况而有所不同。对于瑞穗村移民而言，在几年内学会与在日本内地完全不同的农耕方法与掌握除草时间，无非是件难事，为了保证农耕生产顺利进行，移民不得不雇用劳动力协助农耕生产。一般来说，旱田耕作雇用的是东北地区的中国人，水田耕作雇用的是朝鲜人。其原因在于"水田方面朝鲜民族经验丰富，日本的水田技术不大适用于东北寒地。旱田经营东北汉民族经验丰富，日本移民也并不在行"[1]。随着移民数量的不断增多，产生的问题是对雇用劳动力的需求增多，雇用费也呈现增长的势头。从雇用劳务费的变化来看，从 1936 到 1940 年的 5 年间，年雇用费增长了 2.3 倍，月雇用费增长了 2.7 倍，日雇用费水田也好、旱田也好在除草期最贵，水田增长 2 倍，旱田增长 4.4 倍。[2]雇用费的增长从表面来看对瑞穗村的发展不利，使农业生产成本加大，如果从实质上来看，因为移民掠夺的是当地农民的土地，当地农民失去了可耕地，不得不依靠提供劳动力来维持生活，反映的是移民对被殖民统治国家人民的赤裸裸的掠夺。

关于瑞穗村移民土地的掠夺，虽说要与当地中国官民商议，以适当价格购买，而实际上具体是由东亚株式会社负责，以低价购买或是强行征用。"在获得移民用地之际，收购的既耕地越多，对当地原住民的危害也就越大。这可以说是日本帝国

---

[1] 马伟：《从东北日本移民看伪满时期的土地关系及其社会影响》，《长白学刊》，2013 年第 1 期。

[2] 今井良一：「満州試験移民の地主化とその論理」，『村落社会研究』，第 9 卷第 2 号，2003 年，第 25 页。

日本"满洲移民"时期的瑞穗村

主义实施移民侵略的最大特征"。^①据村长林恭平所说，当时收买土地的情况如下所示：

> 当时的收买地价，因地区（南满、北满）、人口密度、交通、耕作地状况等因素，有相当大的差异，而且还有要价与实际价格的差异。为计算收买预定地的地价，必须收集所有的数据，在做出预算的基础上，决定预定地的地价。大体上，熟地分成上、中、下三等来定价，平均地价一晌为70~80日元，未耕地、荒地是在20~30日元左右。然而所买之地全都是以惊人的便宜价格收买的，就连我本人都甚感惊讶。用地收买班所定的批发价格，在招垦地整备委员会会议上，有时原封不动地被批准，有时也不得不多少上调一些。^②

从移民的耕地面积来看，在移入的第一年瑞穗村总耕地面积是356町步，以后呈逐年增加的趋势，到第四年增加到原来的近8倍，达到2864町步。^③截至1940年，瑞穗村的农耕面积水田365.8町步，旱田3551.1町步，合计3917.3町步，其中水田272.8町步（74.6%），旱田2277.4町步（64.1%）作为租种地。^④耕种水田的移民农家有25户，租种的朝鲜族农家有50户，耕种旱田的移民农家有20户，租种的满族农家有138户。^⑤由此可见，这些农田主要由朝鲜族和满族农家租种，瑞穗村移民则坐享其成。到1942年，移民自己耕种的农田大幅减少，相反租种地数量猛增，从移民的经济能力和雇用劳动情况来看，租种地还是大大倾向于中国人和朝鲜人，瑞穗村移民的地主化由此逐渐形成。通过这种方式，瑞穗村移民不断加深对中国东北人民的剥削。

随着战争的不断进展，日本军需不断增大，瑞穗村移民也未能摆脱军需任务的分摊。1944年，水稻供给量加上杂谷类总计达2200吨，酒5400升，酱11000公斤，还大量生产酱油、大豆油、皮革品等，均以供军需。^⑥从1944年3月开始，军队在移民地区征集兵源，1945年5月和7月分别进行了两次大动员，最终在217户移民

---

① 刘含发：「満州移民用地の獲得形態と特徴」『現代社会文化研究』19，2000年，第364頁。
② 《梦碎"满洲"——日本开拓团覆灭前后》，《黑龙江文史资料第三十辑》，黑龙江人民出版社，1991年，第290页。
③ 浜江省公署：『第三次開拓団瑞穂村建設五か年史』，浜江省公署，1940年，第373頁。
④ 小西俊夫：『瑞穂村総合調査』，満洲國立開拓研究所，1941年，第202頁。
⑤ 同上，第166—167頁。
⑥ 長野県開拓自興会満州開拓史刊行会：『長野県満州開拓史』各団編，長野県開拓自興会満州開拓史刊行会，1984年，第40頁。

中有 110 名壮年男子征召入伍，被迫来到战争前线，充当了战争的炮灰。8 月 16日，瑞穗村移民知晓战败的消息，9 月 11 日，被收容到学校、村公所等地，等待上级的安排，大家所憧憬的"王道乐土"成为泡影，唯一的希望就是能够平安返回日本。但在逃离过程中，有的因走投无路选择了自杀，有的出现了营养不良，有的患上了伤寒，从 1945 年 7 月到 10 月幸存者仅为 76 人，可见瑞穗村移民的悲惨结局。

综上所述，在武装移民阶段募集的移民强调以单身且负担小者为主，瑞穗村也不例外，但在实际移民实施过程中，移民募集资格往往有所放松。来到中国东北地区以后，瑞穗村移民大量掠夺土地，因缺乏劳动力，他们不得不雇用大量中国人和朝鲜人协助农耕生产，逐渐出现了地主化现象。日本向中国东北地区实施移民的主流是从 1936 年开始实施的分村移民及后来的满蒙开拓青少年义勇军移民，从数量上来看，武装移民总数只不过是两三千户而已，虽然数量不多，但在移民村落的建设和农业生产方面均为日本政府以后的大规模移民提供了经验。可以说，包括瑞穗村移民在内的"武装移民侵略性最大，给中国人民造成的灾害也最深"①。

（作者：石艳春，江南大学外国语学院副教授）

---

① 孙邦主编：《伪满史料丛书·经济掠夺》，吉林人民出版社，1993 年，第 750 页。

"治安强化运动"时期日伪在冀津地区的碉堡（1941—1942）

耿殿龙

内容摘要 1937 年底到 1940 年，日军在迅速攻陷冀津地区后曾不断修筑碉堡，这些坚固工事很快成为日军之一大攻防利器，并以囚笼之"锁"的角色疯狂封锁中共抗日根据地及游击区。尤其在 1941 年"治安强化运动"开始后，冀津地区的日军对碉堡建设更为重视，也因此，不断修筑新碉堡，健全碉堡功能，扩充碉堡群迅速成为冀津地区各地、各级伪政权的日常工作。也正是在此一时期，日伪以碉堡为基础，配合着接连不断的"扫荡"，给冀津地区的敌后抗日带来了巨大破坏，根据地不断缩小。不过冀津地区的日伪碉堡并非铁板一块，日军本身的兵力不足，伪军的不可靠，筑堡给民众带来的沉重苦难，抗日军民日益灵活的军事博弈、巧妙的政治攻心，种种"隐患"在昭示冀津地区的碉堡并非坚不可摧的同时，也暗示着日军碉堡政策的必然失败。

关键词 碉堡 治安强化运动 日伪 冀津地区 抗日根据地

Blockhouses of Japanese Invaders and Puppet Army in Hebei—Tianjin area during the Security Enhancement Campaign Period (1941—1942)

Geng Dianlong

Abstract: From the end of 1937 to 1940, the Japanese army had been constantly building blockhouses after the rapid capture of the area of Hebei and Tianjin, these strong fortifications soon became one of the Japanese army's offensive and defensive weapons, and played the role of the "cage lock" of the anti–Japanese base areas and guerrilla areas. Especially after the "the Security enhancement campaign" started in 1941, the Japanese army in Hebei and Tianjin area paid more attention to the construction of the blockhouses, so it quickly became the daily work of all the puppet regimes in Hebei and Tianjin area to constantly build new blockhouses, improve their functions and expand the blockhouses. It was also in this period that the Japanese puppet army, based on the blockhouse and with continuous "mop–up", brought great damage to the anti–Japanese base behind the enemy lines in the area of Hebei and Tianjin, and the base area continued to shrink. However, the Japanese blockhouses in the area of Hebei and Tianjin were not solid, the lack of Japanese troops, the unreliability of the puppet army, the heavy suffering brought by the building of the bunkers, the increasingly flexible military game of the anti–Japanese army and the people, the clever political attack, all these "hidden dangers" indicated not only that the blockhouses in the area of Hebei and Tianjin were not indestructible, but also the inevitable failure of the Japanese blockhouses policy.

Keywords: The Blockhouses; the Security enhancement campaign period; puppet army; Hebei–Tianjin area; the Anti–Japanese base areas

日军全面侵华后即在冀津地区修筑碉堡[①]，主要用于防御与封锁抗日军民，控制与监视沦陷区民众。1937 年底到 1940 年是冀津地区日伪碉堡的初步发展期，此

[①] 碉堡，依照形状、结构、用材、功能以及敌我双方称呼等不同，可将其称之为圆碉、方碉、明堡、暗堡、砖碉、石碉、炮楼、岗楼、桥头堡等，也可将其指代为据点（但通常情况下，据点和碉堡区别很大，据点一般指军事驻地，其可以包括一个或几个以上碉堡，也可以没有碉堡）。此外，敌后抗日军民口中的"乌龟壳""王八窝""狗屎堆""钉子"等称呼也指代碉堡。总而言之，碉堡是对一种堡或楼形状的现代化军用工事的书面语称呼，可以驻兵，也可以屯粮，攻防兼备，集军事驻剿、哨卡检查、审讯问刑、生活作息等功能为一体。20 世纪上半叶，很多国家和军队都曾筑堡用于防御或进攻，如纳粹德国齐格菲防线中的碉堡、法国马其诺防线中的碉堡、蒋介石剿共时期的碉堡、马占山江桥抗战时的碉堡、中条山战役卫立煌军队修筑的碉堡、国共第二次内战中阎锡山在太原修筑的碉堡群等，甚至中共军队在山东抗日根据地也曾筑堡用于反顽（但相较于日军、国军而言，中共军队在抗战时期使用碉堡很少）。因此筑堡成为一种普遍现象，这足见碉堡的重要性。本文研究的碉堡主要是日伪在冀津地区（主要针对县、镇、村，这也是中共主要活动的地域）修筑的用于防御与封锁中共力量的碉堡。

"治安强化运动"时期日伪在冀津地区的碉堡（1941—1942）

一时期日军已经给予碉堡很大重视，将其作为"囚笼政策"中的"锁"，尤其在交通命脉、军事要塞、资源重镇等地竞相修筑，以至于八路军"百团大战"时不得不面对来自碉堡的巨大压力。1941 年到 1942 年是冀津地区日伪碉堡的大举建设时期，在此期间日军将碉堡作为开展"治安强化运动"的关键，利用伪政权在"治安区"（沦陷区）、"准治安区"（游击区）以及某些占领的"非治安区"（敌后抗日根据地）内疯狂筑堡，此举给冀津地区敌后抗日带来了巨大困难，也因此"拔碉"日渐上升为敌后抗日根据地军民的作战焦点。然而，对于这样一种在抗日战争中产生过重要影响的军用工事，碉堡并未引起足够重视，目前研究成果还比较少见。鉴于此，本文选取冀津地区的日伪碉堡作为研究对象，以"治安强化运动"时期作为关键时间节点，在力图揭示日伪碉堡建设、发展、构造、效用的同时，也试图展现中共领导下的军民如何应对碉堡。

一、冀津地区日伪碉堡的初步发展及日伪对碉堡的认识

正如黄道炫所言："抗战之初，国民政府中央及地方力量在河北节节退却，日军迅速自北向南推进。在河北民众惶惶不安背景下，八路军却主动进入河北，登高一呼，契合着民众的民族主义和自保需求，受到欢迎应在预料之中。"[①]换言之，1937 年底至 1939 年上半年，华北日军的真正后患应该是中共力量，对此日军也有一定的认识。然而，由于其本身兵力不足，只能"将有限兵力驻扎于各个军事要塞及主要交通线"[②]，加之共产军擅长游击作战，依靠山地，流动性、隐蔽性强，活动范围大，华北日军一时难以彻底实现对中共力量的"治安肃正"。在研究了关东军利用筑垒[③]，围捕与制造无人区等防苏、反共的经验及蒋介石江西剿共时期的碉堡战术之后，华北方面军也"搞了一套以堡垒推进，点线面结合的所谓几何学运动

---

① 黄道炫：《抗战初期中共武装在华北的进入和发展——兼谈抗战初期的中共财政》，《近代史研究》，2014 年第 3 期。
②《日军占领地域治安维持实施要领（1937 年 12 月 22 日）》，日本防卫厅防卫研修所战史室编，《华北治安战》，樊友平、朱家卿译；团结出版社，2015 年，第 50 页。
③ 从 1934 年至 1945 年，日军在东起吉林省珲春，中部经黑龙江省中苏边境，西至海拉尔、阿尔山 5000 千米边境地带，共修筑 17 处要塞（又称为"筑垒"），要塞群相加约 1700 千米，其中有 8 万个永备工事。有从敖包山、北山、南松山、东山等 5 个主阵地组成的"海拉尔筑垒地域"（附图：位于牙克石大铁桥桥头碉堡、位于乌兰察布市丰镇县隆盛庄后的碉堡）。参见邢野：《中国抗日战争全景录·内蒙古卷》，内蒙古人民出版社，2015 年，第 49 页。

控制方法，先据守一些城镇和修筑大批碉堡，控制若干个点，然后通过控制交通要道，把点连成线，再由线扩展到控制面"①。日军力图借助碉堡稳扎稳打、步步为营，逐步清除包括冀津地区在内的华北抗日力量，为此，日军很早就注意占据国军撤退后留下的碉堡并增补，同时强制自己培植的各级伪政权伪军、村民加修碉堡——

1938年5月	静海伪政权"特拟定建设碉堡办法，督饬各村依就地势建筑围墙，各墙犄角处设立瞭望台"②。
1938年11月	日伪报纸宣称："邯郸西康二城外三十二村之民众，因日军驻屯警备全无匪贼蠢动，为表示感谢之意起见，遂计划献纳碉堡，目前乃由代表向日军守备队谓小炮垒诸种材料及村民服务劳役劳力等各种准备业已完毕，仰仗指导建设，而日军当局因已谅解其诚意乃着手建设。"③
1938年底	日军一小队和伪军一部进驻安国县郑章村，"修筑了8米高的碉堡，2米多高的围墙，挖有宽深3米多的外壕，还构筑地堡和两列铁丝网，围墙南端的通道在外壕上设有吊桥，碉堡上层和通道口设有复哨、机枪眼，防守极为严密"④。

由以上史料不难看出，日军很早就在冀津沦陷区筑堡，并派日伪驻守。筑堡一般由日军强令、伪政权督建，碉堡一般设有瞭望口、火器孔及吊桥，外围敷设围墙、铁丝网、壕沟等。1939年初，日军在之光、清苑两县域战略要地东安、张登等村继续修筑碉堡⑤，其他市县战略要地的筑堡工作也是快速行进——

| 1939年5月 | 驻顺德日军高级司令官冈田先后赴会宁村、石头庄、磁县、彭城镇等地，视察修路、筑堡等事宜，在视察中发现"驻彭城镇之第二旅四团刘国栋部，因彭城镇四面环山，距磁县五十余里，位置险要，自克复后，屡经大部匪共前来围攻与袭击企图夺取该镇……为增加防务计，乃于镇之周围山顶建筑碉楼二十余座，以备防御。又于镇之中间修有较大碉楼一 |

---

① 聂荣臻：《聂荣臻回忆录》，解放军出版社，2007年，第358页。

② 《静海巩固防务督饬各村建筑碉堡》，《新天津》，1938年5月11日，第8版。

③ 《京汉沿线各村民合同献纳碉堡日华军民提携美谈》，《青岛新民报》，1938年11月18日，第1版。

④ 冀中人民抗日斗争史资料研究会编：《冀中平原抗日烽火》，河北人民出版社，1987年，第485页。

⑤ 《之光、清苑两县日伪军部分岗楼、据点修建和撤克时间》，李春溪：《战时回忆和日记》，中共保定市委党史研究室，1997年，第41页。

"治安强化运动"时期日伪在冀津地区的碉堡（1941—1942）

续表

	座，以便指挥其他碉楼。冈田巡视完毕后对刘国栋部之布防表示万分赞许，并声明帮助其大力发展"①。
1939 年 6 月	伪津县警务局局长鲍馨远，为严密治安，"通令各区警务分局及自卫团警察队赶速选择地形于边区要冲及重要路口、偏僻街巷分别设置碉堡、铁丝网、栅栏门"②。
1939 年 8 月	伪平谷县政权在县知事筹划下，以赈灾的施粥费和地方绅商的筹资为资金来源，"修复破旧城垣，并于城上重要处修建碉堡七座"③。

与此同时，某些重要交通线如从顺德到天津的交通线及附近要塞，日军也纷纷筑堡，"一个车站上，都有三四门炮和炮楼，并且经常的驻着日本警戒兵，大站四五百，小站二三百的数目不等，每一个铁桥旁边都安置着两门炮和一个堡垒"④。此外"根据村、镇、县城的大小不同，碉堡数量与质量及屯驻的兵力也不同"⑤，一般情况下，县城周围村落的碉堡驻守，因日军兵力不足，所以如果某据点地理位置特别重要，一般会派驻日伪军混合驻扎，人数上"大的碉堡中有三四十人，小的五六人"。如果某据点不是特别重要则可以直接派驻伪军，由日军遥控。总之"这些碉堡既是部队的第一线，又是防御的第一线。在碉堡的周围挖有很深的壕沟，一到夜间就把白天放下来的吊桥吊起来，禁止出入"⑥，防止抗日游击队夜袭。

从 1939 年下半年开始，针对华北地区"重庆系军队不断缩小，中共军队已经成为治安肃正的主要对象"⑦的局面，华北方面军司令多田骏提出了大量使用碉堡来进行治安肃正的"囚笼政策"。自此，碉堡角色被重新定位：一方面，日军将其作为囚笼之"锁"，"辅之以封锁沟、墙，以此对抗日力量实行分割、压缩、包围"⑧。另一方面，日军自认为"一个坚固的城防工事可以增强相当于一个或半

---

① 《顺德皇协军布防情形冈田亲往视察防务周密极表赞许》，《新天津》1939 年 5 月 17 日，第 9 版。
② 《津县公署已开始夏防工作严令官警不得擅离职守设置碉堡实施水陆联防》，《新天津》1939 年 6 月 12 日，第 3 版。
③ 《平谷城垣修补完整并新建碉堡七座》，《河北日报》，1939 年 8 月 17 日，第 5 版。
④ 李庄：《一个商人口中的平津》，《新疆日报》，1939 年 9 月 3 日，第 4 版。
⑤ 杨迪：《抗日战争在总参谋部》，解放军出版社，2008 年，第 116 页。
⑥ 〔日〕水野靖夫：《反战士兵手记》，巩长金译，解放军出版社，2015 年，第 16、17 页。
⑦ 日本防卫厅防卫研修所战史室编：《华北治安战》，樊友平、朱家卿译，第 227 页。
⑧ 李茂盛、杨建中、马生怀：《华北抗战史（上）》，山西人民出版社，2013 年，第 492 页。

个小队的武装警察队的兵力"①，通过筑堡节省自身兵力、增强伪军守卫能力，顺便拦路设卡、甄别身份、监控民众。接下来，日军开始努力推行"囚笼政策"，大力实施"建立碉堡制和封锁交通线的战略"，将碉堡从最开始保护交通线及战略要地"扩展到逐步蚕食共产党领导的根据地"②上来，进而减少八路军游击队可以活动与取得给养的地区。据不完全统计，"在1939年和1940年两年中，日伪新建碉堡、据点2749个。日军依托铁路、公路、碉堡和据点，并结合大规模的扫荡，使八路军控制的县城由1939年春的103个，到1940年夏锐减至几个山区小县城，而且活动、供应日趋紧张"。如何粉碎敌人的囚笼，拔除碉堡？八路军副总司令彭德怀认为："敌伪深入我根据地后，普遍筑碉堡，兵力分散，反而形成敌后的敌后，主要是交通线空虚，守备薄弱，这对我是一个有利的战机"③。很快，以交通破袭战、拔碉战为重要组成部分的百团大战迅速展开。

　　然而，正是在百团大战中，冀津地区的八路军遭遇了来自日伪碉堡的强大阻力。大战开始前，日伪军的交通命脉正太路、津浦路之冀津地区段，德石线、沧石路、沧保路，晋冀交界咽喉之井陉煤矿，县城村庄之扼要地点等都筑有坚固的碉堡。"各堡垒之间有交通壕相连，周围设有铁丝网、外壕等障碍物，并且构成严密的火力网。仅平定至石家庄铁路两侧，敌人据点就有40余个"④，而从"邢台至沙河的铁路线上，每隔1至3公里就有一个碉堡"⑤。再如娘子关和井陉煤矿，"娘子关早在失陷前国民党即在此筑有国防工事，日军占领后又依据险峻的山崖加修4个大堡垒，使该关防御能力进一步增强，易守难攻……井陉煤矿老矿有15个堡垒，新矿有4个堡垒，日军又在矿北山上筑有3个碉堡，以瞰制全矿区"⑥。日军正是凭借这些坚固碉堡据守顽抗，一份来自冀西八路军第一军分区司令部的战斗详报即称"日军阵地设施、防护工事及设备，比较恰当"，并在分析涞源东圈堡战斗中指出了碉堡的威力"我军在占领四个碉堡后，敌仅以20余人守一个碉堡，在如此困难情况下

---

① 日本防卫厅防卫研修所战史室编：《华北治安战》，樊友平、朱家卿译，第664页。
② 〔英〕林迈可：《抗战中的中共：图文见证八路军抗战史》，杨重光、郝平译，解放军文艺出版社，2013年，第19页。
③ 岳思平：《八路军战史》，解放军出版社，2011年，第242页。
④ 谢忠厚、肖银成：《晋察冀抗日根据地史》，改革出版社，1992年，第285页。
⑤ 李德生：《李德生回忆录》，人民出版社，2012年，第85页。
⑥ 军事科学院军事历史研究部：《中国抗日战争史（中）》，解放军出版社，2015年，第488、490页。

"治安强化运动"时期日伪在冀津地区的碉堡（1941—1942）

仍能够集中火力反复出击，因此，我军不得不放弃两个碉堡"[1]。与此同时，八路军冀西部队还针对碉堡专门制定了一套围攻法（其核心即为爆破加火攻，配合夜间作战，这也是后来八路军拔碉的重要方法），足见对碉堡的重视。总之，百团大战中"由于敌人工事坚固，防守严密，我军缺乏攻坚手段，所以很多碉堡不容易被攻克，有些被攻克的复为敌收回"[2]，由此显示了碉堡的效用。与之相应的，日军通过百团大战也加深了对碉堡的认识："对于长期单独作战的小分遣队，必须准备充足的弹药粮秣，构筑坚固的防御工事"[3]。也正是在百团大战期间，冀津地区很多日伪战略要地都加修、增补了碉堡，图谋更好的防共、剿共——

1940 年 10 月	伪玉田县为强化县治安计，在扼要地区窝洛沽镇"修筑大炮楼，以防流匪。此楼高有五丈余，下开洞，可以通车辆。上有三层，体有二尺余厚。小炮弹不至于打透。而四开枪眼，每日有四位警兵常守"。[4]
1940 年 11 月	宝坻三岔口镇，"北邻蓟县，横跨蓟运河上游，南通宝坻，直达京津，水旱码头交通便利"，该县伪政权当局特在该镇"建筑碉堡一座，高可寻丈，登堡瞭望，十数里外，可见匪人，内部宽敞，可容八十余人，架炮设枪之处，设备完善"。[5]
1940 年 12 月	伪永年县的南沿村为县境内一大集镇，人员流动频繁，"经县署建设科擘划，通知该镇附近各爱护村，兴修炮楼，以固村防"[6]。

不过，纵观整个 1940 年，冀津地区的日伪碉堡仍然不成规模，"各个据点过度分散配置，兵力难以迅速集中"，因此缺乏一定的协同战斗能力及大规模进攻能力，"出击或多次受阻后，就会丧失战斗力，转入单纯的防御……碉堡背后的掩护工事也有缺点，以致于很多士兵被八路军从背后掷来的手榴弹炸死"。同时，碉堡的夜间作战能力也尚待进步，很多碉堡内守敌不善夜战，"射击不准确，甚至彻夜盲目射击"[7]。这些都说明碉堡存在的问题，这也迫使日军实行更大规模的碉堡政策，以此强化包括冀津地区在内的华北治安，彻底肃清中共力量。

---

① 日本防卫厅防卫研修所战史室编：《华北治安战》，樊友平、朱家卿译，第 313 页。
② 张宪文等：《中国抗日战争史·第三卷》，化学工业出版社，2017 年，第 156 页。
③ 日本防卫厅防卫研修所战史室编：《华北治安战》，樊友平、朱家卿译，第 312 页。
④《玉田修筑炮楼锁定流匪》，《新天津》，1940 年 10 月 20 日，第 6 版。
⑤《宝坻三岔口镇建筑碉堡防御坚固 匪患可绝》，《晨报》，1940 年 11 月 10 日，第 3 版。
⑥《永年县建南沿村炮楼》，《河北日报》，1940 年 12 月 15 日，第 2 版。
⑦ 日本防卫厅防卫研修所战史室编：《华北治安战》，樊友平、朱家卿译，第 314 页。

二、冀津地区日伪碉堡的大举建设与繁盛期的到来

1941 年初，日军一方面已陷入持久战泥潭，另一方面并未根治"华北治安之癌"——中共势力。为摆脱困境，借助国际法西斯势力的嚣张气焰顺利实施南进计划，日军逐渐调整对华作战方针，希冀在军事作战与政治谋略共进、经济封锁与奴化教育并举、日伪官民为一体的"总体战"策略指引下尽快解决中国事变，彻底肃正华北治安。为此，华北方面军与伪政权从 1941 年初一直到 1942 年底，先后计划并实施了五次以"建设新华北，实现民众安居乐业"为幌子的"治安强化运动"[①]。在运动中，华北日伪役使与强迫民众在其划分的"治安区"和"准治安区"内大量修筑碉堡，其原因一方面来自日军高层认可"碉堡对共军贫乏的火力装备来说却能发挥其最大价值"[②]，在"准治安区"和"非治安区"的交界处修筑适当的隔离壕沟和碉堡"是阻止共军势力入侵的有效方法"[③]；另一方面日军试图通过"有效地、充分地利用碉堡，使之能灵活运用机动兵力，防止发生意外损失"[④]，换言之，以碉堡为据点便于修整、集结兵力，分进合击。此外，日军还认为"在村落修筑堡垒有利于增强自卫能力以延长等待救援时间"。[⑤]1941 年 7 月冈村宁次取代多田骏就任华北方面军总司令，其一到任就大肆强调碉堡的作用，其力度比多田骏时期更大，主张"变短期鲸吞式的扫荡为堡垒主义、步步为营，有计划的吞食和连续围攻，反复清剿"[⑥]。冈村宁次图谋通过更大规模的碉堡政策进一步对抗日根据地进行封锁、分割、蚕食、扫荡，烧光、杀光、抢光抗日民众的生活物资，从而"切

---

① 《治安强化运动实施计划（1941 年 2 月 15 日）》，日本防卫厅防卫研修所战史室编：《华北治安战》，樊友平、朱家卿译，第 412 页。

② 「碉堡及公路の建设」，JACAR(アジア歴史資料センター)Ref. C11110497700、支那剿共戦略の研究　昭和１６年１月１０日(防衛省防衛研究所)。

③ 日本防卫厅防卫研修所战史室编：《华北治安战》，樊友平、朱家卿译，第 451 页。

④ 《晋察冀边区肃正作战计划（1941 年 7 月）》，日本防卫厅防卫研修所战史室编：《华北治安战》，樊友平、朱家卿译，第 458 页。

⑤ 北支那方面軍司令部：『昭和十六年度肃正建设設計画別冊　剿共施策要綱』，JACAR(アジア歴史資料センター)Ref.C11110955700、昭和１６年度肃正建設計画　昭和１６年２月２６日(防衛省防衛研究所)。

⑥ 史鉴：《敌后战场的战略基地：中国共产党领导的抗日民主根据地纪事》，中共党史出版社，2015 年，第 42 页。

"治安强化运动"时期日伪在冀津地区的碉堡（1941—1942）

断八路军与广大民众之间的联系，使八路军成为无水之鱼"①。10 月，冈村宁次在华北方面军所属各兵团长联席会议上明确告知各兵团负责人："我军采用封锁、遮断壕或修筑碉堡等方式有助于提高治安效果"②。次年 5 月，由日军大本营陆军部亲自制定的"作战教令 13 号"再次强调碉堡在"进攻"和"防御"及"阵地作战"中对于正规军的辅助作用③，由此，碉堡的受重视程度进一步提升。为更好地贯彻高层指示，华北各地日军除要求在"邻匪区、半匪区内的各县都要建设封锁网和碉堡"④外，也明令"在最边缘地方的村庄或要冲等地修筑碉堡"⑤。华北方面军如此重视碉堡使得处在华北前哨的冀津地区伪政权迅速跟进，纷纷掀起了筑堡热潮。

以伪永年县为例，为迎接第一次"治安强化运动"，县长何知事积极筹划，准备在西南通邯郸，东南通肥乡，东北洺河径流可达天津的要地南桥和永肥路重要爱护村之赵寨村、东李庄等地建筑炮楼⑥。3 月底，由何知事和分管日军亲自监督的赵寨村炮楼竣工，"系圆形，高度三十一市尺，直径二十市尺，共分三层，内部设备颇为完善，此外又筑浴室一间，厕所一间，警备队住房二间，规模宏大，坚固异常"⑦。4 月，何知事又主持建筑"东桥村西炮楼，至八日全部竣工，该炮楼高三丈，中面一丈八尺，并修厨房一间，厕所一间，守卫极为便利"⑧。5 月，张西堡碉堡也竣工，何知事特偕同新民会岛次长前往查验。6 月底，伪永年县已"修建碉堡共计三十六处"⑨。由此可见伪政权的配合度，以及日伪碉堡内部愈加提升的生活便利性。同伪永年县情形类似，1941 年上半年，很多日军控制的县积极行动，加速筑堡，配合一次"治运"的开展与落实。

---

① 江沛：《日伪治安强化运动研究》，南开大学出版社，2006 年，第 121 页。

② 日本防卫厅防卫研修所战史室编：《华北治安战》，樊友平、朱家卿译，第 478 页。

③「作战教令第 13 号 对敌扫荡作战—讨伐队及碉堡政策—の对策」，JACAR(アジア歴史資料センター)Ref.C13031918800、重慶軍の対日戰法 第 2 編 昭和１７年５月２０日(防衛省防衛研究所)。

④「經濟封鎖政策の實施」，JACAR(アジア歴史資料センター)Ref.C11110497800、支那剿共戰略の研究 昭和１６年１月１０日(防衛省防衛研究所)。

⑤〔日〕稻叶正夫编：《冈村宁次回忆录》，天津市政协编译委员会译，中华书局，1981 年，第 325 页。

⑥《永年县增强人民自卫力量建筑府南桥炮楼》，《晨报》，1941 年 2 月 10 日，第 2 版。

⑦《强化治安 建筑赵寨炮楼》，《河北日报》1941 年 3 月 29 日，第 2 版。

⑧《永年西炮楼全部竣工刻遣队兵长期驻守治安即可日臻巩固》，《晨报》，1941 年 4 月 24 日，第 2 版。

⑨《永年警所派属勘验碉堡如发现毁坏处随时修补》，《晨报》，1941 年 6 月 24 日，第 2 版。

伪唐县	"经王知事冠英氏与望都县赵知事汝苞氏商承友军部队许可，于唐望路每十里地方，建筑碉堡一处……以期保护大路、华北交通株式会社"①。
伪广宗县	伪县知事张云亭亲率警备队、警察所、建设科、财政科、宣传组等官兵80余人，"随同驻县日军警备队长，前往县城东北燕红龙，筑碉堡设防，并要求民众每户出夫一名，以期碉堡早日完成"②。
伪威县	"在城南麻固、马厂开始修筑碉堡……县知事和梦九、洼内顾问、新民会大塚次长，率同县警备队十余名，携带纸烟、宣传品慰问该两处监修碉堡之警备军及民夫，训话、犒赏纸烟"③，此前该伪县已在香花营、苏高庄、北塘町、方家营等地建造了12座碉堡，各碉堡之间设有联络电话。
伪栾县	伪知事张化五为了更好地筑成炮楼，在县警备队、警察所相关负责人陪同下亲自前往日军部队长处，由日方指导"绘具平面图带回"，随后开始修筑④。

1941年下半年是日伪第二、三次"治运"时期，其筑堡力度不断加强，规模也继续扩大，某些省、市、道一级的日伪负责人对碉堡的重视也随之跟进。

伪保定市	于"南大园、金庄等数村庄内修筑碉堡以资联络，省警察署署长曾亲自前往视察"⑤。
伪天津市	第三次"治安强化运动"开始后，"市区周边及偏僻处所之炮楼堡垒均已建筑竣事"⑥，12月，伪市长温世珍在伪警察局长阎家琪陪同下，"躬亲巡视各边区碉堡、炮楼及防空壕情形。22日上午先赴第八分局宜兴埠视察南桥栏门碉堡，后至丁字沽视察北街口碉堡，又赴西于庄视察西堤头村碉堡，然后至新红桥视察该处碉堡……23日上午又至六分局湾兜视察该处碉堡与万隆马店及南楼村两碉堡"⑦。
伪顺德道	"在王道尹督励下，顺德道各县知事无不奋力迈进，修建惠民壕，筑造碉堡"，并派"有素养之警备队在各地碉堡驻守"，同时于12月底"再次发出训令，使各县碉堡若有损坏者，速修补以利应用"⑧。

① 《唐县唐望路建筑碉堡工程完竣交通安全》，《河北日报》，1941年3月1日，第2版。
② 《广宗县张知事助抚边境各村庄修筑燕红龙寨墙碉堡》，《河北日报》，1941年3月14日，第2版。
③ 《威县治安益趋强化特建公路碉堡十二座知事顾问均亲往督工》，《河北日报》，1941年5月16日，第2版。
④ 《栾县强化治安重要出口建筑碉堡》，《晨报》，1941年6月29日，第2版。
⑤ 《保定南大园等村碉堡修竣》，《东亚晨报》，1941年9月20日，第2版。
⑥ 《天津市推进治强运动状况》，《电影报》，1941年11月21日，第1版。
⑦ 《温市长昨继续巡视津边区碉堡防空壕并关心贫黎施赈济千六百元》，《东亚晨报》，1941年12月24日，第3版。
⑧ 《顺德道通令各县补修炮楼碉堡》，《东亚晨报》，1941年12月31日，第2版。

"治安强化运动"时期日伪在冀津地区的碉堡（1941—1942）

1942 年上半年第四次"治运"开始后，日伪政权继续扩大筑堡，其筑堡筹备程序、筑堡与增堡方式、筑堡地址选择及守卫规划等更加精准、详细。

伪津县	先"拟定修筑碉堡之办法、绘制碉堡图样以备参考"，然后"令各乡镇一律遵照实行"，同时要求"各乡镇按照缓急，分期修建碉堡，第一期自 4 月至 6 月底止为县属边陲之地之二十一乡，第二期自 7 月至 9 月底止为县属腹地之二十二乡"①。
伪霸县	一边"派宣传人员分往各区镇讲演、唤起人民协力推进"，一边"决于各重要据点建筑防御工事与大小炮楼，均派有警备队驻守"②。
伪临城县	"特于新收复县西山岳地带，计郝家庄、李家庄、南台峪、西台峪等村要冲，建筑碉堡十一座，业于 7 月 23 日先后完成并派警队常川驻守与友军协力防卫"③。
伪雄县	"境内以前建有碉堡三十五座，近于夏防期间在大留镇、十里铺、古庄头、南辛庄等处"复增筑碉堡十九座"，日伪混合驻扎，联合防御④。

伴随 1942 年下半年第五次"治运"的进行，冀津地区的日伪碉堡规模趋于极盛。单就冀东来说，日伪先后奴役民众上百万在"遵化、丰润、沙河、罗家屯沿线修筑自卫碉堡达三百座，遮断壕数千里"，日伪借此叫嚣"冀东地区治安已达极明朗气象，此后共匪必难越雷池一步"⑤。而冀南在 1942 年 7 月曾对敌人的据点、碉堡做过一次统计，"全区有据点三百零七个，碉堡六百五十四个，平均每一百平方公里内即有据点碉堡四点五九个，据点、碉堡之间的距离，平均为五千二百六十四米，即每个碉堡监视地区的半径只有二千六百三十二米"⑥。再如冀中，到 1942 年止，"仅 6 万多平方公里的土地上，日军就建立了 1700 多个据点和碉堡，修筑了 7500 多公里的公路，挖了 4000 多公里的封锁沟，使据点、碉堡、公路、铁路和封锁沟互相连接，密如蛛网"⑦。总之，五次"治安强化运动"后，包括冀津地区在

① 《津县修建治安碉堡》，《东亚晨报》，1942 年 5 月 28 日，第 3 版。
② 《霸县防务巩固增建炮楼成立警本部》，《东亚晨报》，1942 年 6 月 14 日，第 2 版。
③ 《临城收复各村 建筑碉堡竣工》，《东亚晨报》，1942 年 9 月 3 日，第 1 版。
④ 《雄县增筑碉堡 夏防清乡达六十余次》，《东亚晨报》，1942 年 9 月 13 日，第 2 版。
⑤ 《冀东自卫碉堡》，《新天津画报》，1942 年 10 月 16 日，第 1 版。另据外国学者统计，到 1942 年 12 月冀东据点和碉堡有 329 个（参见〔美〕费正清、费维恺编：《剑桥中华民国史（1912—1949）下卷》，刘敬坤译，中国社会科学出版社，1994 年，第 677 页）。
⑥ 李达：《抗日战争中的八路军一二九师》，人民出版社，1985 年，第 305 页。
⑦ 李茂盛、杨建中、马生怀：《华北抗战史》，山西人民出版社，2013 年，第 101 页。另据外国学者统计，到 1942 年 12 月，冀中有据点和碉堡 1635 个（参见〔美〕费正清、费维恺编：《剑桥中华民国史（1912—1949）下卷》，刘敬坤译，中国社会科学出版社，1994 年，第 677 页）。

内的整个华北"新增据点碉堡 7800 余座，耗费劳力 4500 万人次，占用耕地 4600 余万亩"①，由此可见日伪碉堡之盛况。

通过以上史料不难发现，"治安强化运动"开始后，日军控制下的伪县知事、伪县建设科、伪警备队等在筑堡过程中发挥了重要作用，所有筑堡工作几乎都是由各县级伪政权亲自去实施、监督，配合日军及新民会的指导。在人力征发方面，伪县知事、伪警备队长、伪建设科财政科等负责人纷纷充当日军的马前卒，协助日军征发、强迫民众筑堡，并不断加强筑堡意义的宣传。图纸设计及监工方面，先由日军根据需要指导绘制，然后由各县日伪警备队监督施工。选址及外形方面，一般在各县境内关键要冲，即交通要道、扼要村落的制高点筑造，有圆形和方形，以圆形居多，可以俯瞰更宽广的地理范围。据福尔曼亲眼所见，华北最典型的碉堡"大约有 20 英尺直径，高 20 英尺，用石头、泥和砖造成，上面密密匝匝全是些机关枪放枪的洞眼，毗邻是警备队的军营，一半造在地底下，环绕着碉堡，有三圈来复枪壕沟"，外设"双层铁丝网"，铁丝网外再挖"三道很深的沟渠"，沟渠上面只有一道"吊桥"可通行②。坚固程度方面，按照斯坦因的话来讲，"大部分的设计是为防御手榴弹和步枪的攻击"③，拥有比较强的防御能力。碉堡内置与效用方面，不仅可以储备军用物资，也具备生活功能，厨房、厕所、电话等一应俱全，既可做长时间据守，也可借此向前推进作战，攻防一体。守备方面，兵力尚足时，重要碉堡会由日军或日伪混合守备；当兵力捉襟见肘或碉堡不是特别重要时，按照刘伯承的话来讲就是——"以少数日军甚至以其移民担任外围主要据点的防务，而以特务机关的督导官间接控制伪军、自卫团，敷衍门面"④。

除了上述发现，"治运"时期日伪筑堡还有一个大的变化，那就是——碉堡群大量增加。"像百团大战落幕时那样单个的堡垒，是没有了的，最少亦是三个碉堡相互联系，交通线上的堡垒，相隔最远的不到十里路，其余都是二里三里一个"⑤。这一点正是吸取了百团大战的教训，"治安强化运动"时期，日军为了弥补碉堡分散孤立进而容易被袭的缺点，故加强了碉堡彼此之间的照应，密集建筑，互为犄角，

---

① 谢忠厚、肖银成：《晋察冀抗日根据地史》，第 302 页。
② 〔美〕哈里森·福尔曼：《北行漫记》，陶岱译，第 222 页。
③ 〔英〕G.斯坦因：《红色中国的挑战》，李凤鸣译，希望书店，1946 年，第 205 页。
④ 《刘伯承：一九四二年的敌情观察》，陈斐琴：《巍巍太行》，云南人民出版社，1984 年，第 387 页。
⑤ 《刘伯承谈：策应晋察冀反扫荡晋冀豫胜利辉煌一周连克三城毁碉堡百余》，《解放日报》，1941 年 9 月 21 日，第 3 版。

"治安强化运动"时期日伪在冀津地区的碉堡（1941—1942）

在碉堡群中再建筑一个主碉，进而进行协调调度，各碉堡据点之间设立电话线进行联系，配备自行车、马匹等交通工具①，从而加强碉堡的机动、联合作战能力。总之，从法西斯势力甚嚣尘上的 1941 年开始，在日军的刺刀逼迫、伪政权的躬亲迎合及沦陷区民众的血泪劳动下，冀津地区碉堡规模迅速扩大、数目急剧增多、功能愈发健全，冀津地区的碉堡也由此进入繁盛期。

三、冀津地区日伪碉堡的危害及中共的应对措施

以修筑碉堡为重点的五次"治运"给冀津地区的抗日根据地带来了巨大困难。以冀中为例，到 1942 年底"全冀中已经被分割成 2670 小块"②，日军借助碉堡所进行的蚕食、扫荡，使冀中党组织和军民遭受重大损失，仅"五一大扫荡"后，"八路军就减员 16000 余人……区以上干部牺牲 1/3，群众被杀、被抓达 5 万余人"③。再如冀东，"从 1941 年 4 月开始至 1942 年底，日军连续集中数万兵力对冀东根据地进行大扫荡，使冀东处于华北日军和伪满日伪军两面夹击的严峻局势中"④。长城以南的游击根据地被细碎分割，纵横数十条的封锁沟上"三里一碉，五里一堡，主力难以进入，地方工作人员和游击队大部撤出"⑤。另如冀南根据地，"面积缩小到五分之三，近半数党组织被破坏，党员人数从四万人减少到两万人，不少县、区抗日政府完全解体，很多村庄变成两面政权"⑥。在给冀津抗日根据地带来灾难的同时，日军的碉堡给冀津敌占区民众也带来了沉重苦难。据刘荣日记记载，平山县杨家庄一户人家"大女年十八，被鬼子拉上岗楼睡了月余，病了三个多月不能起床……全村 21 个姑娘，没有一个落空，全被鬼子奸淫了，财产被劫掠一空，房子被拆了修堡垒"⑦。另如藁无县的赵庄，"每月需要给岗楼据点，送鸡蛋、酒肉十余次，每次百元，半年共费六千元，修岗楼要砖二十三万块，合需贰仟伍佰元"⑧。

---

① 〔日〕藤原彰：《中国战线从军记》，林晓光译，四川人民出版社，2005 年，第 31 页。
② 吕正操：《穿插在沟线中的游击战争》，《解放日报》，1943 年 7 月 16 日，第 2 版。
③ 吕正操：《冀中回忆录》，华岳文艺出版社，1988 年，第 181 页。
④ 李运昌回忆录编写组：《李运昌回忆录》，法律出版社，2005 年，第 180 页。
⑤ 娄平：《冀热辽抗日斗争简史》，南开大学出版社，1993 年，第 53 页。
⑥ 日本防卫厅防卫研修所战史室编：《华北治安战》，樊友平、朱家卿译，第 628 页。
⑦ 梁山松、林建良、吕建伟：《烽火晋察冀：刘荣抗战日记选》，中国文史出版社，2015 年，第 53 页。
⑧ 周而复：《解放区晋察冀行》，张颐青、杨镰整理，中国青年出版社，2012 年，第 130 页。

再如冀南区巨鹿县大韩寨和大吕寨、冀县北冯村、新河县西干庄等 1150 户，"1个月内出夫工（给日军筑堡、挖沟、修路）18294 次，平均每户 6 人次"①。日军筑堡过程中对数万民众惨无人道的奴役、对大片农田的破坏以及利用碉堡进行的竭泽而渔式的侵略，使得沦陷区、游击区乃至根据地民众苦不堪言的同时，也使得民众日益看出日军及其碉堡的真实面目："鬼子是喂不饱的狼，炮楼（碉堡）是填不完的坑"②。结果势必"激发中国民众的愤怒，因而使日军华北统治的基础变得脆弱"③。民心向背自然会影响到打着"争取民众"幌子实则"暴华"的日军"治运"之结果，对于这一点，后来日军自己也承认："华北治安的关键在于掌握民心……然而，我军工作成果与理想的差距是巨大的。"④

与之相对，中共却在积极地考虑如何赢得民心，进而领导民众战胜日伪的碉堡政策，渡过难关。为此，中央军委及时制定应敌策略，决定"熬时间，积蓄力量，长期斗争，分散游击，采取一切斗争方式与敌周旋，节省与保存自己的实力，以待时机"。同时要求各根据地必须"建立健全主力军、地方军和人民武装三位一体的军事体系，大力发展民兵队伍，大量生产民间武器，如手榴弹、地雷等"⑤。与此同时，冀津地区的中共党组织和八路军针对日伪愈发疯狂的碉堡封锁，也先后召开干部会议，指出"当前敌人在第一线据点的堡垒主要配备日军，侧后则多为伪军，堡垒推进，敌后空隙很大"，随之提出"敌进我进，向敌后之敌后伸展的方针"。并要求"必须组织大量的游击队，把敌人从面的占领压回据点去，在敌占区建立小块游击根据地……地方军全部，主力军的 1/3 或 1/2 分别深入敌人后方，广泛开展群众性游击战争"⑥。由此数十支敌后武工队、精锐游击队建立起来，并奔赴敌占区、游击区开展反碉堡斗争。他们采取袭扰战术，专门针对挖沟筑堡的敌人，使用夜战、火攻、地雷爆破、神经战等技巧，袭扰监工筑堡的敌人，"焚毁其修碉的大批物资器材，使敌人每挖一段封锁沟，修一处碉堡，都需付出很大代价"，不仅如

---

① 谢忠厚：《河北抗日战争史》，知识产权出版社，2020 年，第 421 页。
② 冀中人民抗日斗争史资料研究会编：《冀中平原抗日烽火》，河北人民出版社，1987 年，第 399 页。
③ 〔日〕石岛纪之：《抗日战争时期的中国民众：饥饿、社会改革和民族主义》，李秉奎等译，第 156 页。
④ 日本防卫厅防卫研修所战史室编：《华北治安战》，樊友平、朱家卿译，第 960 页。
⑤《中央军委关于抗日根据地军事建设的指示（1941 年）》，中央档案馆编：《中共中央文件选集第 11 册》，中共中央党校出版社，1986 年，第 753 页。
⑥ 魏宏运、左志远：《华北抗日根据地史》，第 184、185 页。

"治安强化运动"时期日伪在冀津地区的碉堡（1941—1942）

此，武工队还会悄无声息地潜入敌占区、游击区，四处宣传，教育群众"拒绝向敌人提供建碉物资"，发动"被迫抽去挖沟建点的群众故意消极怠工、毁坏器材"[①]，白天筑堡，夜间拆堡。使敌人不得不出兵维持后方治安，这样就分散了敌人前线兵力，从而减轻了主力军的压力。

此外，一些更加灵活的拔碉战术也被八路军、武工队、游击队开发出来，以在减少伤亡的前提下更灵活的对付碉堡。如化装袭击，"化装日军打伪军，化装伪军打日军，化装敌人这一部分打敌人那一部分。还有化装伪组织人员送信，化装群众送粮，化装办丧事出殡，化装娶亲等，以引诱和接近敌人，乘其不备，突然一阵猛打，使敌人来不及还手就被歼灭"[②]。1942 年秋，冀中三十四地区队一连就化装成蠡县日军去王家营巡视防务，不费一枪一弹将王家营和齐庄的伪军缴了械，并把王家营的碉堡端掉了[③]。华北日军头目冈村宁次在其回忆录里也曾记述过一次八路军游击队化装成送葬队伍拔除日伪碉堡的例子[④]。另如佯攻、伏击拔碉法，1942 年 6 月，冀东八路军十三团在"青纱帐复仇战"中就以一团佯攻敌人某处碉堡，诱敌出援，在敌人出动的路途，借助青纱帐掩护进行伏击，成功歼灭马兰峪碉堡之敌[⑤]。另如夜袭战、神经战，甚至水域、陆域同时作战等，也常被八路军、游击队、武工队所采用，如著名的白洋淀雁翎队，就特别善于"发挥自身特长，以芦苇荡作掩护"，神出鬼没，水陆并进，夜袭敌人巡逻艇，阻击敌人运输队，"镇压汉奸，炸敌炮楼"[⑥]。当然，八路军和游击队也并不缺少更为激烈的拔碉方法，如日伪报纸所记载的"土坦克"拔碉法："以八路军中最精锐之分子为先锋队，多用大方木桌，四脚设轮，顶钉铁板外覆浸湿之棉被四条，借助背后猛烈炮火，冒弹雨负大捆手榴弹而行进攻，以图炸碉"[⑦]。再如围点打援法，集中火力连续猛攻碉堡守军，并派

① 谢忠厚、肖银成：《晋察冀抗日根据地史》，第 359—361 页。
② 吕正操：《回顾冀中平原的抗日游击战争》，冀中人民抗日斗争史资料研究会编：《冀中平原抗日烽火》，第 11 页。
③ 刘光裕：《艰苦战斗的岁月》，冀中人民抗日斗争史资料研究会编：《冀中平原抗日烽火》，第 266 页。
④ "有一天，一座碉堡上发现由村子那边过来一队送葬行列。如此大殡实在少见，当行列走近碉堡旁时，分队长等人完全不假思索放下吊桥，武装不整地走出碉堡，刚刚来到行列近旁，突然送殡人群大乱，许多手枪一齐射击，分队长应声倒地，随后共军冲入碉堡，残兵均被消灭。"参见稻叶正夫编：《冈村宁次回忆录》，天津市政协编译委员会译，中华书局，1981 年，第 325、326 页。
⑤ 李运昌回忆录编写组：《李运昌回忆录》，第 219 页。
⑥ 谢忠厚、肖银成：《晋察冀抗日根据地史》，第 361 页。
⑦ 《剿共军周连长坚守红龙碉堡以寡胜众战功赫赫》，《河北日报》，1941 年 5 月 16 日，第 2 版。

游击队随时准备打击增援之敌，两相配合，坚决端掉敌人碉堡，1941 年 7 月倾井村碉堡就是在这样的方法下被拔除①。这些方法中也配合着爆破攻坚、夜间强攻、火攻等方法，不一而足。

面对敌人庞大的碉堡体系，群众武装——民兵在此时也愈发受到中共重视，按照毛泽东人民战争的思想，大量民兵队伍建立起来并在八路军、武工队领导下逐步成为拔碉的重要力量，他们开发了多种灵活战术，为打破敌人的碉堡政策做出了重要贡献。如冀南民兵模范班，"在攻打'钉子'的时候，配合正规军进行摸哨工作……头两夜进行扰敌，第三夜敌人以为还是模范班来扰乱，警戒疏忽，我正规军一拥而进，将敌寇全部歼灭"②。再如文安县民兵，"摸透了姜村据点敌人的作息规律：每天一早总有一个鬼子开门出来换哨，别的则都还死猪样睡着。一天天不亮，民兵就带着斧头、镐头，藏在堡垒门外边。门一开，他们像一阵大风闯进去，一斧头一个，把还在睡眠的鬼子砍死甚多，剩下的也都做了俘虏"。至于制造地雷，掩埋地雷，开展地雷爆炸运动更是民兵的拿手好戏。1942 年 5 月，"浑源敌人企图到寒风岭修炮楼，民兵游击小组就到敌人必经之路埋了两个地雷，当指挥官、小队长和伪军经过时，地雷骤然爆炸……深泽敌人一月初在城西一里地的道上修了一座两丈多高的岗楼，二月的一天夜里，二百多民兵带着几千根秫秸，抬着两个头号拉火地雷，将岗楼炸了个粉碎"③。另如唐县民兵"在敌伪进到该县南坡子、老虎坡修筑堡垒时，配合边区子弟兵展开地雷爆炸战，先后五日，毙伤敌伪 44 名（内有日敌 23 名）"④。此一时期冀津地区涌现了众多使用地雷的民兵高手，如李勇，号称地雷大王。民兵和游击队广泛开展的地雷战给了碉堡敌人很大的打击，利用地雷对碉堡进行围困也成为阻拦敌人外出扫荡的重要方法。此外，挖地洞、开展地道战，也是民兵、游击队广泛采用的对付碉堡的游击战术。碉堡在明处，地道在暗处，碉堡方便了敌人占据制高点以及集结后进村扫荡，"地道则利于储粮、藏身，甚至可以设陷阱，和高房、庙宇等地面建筑相结合来伏击敌人"⑤，还可以将地道一路挖到敌人碉堡下，炸碉。正如率先开发地道战术的冀中军民所言，"地洞掩护了地方干

---

① 旷伏兆：《从滏阳河到永定河》，冀中人民抗日斗争史资料研究会编：《冀中平原抗日烽火》，第 137 页。
② 郭绍汤：《冀南的民兵模范班》，《解放日报》，1942 年 1 月 22 日，第 3 版。
③ 孙后礼：《晋察冀的民兵》，《解放日报》，1942 年 11 月 4 日，第 3 版。
④ 《民兵袭敌二百余次毙伤敌伪缴获弹药甚多》，《解放日报》，1942 年 10 月 22 日，第 1 版。
⑤ 魏宏运、左志远：《华北抗日根据地史》，第 179 页。

"治安强化运动"时期日伪在冀津地区的碉堡（1941—1942）

部和群众，也使疯狂的敌人受到了阻击。最后连县城的日军炮楼，也是被我军民在地洞内装上炸药崩倒的"[1]。在冀中的启发下，冀南也有几个军分区"吸收了地道战经验，由地上面的斗争转入地下面的斗争，并把地上、地下的斗争结合起来。后来地道战在冀南地区广泛开展起来"[2]，并取得了显著成绩。

此外，离间日伪关系、培养伪军的两面派、改造日军战俘，对日伪碉堡进行政治攻心、情感策反，也是八路军、游击队和民兵经常采用的方式。这些方式行得通的原因在于伪军并不十分忠于日军，同时日军内部的厌战情绪也在与日俱增。对于伪军来说，"鬼子白天不站岗，伪军每天却得摊岗五六班；鬼子逢见伪军，可以摆出盛气凌人、不可一世的武士道架子，伪军遇到鬼子，则须做出低声下气、让路敬礼的亡国奴丑相。诸如此类，都使伪军们深刻地体会到，中国人终究不是日本人，亡国奴的滋味实在不好受"[3]。与此同时，敌寇担心伪军反正，还经常将伪军缴械，扣押伪军亲属，甚至将伪军家属送到"东北的煤窑"做苦力[4]。据王紫峰日记载，八路军攻打北庄堡垒时，伪军曾一副可怜相的"向我部队喊：'官长们、兄弟们，饶了我们吧！我们实实在在是没有办法，我们的家属被扣留在城里，不然的话，我们早反正过来了！'"[5]面对此情此景，八路军在不停止军事打击伪军的同时，也加紧了对伪军的政治攻势。如碉堡前的喊话，"每逢夜晚，我们队伍包围岗楼，敌伪在里面像乌龟似的不敢动。向伪军们宣传，我们预先调查某岗楼的具体情形，抓住当前具体问题给予鼓动激发"[6]。这些"喊话" 大则以国家民族、马列主义进行政治教育，小则利用"家属、亲戚、朋友"之情进行心理感化，"软硬兼施，巧妙进行"[7]。离间、策反伪军的同时，武工队和民兵也会利用荣辱榜、红黑点、善恶录（作恶记黑点，行善记红点，累计罪行，秋后算账）等方式规劝伪军家属反正，并引导伪属策反碉堡内伪军（为此，中共还开展了"唤子索夫运动"，利用伪属动员伪军反正）。结果正应了林迈可所言，"许多碉堡由于是伪军把守，因此远远没

---

① 杜敬：《冀中的地洞和堡垒户》，中国社会科学出版社，1997 年，第 43 页。
② 李达：《抗日战争中的八路军一二九师》，人民出版社，1985 年，第 305 页。
③ 孙后礼：《敌伪之间》，《解放日报》，1942 年 8 月 29 日，第 2 版。
④ 《完县敌伪惧我袭击恐慌万状全城骚动》，《解放日报》，1942 年 6 月 22 日，第 1 版。
⑤ 王紫峰：《战争年代的日记》，中国文史出版社，1986，第 100 页。
⑥ 梁山松、林建良、吕建伟：《烽火晋察冀：刘荣抗战日记选》，第 39 页。
⑦ 日本防卫厅防卫研修所战史室编：《华北治安战》樊友平、朱家卿译，第 550、552 页。

有起到作用，很多伪军驻守的碉堡，八路军都可以和其达成互不侵犯协议"①。另一边，利用国际主义、共产主义、人道主义、优待俘虏政策等教育、改造日军战俘，组建日人在华反战同盟，利用"日本八路"对碉堡日军展开政治攻心的工作也在积极进行。1941 年 2 月 23 日，反战同盟冀中支部在唐县南洪村成立，支部长田中实，盟员有改造后的吉田、东忠、山室繁、松山一郎等 16 人。1941 年 5 月 4 日反战同盟晋察冀支部在平山县北头村成立，盟员有 15 人。1941 年 8 月 7 日，由秋山良照、小原健次、成泽鬼彦组成的觉醒联盟冀南支部成立，秋山良照担任支部长，不久又增加了 7 名盟员。反战同盟组建后，其成员不同程度的采取慰问袋、写信、喊话、报纸、广播、演唱思乡歌曲、散发揭露法西斯侵略面目的传单等方式对碉堡内的日军进行政治攻势、情感感化（这些方式也用于对新俘虏的日本士兵进行教育）②，并取得了一定效果。据冈野进记述，1942 年 5 月一名叫山下的反战同盟成员就对河北省南宫县一带的日军碉堡进行了夜间喊话，并利用演唱日本歌曲来唤起守军的思乡之情，极大影响了日军情绪，降低了其战斗力，配合了主力军的作战③。此类例子还有很多，兹不一一列举。

1943 年世界反法西斯战争出现重大转折，在太平洋战场美军先后取得中途岛和瓜岛战役胜利。为了应对危机，也为了打通大陆交通线和扫除中国东南部沿海地区的中美空军基地，日本大本营大批抽调华北占领军主力前往南方，从而"减小了中共的军事压力，也为中共军事力量的扩展提供了空间和机遇"④。此一时期，日军虽然仍在筑堡，但势头明显减弱，而八路军则顺势恢复根据地并尝试集中力量军事强攻碉堡、围困碉堡，同时在政治上、思想上进一步加强对碉堡内守军的教育。到 1944 年，冀津地区的日军继续减少，剩余日军也纷纷向重要点线的碉堡集中，越来越多的小碉堡留给老弱士兵或直接利用伪军驻守。鉴于此，八路军瞅准时机，加紧军事攻坚与政治攻心的结合。结果正如冀中军民所描述的："1944 年，敌人的败象显露出来了。据点里岗楼上有了老鬼子和小鬼子（敌人兵源枯竭，把中年以上和小孩子也征了），伪军在我敌伪军工作的强大争取下，纷纷与我们拉关系，

---

① 林迈可：《抗战中的中共：图文见证八路军抗战史》，杨重光、郝平译，第 21 页。
② 〔日〕香川孝志、前田光繁：《八路军内日本兵》，赵安博、吴从勇译，解放军出版社，2015 年，第 60 页。
③ 〔日〕野坂参三：《为和平而战》，殷占堂译，解放军出版社，2015 年，第 94、129、216 页。
④ 卢毅、罗平汉、齐小林：《抗日战争与中共崛起》，东方出版社，2015 年，第 148 页。

"治安强化运动"时期日伪在冀津地区的碉堡（1941—1942）

成熟以后，我们就端岗楼，俘虏伪军，把岗楼一把火烧掉。敌人没办法，只好撤岗楼，开始收缩。"[①]

结　语

　　1941 年和 1942 年日军妄图通过碉堡战术彻底肃正、强化华北治安，为此利用伪政权（尤其是县级伪政权）大量筑堡，然而早就丧失民心以及兵力愈发不足的日军并没有通过星罗棋布的碉堡彻底清除华北的中共势力。与之相对，中共积极寻找出路，领导军民化整为零，分散游击，广泛发动群众，军事攻坚与政治攻心相结合，创造了大量灵活且实用的拔碉战术，配合着此一时期中共深入贯彻执行的三三制、减租减息、大生产、加强党的一元化领导、累进税制、整风运动等其他各项措施，逐步渡过了困难期。随后的日军南进失败及中共开始反攻，也就进而宣告了碉堡政策的必然破产。然而中共的拔碉作战并没有随着日军的投降而结束，随后的 3 年内战，中共军队仍须面对国民党军队庞大的碉堡系统（其中某些碉堡的构筑方法甚至直接来自日军设计，如阎锡山的太原碉堡群[②]），新的拔碉作战随之展开，而抗战时期八路军积攒的拔碉战术经验，届时将再次发挥作用。

　　由此不难发现，研究抗日战争时期的碉堡确有重要价值。抗战时期碉堡一直在场，不仅冀津地区，整个华北，乃至华中、华南，都存在大量的日伪碉堡（如华中日军联合汪伪政权搞"清乡运动"时就大量筑堡）。这些碉堡不仅是日军罪恶行径的铁证，也是日军侵略政策、侵略方式、军事作战方法的体现，更是中共军民艰难岁月、中共抗战的真实见证。与此同时，筑堡并不是二战时期日军的独创，20 世纪上半叶，世界范围内很多军队都会在军事作战中构筑碉堡，也就是说筑堡是当时一项世界性做法，多方比较，我们会发现更多的属于碉堡研究的意义。

（作者：耿殿龙，山东省桓台第一中学高中历史一级老师）

---

① 杜敬：《冀中的地洞和堡垒户》，第 237 页。
② 参见吴根东：《解密 239 座太原碉堡的历史档案》，团结出版社，2019 年。

/

日本经济

疫情下中日经贸合作关系的现状与展望

吕克俭

内容摘要 在过去的 2020 年，新冠肺炎疫情对中日两国经济、社会造成持续冲击。在此困难时刻，中日两国共克时艰，中日关系基本保持了改善和发展的势头，两国经贸关系更是进一步稳定向前发展。尽管受疫情影响，习近平主席原定的访日行程延期，但 2 月 28 日，两国成功举行了第八次中日高级别政治对话，双方分享防疫经验、协调防控措施，并就防止新冠疫情蔓延、加强信息共享等领域的合作达成一致。9 月，习近平主席与日本新任首相菅义伟，举行了两国自 2018 年 5 月以来的首次电话磋商，明确两国将继续深化合作、加强双方高层互动。11 月，国务委员兼外长王毅访日，先后与日本外相茂木敏充、官房长官加藤胜信以及首相菅义伟举行了会谈，双方达成了 5 点重要共识和 6 项具体成果，一致同意以更加宽阔的视野、更加有效的行动、在更加广泛的领域，构建契合新时代要求的中日关系。其中就经贸合作问题，双方一致同意适时举行新一轮中日经济高层对话，继续加强在科技创新、节能环保、医疗康养、电子商务、第三方市场等重点领域合作。11 月，区域全面经济伙伴关系协定（RCEP）正式签署，中日首次达成双边关税减让安排，这一历史性突破，不仅有利于共同维护强化以规则为基础的多边贸易体制，也为今后双方加强互利合作指明了方向。期待两国抓住机遇、相向而行，持续深化务实合作，共同谱写互利共赢的高质量发展新篇章。

关键词 疫情 中日经贸关系 投资 数字经济

The Current Situation and Prospects of the Sino–Japanese Economie and Trade

Cooperation Under the Pandemic

Abstract: Despite the impact of the COVID–19, the economic and trade relations between China and Japan continued to maintain a positive and sound momentum in 2020. In terms of trade and investment, the total value of China–Japan trade increased steadily, China accelerated its step to investing in Japan and the prospects for Japan's investment in China are still promising. In terms of bilateral cooperation, the two countries have increasingly close and effective cooperation in technical intern trainees, third–party markets cooperation, service trade and many other fields. In terms of multilateral cooperation, the two countries actively promoted the China–Japan–South Korea FTA negotiations, seized the window of opportunity to sign the agreement. Faced with new risks and challenges in 2021, China and Japan should continue to implement the five consensuses and six decisions. The two countries should strengthen exchanges and cooperation in the fields of public health incidents and disaster prevention and mitigation, digital economy, energy saving and environmental protection, medical and health care, construction of modern agriculture, to achieve mutual benefit in a wide range of areas. In addition, the two countries should focus on global economic governance in the post–epidemic era, promote regional and multilateral cooperation, contribute Eastern wisdom to building a community of shared future for mankind.

Keywords: Epidemic Situation; China–Japan economic and trade relations; investment; digital economy

一、疫情下中日经贸关系的现状

（一）中日贸易逆势而上、实现稳步发展

中日两国是一衣带水的邻邦，友好交往始终是两国关系的主旋律，两国的经贸往来也克服了各种困难与障碍，实现了长足发展。2007 年以来中国连续 12 年成为日本第一大贸易伙伴，而日本是中国第二大贸易伙伴国和重要外资来源国。中日经贸合作规模不断扩大、合作关系日趋紧密，为促进两国经济发展和改善人民生活都

疫情下中日经贸合作关系的现状与展望

带来了实实在在的利益。

2020 年，在新冠肺炎疫情全球大流行的冲击下，全球经济陷入历史性衰退，加之贸易保护主义、单边主义以及逆全球化思潮的盛行，全球贸易发展与人员往来受到严重阻碍。面对严峻复杂的国际疫情，中日两国政府基于 2008 年汶川地震及 2011 年东日本大地震期间共同应对突发重大事件的历史经验和合作传统，再次开启"互助"模式，展现出患难之交、同舟共济的睦邻情谊，树立了开展疫情防控国际合作的典范。中日两国携手抗击疫情的正面互动，既是推动中日关系未来改善与发展的新动能，也是增进两国人民友好感情的新纽带。在此基础上，随着中国成功实现全面复工复产、积极畅通与各国的交流往来，中日两国务实合作得到持续推进，双边贸易仍继续保持了 3000 亿美元规模，实现了难能可贵的正增长。

据中国海关数据显示，2020 年，中日进出口贸易总额为 3175.3 亿美元，同比增长 0.8%。其中，中国对日出口额为 1426.6 亿美元，同比下降 0.4%；中国自日进口额为 1748.7 亿美元，同比增长 1.8%，中方逆差 322.1 亿美元。日本落后于东盟、欧盟、美国，是中国的第四大贸易伙伴。按国别排名，日本是中国第二大贸易伙伴国，第二大出口对象国以及第一大进口来源国。

据日本财务省 2021 年 3 月发布的贸易统计数据显示，2020 年全年日本对中国的出口额达 15.08 万亿日元，同比增长 2.7%，占日本出口总额的 22.05%，时隔两年中国再次成为日本最大出口目的国。另一方面，2020 年日本自中国进口额为 17.49 万亿日元，占日本进口总额的 25.79%，中国仍是日本第一大进口来源国。图 1 显示了 2020 年以来日本对华贸易额及增长率的变化。至 2020 年 12 月，日本对华出口已连续 7 个月呈增长态势，2020 年下半年起日本自中国进口贸易也迅速恢复。

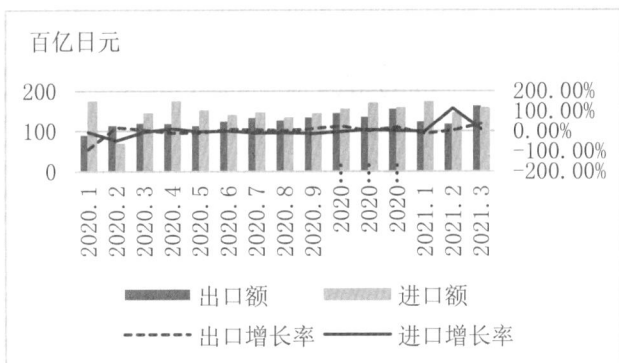

图 1　日本对华贸易额及增长率

（数据来源：日本财务省 https://www.customs.go.jp/toukei/info/tsdl.htm）

据中国海关总署最新数据显示，2021 年 1 月至 2 月，中日贸易总额达 3492.3 亿元，同比增长 27.4%。其中，中国对日出口 1643.2 亿元，增长 38.2%；自日本进口 1849.1 亿元，增长 19.1%；对日贸易逆差为 205.9 亿元，下降 43.4%。中日贸易逆势增长不仅说明了中日经贸关系的稳固性与重要性，更凸显了其强大韧性。

但与此同时也应该清醒地认识到，当前新冠肺炎疫情依旧在全球范围内肆虐，在贸易保护主义、中美贸易摩擦前景不明朗等不确定因素的影响下，国际贸易持续低迷、世界经济复苏乏力，因此，中日贸易的进一步发展仍面临诸多风险与挑战。

（二）日本对华投资稳中有降但前景可期

受新冠肺炎疫情冲击，产业链供应链循环受阻，在全球投资萎缩的背景下，2020 年度日本对华直接投资稳中有降。据中国商务部统计数据显示，2020 年，日本企业对华投资实际使用金额 33.7 亿美元，同比下降 9.3%；在华新设企业 799 家，同比减少 20.1%。截至 2020 年底，日本累计在华投资设立企业 53633 家，对华投资实际使用金额 1190.8 亿美元，在中国利用外资总额国别排名中居首。据日本财务省统计数据显示，2020 年度，日本对外投资总额减少 51.3%，其中对华投资额为 1.1 万亿日元，同比下降 5.0%，对华投资占比为 8.9%。日本对华投资的重点集中于零售业、运输机械业及金融保险业，占日本对华投资总额的 71%。（图 2）

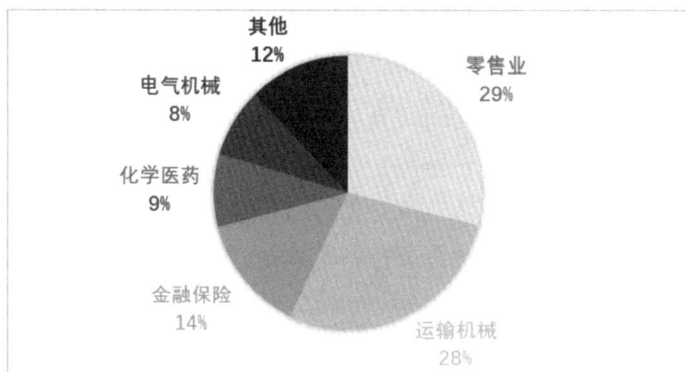

图 2　日本对华投资行业占比

疫情下中日经贸合作关系的现状与展望

（数据来源：日本财务省 https://www.customs.go.jp/toukei/info/tsdl.htm）

尽管日本对外投资总额大幅度下降，但对华投资的减少幅度远低于总体水平。同时，从投资战略角度看，大多数在华日本企业仍继续看好中国市场长期投资前景，对中国市场抱有信心。中国日本商会 2019 年发布的白皮书显示，48%的在华日资企业希望扩大经营规模，该比例较 2015 年上升了 10 个百分点。根据 2020 年 4 月日本贸易振兴机构（JETRO）对华南及华东地区共计 1071 家日企进行的调查显示，华南地区 91.7%的企业表示没有转移计划，华东地区 86%的企业表示没有改变供应链或据点的计划。这一方面归功于中国巨大的消费市场、成熟的劳动力资源以及完整的产业链和门类齐全的工业体系带来的投资潜力，另一方面也归功于抗疫胜利后迅速推进复产复工、释放消费需求带来的积极影响。

根据 7 月 27 日世界银行发布的《中国优化营商环境的成功经验——改革驱动力与未来改革机遇》专题报告显示，近年来中国在"放管服"改革优化营商环境领域取得了巨大成就，营商环境的全球排名持续大幅上升，由 2018 年的 78 位、2019 年的 46 位跃居为 2020 年的 31 位，同时还连续两年被世界银行评选成为全球优化营商环境改善幅度最大的十大经济体之一。从投资领域上看，日本企业在机械、汽车、半导体等制造业领域的对华投资并未减弱，对医药健康、养老照护、环境技术等领域的投资不断增加。日本对华投资已呈现出多元化、多样化发展的新态势，同时也符合中国高质量发展的目标。

中日两国作为世界第二与第三大经济体，两国间全方位、深层次的经贸合作已形成了互补、互惠、互利的伙伴关系。在全球经济发展遭遇困难、世界经济环境持续恶化的大背景下，中国坚持实施更大范围、更宽领域、更深层次的对外开放，受到包括日本企业界在内的世界各国有识之士的广泛关注。成功控制新冠疫情并加入RCEP 协定后的中国，经济将会快速恢复增长，并保持稳中向好发展势头。随着全面建成小康社会的目标的实现、"十四五"规划的制定与实施，中国的产业结构将进一步优化升级、国民收入将继续快速增加，并形成更多新的投资与消费增长点，将为日本企业等外资企业带来巨大商机。在全球疫情形势持续恶化的背景下，日本国际贸促协会、日中经济协会、经济团体联合会、商工会议所等经贸团体克服多重困难，采取多种举措强化对华务实合作，展现出日本企业继续看好中国经济的发展潜力及资本市场的前景与机遇，重视并有意愿加大在华投资、深耕中国市场。

（三）中国对日投资保持稳步增长

近年来，中国企业不断加快对日投资的步伐，中国对日投资保持稳步增长。据商务部统计数据显示，2020 年度，中国对日全行业直接投资 3.6 亿美元，同比增长 42%，截至 2020 年底累计直接投资总额为 44.6 亿美元；中国企业在日本承包工程完成营业额 4.0 亿美元，同比增长 8.8%，累计完成营业额为 52.6 亿美元。从投资领域看，中国企业对日投资主要涉及制造业、金融服务业、互联网、电气通信、软件等新业态，其中，跨境电商、移动支付、共享经济等新经济模式发展较快。例如，阿里巴巴、腾讯等企业在日本推出手机支付服务，并大幅增加在日支付网点；由滴滴出行与软银日本共同投资 5000 万美元的"滴滴出行日本"，自 2018 年 9 月在大阪上线以来，已经与超过 500 家出租车企业建立合作伙伴关系，并在东京、大阪、横滨、福冈、北海道和冲绳等 14 个地区提供服务，多次被日本用户评为满意度最高的出行 App，2020 年 4 月还在大阪上线了外卖服务。此外，中国企业还高度看重日本的市场及研发环境，积极与日本运营商及生产商开展互惠互利合作。例如，百度、中兴通讯、海尔、京东、华为技术等中国企业先后在日本设立了研发中心；中国银行、工商银行、建设银行、农业银行等均在日本开设了分行及多家分支机构。

另一方面，在日中国企业协会和日本中华总商会重视与日本政经社各界开展交流，并热心为会员企业提供精准务实服务，为会员企业与日本各机构、团体之间创造更多的交流机会。在日中国企业还十分重视履行企业社会责任，随着新冠肺炎疫情在两国扩散，在日中国企业协会积极组织会员企业捐款捐物，倾力相助，充分体现了在日中国企业的社会责任感。当前全球经济局势紧张、日本经济低迷，在日中国企业仍需苦练内功，站稳脚跟，树立良好企业形象，为中日两国经贸关系稳步发展做出应有贡献。

（四）技能实习生合作和人员往来迎来新机遇

日本是中国外派劳务的重要市场之一。据商务部统计显示，2020 年度中国向日本新派出技能实习生 15976 人，同比下降 61.3%。截至 2020 年底，中国在日技能实习生总数约为 8.3 万人，主要分布在日本各地的中小企业，涉及机械及服装等

疫情下中日经贸合作关系的现状与展望

制造业、农林牧渔、康养照护和建筑业等领域。此外，近年来日本接受越南、菲律宾、缅甸、印度尼西亚等东南亚国家的技能实习生人数有所增长，中国技能实习生所占比重有所下降。

在人员往来方面，为严防新冠肺炎疫情的跨境传播，各国均对跨境人员移动采取了严格的出入境管制措施。据日本观光厅发布数据显示（图3），2020年度访日游客数量出现断崖式下跌，跌幅达87.1%，创56年来新低，其中，中国大陆访日游客数量为106.9万人，下降88.9%。日本"观光立国"国策实施后，仅发生东日本大地震的2011年出现了游客大幅减少的现象。

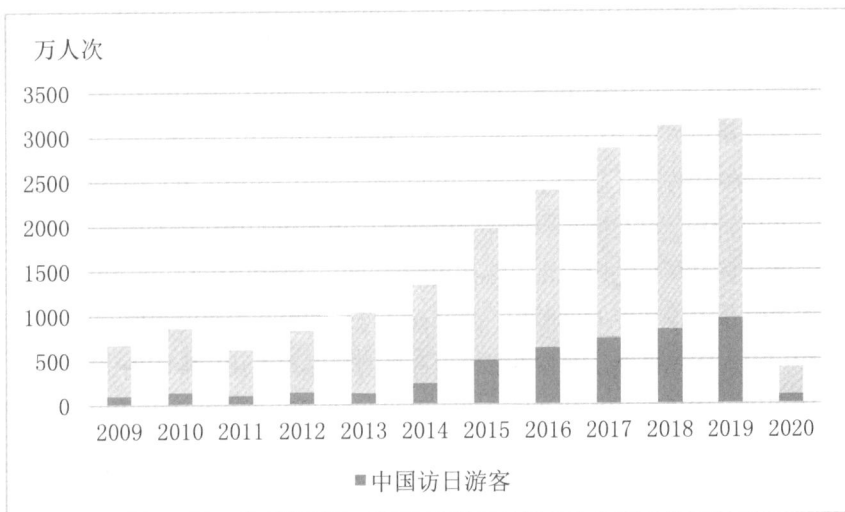

图3　访日外国游客数量变化

（数据来源：日本政府观光局 https://www.jnto.go.jp/jpn/statistics）

尽管受新冠肺炎疫情影响，中日两国人员往来数量有所下降，但两国在相关领域的合作潜力巨大。一方面，随着少子老龄化的加速，日本逐步放开了康养护理等行业对外国劳动者的限制，中日技能实习生合作将迎来新的机遇。另一方面，中国还是日本的主要旅游客源国，2019年访日游客达959万人次，占外国游客总数的1/3。随着中日两国政府就建立便利双边商务等必要人员往来的"快捷通道"及促进疫情防控常态化背景下双边人员往来等重要议题达成共识，加之2021年东京奥运会、2022年北京冬奥会的相继举办，两国在加强技能实习生合作、扩大人员往来规模、深化人文交流等方面的前景可期。

（五）积极携手第三方市场合作，谱写共赢新篇章

"一带一路"倡议提出 7 年来，得到了包括日本在内的国际社会的广泛理解、认同、支持和参与。加强"一带一路"合作框架下的第三方市场合作已成为中日两国企业界的共识。尽管原定在东京举行的第二届中日第三方市场合作论坛因受疫情影响推迟举行，但正在加紧落实首届"第三方市场合作论坛"期间签署的 52 项合作协议，并在钢铁、能源等领域，取得了一定的进展。例如，日本 JFE（日本第二大钢铁集团）牵头的中日泰企业联合体携手在泰国开发智慧城市项目；伊藤忠商事与中国中信集团联合投资德国海上风力发电项目；日本国际协力银行与中国国家开发银行共同对第三方市场基础设施投资提供联合贷款等。

近年来，中日两国企业在开展第三方市场合作方面已有基础，合作内容涵盖技术转让、共同研发、相互持股、联合竞标或分包项目等方面。例如，在日本住友商事和三菱重工联合承建的印尼爪哇燃煤电站项目中，中国通用技术集团下属的中机公司负责提供辅机设备及安装服务；在中石油与丝路基金参与的俄罗斯亚马尔天然气项目中，日本企业也以工程和造船承包商的身份参与其中；中国进出口银行与日本国际协力银行签署支持中日两国企业开展第三方市场合作的备忘录，为越南海防火电站、巴布亚新几内亚液化天然气上中下游一体化等项目联合提供融资服务。与中国企业相比，日本企业在技术、管理、国际化运营等方面更具经验与优势；中国企业则在集成服务、成本控制、建设周期等方面更胜一筹。目前，已经有很多日本企业在工程承包、设备制造、国际物流金融合作等领域与中国企业对接，力求将中国的优势产能、日本的先进技术和"一带一路"沿线发展中国家的发展需求有效对接，实现"1+1+1 大于 3"的效果。相信随着"一带一路"建设的深入推进，中日携手开展在第三方市场的互利多赢合作必将促进各国经济的发展繁荣、推动全球经济的复苏。

（六）深化金融等服务贸易领域合作

金融等服务贸易领域的合作已成为近年来中日经贸合作的新亮点。2011 年，

疫情下中日经贸合作关系的现状与展望

经中国人民银行批准，日本瑞穗银行成为进入中国银行间债券市场的第一家日资银行。2012 年，在中日两国政府以及相关金融机构的密切合作下，两国间部分贸易已实现了人民币和日元的直接结算，相互持有对方国债规模也在扩大。2016 年，中国中信集团与工商银行重返日本资本市场，并先后成功在日本发行债券。2018 年，中国银行开始担任在日人民币业务清算行，并与三菱日联金融集团等日本企业通力协作，创新金融产品、拓展服务范围，为两国企业开拓本币合作新领域进行了积极尝试。2020 年 9 月，在举办的中国国际服务贸易交易会上，佳能、日本数字、瑞穗银行、大和证券等 IT、金融行业的日本企业积极参展，尝试在环境、医疗、金融、通信、媒体、教育等众多领域与中国企业进一步的合作。2020 年 11 月，在中国第三届进博会上，日本欧力士集团旗下的欧力士亚洲与首钢基金、中建国际签订"共同发起成立中日产业合作链接平台"的框架合作协议，未来三方将充分发挥在全球金融、产业、投资等方面的优势，通过"金融+产业+投资"的一体化综合业务，推动中日产业落地实施。

加强金融等服务贸易领域的合作既能促进两国经贸关系的良性发展，也有利于进一步扩大两国跨境投资，将投资合作潜力转化为实实在在的合作成果。2020 年 5 月，国家发改委正式批复成都、天津、大连、上海、苏州、青岛 6 个城市为中日地方发展合作示范区，12 月又批复设立"北京中日创新合作示范区"，这为中日两国在服务贸易领域的合作带来新机遇。与此同时，RCEP 的协定中也涉及金融、服务贸易等议题，在这样一个促进高水平开放的大框架下，中日两国在服务贸易领域的合作将会产生新突破。

（七）两国各层级交流日益密切

尽管受新冠肺炎疫情影响，2020 年度两国经济界主要团体的大型交流互访等活动未能如期举行，但在两国政府及经济界有识之士的共同努力下，中日间各层级的经济磋商对话稳步举行，特别是"云"上交流活动成为新亮点。11 月 9 日，由中国商务部与日本外务省共同牵头的第 14 次中日经济伙伴关系磋商副部级会议以视频会议方式举行，双方就疫情下宏观经济形势、中日双边经贸合作、多边及区域合作等议题深入交换意见，达成广泛共识，为推动中日经贸合作关系健康发展发挥了重要作用。

同时，中国商务部、贸促会等经贸机构、各省市（区）与日本经贸团体和地方及友城间也克服疫情带来的各种现实困难，积极展开务实的交流与合作，各层级的频繁互动受到两国企业的一致好评。11 月 22 日，"2020 年度中日经济合作研讨会"在上海召开，与会嘉宾及专家围绕新时代的日中地方合作等议题展开研讨，会上还以中日（苏州）地方发展合作示范区建设为重点，积极探索两国地区合作新模式。12 月 20 日，第十四届中日节能环保论坛以线上线下结合的方式在东京与北京通过视频连线成功举办，双方企业、机构、协会共签署了 14 个合作项目，彰显了两国各界携手推动绿色发展的信心和决心。

（八）抢抓 RCEP 协定签署机遇，推进中日韩 FTA 谈判

2020 年 11 月 15 日，《区域全面经济伙伴关系协定》（RCEP）历经 8 年、31 轮谈判得以正式签署，全球最大自贸区诞生，对中日两国影响深远。RCEP 的签订一方面使中日两国建立了自贸关系，是中国首次与世界前十大经济体签署自贸协定，是中国自由贸易区战略取得的重大突破。另一方面，中日韩三国从客观上签署了自贸协定，必将促进中日韩三国的经贸关系发展，并在此基础上加快推进中日韩 FTA 谈判，推动开放型区域经济一体化水平的进一步提升。

中日两国在双边领域的相互依存度日趋加深，在多边层面也拥有广泛多元的共同利益。多年来，双方在共同引领亚洲区域合作、推动一体化进程方面，保持着密切沟通与协调。中日两国应把握住 RCEP 机遇，顺势而为，推动中日韩三国的经贸合作迈上新台阶。目前，中国已是日韩两国的最大贸易伙伴，同时日本是中国的第二大贸易伙伴和第一大投资来源国，韩国是中国第三大贸易伙伴和第二大投资来源国。三国应在现有 16 轮谈判成果的基础上，推动合作发展、加快判进程，以利于增进三国人民福祉和经贸关系的发展，助力东亚地区乃至整个亚洲和世界经济的发展，为增进世界和平与繁荣发挥积极作用。

回首以往，自 1972 年中日邦交正常化以来，两国关系虽然历经起伏、经贸交流也常遇挫折和影响，但在双方的共同努力下，两国经贸合作已经形成"全方位、宽领域、多层次"的合作格局，成为中日关系的"压舱石"和"推进器"。中日邦交正常化特别是改革开放以来，日本通过对华贸易、直接投资、开发援助、科技合作等方式对中国现代化建设给予了宝贵支持。同时，日本也获得了巨大市场和丰厚

收益。这是两国长期以来共同合作的结果，双方应当倍加珍惜。互惠互利的经贸合作关系符合中日两国根本利益，既促进了两国的经济发展，为两国人民带来福祉，也推动了中日关系的改善和持续健康稳定发展，同时为东亚乃至世界经济的发展做出了积极贡献。

二、2021 年中日经贸关系前景展望

2021 年，新冠肺炎疫情仍在全球肆虐不休，世界经济复苏曙光初现，但风险犹存、道路曲折。今年是中日关系稳健前行的重要一年，也是中国"十四五"规划开局之年和日本举办东京奥运、全力走出疫情阴霾的经济复苏之年。面对世界百年未有之大变局，控制住新冠肺炎疫情之后的中国，将加快构建以国内大循环为主体、国内国际双循环相互促进的新发展格局。在强化国家战略科技力量、增强产业链供应链自主可控能力的基础上，将继续实行高水平对外开放，推动改革与开放相互促进，加强国际宏观经济政策协调，深化多边双边经贸合作。这些都将为包括日本在内的世界各国带来更多发展机遇。另一方面，日本将举办东京奥运会，并进一步加快数字经济发展速度、拓宽数字经济发展空间、力推"绿色增长战略"，努力以低碳转型为契机，带动经济复苏。站在新的历史起点，中日两国都迎来了新的发展机遇。中日两国应积极把握 RCEP 协定等利好机会，落实双方达成的 5 点重要共识和 6 项具体成果，积极扩大在贸易投资、科技创新、公共卫生、节能环保、医疗康养、金融服务、现代农业及第三方市场等领域的务实合作，实现高水平互利共赢。中日两国应保持市场开放，共同维护多边贸易体制，维护全球供应链和产业链稳定，继续为本地区和世界经济的共同发展做出积极贡献。同时，两国应发挥自身优势，携手推动以下领域的务实合作。

（一）加强应对公共卫生事件和防灾减灾方面的交流与合作

2020 年以来，新冠肺炎疫情先后在中日两国持续扩散，两国政府和人民守望相助，共同防疫抗疫，相互声援鼓励，及时交流信息，提供医疗防护物资，堪称国际抗疫合作的典范。突如其来的疫情使世界各国特别是中日两国人民深刻感受到人类是命运相连的共同体，也使两国人民的传统友好再次得以彰显。

中国的实践证明，疫情的有效防控是实现经济重启和增长的必要前提。当前中国抗疫已取得重大阶段性胜利，复工复产也已取得重要进展，并成为 2020 年世界主要经济体中唯一实现正增长的国家。与此同时，日本的疫情形势仍然严峻复杂，在此背景下，中日两国应进一步加强在应对全球性风险特别是世界公共卫生事件及防灾减灾等方面的密切合作，为维护世界和地区公共卫生安全和构建人类命运共同体做出应有贡献。深化全球疫情防控国际合作，完善以世界卫生组织为中心的全球卫生治理机制；携手合作巩固亚太地区疫情防控成果，促进经济恢复增长；维护全球经贸发展不确定性因素下产业链和供应链的安全，推动多边经济高质量合作等议题，都是中日两国面对疫情背景下的全球变局所应共同肩负的重要责任。

（二）加强科技创新特别是数字经济等领域的合作

中日两国在科技创新领域已进行了卓有成效的合作，并取得了丰硕成果，但仍有很大发展潜力。中日两国在科技创新领域各有优势，互补性强。在 2020 中央经济工作会议明确提出"强化国家战略科技力量、加强国际科技交流合作"的背景下，进一步深化中日两国在科技创新领域的合作具有更为重要的现实和长远意义。特别是在数字经济等创新领域，中日两国具有广泛的合作前景。中日两国应携手合作，在 5G、AI、区块链、大数据、智能制造、新材料等领域实现对接，在应对结构调整、智慧城市和新产业发展方面开展交流与合作，充分发挥各自技术优势，加速由新技术向新产品的转化，推动两国经济发展。2020 年 12 月获批设立的 "北京中日创新合作示范区" 是国内首个也是唯一一个以创新合作为主题的中日创新合作示范区，突破了其他示范区单一产业发展的局限，旨在打造以科技创新为核心的国际创新创业生态体系，围绕创新链布局产业链，培育未来产业。

近年来数字经济蓬勃发展，世界各国都在利用大数据、物联网、AI 等新技术驱动产业升级与跨界融合。中国也在不断优化经济结构，加快发展数字经济打造创新驱动战略重要载体。而日本在数字经济、智慧城市和创新产业发展方面拥有丰富的创新资源，在高端制造、清洁能源、生命科学及医药、城市功能分配、交通网络、垃圾分类等方面有着丰富的经验和优势。中日双方在数字经济领域的科技创新合作潜力巨大。另一方面，新冠肺炎疫情全球大流行客观上倒逼人们改变传统的生产与生活方式。在疫情背景下中国数字经济逆势增长，阿里、腾讯、京东、美团等头部互联网企业的闪亮业绩充分体现了电商在面对疫情等重大突发事件上的天然优势。日本在数字经济、智慧城市等领域拥有强大的技术储备和丰富的创新资源。菅义伟首相上任后也强力推动数字经济改革，并决定于 2021 年 9 月正式设立数字厅，改变日本"数字化劣等国"的现状。有鉴于此，中日两国在数字经济、电子商务、智慧城市等创新领域有着广泛的合作前景，双方应抓住机遇，努力推进这些领域的务实合作，将其打造为中日经贸合作的全新增长极。

（三）加大节能环保和新能源领域的合作力度

当前，中国正在实施资源高效利用、生态环境治理、建设健康城市和社会治理现代化等创新发展战略，2020 年中央经济工作会议将"做好碳达峰、碳中和工作"列为 2021 年八项重点工作之一。2020 年 9 月，习近平主席在第七十五届联合国大会上向全世界宣示了中国在节能减排方面的长期目标：二氧化碳排放力争 2030 年达到峰值，力争 2060 年前达到碳中和。中日两国同为能源消费大国，加强节能环保领域合作是两国的共同利益所在，因此两国在该领域有着巨大的合作潜力和空间。日本在节能环保、绿色循环经济以及可再生氢能源等高科技领域具备先进技术与成熟经验，双方可在这些领域的技术创新和人员培训等方面开展合作。中日双方每年轮流举办的中日节能环保综合论坛已成为两国在节能环保领域加强互惠合作的重要平台和有效渠道。

特别值得指出的是，中日两国在氢能源领域的合作潜力巨大。氢能被誉为 21 世纪最具发展潜力的清洁能源，近年来中日两国均投入巨资致力于氢能的开发利用。日本对氢能技术研发的起步早于中国，并已经积累了丰富的经验。2017 年底日本发布了"氢能基本战略"，旨在建立包含制氢、储氢和氢能利用及基础设施建设的氢能全产业链。中国可以借鉴日本推进氢能源开发利用的经验及做法，推动中日双方联合展开氢能研究，并不断拓展中日在新能源领域合作的深度与广度。2020 年 12 月，巨化集团与丸红株式会社、日挥控股株式会社在第十四届中日节能环保综合论坛签约"利用巨化集团副产氢能实施工厂低碳化的实证项目"，三方还将共同设立氢能研究院，吸纳中日两国优秀人才，整合日本在氢能产业链上的优质技术和资源，最终实现低碳工厂模式的复制与市场推广应用。

（四）拓展医疗康养、金融等现代服务业领域合作

国家统计局发布的数据显示，2020 年中国人均 GDP 连续两年稳步站上 1 万美元台阶，在新冠肺炎疫情的冲击下消费支出对经济增长的贡献率仍达 54.4%，成为经济增长的第一动力。随着中国经济的高速发展、人均收入水平的增加、生活水平的提升，医疗康养、教育培训、文化娱乐、旅游、人工智能及信息服务等多样性服务消费成了新的热点需求。据商务部统计，近 5 年，中国服务贸易年均增长 4.7%，过去 15 年，中国进口服务总额累计达 4.8 万亿美元。而另一组数据显示，2019 年，中国服务贸易业增加额仅占 GDP 的 5%，比世界平均水平低 3.9 个百分点，说明这一领域仍有很大的增长潜力。

人口老龄化加剧是中日两国都面临的课题，也是社会发展的必然趋势，老龄产业也将随之成为新的经济增长点。目前，中国 65 岁以上老龄人口已达 1.7 亿，占总人口的 12.6%，据推算将为医疗康养产业带来千亿元级的生产和消费市场，中日双方在医疗健康和养老产业的合作潜力巨大。日本目前已迈入深度老龄化社会，在医疗健康、养老产业、相关设备制造、人才培训和管理方面有着丰富的经验与技术。如果将这些经验和技术运用到中国庞大的老龄市场中，必将实现互利共赢。2020 年 6 月，中日（天津）健康产业发展合作示范区落户天津静海，目前已有 13 个项目集中落户，协议投资总额近 500 亿元，力争打造面向中日两国、服务京津冀高质量发展的新增长极。

此外，中日双方在金融科技、REITs 市场等金融服务业领域也有很大潜力。无论是培育债券市场，还是相互增持国债、本币结算等举措都有助于稳定金融市场、储备资产的安全和规避风险，促进中日经贸关系的良性发展。2021 年 1 月，由中日两国证券业协会联合主办的"第二届中日资本市场论坛"在线上成功举行，上交所与日交所更新签署中日 ETF 互通合作协议，为中日 ETF 互通进一步扩大产品规模、增加产品类型和拓展互通范围奠定了基础。这也有助于中日双方全面拓展金融合作，探索在金融科技、REITs 市场及可持续金融领域的交流合作。

（五）有效加强中日地方间的交流与合作

中日两国的地方合作一直走在中日经贸合作的前沿，目前，中日两国友好省县

疫情下中日经贸合作关系的现状与展望

和城市已达 250 余对，中日地方之间的交往与互利合作在两国的交流中起到了重要的作用，并已成为两国友好交往的重要渠道和平台。在新冠肺炎疫情突发之初，中日地方城市通过友城渠道进行了卓有成效的抗疫合作，用实际行动诠释了"与邻为善、以邻为伴"的相处之道，为两国关系的改善发展注入了新动力。在疫情常态化背景下，两国地方友城积极探索新的交流方式。四川省与和歌山县以邮寄文本的形式完成异地签约手续，签署友好合作关系备忘录；爱媛县与陕西省以线上形式开展纪念缔结友城 5 周年图片展；南昌市与高松市也分别在线下举行了结好 30 周年纪念活动。

在两国政府支持下建立的北京、成都、上海、苏州、青岛等地方合作示范区，是两国地方合作的新框架。这些示范区都是中国最具创新活力、最富投资潜力的地区，拥有开展中日地方合作的旺盛需求、坚实基础和广阔空间。2020 年以来各示范区建设均采取线上方式与日本友城开展了多种形式的经贸、医疗、文化等交流活动，深化与友城之间的交流合作，增进两国国民的相互理解与信任。在以国内大循环为主体、国内国际双循环相互促进的新发展格局背景下，应继续鼓励和支持中日地方间发挥各自优势，扩大在贸易投资、科技创新、节能环保、中小企业、现代农业等领域的交流与合作，实现真诚合作、优势互补、共同发展，在地方层面建立中日两国新经济发展的"加油站"，助力"后疫情时代"两国关系行稳致远。

（六）助推两国现代农业、乡村建设及物流合作

中国正致力于实施乡村振兴战略，全面建成小康社会。在保障粮食安全的基础上，中国正不断扩大投入，坚持农业的科技化、集约化发展，大力发展现代、生态、高效、特色农业，培育多层次的农产品市场。日本在乡村振兴和智慧农业发展方面有着丰富的经验。双方可探讨在农业投资、贸易、动植物检疫、跨国经营、生物育种、生态环保、观光农业及农机装备、农产品加工及储运等领域的合作。

日本长期稳居我国最大农产品出口国地位。RCEP 协议的达成，使中日两国首次达成了双边关税减让安排，实现历史性突破。经谈判，日方承诺对 63.3% 的中国农产品给予零关税待遇。从具体产品看，中国对日本具出口优势和潜力的大部分水产品、果蔬、坚果、花卉、加工食品和酒类等均将享受零关税优惠。同时，中国也承诺对日本 86.6% 的农产品逐步取消关税，日本的水产品、加工食品、特色酒类等

也将享受零关税待遇。这对于中日两国间的农产品贸易具有积极促进的作用。RCEP生效后，两国还可携手合作，在 RCEP 的大框架下共同发展亚太区域内的农业合作及农产品贸易，实现互利共赢。中日两国还应加强在食品安全等领域的信息沟通，建立合作机制、增强互信，共同应对食品安全问题。此外，两国还应合作拓展"互联网+农业"业态，利用电商平台促进农村三产融合，以推进两国在现代农业及物流领域取得新的合作成果。

（七）鼓励两国企业双向投资、拓展第三方市场合作

习近平主席在第三届进博会开幕式上宣布了中国全面扩大开放的新举措。中国将出台跨境服务贸易负面清单，在数字经济、互联网等领域持续扩大开放，深入开展贸易和投资自由化、便利化改革创新。同时，中国还将继续完善公开透明的涉外法律体系，强化知识产权保护，维护外资企业合法权益。2020 年尽管疫情阻碍了中日相互投资的扩大，但伴随高质量的经济发展，中国消费市场持续升级、开放程度进一步提高，对日本企业的吸引力也不断增强。RCEP 正式签署将推动两国供应链、产业链的进一步整合，扩大相互投资，对两国企业特别是中小企业"走出去"有积极作用。中国将继续鼓励和支持中国企业去日本投资合作，也始终欢迎日本企业加大对华投资。中日两国应着眼"后疫情时代"，不断改善本国投资环境，进一步开拓市场，从制度和商业习惯上创造良好的营商环境，努力促进中日企业相互投资。

中日携手在"一带一路"框架下展开的第三方市场合作，是双方开展更高层次务实合作的试验田。这不仅能为两国企业开辟地区及国际市场、创造更多机遇，也是日本间接参与"一带一路"建设的主要形式，还能促进全球贸易和投资自由化、便利化，推动全球经济朝着开放、包容、普惠、平衡、共赢的方向发展。中日两国应继续鼓励和支持本国企业充分发挥自身优势、本着互利共赢的原则协调合作，尽快落实已签订合作项目。在深化基础设施、资源能源、产能和装备制造等传统领域合作的同时，顺应第四次工业革命发展趋势，在智能制造、数字经济、第五代移动通信网络等新兴领域互学互鉴，不断开辟两国在第三方市场合作的新前景。

（八）着眼"后疫情时代"全球经济治理，推动地区与多边领域合作

尽管目前全球经济复苏趋向良好，但仍存在重大风险，经济复苏动能减弱甚至熄火的潜在威胁不容忽视。中国政府的领导力与超强的全民动员能力让我们有理由相信，中国经济仍将领跑世界，成为全球经济复苏的主要引擎。中日作为世界第二和第三大经济体，两国的经贸合作已超越双边范畴，对提振地区发展信心、助推全球经济重回增长轨道具有重要影响。双方应着眼"后疫情时代"全球经济治理，携手加强在区域和多边经贸问题上的沟通与合作，落实二十国集团领导人（G20）第15次峰会达成的经贸成果，推动区域全面经济伙伴关系协定（RCEP）早日正式生效并以此契机积极推进中日韩 FTA 建设，使有关自贸安排尽早惠及各方经济社会发展，提升东亚地区经济增长潜力，对冲疫情带来的全球贸易下行压力。

同时，中日两国对地区及世界和平与稳定肩负重大责任，两国应继续围绕应对气候变化、实现可持续发展等课题保持沟通与协调，开展更紧密的国际合作。还应加强在世界贸易组织、亚太经合组织等多边机制下的协调与合作，坚持多边主义、开放包容、互利互作、与时俱进，共同维护国际贸易秩序和环境，在"后疫情时代"国际秩序和全球经济治理方面发挥更大引领作用。

今明两年，中日两国将相继举办东京奥运会与北京冬奥会，并迎来中日两国邦交正常化50周年。在当下新冠肺炎疫情持续扩散、单边主义与贸易保护主义上升、贸易摩擦、经济动荡等众多不确定因素与挑战叠加的大背景下，中日两国作为友好近邻和合作伙伴，应以此为契机，积极扩大两国经济和人文交流，增进民众友好感情，进一步深化中日关系。同时，两国还应切实遵循"四个政治文件"精神，落实好两国政府达成的重要共识，携手共担应对"后疫情时代"全球变局的重要责任，拓展经贸合作领域，促进经贸合作，加速提质升级，构建契合新时代要求的中日关系，实现中日两国和平友好和共同发展，为构建人类命运共同体奉献东方智慧，为全球经济繁荣增长和促进世界和平做出更大贡献。

（作者：吕克俭，全国日本经济学会副会长、中国驻日大使馆原经济商务公使）

日本的金融开放：历史过程、重大事件与后果

叶　浩

内容摘要　金融开放是提高一国经济效率的重要手段。日本的金融开放伴随着经济的长期停滞，往往被看作一个失败的案例。但大量研究表明，日本金融开放与经济的长期停滞并没有直接关联。日本金融开放经历了较长的历史过程，改革内容也较为丰富，总结日本金融开放的经验与教训，可以对我国的金融开放事业有所启示。

关键词　日本　金融开放　启示

日本的金融开放：历史过程、重大事件与后果

Financial Openness in Japan: Historical Process, Major Events, and Consequences

Ye Hao

Abstract: Financial opening is an important means to improve the economic efficiency of a country. Japan's financial liberalization, accompanied by prolonged stagnation, is often seen as a failure. But numerous studies have shown that there is no direct correlation between Japan's financial openness and its long-term economic stagnation, and Japan's financial opening has gone through a long historical process, and the reform content is also relatively rich. Summing up the experience and lessons of Japan's financial opening can enlighten the cause of China's financial opening.

Keywords: Japan; financial opening; enlightenment

通常认为，金融开放可以强化竞争、提高金融业及资本市场的竞争力。IMF 前总裁 Michel Camdessus 认为，资本的自由流动有助于实现资源最有生产率的配置，从而提高经济增长速度。对于那些同时开放金融部门以引入外国竞争的国家来说，资本项目开放可以带来更高效、更复杂的国内金融市场，对于全球经济来说，资本项目开放为全球可持续发展提供了新的动力机制。日本从 20 世纪 60 年代就开始了金融开放，并持续了一个较长的历史过程。一般认为，20 世纪 90 年代末"金融大爆炸"改革之后，日本金融开放基本完成。日本金融开放的内容广泛而全面，过程较为曲折，有些政策措施及时果断，有力的促进金融业及实体经济的发展，有些改革举措及对外开放协议则存在争议。比如"日美间日元美元委员会"对日本金融开放的干预、"金融大爆炸"改革、《日美金融服务协议》等改革措施是否不合时宜，这都存在争论。日本金融开放力度较大的 20 世纪 90 年代，伴随着日本经济的长期低迷，国内许多学者将两者作为因果关系联系起来，甚至将日本金融开放当作日本经济长期低迷的主因。但两者之间是否存在必然的因果联系？或者说存在什么样的关联？这都需要寻找证据并做出论证。本文将回顾日本金融开放的历史过程，还原日本金融开放过程中重大的里程碑式事件，并厘清日本金融开放与经济长期停滞的关系，尝试回答以上的种种疑问。在此基础上，希望能够为中国的金融开放事业获取一些启示。

一、战后日本金融开放的历史过程

进入 20 世纪 60 年代后，日本逐渐开放了二战后严格管制的内外资本交易，开启了金融开放的进程。1964 年，以加入 OECD 为契机，开始推动资本流动自由化；20 世纪 80 年代通过修订《外汇及外国贸易管理法》，确立体系性的外汇交易"自由"转换原则；1984 年，以"日美间日元美元委员会"为契机的金融全面开放。此后，在 20 世纪 90 年代进行了被称为日本版"金融大爆炸"的金融体系整体的制度修正。1995 年与美国签订《日美金融服务协议》，日本在金融服务领域进一步放松市场准入，与金融大爆炸改革相应的机构变革已经完成。普遍认为，在这之后日本金融开放的进程基本结束。纵观日本金融开放的整个历史过程，相关改革举措主要集中于四个领域：对内直接投资自由化、证券投资自由化、证券行业对外开放、建立多元化金融产品市场。

（一）对内直接投资自由化

战后初期，盟军最高司令部（GHQ）出于对日本"潜在的战争能力"的警惕，禁止日本进行外汇交易，日本政府和银行、企业、个人都被禁止持有外汇。1949—1950 年建立了严格的外汇管理制度，外汇被集中管理和使用，严格限制资本流动。1952 年旧金山和约签署后，日本恢复经济自主，开始通过国际金融机构的贷款来解决外汇不足的问题。[1]20 世纪 50 年代后期，日本政府开始引进国际私人资本，填补经常收支赤字。

1967 年开始对内直接投资的第一次自由化改革，随后逐步解除对内直接投资的行业限制。直到 1973 年，除部分特殊行业以外，对内直接投资实现了 100% 的自由化。解除行业限制的最初几年，对内直接投资金额并没有显著的增长，仍旧停留在每年 500 亿日元的水平，直到 1980 年修改《外资法》后，对内直接投资快速增加，1990 年超过了 4000 亿日元。

虽然日本很早就解除了对内直接投资的种种限制，但是日本对内直接投资长期

---

[1] 立脇和夫：「戦後における外貨借款の導入」，『早稲田商学』第 400 号，2004 年 9 月。

处于较低水平，远远低于 OECD 国家的平均水平。2012 年日本对内直接投资与名义 GDP 的比值为 3.4%，而 OECD 国家平均水平是 30%，[1]差距非常明显。根据美国驻日本商会和日本经济产业省发布的研究报告，对内直接投资增长缓慢的主要原因是人才雇佣困难、专属交易惯例、复杂的流通体系、日本独有的产品认证体系等。

（二）证券投资自由化

二战后，美国主导了对日本的改造，解散财阀是经济领域的一项重要改革举措。财阀的解体，使得公司股票所有权分散化，从 1946 年到 1947 年，三井、三菱、住友、安田、富士为首的财团企业及财阀家族拥有的股票被强制回收。此后，占领政策转变，1952 年解除财阀商号、商标的使用禁令。[2]1949 年及 1953 年的《禁止垄断法》放松管制，财阀系企业转为复活，加强内部团结，相互持股开始流行。关于对内证券投资，1952 年引入自动认可制度。1980 年外资法修订后，对内证券投资只需要事前申报即可。交易金额也从 1980 年以前的每年 5000 亿日元左右，大幅增加至每年超过 1 万亿日元。日本开启对内证券投资自由化之后，作为对外国资本防卫政策，企业间加强了相互持股的力度，形成了稳定的股东结构。在股份持有方面，到 20 世纪 90 年代中期为止，国内稳定股东的占比较大且比较稳定。20 世纪 90 年代，随着泡沫经济的崩溃，经营性公司开始出售股票换取收益，弥补主营业务的亏损。2000 年左右，银行体系减持相互持股的股份。[3]20 世纪 90 年代后期开始，海外投资者的持股比例有明显增加。

对外证券投资方面。战后初期因外汇储备不足，日本全面禁止对外证券投资。1964 年，OECD 要求对外证券投资自由化，但日本以外汇储备不足和国际收支恶化为理由，推迟了对外证券投资自由化。20 世纪 70 年代，在外汇储备剧增的背景下，日本开始逐渐推行对外证券投资自由化。1970 年 4 月，委托大和、野村、日兴、山一这四家金融公司，在总额为 1 亿美元的范围内，允许对海外特定证券交易所的

---

① 株式会社大和総研：「日本の資本市場における対外開放の経験」，2015 年 8 月 10 日。
② 宇野博二：「戦後の企業集団とその問題」，『學習院大學經濟論集』第 8 卷第 3 号，1972 年 3 月。
③ 伊藤正晴：「銀行を中心に、株式持ち合いの解消が進展」，『大和総研調査季報』，2011 年新春号。

上市公司股票、债券进行投资组合。随后逐步取消了投资额度、投资标的、投资主体的限制，实现了对外证券投资的自由化。20 世纪 80 年代后半期日本的对外证券投资开始活跃。1971 年取消了对外证券投资总额 1 亿美元的限制，但对机构投资者、对外证券投资的存量和流量都做了限制。1985 年广场协议之后，由于日元升值和经常性收支顺差，放松了相关限制。[1]1980 年，日本对外证券投资的流量每年仅为 1 万亿日元左右，但 1985 年以后的 5 年间，对外证券投资每年超过 10 万亿日元。

（三）证券行业对外开放

日本于 1971 年、1982 年分别修改《证券交易法》及东京证券交易所章程，从制度上允许外国证券公司取得东京证券交易所的会员资格。但由于东京证券交易所会员数的上限固定不变，事实上外资证券公司一直无法进入日本金融市场。该问题于 1984 年"日美间日元美元委员会"上被提及，1985 年东证决定扩大会员数量，6 家外国证券公司取得会员资格。此后，1987 年和 1990 年分别有 16 家和 3 家外国证券公司取得了会员资格。1985 年，日本政府允许外资证券公司出资比率在 50% 以下在日本设立子公司，跨国金融机构在日本设立分支机构的数量开始增加。

（四）建立多元化金融产品市场

建立和完善多元化的金融产品市场，是金融开放的必要条件。完善的金融体系对于降低系统性风险有重要的意义。金融开放过程中，债券发行市场的发展和开放是一个重要环节。[2]日本先后建立了以日元计价的武士债券和欧洲日元债券市场，对于国际资金流动作用巨大。日元武士债最早于 1970 年开始公募发行，1972 年开始私募发行。欧洲日元债券发行较晚，1977 年开始由非居民发行，1985 年开始由居民发行。1985 年，经"日美间日元美元委员会"交涉，外国证券公司在 1984 年和 1987 年分别获得了非居民欧洲日元债券和居民欧洲日元债券的发行业务。金融

---

① 奥田宏司:「貿易金融から対外投資へ―1970 年代、80 年代における日本の対外金融―」,『立命館国際研究』19 巻 2 号, 2006 年 10 月。
② 株式会社大和総研:「日本の資本市場における対外開放の経験」, 2015 年 8 月 10 日。

日本的金融开放：历史过程、重大事件与后果

衍生品市场方面，在战后初期相当长的一段时间，日本禁止金融衍生品的交易。[①]随着金融开放进程的深入发展，1985 年东京证券交易所首次开始债券期货交易，随后开始 TOPIX（东证股价指数）期货交易、日经 225 股指期货交易等。1989 年，东京金融期货交易所开始交易关于利率和货币的金融期货和期权等金融衍生品。1984 年，"日美间日元美元委员会"主张建立以日元计价的 BA（银行承兑汇票）市场。[②]日本政府响应了这一政策建议，于 1985 年 6 月成立了日元计价的 BA 市场。1986 年 12 月 1 日，日本开设了东京离岸金融市场，东京离岸市场设立特殊国际金融交易账户（离岸账户），通过该账户来经营从国外购买的各类金融产品，并以非居民作为交易对象。东京离岸金融市场的成立，主要是从日本金融资本市场的自由化和国际化的角度考虑。[③]截至 2015 年 1 月底，东京离岸市场资产规模约为 93.6 万亿日元。

二、若干重大事件及其影响

日本经过了几十年的努力，建立了较为完善的金融市场体系，完成了金融开放的历史任务。但是金融开放并非一个匀速发展的过程，一些具有里程碑意义的重大事件需要格外关注。其中"日美间日元美元委员会""金融大爆炸"改革、《日美金融服务协议》的签署都引起过热议。因为日本金融开放力度较大的 1990 年代，伴随着经济的长期的停滞，所以国内许多研究者将日本金融开放当成一个失败的案例来看待，将其中的某一个或者某几个事件，说成是造成日本经济长期低迷的主要原因。并以此为论据，将金融开放看成是洪水猛兽，谈金融自由化而色变，甚至将金融管制看成是应对金融危机的最后屏障。他山之石，可以攻玉，但是首先我们要看清事物的本来面目。

（一）日美间日元美元委员会

（1）"日美间日元美元委员会"的背景。20 世纪 60 年代到 70 年代，日本推

---

① 西村吉正：『日本の金融制度改革』，東洋経済新報社，2003 年。
② 大蔵省：『大蔵省証券局年報 昭和 59 年版』。
③ 株式会社大和総研：「日本の資本市場における対外開放の経験」，2015 年 8 月 10 日。

出开放外汇交易的措施，1980 年修订外汇法，外汇交易向"原则自由化"的方向转变。20 世纪 80 年代，美国对日贸易逆差迅速扩大。美国国会认为导致贸易逆差的原因是日元汇率，因此提出了日本应该促进金融和资本市场自由化以及日元国际化的要求。1983 年 11 月，美国总统里根访问日本时，在首脑会议上同意设立"日美间日元美元委员会"。日美首脑会谈之后的联合公报，明确说明了日本的金融和资本市场自由化以及日元国际化的路线图。①该委员会在日本金融开放过程中的作用是巨大的，日本很多金融改革措施都是该委员会提出，并通过政治交涉完成的。

　　（2）"日美间日元美元委员会"报告的主要内容。1984 年 5 月 30 日发布的报告的内容由以下几部分组成，"美日财长新闻稿的后续报道（1983 年 11 月）""日元汇率问题""日本利益""美国利益"和"结论"。但重点都放在了"美国利益"上。"美国利益"主要包括三个部分：日本金融和资本市场的自由化、确保外国金融机构进入市场、从欧洲日元市场自由化着手推动日元国际化。美方就自己关注的问题向日方提出了交涉，日方也逐条进行了回应。

表 1　金融和资本市场的自由化方面美方的要求及日本的回应

美方要求	实际执行	备注
取消对非居民的利息收入预扣税	拒绝。	这样做会损害税制的基本原则。
取消定期存款利率的上限	接受，逐步实施。	大额存款利率的自由化于 1987 年春季完成。
创建类似美国的国债市场	拒绝。原因是日本不愿意建立美国式的国债市场，而是按照自己的意愿推进债券市场建设。	1985 年 10 月成立债券期货市场；1985 年 10 月，放宽了无担保公司债券的标准，并建立了日元计价债券和外币计价债券的市场。
允许外国银行进入政府债券市场	接受。	逐步放松相关限制。
CD（大额可转让存单）市场改革	接受。	减少 CD（大额可转让存单）发行单位（1984 年 1 月），扩大 CD 发行限额（1984 年 1 月）。
创建日元计价的 BA（银行承兑汇票）市场	接受。	1985 年 6 月建立了以日元计价的 BA（银行承兑汇票）市场。
日元计价的外部贷款的自由化	接受。	1984 年 4 月，取消了以日元计价的外部贷款限制，取消了对期货外汇交易的实际需求原则；1984 年 6 月，取消了向居民的短期欧元日元贷款限制，并取消了日元兑换限制。

---

　　① 株式会社大和総研：「日本の資本市場における対外開放の経験」，2015 年 8 月 10 日。

日本的金融开放：历史过程、重大事件与后果

续表

废除远期外汇交易的实际需求原则	接受。	1984 年 4 月废除远期外汇交易的实际需求原则。
允许居民在海外金融机构开设账户	拒绝。	

表 2   确保外国金融机构进入市场美方的要求及日本的回应

美方要求	实际执行	备注
东京证券交易所会员席位问题	东京证券交易所扩大会员席位数量。	1985 年，东证决定扩大会员数量，最终 6 家外国证券公司取得会员资格。此后，1987 年和 1990 年分别有 16 家和 3 家外国证券公司取得了会员资格。
外国公司在日本管理投资资金	接受，逐步实施。	
金融监管的透明度	接受。	日本承诺提高金融监管的透明度。

在推动日元国际化方面，主要是推动欧洲日元市场自由化。建立欧洲日元债券市场，允许非居民发行欧元债券，放宽对居民欧元债券的限制；不再对欧洲日元债券牵头及经办人进行限制和要求，以便外国证券承销商可以自由地参与欧洲日元债券市场；建设欧洲日元 CD 市场；欧洲日元银团贷款自由化；1986 年 12 月成立东京金融离岸市场。日本大藏省于 1987 年 6 月宣布"金融和资本市场自由化和国际化的愿景"，并稳步推进金融开放。

汇率的灵活性是资本项目自由化的前提。"日美间日元美元委员会"虽然提出了汇率的问题，但还是将汇率决定留给了市场机制。汇率市场化改革本身并没有立即纠正日美贸易失衡，反而加剧了贸易不平衡。美国对日贸易赤字持续扩大，在美国引起了贸易保护主义的反弹。1985 年 3 月，美国参议院通过了一项要求对日本进行贸易报复的决议。针对这种情况，包括美国和日本在内的五国集团之间就通过合作干预进行汇率调整的必要性达成一致。1985 年 9 月 22 日，G5 财长和中央银行行长会议在美国纽约达成《广场协议》。通过抛售美元来干预汇率，日元/美元汇率从 240 日元升至 200 日元，日元升值了 20%。在合作干预结束后，日元对美元继续升值，并于 1986 年 7 月进入 150 日元的区间。

如果说日本 "失去的二十年"与广场协议有关的话，那主要是行政干预外汇市场，使得日元短时间内过渡升值，刺破了日本国内早已严重的泡沫经济，让日本

失去了经济软着陆的机会。学者们对日本的长期经济停滞做了大量的研究，并没有证据显示金融开放与日本的长期经济低迷有直接的因果联系。

（二）日本版"金融大爆炸"改革

（1）"金融大爆炸"改革背景。长期以来，日本的金融监管体制是采取保护现有业者、限制竞争的所谓"护航船队方式"的行政保护。目的在于限制各业态之间及各业态内的竞争，防止金融机构破产。金融业实行分业经营，证券业和银行业之间被规定了严格的分离，且业态内的竞争也被严格限制。其目的是给产业界提供稳定、充分的资金，通过培育、保护金融机构来确保金融系统的稳定性。

20 世纪 90 年代初以来，由于泡沫经济破裂导致股票价格和土地价格下跌，坏账问题变得更加严重。作为结构改革的措施之一，桥本龙太郎内阁开始全面推行金融体制改革，1996 年 11 月主导进行了日本版"金融大爆炸"改革。改革的目标是"旨在到 2001 年促进不良贷款的处置，并振兴日本的金融市场，使其成为类似于纽约、伦敦的国际金融市场"。

改革的原则是"自由"和"公平"，"自由"主要指的是市场准入、金融产品创新、价格等方面的自由化。"公平"主要是强调规则的重要性，通过修改日本国内的法律制度、会计制度及监管制度，使之更加透明化并与国际接轨。日本政府成立了五个专门委员会（证券交易委员会、外汇委员会、金融系统研究委员会、保险委员会、公司会计委员会）推行系统性改革。

（2）战后第二次修改外汇法。根据 1980 年生效的经修订的《外汇法》，资本交易已经在"原则自由"下进行，但对于未通过外汇官方银行或指定证券公司进行的交易，则仍具有事先许可和通知义务。随着金融全球化的发展，这样也阻碍了金融交易的快速进行。1997 年 1 月、1998 年 4 月两次修改外汇法，对此进行了根本性的修改，废除外汇认证银行系统和指定证券公司系统、废除事前许可和通知系统。①

（3）转变监管方式，促进金融行业竞争。确立从逐步放松管制到基本市场化改革的方向。金融业从分业经营转变到允许混业经营。金融大爆炸改革之后，证券

---

① 株式会社大和総研：「日本の資本市場における対外開放の経験」，2015 年 8 月 10 日。

日本的金融开放：历史过程、重大事件与后果

公司也可以进行信托投资委托业务。[1]在金融监管方面，从事前预防为主转变为事后检查为主。金融监管方式从泡沫经济崩溃前以对话为中心的事前预防型转变为事后监管为主。这时金融监管的重点从金融机构的保护转移到投资者保护。[2]遵循这些政策原则，日本政府在短时间内推出了许多配套监管改革。

（4）信息披露和公平交易规则。在上市公司信息披露、公司财务报表的审计方式、金融产品的市场价值评估方面与国际规则接轨。从 2001 年 3 月的会计年度起，公司财务报表中开始采用市场价值准则。1998 年 12 月，建立投资者保护基金，在因为道德风险而导致客户资产损失的情况下，补偿客户的损失。"金融大爆炸"改革之后，日本金融开放基本完成。但是由于自 20 世纪 90 年代以来资本市场一直在加速全球化，日本在泡沫经济破裂后，陷入了长期经济停滞，所以日本的金融开放在这次全球化浪潮中并未取得大的进展。自 2000 年代以来，日本版"金融大爆炸"已完成对应的机构改革，旨在振兴市场的改革研究每年都在继续。

（三）日美金融服务协议

20 世纪 90 年代泡沫经济崩溃之后，日本政府、东京证券交易所和其他机构越来越担心，与纽约和伦敦相比，东京作为世界金融中心的相对衰落。同时香港、新加坡等新兴金融市场的活跃也给东京带来了新挑战。某些日本金融机构操纵证券交易，内幕交易和共谋行为越来越普遍。为了消除这些弊病，增加竞争和提高市场透明度的呼声越来越高。同时，越来越多的日本金融机构经营不善，需要政府救助。证券交易所的交易量急剧下降，对股票市场的流动性产生了重大不利影响。从细川护熙就任首相以来，放松金融管制一直是具有改革意识的日本政治家的热门话题。[3]多种因素融合在一起，为日本金融继续开放提供了民意基础。

1995 年 1 月，日本和美国政府在所谓的关于结构性和部门性贸易谈判框架中，达成《日美金融服务协议》。核心的内容包含五个方面：增加有竞争力的外国金融

---

① 杉田浩治：「発足から満 60 年を迎える日本の投資信託」，日本証券経済研究所，2011 年 5 月 18 日。

② 株式会社大和総研：「日本の資本市場における対外開放の経験」，2015 年 8 月 10 日。

③ William W. Grimes, Unmaking the Japanese Miracle: Macroeconomic Politics, 1985–2000, Cornell University Press, 2001, p.169—170.

服务商进入日本金融市场的机会；促进发展更具流动性和效率的金融市场，推动日本金融市场国际化；提高金融监管的透明度、强化程序保护；确保金融体系安全性及金融市场的完整性；改善金融创新的持续磋商和审查的机制。这些措施从整体上降低了日本金融市场的管制程度。

在养老金和投资信托基金管理业务的有关规定上，外国公司获得了市场准入的政策支持。在原有的日本养老金制度下，由养老金福利服务公共公司（Nempuku）持有的公共养老金只能由信托银行和人寿保险公司进行管理。根据日美金融服务协议，进行了一些改变：外国的投资咨询公司，将能够参与 Nempuku 基金资产的管理；可以通过证券投资信托或更加复杂的形式参与养老金的投资管理；允许 Nempuku 将其资金分配给私募基金管理机构进行管理，包括外国私募基金管理人。[1]这项业务曾经是信托银行和保险公司的专有领域。自 1990 年以来，根据大藏省与厚生劳动省之间协议，可以将不超过基金总资产 1/3 的资金委托给存在至少 8 年的基金管理公司进行管理。根据日美金融服务协议，将 8 年的要求减少到 3 年，并逐步提高投资限额。扩大投资标的范围，包括各种由外国机构发行、在外国交易的证券以及以房地产为抵押的资产支持证券；强化投资信托管理绩效的信息收集和披露；此外，降低投资信托公司的最低资本金要求，从原规定的 3 亿日元将降低为 5000 万日元。

根据日本原有的金融监管框架，证券公司只能买卖证券，而银行和某些其他金融机构则交易非证券金融工具以及种类有限的证券（例如日本国债）。在日本政府确定特定的新金融创新产品是否为证券之前，该产品不会进入任何市场。这一法律规定已导致金融产品创新缓慢。为了解决这个问题，采取了以下措施：如果根据日本《证券交易法》第 2 条可以确定为新金融工具，则不必重新审查；监管机构承诺提高审查的效率，快速判定其是否是有价证券，并作出公开回应和解释；允许资产支持证券（ABS）和衍生品市场逐步扩大；并首次公开确认，各种 ABS 和其他工具均属于证券定义的范围之内。

尽管这些措施从理论上讲将为外国管理人员提供数千亿美元的资金，但日本基金管理业务中普遍存在的长期业务关系，外国基金管理人要花费数年的时间才能克

---

① Lakhdhir, "Japan opens its financial markets", *International Financial Law Review*, Vol.14, Mar 1995, p.12.

服长期投资所带来的进入壁垒。而且许多监管自由化相对温和，即使在充分实施这些措施之后，日本金融市场与许多其他国际金融市场相比仍然是高度管制的市场。

三、关于金融开放后果的探讨与评价

金融开放是一个系统性工程，不仅包括金融业（银行业、证券业、保险业）与金融市场对外开放，还涉及跨境资本流动与汇率问题等多个方面。金融开放是推动金融自由化进而实现金融深化的过程。金融开放在理论上早已经被证明是一个提高经济效率的有效途径。但是日本的金融开放在国内往往被认为是不成功的案例。主要原因是日本金融开放力度较大的 20 世纪 90 年代，伴随着长期经济停滞。在此之后便是因此之果，这种推理在哲学上就不成立。那么日本金融开放与经济长期停滞有何关联？这是一个值得探讨的问题。日本经济的长期停滞，学术界对其进行了大量的研究，研究成果也非常丰富，研究角度各异，关注重点也各不相同。

（一）第一类研究，聚焦在宏观政策的失败

放松管制导致了金融和房地产市场的泡沫，而泡沫反过来又导致了家庭债务的大量增加。[1]突然的汇率干预造成巨大的金融波动，加速了泡沫经济的崩溃，给金融体系带来了大量的坏账。这些客观条件的存在，给当时的日本经济的宏观调控带来了全新的挑战。面对经济下行，日本当局没有意识到这不单纯是一个周期性问题，而且是一个结构性问题。仍旧采取凯恩斯式的反应，推行低利率的货币政策和扩大财政支出的政策组合。很明显，这些应对周期性问题的对策无法应对经济上的结构性问题。

（1）货币政策失败。在 20 世纪 90 年代初期资产价格暴跌之后，日本央行迅速降低了利率。官方贴现率从 1990 年的 6% 的峰值下降到 1993 年的 1.75%，最后到 1995 年秋季下降到 0.5%。扩张性的货币政策换来了 20 世纪 90 年代中期的短暂复苏。日本央行偶尔会尝试量化宽松和其他非传统货币政策，但从 1998 年左右开

---

① Stock hammer, "Rising Inequality as a Cause of the Present Crisis", *Cambridge Journal of Economics*, 2013,p.26.

始出现的温和而持续的通货紧缩一直持续到 2013 年。

在开放经济环境下，货币政策的效果要优于财政政策。但是 20 世纪 90 年代后期日本泡沫经济的破裂，导致银行体系的坏账激增，银行基础货币无法有效扩大。金融机构的信贷额度下降，金融机构内部分配给银行间市场业务的资源减少。银行间市场的功能受到了损害。20 世纪 90 年代初期，日本央行采取了低利率的货币政策。可是，实际货币供应增长依然非常低。在"正常"时期，从 1974 年到 1990 年，标准货币供应量的增长，M2+CD（流通中的货币加上银行账户余额），每年大约在8%到15%之间波动。但在 1990 年和 1992 年后期，货币增长被彻底遏制，供应量实际上收缩，从 1994 年到 2003 年，货币供应量仅仅以每年约 2%到 4%的历史低位增长。[1]很明显，这种低利率的货币政策不能促进银行的积极贷款活动。

（2）财政政策失败。相对于 20 世纪 90 年代初期货币政策对资产价格下跌的反应，财政政策的部署相对缓慢。20 世纪 90 年代初的财政刺激方案并不像宣传的那样具有扩张性，直到 1995 年扩张性的财政政策才得以实施。[2]同时，财政扩张的投资领域也不合理，大部分支出投向了生产率低下的公共工程项目，如道路、港口。"几乎所有用于刺激经济的公共资金都投入了政治势力强大但具有环境灾难性的建筑业。"[3]政府的某些投资可能部分挤出了私人投资。[4]这些财政支出没有提高日本经济的潜在增长率，反而助长了政府债务的大量增加。

（二）第二类研究，聚焦危机处理不当

关于日本长期经济停滞的研究，许多都指向了日本经济危机处理不当的问题，尤其是未及时对银行体系救助以及无法解决经济增长的结构性问题。

（1）银行体系的救助不及时。日本当局未能及时为银行注资，没能及时改善商业银行的资产负债表。至少到 2003 年为止，日本商业银行还是处于长期资本不

① Michael M. Hutchison and Frank Westermann, Japan's Great Stagnation: Financial and Monetary Policy Lessons for Advanced Economies. MIT Press, 2006, p.157—181.
② Posen, Restoring Japan's Economic Growth, Peterson Institute for International Economics, 1998, p.103.
③ Johnson, "Economic Crisis in East Asia: the clash of capitalism", *Cambridge Journal of Economics*, 1998, Vol.22, p.6.
④ Hoshi, Takeo, "The Convoy System for Insolvent Banks: How It Originally Worked and Why It Failed in the 1990s", *Japan and the World Economy*, Vol. 14, No. 2, 2002, p.155‑180.

日本的金融开放：历史过程、重大事件与后果

足的境地，未确认的损失超过 GDP 的 5%。资本不足造成严重的后果，后果之一便是造成银行对信贷的分配不当，从而使贷款延期以掩盖许多借款人的问题。[1]这种情况下，大批僵尸企业依然可以获得信贷资源，这在宏观上降低了日本经济的潜在增长率。[2]金融体系崩溃不仅降低了金融中介的效率，而且对货币传导机制产生关键影响，从而对中央银行减轻危机的能力产生了关键影响。[3]1997 年金融危机之后，日本央行认为日本的利率水平已经很低，继续降低的空间有限，同时也没有大规模扩张其资产负债表，造成日本经济长期通货紧缩。[4]银行业改革的滞后还与监管者认为日本的增长问题主要是周期性的并且可以通过需求刺激得以解决的判断有关。

（2）结构改革措施较晚且效果不明显。危机开始的头几年，日本当局未能意识到日本需要推行重要的结构性改革以促进经济增长。决策层认为经济衰退是周期性的，而不是结构性的危机。应对策略就是增加政府开支、减税或放松信贷条件来实施反周期的财政和货币刺激。这条凯恩斯主义路线在很多方面都是最初的默认反应。"失去的十年"的头几年看起来很像典型的经济衰退。标准的经济理论很好地解释日本经济现象。1997 年左右开始，出现了许多异常现象，传统的经济模型明显失效。[5]包括日本内阁委托的多项研究成果都显示，1997 年前后日本经济各个领域的结构性断裂。支持结构性改革的人将财政刺激本身视为一种逃避手段，一种避免艰难改革的方法。[6]危机发生后，需要进行结构改革以促进经济增长。但是太多

---

① Peek, Joe and Eric S, "Rosengren, Unnatural Selection: Perverse Incentives and the Misallocation of Creditin Japan", *American Economic Review*, Vol.95, No.4, 2005, p.1144‑1166.

② Kashyap, AnilK, "Sorting Out Japan's Financial Crisis", *Federal Reserve Bank of Chicago Economic Perspectives*, Vol.26, 2002, p.42‑55.

③ Fischer, "Central Bank Lessons from the Global Crisis", Dinner Lecture at the Bank of Israel Conference on "Lessons of the Global Crisis, Jerusalem, 2011, March31.

④ Takeo Hoshi and Anil K. Kashyap, "Will the U.S. and Europe Avoid a Lost Decade? Lessons from Japan's Postcrisis Experience", *IMF Economic Review*, Vol. 63, No. 1, 2015, p.117.

⑤ Hamada, Koichi, Anil K. Kashyap, and David E. Weinstein, Japan's Bubble, Deflation, and Long—term Stagnation, MIT Press, 2010, p.37.

⑥ Jennifer A. Amyx, Japan's Financial Crisis:Institutional Rigidity and Reluctant Change, Princeton University Press, 2004, p.254.

的政策只是针对短期问题，许多财政政策选择都是针对短期的刺激。①结构改革措施不够果断，日本丧失了重要的时间窗口。

（三）第三类研究，关注政治因素及金融监管体系的失败

（1）政治因素导致经济结构化改革困难。日本经济结构化改革推进困难也离不开政治因素。日本选举制度的特点是多成员地区选举和不可转让单票（MMD / SNTV），这鼓励政治家竞争为特定群体提供针对性强的社会保护，而不是提供更全面的计划。②在 MMD / SNTV 选举竞赛中，农民和老年人成为明显的政治偏爱。农村选举区的代表人数占优，那里有更多的农民和老人投票，这也巩固了他们的政治权力。虽然在 1990 年代中期日本的选举制度从 MMD / SNTV 转变为 SMD（单员地区）和 PR（比例代表制）的混合制度，但这使得改变社会保护模式变得更加困难。增加了执政党实施不受欢迎政策的政治成本。这是因为与 MMD / SNTV 制度相反，SMD 之下的竞争通常是党际而非党内。选民可能会关注现任政党的政策，而且如果政府实施不受欢迎的政策，则下届选举中其成员被抛弃的可能性更大。在选民群体利益固化的条件下，日本的 SMD 系统也难以实现经济改革。政客们更加不愿意在经济增长疲弱的时候进行结构性改革。③

（2）金融监管失败。日本的危机是由于巨大的监管失败。金融监管层对于银行进行资本重组的犹豫，部分原因是之前的救助计划不受欢迎。因为担心恐慌蔓延，不愿意公布不良债权的规模，以及承认过去监管失误可能带来的声誉损失。④作为商业银行的主要监管者，当时的金融监管机构大藏省（MOF）在处理银行问题时所采取的措施没有针对性，依旧按照传统的方式应对危机，要求规模更大、更健康的银行来吸收业绩不良的银行，不需要动用政府的公共资金。很明显，这种做法并没

① Takeo Hoshi and Anil K. Kashyap,"Will the U.S. and Europe Avoid a Lost Decade? Lessons from Japan's Post crisis Experience", *IMF Economic Review*, Vol. 63, No. 1 , 2015, p.127.

② Estévez—Abe, Margarita, Welfare and Capitalism in Postwar Japan, Cambridge University Press, 2008, p.74 .

③ Takeo Hoshi and Anil K. Kashyap, "Will the U.S. and Europe Avoid a Lost Decade? Lessons from Japan's Post crisis Experience", *IMF Economic Review*, Vol. 63, No. 1 , 2015, p.111.

④ Takeo Hoshi and Anil K. Kashyap, "Will the U.S. and Europe Avoid a Lost Decade? Lessons from Japan's Post crisis Experience", *IMF Economic Review*, Vol. 63, No. 1 , 2015, p.111.

有解决泡沫经济危机带来的坏账问题。坏账问题迟迟得不到解决，为日后长期经济停滞埋下了祸根。

四、日本的经验与启示

日本金融开放本身与长期经济停滞并没有直接关联。金融开放更加不是日本经济长期萧条的罪魁祸首。但是不可否认的是，金融开放使得日本进入一个全新的金融政策和规则环境，其中决策层、监管层、市场参与者都没有为之做充分的准备和应变。在最高层的政治领域，受到选举制度的影响，危机开始较长的一段时间，没有政治家以较高的政治魄力推动经济结构化改革，而是以传统的应对周期性问题的思路应对危机，随之出台的货币政策和财政政策效果不彰。政治上的低效率使得日本错过了解决危机的最佳时刻，反而使危机愈演愈烈。以大藏省为核心的金融监管层，依然是墨守成规。仍旧以旧思维应对新问题，没及时推动银行的结构化改革，坏账问题积重难返，导致货币传导机制失灵，这是长期的通货紧缩和经济低迷的重要原因。金融市场参与者也缺乏改变的意愿，陷入危机的金融机构等待被动救援。金融开放是金融机构全球化发展的重要机遇，但只有瑞穗等少数日本金融企业趁势成长为跨国金融巨头。

殷鉴不远，来者可追。我们可以从日本金融开放的经验中得到如下一些启示：

（一）政治上要为金融开放做好准备

金融开放在某种程度上也是一种结构性改革。无论是金融业的开放还是金融监管体制变革，都涉及到利益的调整与分配，无可避免地会遇到阻力。这就需要决策层以强大的政治魄力，冲破既有的利益格局，为金融业及经济的长期发展打下良好的政治基础。

（二）金融监管层要及时调整思路，应对新形势

（1）开放措施要具备系统性。即使法律制度被放开，由于存在某些不明确的法规和惯例，在某些情况下也达不到预期的政策效果。典型的例子就是东京证券交易所的会员资格问题。要实现有效的金融开放，仅仅修改相关法律法规是不够的，

需要重新审查各种商业惯例和交易机制。成熟国家在开放进程中，透明的治理结构很重要。金融政策的每个领域都涉及大量的政策性和操作性改革，确定时序可以鼓励和动员经济单位和金融机构积极参与资本项目自由化改革。

（2）开放过程需循序渐进。为了避免突然发生变化，应考虑采取循序渐进的策略。资本项目开放的时序应当遵从金融市场发展的规律。IMF主张，金融市场的发展次序首先是货币市场，特别是银行间拆借市场的发展，然后是短期政府债券市场和外汇市场，接下来是政府长期债券市场、公司债券市场和股票市场，最后是以资产为基础的各种各样的衍生金融产品市场。①在引进金融衍生产品市场的时候，可以考虑让国内金融机构有充分的应对能力，渐进的方式进行。在衍生产品市场的培育和发展中，构建灵活的市场体系也很重要。日本在金融开放的过程中，也是采取逐步建立多元化金融产品市场的策略，日本在金融大爆炸改革前，已经建立了比较完善的金融市场体系。

（三）开放的副作用要充分考虑

在金融市场上，多样的投资者的进入，有利于形成有效的价格机制。对投资者来说，新的交易手段可能会引起收益机会更加多样化。对于融资企业来讲，海外融资更加便捷。但是与本土企业相比，跨国公司的结构调整和退出周期相对较早，导致雇用不稳定。大量过分追求收益性的企业的加入，将导致整个金融市场的不稳定。另外，外资大量进入金融市场，国内外市场的联动性提高，全球金融危机的波及风险更高。金融开放可能导致国内证券公司的竞争加剧和重组。尽管这可能会增强整个证券业的竞争力，但过度竞争可能会导致国内金融机构的破产，带来一系列经济和社会问题。

（作者：叶浩，四川大学国际关系学院助理研究员）

---

① IMF,"People's Republic of China:Financial System Stability Assessment", *IMF Country Report*, 2011, No.11, p.321.

战后日本供给侧结构性改革阶段划分研究

田 正

内容摘要 日本供给侧结构性改革的范围涵盖战后以来所实施的产业政策、结构改革等作用于经济供给侧的相关政策，同时具有"量"与"质"两个内涵。在回顾产业政策、结构改革等相关经济理论的基础上，按照日本供给侧结构性改革的两个内涵，将其划分为"以量为主以质为辅""以质为主以量为辅""量质并举"三个历史阶段，分别对应20世纪50—80年代、20世纪90年代至21世纪初，以及安倍第二次上台后三个历史时期，各时期政策措施具有不同的特征。日本供给侧结构性改革经验教训对中国深化供给侧结构性改革具有参考意义。

关键词 日本 供给侧结构性改革 产业政策 结构改革 历史阶段

A Study on the Stages of Japan's Supply−side Structural Reform after the Second
World War

Tian Zheng

Abstract: The Japan's supply−side structural reform which has two connotations of quantity and quality covers the industrial policies and structural reforms that affected the supply side of the economy since the postwar. By reviewing the related economic theories such as industrial policies and structural reforms, according to the two connotations of Japan's supply−side structural reforms, we divided these policies into three historical stages which are quantity−oriented and quality−assisted stage, quality−oriented and quantity−assisted stage, and quality quantity both oriented stage. The three historical stages correspond to the three historical periods which covered the 1950s to the 1980s, the 1990s to the beginning of the 21st century, and after Abe's second taking office. The policies and measures of each period have different characteristics. The experience and lessons of Japan's supply−side structural reform have great reference significance for China to deepen the supply−side structural reform.

Keywords: Japan; supply−side structural reform; industrial policy; structural reform; historical stage

当前，我国经济正处于经济结构转型、增长模式调整的关键时期。面对发展条件的变化，需要以提高经济发展质量与效益为中心，大力推进经济结构的战略性调整。2015 年，习近平总书记首次提出"供给侧结构性改革"，成为我国经济工作的核心。通过实施供给侧结构性改革，着力提高供给体系的质量和效率，增强经济持续增长动力，从而推动我国社会经济生产力水平实现跃升。第二次世界大战之后，日本经济快速发展，而供给侧结构性改革的实施则贯彻了整个战后日本经济发展历程。当前中国面临的国际形势严峻复杂，急需深化供给侧结构性改革，推动中国经济高质量发展。日本供给侧结构性改革的经验与教训值得我国在实施供给侧结构性改革的过程中参考与借鉴。当前对于日本供给侧结构性改革的研究主要集中在对于 20 世纪 70—80 年代日本经济转型时期的政策措施的研究上。[①]对于战后以来日本

---

① 参见刘巍：《日本供给侧结构性改革的经验与启示》，《科技促进发展》，2017 年第 3 期。

日本经济
战后日本供给侧结构性改革阶段划分研究

供给侧结构性改革的整体性分析较少，特别是对战后日本供给侧结构性改革的阶段性划分研究不足，需要加强研究。本文在厘清日本供给侧结构性改革的理论基础上，着重探讨日本供给侧结构性改革实施的历史过程，分析日本供给侧结构性改革各阶段的具体措施，为中国供给侧结构性改革提供借鉴。

一、日本供给侧结构性改革的理论分析

首先明确日本供给侧结构性改革的范围与内涵，并探讨支撑日本供给侧结构性改革的主要经济思想，即产业政策理论和结构改革理论。

（一）日本供给侧结构性改革的范围与内涵

基于战后日本经济发展的实际情况，本文认为日本供给侧结构性改革的范围指，除财政、货币等宏观经济政策外的其他作用于经济供给侧的相关经济政策，如产业政策、结构改革等，其时间跨度涵盖整个战后日本经济发展历程。

日本供给侧结构性改革包括"量"与"质"两个方面的内涵。从"量"的方面而言，日本供给侧结构性改革具有增加资本、劳动等生产要素供给，提高技术水平，增强供给能力的含义。从"质"的方面而言，日本供给侧结构性改革具有消除资源配置扭曲、提高资源配置效率，促使供给结构与需求结构相符合，提高全要素生产率，提升供给质量的意蕴。[①]因此，能够提升生产能力、技术水平、改善生产要素的组合配置效率，增加要素供给的经济政策均可被视为日本供给侧结构性改革的相关政策，具体而言包括"产业政策"与"结构改革"两类。但是不论是"产业政策"还是"结构改革"，均属于战后以来日本形成的"产业政策范式"，其利用后发优势，实现自身比较优势最大化，提升生产力的基本思想并未改变，"发展导向型"模式也未发生根本性转变。日本的产业政策范式具有对生产者友好、以企业为中心的特点，致力于产业结构的提升，这一点即便在20世纪90年代日本经济出现绩效逆转后，也未改变，但日本政府依然在实施作用于企业等经济供给端的相关政策，试图修正市场失灵。

---

① 田正、武鹏：《供给侧结构性改革的路径：日本的经验与启示》，《日本学刊》，2019年第3期。

（二）产业政策理论

战后日本经济快速发展过程中产业政策发挥重要作用，引起诸多学者对日本产业政策的探讨，既有支持产业政策实施的观点，也有反对产业政策实施的观点。

首先，支持产业政策的相关理论。一是"市场失败"理论。该理论认为，由于不完全信息、外部性和不完全竞争的存在，导致市场机制没有充分发挥作用，无法实现资源配置的最优化，为此就需要政府采取措施，纠正"市场失灵"所造成的效率损失。[①]二是发展型国家理论。德国历史学派的李斯特认为，对于处于不同发展阶段的国家，应采取干预措施，促进产业发展。格申克龙提出"后发优势理论"，认为一个相对落后的国家，国民具有强烈发展的愿望，以致形成一种社会压力，并深刻影响战后日本经济学家。日本"官厅经济学家"主张实施具有供给特征的产业政策，认为政府具有推动实现工业化的责任。大来佐伍郎强调国家干预对纠正资本主义固有的自我破坏倾向的重要作用。筱原三代平提出"动态比较优势"学说，国家可以培育具有带动国家经济发展的幼稚产业，实现比较优势的动态变化。[②]日本十分重视完善产业结构，提升产业国际竞争力，日本所实践的产业政策与被称为"经济国家主义"的德国历史学派一脉相承。[③]

其次，反对产业政策的观点。虽然产业政策的实施能够促进经济发展，但是也存在负面效应，由此产生不支持产业政策的理论。一是"政府失灵"理论。"政府失灵"是指，政府以市场失灵为由对市场实施干预，但是因为存在信息不对称和利益集团影响等问题，导致政府的干预所造成的结果可能会比市场自身运行所带来的结果更糟。三轮芳朗认为，产业政策的实施部门不具备影响日本企业行为的政策手段。随着日本经济在20世纪60年代中期，逐步实现贸易自由化和资本账户自由化，通商产业省对企业影响力不断下降，丧失影响企业决策的能力。政府所设立的产业政策的实施目标与企业对于未来的发展目标之间存在矛盾，不利于企业的进一步发展。[④]二是产业政策与竞争政策的实施之间存在矛盾。如果推行"产业政策"则可

① Buigues P, Sekkat K. Industrial Policy in Europe, Japan and the USA: amounts, mechanisms and effectiveness. Springer, 2009: 23—43.
② 小宫隆太郎、奥野正宽、铃村兴太郎：《日本的产业政策》，国际文化出版公司，1988年，第524页。
③ 〔美〕查默斯·约翰逊：《通产省与日本奇迹》，唐吉洪、金毅、许鸿艳译，吉林出版集团有限责任公司，2010年，第27页。
④ 三輪芳朗：『産業政策論の誤解』，東洋経済新報社，2002年，第3-5页。

能导致垄断现象的产生，造成资源使用效率的降低，而实施完全的"竞争政策"则难以确保特定产业的发展，政府在政策决策的过程中面临"两难"境地。随着 20世纪 70 年代后两次石油危机的发生以及 20 世纪 80 年代日美贸易摩擦的日趋激化，对日本产业政策持否定态度的经济学家开始增多。小宫隆太郎认为，政府不应该对市场经济实施干预，政府的干预违背市场经济的规律，影响生产者和消费者的行为。[1]鹤田俊正指出，日本产业政策的"官民协调方式"是对日本企业经营的"掣肘"，不利于发挥市场的自主调节能力，而日本产业政策所着力解决的"过度竞争"问题则正是日本实施产业政策所带来的结果。[2]

（三）结构改革理论

泡沫经济崩溃后，日本经济陷入长期低迷，为促使日本经济尽早走出经济长期低迷的状态，日本的经济学家开始反思日本经济体制，提出具有供给侧政策特点的"结构改革"，"结构改革"主要受到以下经济理论的影响。

首先，调整日本经济制度的相关理论。在 20 世纪 80 年代后，日本已经逐渐实现了对欧美等发达国家的赶超。在高速增长时期所形成的经济体制，被认为已经不再符合日本的经济发展需求，为此要对日本的经济体制实施改革，以促使日本经济进一步发展。[3]一是政府规制阻碍日本经济增长。植草益指出，日本政府的经济规制，形成"内外价格差"问题，因出现 "高成本"的经济结构，导致日本企业无法开展充分竞争。日本应减少规制，促使市场机制充分发挥资源配置的作用。[4]二是日本式雇佣制度造成劳动力市场流动性低。长期雇佣、企业内工会、年功序列等日本式雇佣制度虽然有利于提高员工从事专属工作的工作效率，但也降低劳动力市场的流动性，不利于劳动力资源流转。[5]三是"护送舰船"金融体系抑制创新活动。战后日本形成以银行为主导的间接金融体系，导致以证券市场为代表的直接融资金融体系发展相对滞后，企业较难采用证券市场融资的方式获得推动研究开发活动的

① 〔英〕泰萨莫里斯—铃木：《日本经济思想史》，厉江译，商务印书馆，2000 年，第 184 页。
② 鹤田俊正：『戦後日本の産業政策』，日本経済新聞社，1982 年，第 92 页。
③ 武田晴人：「世紀転換期における通商産業・経済産業政策の転換」，『RIETI Discussion Paper Series』，2016 年 3 月。
④ 〔日〕植草益：《日本的产业组织》，锁箭译，经济管理出版社，2000 年，第 322 页。
⑤ 八代尚宏：『日本の雇用慣行の経済学』，日本経済新聞社，1997 年，第 167 页。

资金，阻碍企业创新。

其次，新古典自由主义经济学相关理论。一是内生增长理论。20世纪80年代中期，罗默、卢卡斯等提出"新古典内生增长"理论，进一步分析索罗模型中外生化的技术进步，从研究开发、学习教育、人力资本等因素展开诸多探讨，将技术进步"内生化"。阿吉翁（Aghion）继承熊彼特的"创造性破坏"的经济学说，进一步发展了"内生增长理论"，探讨研究开发对于技术进步的作用，使得要素收益在递减情况下也能实现可持续增长。[①]二是全要素生产率相关理论。深尾京司指出，日本经济陷入长期低迷的原因在于，资本和劳动力等要素投入面临瓶颈，全要素生产率增速长期低迷。[②]宫川努认为，提高全要素生产率是长期课题，需要实施结构改革，提升全要素生产率。[③]三是供给侧结构性改革与宏观经济政策的配合理论。吉川洋认为，在实施供给侧政策时，不能仅仅依靠新产业所形成的新需求，这是因为日本经济仍然处于长期低迷的情况之下，需要政府实施积极的总需求管理政策，提升经济体的需求水平，如果仅仅是供给政策，则有可能引发经济总产出下降的结果。[④]

二、日本供给侧结构性改革阶段划分

日本供给侧结构性改革的历史较长，从战后初期一直延续至今，在不同的历史时期呈现出明显的阶段性特征，可为中国推动供给侧结构性改革的实施提供参考。

（一）战后日本供给侧结构性改革的历史阶段划分

与欧美等发达国家不同，日本作为后发展国家，将解决供给问题放在首要位置。日本的经济政策侧重于增加供给，而非提升需求。如前所述，日本供给侧结构性改革具有"量"与"质"两个方面的内涵，"量"侧重提升供给数量，而"质"则侧

---

① 〔美〕阿吉翁：《内生增长理论》，陶然等译，北京大学出版社，2004年，第10页。
② 深尾京司、宫川努：『生産性と日本の経済成長：JIPデータベースによる産業・企業レベルの実証分析』，東京大学出版社，2008年，第5页。
③ 宫川努：『生産性とは何か』，筑摩書房，2018年，第10页。
④ 吉川洋：『構造改革と日本経済』，岩波書店，2003年，第120页。

战后日本供给侧结构性改革阶段划分研究

重供给质量。根据战后日本供给侧结构性改革的两个内涵，可以将战后日本供给侧结构性改革划分为三个主要阶段。

第一阶段为"以量为主，以质为辅"时期。这一阶段主要涵盖 20 世纪 50 至 80 年代时间段，并可细分为两个时期，即 20 世纪 50—60 年代和 20 世纪 70—80 年代。首先，20 世纪 50—60 年代实施的产业政策，是日本供给侧结构性改革的开端，这一时期的政策措施主要着重于"量"，着重改善供给能力。战后初期，日本的经济受到严重破坏，当时所面临的最主要困难在于供给不足。为此，在日本政府的主导之下，以通商产业省作为最主要的执行机构，以政府性金融机构为配合，实施一系列产业政策，采用财政金融、税收优惠、补助金等措施，促进日本产业发展，提高日本产业供给能力。产业政策实施奠定日本经济发展的产业基础，同时所采用的诸多促进产业发展的措施也为此后的供给侧结构性改革所继承，成为战后日本经常使用的供给侧政策措施。其次，在 20 世纪 70—80 年代，日本实现工业化，日本的供给侧结构性改革政策有所调整，开始实施"质化"改革措施。20 世纪 70 年代后，日本面临的内外经济形势迅速变化，日本经济结束了自 20 世纪 50 年代中期以来的高速增长，进入稳定增长时期，供给结构不再适应需求结构所发生的变化，在高速增长时期形成的以重化学工业为中心的产业结构不再符合经济发展的需要，日本经济结构面临着调整与转型的压力。为此，在 20 世纪 70—80 年代，在继承此前产业政策的基础上，日本的产业政策出现一定程度的调整与转型，不仅鼓励新兴产业发展，而且注重调整衰退产业，促进日本经济结构转型升级，对竞争政策的重视程度也开始上升。此外，日本在 20 世纪 80 年代中期开始实施规制改革措施，减少对市场的直接干预措施，这体现为一种"质化"改革。

第二阶段为"以质为主，以量为辅"时期。这一阶段主要包括 20 世纪 90 年代到 21 世纪初期这一历史时期。此时，日本推行以结构改革为主的供给侧结构性改革措施。20 世纪 90 年代初期，日本泡沫经济崩溃，日本经济陷入长期低迷时期，经济增速长期处于 0% 至 1% 左右，同时面临通货紧缩和失业率上升等问题。在这一时期，日本的经济思想深受新古典自由主义经济思想的影响，主张减少政府对经济干预，推进规制改革，推动经济结构改革，完善市场机制，纠正要素配置扭曲，促进具有高生产率的产业发展。在这种思想的影响下，日本实施了诸多的改革措施，如规制改革、桥本龙太郎内阁的经济结构改革以及小泉政府的结构改革等。不论是规制改革，还是结构改革，其主要目的均为创造出能够让市场中的强者能够发挥实力的市场环境，试图通过这种措施以促进日本经济的再生。①日本在 20 世纪 90 年代至 21 世初期所实施的经济结构改革，其目的在于纠正要素资源配置扭曲，提高资源的使用效率，而所实施的政策手段依然是基于供给端的，主要措施针对日本企业。日本政府希望通过实施经济结构改革，达到"提升供给质量"的效果。但是在 20 世纪 90 年代中期，日本并未重视供给侧改革对经济带来的冲击，由此导致供给侧结构性改革推行受阻。与此同时，虽然这一时期日本政府直接作用于产业的产业政策措施受限，但是日本政府仍然没有完全摆脱"后发展国家"的思想影响，对于信息技术产业实施重点培植措施，但在这一时期的改革措施中并不占主导地位，与第一阶段的供给侧结构性改革形成明显区别。

第三阶段为"量质并举"时期。2012 年安倍上台后以提高全要素生产率为目的，着力实施供给侧结构性改革措施。在"安倍经济学"中"成长战略"是其中一项重要组成部分。"成长战略"的重要目标是，实现从要素驱动向创新驱动转型，激发民间企业活力，完善商业环境和创新环境，提高全要素生产率，这属于从"质"的层面改善供给质量。除此以外，安倍的"成长战略"还包括增加要素供给的内容，例如促进女性和老年人就业等，从而增加日本劳动力的供给等，这属于从"量"的层面增加日本的供给能力。由此可见，这一时期日本的供给侧结构性改革的内涵不断深化和拓展，既包含"质"也包含"量"。由此，自 2012 年安倍上台后的日本供给侧结构性改革属于"量质并举"的新阶段。在 2020 年 9 月，菅义伟上台后，仍然重视实施具有新古典自由主义思想色彩的结构改革措施，提出了包括设立数字厅、推动地方银行重组等结构性改革政策，同时也注重从需求层面实施积极的宏观经济政策，基本继承了安倍政府时期的供给侧结构性改革思路，可以认为当前的日本供给侧结构性改革仍然属于"量质并举"的阶段。

（二）战后日本供给侧结构性改革的主要体系

战后日本供给侧结构性改革形成了完整的体系，如图 1 所示。纵观战后日本供给侧结构性改革 70 余年的历程，日本供给侧结构性改革划分为三个主要阶段，即 20 世纪 50—80 年代的"以量为主，以质为辅"阶段、20 世纪 90 年代至 21 世纪初

---

① 西田達昭：「日本における経済政策研究と構造改革」，『国際教養学部紀要』，2006 年第 3 期。

的"以质为主，以量为辅"阶段、以及当前"量质并举"阶段。其中，第一阶段的供给侧结构性改革还可以细分为实现工业化过程中的 20 世纪 50—60 年代，以及日本完成工业化后的 20 世纪 70—80 年代两个部分。前一阶段中"量"的特征更为明显，后一阶段中"质"的因素显现。

日本供给侧结构性改革的三个阶段既有共同之处，也有不同之处。这三者的共同之处在于，均为着眼于经济供给端的经济政策，同处于产业政策的范式之下，主要作用对象为产业与企业。不同之处在于，各个时期的政策重点各有不同。20 世纪 50—80 年代的供给侧改革措施，主要着重于"量"的提升，而"质"的改革相对较少，着重向战略性部门配置资源，提升供给能力，促进经济增长，20 世纪 80 年代后日美贸易摩擦不断升级，"质化"改革出现，开始重视改善资源配置。第二阶段日本供给侧结构性改革措施，呈现出"以质为主以量为辅"的特点，强调市场在资源配置中的主导地位，主张减少政府对经济的干预，完善市场环境是其主要的政策目的。第三阶段的供给侧结构性改革具有"量质并举"的特征，既注重提升供给能力，也注重改善供给质量，注重推动创新，提高全要素生产率。在推进市场导向的改革措施的同时，也没有放弃采用产业政策的方式支持重点产业和企业发展。

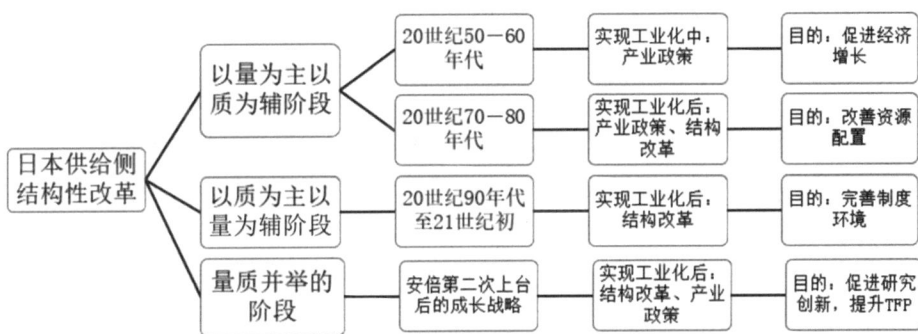

图 1　战后日本供给侧结构性改革体系

三、日本供给侧结构性改革的主要举措

在明确了日本供给侧结构性改革所涵盖的政策范围，以及日本供给侧结构性改革的历史阶段划分的基础上，需要进一步分析每个历史阶段日本供给侧结构性改革

的具体经济政策措施与政策特点。

（一）"以量为主以质为辅"时期的主要政策措施与特点

20 世纪 50—60 年代日本形成了一套有关产业政策的体制机制，致力于促进日本产业结构升级和幼稚产业复制，以提升供给能力。

一是产业结构政策。日本政府自 20 世纪 60 年代开始，每 10 年左右发布一次产业结构展望，引导产业升级。采取多种手段，培育和扶植机械、电子、钢铁、化学等重点产业，为其制定"振兴标准"，给予融资支持与贸易保护，并允许一定程度的企业间协调，促进特定产业的发展。[①]

二是产业组织政策。日本政府实施产业组织政策，积极鼓励重点发展产业中的企业合并与兼并，促进中小企业的现代化，并为此提供资金支持，以图实现规模经济效应。

三是产业技术政策。对技术引进实施审批制度，集中引进了钢材、尼龙、电视机、半导体等领域相关技术。对实施技术设备投资的企业给予财政、税收上的优惠，积极开展人员海外技术交流活动，提升技术水平。20 世纪 70 年代后，日本面临的内外经济形势出现巨大变化，日本供给侧结构性改革的政策实施重点从注重产业调整逐渐转向重视改善经济结构。

与此同时，在日美贸易摩擦日趋激烈的背景下，日本实施初步的规制改革措施。

一是针对"结构性萧条产业"实施"去产能"措施，提高资源使用效率。将平电炉、炼铝、合成纤维、造船等产业认定为"结构性萧条产业"，针对各产业制定过剩设备处理计划，推进过剩设备的废弃与冻结，推动企业组成萧条卡特尔，实行生产、价格调整，以期减少库存、发挥企业生产经营转型的效果，进而达到恢复供需平衡、克服萧条的目的。

二是推动新兴产业发展。在推动结构性萧条产业削减过剩产能的同时，日本政府采取提供开发补贴、增加政策性融资、实施特别折旧等方式，积极推动电子信息、核能发电、航空运输等新兴产业的发展。

三是积极推动科学技术创新。提出"科技立国"口号，重点推进电子信息、生

---

① 〔日〕植草益：《日本的产业组织》，锁箭译，经济管理出版社，2000 年，第 315 页。

物、新材料、节能环保等领域的技术发展，建立"大型工业技术研究开发制度"，加大政府对科技发展的引领作用。[①]

四是初步的规制改革措施。日本在 1985 年制定了《电气通信事业法》，打破电气公司的行业垄断地位，在电信领域引入竞争机制。在 1987 年实施国有铁路公司民营化改革，提升铁路公司的运营效率，改善经营情况。

由此可见，20 世纪 50—60 年代的供给侧结构性改革，强调政府对国家干预的重要性，实施一系列着力于供给端的经济政策，成为日本供给侧结构性改革发端。20 世纪 50—60 年代的日本供给侧结构性改革，通过实施产业政策，致力于提升日本的供给能力，从而缓解日本供给能力不足的问题。20 世纪 70—80 年代，日本的供给侧结构性改革不仅继续延续 20 世纪 50—60 年代所实施的产业政策，注重促进新兴产业发展，而且也开始注重完善市场经济制度，提升市场分配机制。这一阶段的供给侧结构性改革措施从总体上看仍然是致力于提升经济体的供给能力的，虽然也包含改善供给质量的"质化"改革，但是相对较少。

（二）"以质为主以量为辅"时期的主要政策措施与特点

日本 20 世纪 90 年代至 21 世纪初期的供给侧结构改革主要政策可分为以下三个部分：

第一，规制改革措施。1994 年设立"行政改推进本部"，提出"规制缓和推进要纲"，包括 1100 余项规制改革措施。1995 年日本制定"规制缓和推进计划"，着力推动通信、交通、物流、能源、金融等领域的规制改革，为上述领域引入市场化的竞争机制。[②]

第二，桥本龙太郎内阁的"六大改革"措施。主要内容包括：实施行政改革，强化内阁府的行政机能，提高行政效率；实施社会保障支出改革，建设具有效率的社会保障体系；推动经济结构改革，促进具有高附加价值的产业发展；推进金融体系改革，提升金融中介服务质量，建立可信赖的公正透明的交易框架和规则；实施

---

① 〔日〕小宫隆太郎、奥野正宽、铃村兴太郎编：《日本的产业政策》，黄晓勇译，国际文化出版公司，1988 年，第 221 页。

② 小峰隆夫：『日本経済の記録——第 2 次石油危機への対応からバブル崩壊まで』，佐伯印刷株式会社，2011 年，第 522 页。

教育改革，注重人才培养；采取财政结构改革，降低财政赤字。

第三，结构改革措施。一是实施金融体系改革，解决日本的不良债权问题。二是实施民营化改革，将民间能够完成的工作交由民间完成，减少政府的干预。推动邮政民营化改革，精简日本的政府机构，通过加强竞争的方式，提升服务质量。三是实施规制改革，完善市场制度环境。实施劳动市场改革，提高日本劳动力市场的流动性；设立结构改革特区，允许在特定区域内实施针对医疗、养老、照护等产业的规制缓和；实施地方财政改革，减少中央政府对地方的财政转移资金和补助金，达到削减日本政府财政赤字目标。[①]

20 世纪 90 年代至 21 世纪初期，日本发生泡沫经济崩溃、金融危机等事件，对日本经济的发展造成了严重的影响，日本经济的发展绩效出现逆转。即便采取一系列提升总需求政策措施，日本经济增长速度依然没有起色。为此，日本政府转而从经济供给的角度出发，从经济制度的角度，探究制约日本经济发展的制度因素，增强日本的供给质量，提升日本的供给能力，从而起到对经济发展的促进作用。规制改革主张，减少政府对经济的直接干预，政府在市场中应发挥监管作用，而非直接分配经济自由，市场应在资源配置中发挥主导作用，需要去除阻碍市场竞争的障碍，促进资源从衰退的产业向新兴产业移动，实现资源的有效配置。由此可见，这一阶段的日本供给侧结构性改革按照新古典自由主义经济学的相关主张，实施"以质为主，以量为辅"的供给侧结构性改革措施，以完善市场经济环境，释放生产者潜在能力为最主要目的，促使日本经济实现自律增长。

（三）"量质并举"时期的主要政策措施与特点

2012 年安倍上台后，实施积极的货币和财政政策，同时推动供给侧结构性改革的实施。安倍经济学中的"成长战略"为这一阶段供给侧结构性改革的主要措施，主要包括以下几个方面：一是促进民间投资，振兴日本产业。制定"产业竞争力强化法"，修改税收等法律制度，促进民间企业投资具有较高生产率的设备设施。二是完善市场环境建设。设立"国家战略特区"，促进新兴产业发展，将法人税降低至 30% 以下，减少企业的经营负担，完善公司治理制度，加强企业监管，针对金融、

---

① 星岳雄：『何が日本の経済成長を止めたのか』，日本経済新聞社，2013 年，第 54 頁。

农业、电力等产业实施改革，促进资源的有效流动。三是完善就业制度。从劳动力数量层面，促进女性和老年人就业，实施"劳动方式改革"，促进劳动力市场的流动化，提升劳动方式的多样性。四是促进科技创新。发挥"综合科学技术会议"等政府机构引导作用，推动重大基础项目的研究工作，构筑开放式创新系统，积极推进产官学深度融合，实施知识产权标准化战略，实施沙盒监管方式，加强技术安全保障措施。①五是发展新兴产业。提出"社会5.0"发展目标，构建"超智能社会"，通过发展物联网、人工智能、机器人等产业技术，以满足国民日益个性化的经济需求，推动医疗健康领域发展，发挥日本医疗技术优势，推进再生医疗领域研究。六是促进中小企业、初创企业发展。为中小企业提供担保资金，促使中小企业开展国际业务，并积极促进中小企业的技术革新，推动信息化技术在中小企业中的普及，增加风险资金供给，为初创企业提供财政税收优惠。

当前日本的供给侧结构性改革，在吸收此前的经验教训的基础上，实施了"量质并举"的策略，既注重提升供给能力，也注重改善供给质量。一方面是要推动资本、劳动等生产要素供给，提升供给数量。另一方面，则要消除资源配置扭曲、提高资源配置效率，其最终目的在于促使供给结构与需求结构相符，提升供给质量，推动经济的高质量、可持续发展。由此可见，安倍经济学的成长战略，既包含"量"的层面的内容，也包含"质"的层面的政策，具有"量质并举"的特征，而这些结构性改革措施也被其后的菅义伟内阁所继承，成为当前日本供给侧结构性改革政策的基础。

四、小结及对中国的启示

战后日本供给侧结构性改革的实施过程贯穿了整个战后日本经济发展历程，同时在不同的历史发展阶段，表现出了不同特点。本文在明确日本供给侧结构性改革所涵盖的政策范围后，指出日本的供给侧结构性改革具有"量"与"质"双重内涵。依据这一标准，对战后日本供给侧结构性改革的发展过程实施了历史阶段划分，认为在20世纪50—80年代为第一阶段，主要侧重"量"的政策，而"质"的政策相

---

① 首相官邸：『日本再興戦略 2016 』，https://www.kantei.go.jp/jp/singi/keizaisaisei/pdf/2016_zentaihombun.pdf。

对较少，致力于提升供给能力。20 世纪 90 年代至 21 世纪初期为第二阶段，以"质"化改革为主，"量"化政策为辅，着重于完善市场经济环境，改善供给质量。在 2012 年安倍上台后，充分吸收此前日本供给侧结构性改革的经验和教训，其"成长战略"则具有"量质并举"的特征，形成了较为完善的政策框架，并延续到了当前菅义伟内阁供给侧结构性改革政策之中。

改革开放以来，中国经济实现跨越式发展，但近年来经济结构性问题突出。自中央提出供给侧结构性改革以来，取得一系列显著成效，积极化解低效产能，降低金融机构杠杆，补齐基础设施领域短板，推动经济实现高质量发展。党的十九届五中全会明确提出在"十四五"时期中国将进入新发展阶段，为此就需要进一步深化实施供给侧结构性改革，破解新发展阶段面临的挑战和制约，解决影响经济高质量发展的结构性、周期性、体制性问题。为此，需要继续借鉴和吸收日本供给侧结构性改革的经验和教训，助推中国实现经济高质量发展。

一要巩固前一阶段供给侧结构性改革所取得的成果，深化实施供给侧结构性改革。面对日益复杂的国际形势、繁重的改革任务、疫情的严重冲击，急需巩固供给侧性改革所取得的成果，继续推动过剩产能出清，维持金融体系稳定，提升资源配置效率，提高全要素生产率。

二是在实施供给侧结构性改革时，既要注重改善供给数量，也要注重提升供给质量。当前日本供给侧结构性改革属于"量质并举"的发展阶段，从数量和质量两个层面入手，推动经济增长。中国可以吸收日本的经验，从"量"和"质"两方面入手，在推动技术创新、促进形成新产业的同时，注重提高劳动和资本的数量供给，促进经济实现可持续发展。

三是在推进供给侧结构性改革时，也要注重实施需求侧管理，实现总供给政策与总需求政策的有效配合。20 世纪 90 年代中期日本的供给侧结构性改革与宏观经济政策配合失序，导致供给侧结构性改革实施受到阻碍。为此，在实施供给侧结构性改革时，也要注重推动需求侧管理，形成需求牵引供给、供给创造需求的高水平动态平衡，提升国民经济发展水平。

（作者：田正，中国社会科学院日本研究所副研究员）

企业家精神与近代日本纺织业的发展

徐　玥

内容摘要　纺织业是近代日本工业化初期的主导产业，在近代日本经济发展中占有极其重要的地位。企业家精神是日本民间纺织企业成功的关键因素。在民间纺织企业的带领下，仅经过20余年的发展，日本便成为世界主要的棉纺品出口国。近代日本纺织业中的企业家精神主要体现在优化资源配置、技术模仿与创新、对市场的敏锐度三个方面。日本的经验表明企业家是市场的主体，市场活力依赖于企业家精神。

关键词　日本纺织业　企业家精神　山边丈夫　菊池恭三　武藤山治

Entrepreneurship and The Development of Modern Japanese Textile Industry

Xu Yue

Abstract: The textile industry was the leading industry at the early stage of industrialization in Japan, and it occupies an extremely important position in the modern Japanese economic development. Entrepreneurship is one of the key factors in the success of Japanese private textile enterprises. Under the leadership of private textile enterprises, Japan has become the world's leading exporter of cotton textiles after only more than two decades of development. Entrepreneurship in the modern Japanese textile industry is mainly reflected in the following three aspects: optimized resource allocation, technological imitation and innovation, and sensitivity of market. Japan's experience shows that entrepreneurs are the main players in the market, and the vitality of the market depends on entrepreneurship.

Keyword: Japanese textile industry; Entrepreneurship; Yamanabe Takeo; Kikuchi Kyozo; Muto Sanji

引 言

企业作为市场的微观主体,在经济发展的过程中扮演着重要角色。而企业发展的动力来源于企业家精神的贯彻。刘志成(2012)通过分析近代中国企业家行为过程,验证了企业家精神对中国现代化的推进作用。[1]张维迎(2016)认为是企业家促使市场趋向协调与均衡,并推动消费结构与产业结构不断升级。[2]尹建龙(2018)指出是承担创新创业活动、扩大积累资本的企业家们推动了英国的工业化发展。[3]

纺织业是日本工业化初期的主导产业,在近代日本经济发展中占有极其重要的地位。为推进工业化进程,明治政府充分利用其经济职能,实施了包括建设基础设施、提供教育及培训、雇用外国技术人员、创建各类研究所与国有企业、举办产业

---

① 刘志成、吴能全:《中国企业家行为过程研究——来自近代中国企业家的考察》,《管理世界》,2012 年第 6 期。

② 张维迎:《我为什么反对产业政策》,http://finance.sina.com.cn/meeting/2016—11—09/doc—ifxxnffr7227725.shtml。

③ 尹建龙:《节俭与资本积累——英国工业化时期企业家创业成功的内生因素分析》,《贵州社会科学》,2018 年第 1 期。

博览会等多种政策。"这些政策固然非常必要，但是在明治时代的工业化过程中起到决定性作用的是民营实体的强大活力。"①在近代日本纺织业的发展过程中，民间企业家精神发挥的作用尤为突出，在政府扶植的官营纺织厂及"十基纺"相继失败的情况下，以大阪纺织为代表的民间纺织企业反而获得了长足发展。20世纪初，作为后发展国家的日本就已实现了纺织业的进口替代，并成为世界主要的棉纺织品出口国。周见（1996）认为明治维新后日本的代表性企业家推动了民间企业的勃兴，并从企业家的出身、价值观念等方面进行了相应的分析。②谢咏梅（2001）重点从近代实业思想的角度分析了日本企业家的行为特征。③桑原哲也（1996）、大場四千男（2003）、山崎泰央（2012）等日本学者均认为日本民间纺织企业的兴起引领了大企业时代的到来，并分别论述了近代日本企业家在工厂管理改革、技术引进等方面的行动。本文尝试建立一个以企业精神理论为基础的分析框架，在此基础上选取近代日本纺织业中的代表性企业家为研究对象，探讨近代日本纺织业的企业家精神是如何发挥作用的。

一、企业家精神：内涵及其拓展

"企业家精神"一词最早出现在埃蒂龙的《商业性质概论》中，尽管此后许多经济学家都对企业家精神进行了深入研究，但至今没有形成较为一个全面且准确的定义。奈特（1921）认为企业家精神是指企业家在不确定的环境下不断进行冒险、尝试，承担风险的个人素质。熊彼特（1934）认同企业家具备冒险精神的观点，并将企业家塑造成一种英雄形象。同时，熊彼特从商业周期过程的角度出发，指出为获得利润，企业家通过"创造性的破坏"即创新行为，打破原先经济中"循环流转"的均衡状态，实现"新的组合"，当创新被模仿、利润消失后，经济再次回归均衡状态。因而，熊彼特将企业家精神的体现归纳为以下五个方面：引入新产品、采用新的生产方式、开辟新市场、获得新的原材料或半成品的供应来源以及实现任何一

---

① 〔日〕大野健一：《从江户到平成》，臧新远译，中信出版社，2006年，第46页。

② 周见：《明治时期日本工业化的组织体制与指导者型企业家》，《现代日本经济》，1996年第6期。

③ 谢咏梅：《中日工业化初期企业家行为对技术引进的影响》，《哈尔滨工业大学学报》（社会科学版），2001年第3期。

个产业的新的组织形式。米塞斯（1949）则认为企业家与每个行为人一样，是一个投机者。企业家精神并不是某一类人特有的，而是指人在承受不确定情况下的行为。在经济市场中，创造获利机会是企业家精神的基本因素。德鲁克（1985）认为企业家精神是一种行动，而不是个性特征。创新作为企业家寻找变化、应对变化的手段是企业家精神的体现。诺斯（1991）认为合作精神是企业家精神的重要来源。柯兹纳（1992）认为企业精神是市场过程的驱动力量，企业家的活动促进了知识的发现与扩散，从而降低相互性无知，推动市场走向均衡。柯兹纳吸收了米塞斯的观点，将企业家精神扩展为对当前以及未来利润机会的"警觉"。不同于熊彼特提出的"创造性破坏"，柯兹纳认为企业家精神的并不在于改变成本与收益曲线，而是"警觉"地发现成本及收益曲线已经改变或有改变的机会。德索托（1992）对企业家在市场过程中的作用的看法与柯兹纳相似，他认为企业家具备创造新的知识与信息的功能，同时承担传递知识与信息的任务，并使得市场中的知识与信息无限增长。不同于柯兹纳，德索托将企业家精神的根本归结为创造性特性。鲍莫尔（1993）继承了熊彼特的企业家精神理论，并对其进行了扩展，他将企业家精神分为：（1），创新型企业家精神，即熊彼特意义上的企业家精神；（2）模仿型企业家精神，鲍莫尔指出"模仿过程具备不可避免的创新性……模仿者最终也会成为企业家与创新者"[1]，在进行技术转移的过程中模仿型企业家必须适应不同区域或经济体的各项条件，"他们对于确保原始创新的商业可行性至关重要"[2]；（3）非生产性企业家精神，鲍莫尔认为创新有时候可能对真实经济的发展没有任何作用，甚至束缚经济增长；（4）寻租型企业家精神，鲍莫尔指出企业家的寻租行为同样需要创新，但并不一定给经济增长带来好处。

国内学者对于企业家精神的研究更多集中在个人品质或价值观体系而非行动上。高希均（2000）认为具创意、有胆识、敢投资、担风险是企业家精神的四个特质。汪丁丁（2002）认为企业家精神由敬业、创新及合作三者聚合而成，缺一不可。张维迎（2004）将企业家精神归纳为冒险精神、创新精神、不满足精神及英雄主义精神。辛杰（2004）在此基础上进行了修正扩充，认为企业家精神包括创新、冒险、主动竞争、合作意识、济世精神五个方面。吕爱权（2006）认为企业家精神的基本

---

[1][2] 〔美〕威廉·鲍莫尔：《企业家精神》，孙智君等译，郭熙保等校译，武汉大学出版社，2010年，第197页。

要素是创新精神、冒险精神、创业精神、英雄主义精神以及宽容精神。

由于个人品质、价值观体系难以用统一标准验证，并且企业家的行动必然体现了其品质与价值观体系，因此本文将通过企业家的行为活动分析企业家精神。通过对现有企业家精神理论的梳理，能够发现尽管学者们对企业家精神的内涵及其对经济发展的作用的认识各有不同，但均未否认企业家本质上的趋利性。从单一企业层面看，是趋利本质激发了企业家的企业家精神，使其通过各种手段降低生产成本、提高生产效率、扩大销售市场以获取更多利益。有鉴于此，本文尝试从以下三个方面分析、理解近代日本纺织业的企业家精神，并作出新的拓展：第一，优化资源配置，包括对生产动力、原材料、劳动力等各类生产所需资源的配置；第二，技术创新及模仿，包括生产技术、管理技术的创新与模仿；第三，对市场的敏锐度，即企业家对市场变化的判断能力。

二、从"官营"到"民营"：近代日本纺织业的发展

（一）日本纺织业近代化的开端

近代日本纺织业的发展起源于鹿儿岛纺织厂，1867 年萨摩藩建立了日本第一家引进国外先进设备与技术的近代化纺织工厂。受地理位置限制，鹿儿岛纺织厂的原材料运输成本高、产品销路不佳，1870 年萨摩藩在靠近商业中心大阪的堺地区建立了第二家纺织厂。随后不久，东京泷野川的鹿岛纺织厂建设完成并投入使用。这三家纺织厂被称作日本的"始祖三纺"。然而，由于鹿儿岛纺织厂与堺纺织厂是藩营企业，在维持企业正常经营的同时还肩负着保护农村家庭手工业、扶贫济困的责任，因此盈利能力有限，随着工厂内剩余劳动力不断增加，相继陷入经营困难的局面。至于泷野川鹿岛纺织厂，作为民营企业维持了小规模经营，至 1888 年被东京纺织股份公司兼并。尽管"始祖三纺"都没有得到充分地发展，但为日本近代机械纺织业的发展奠定了基础。

（二）明治政府的扶植政策

明治维新后，日本的棉纺织产品进口额持续增加，占进口总额的比例最高达到39%。为应对纺织品大量进口造成的外汇逆差，防止国内纺织产业的衰退，明治政

府呼吁实业界对纺织业进行投资，同时推行了一系列扶植政策。具体政策如下：第一，由政府直接投资设立官营纺织厂，为推动纺织业近代化树立典范。1878 年，在大久保利通的建议下，明治政府从英国进口两台 2000 锭规模的走锭精纺机，分别在爱知与广岛建设官营模范纺织工厂。1881 年底爱知纺织厂开业，翌年 7 月正式运行。广岛纺织厂因在建设过程中出现资金困难问题，1882 年明治政府将其交给广岛县继续建设，最终出售给广岛棉纺织公司经营。第二，进口纺织机械并以分期付款的方式卖给民间企业。1879 年明治政府根据伊藤博文的建议使用企业资金从英国进口 10 台 2000 锭规模的走锭精纺机，并以无息 10 年偿清的方式出售给民间企业。1882—1885 年期间，被称作 "十基纺" 的玉岛、市川、三重、下村、丰井、远洲二俣、岛田、长崎、下野九家纺织厂相继开工。第三，对纺织厂的建立给予一定的财政补贴。在中央政府临时代付进口设备相关费用的促进下，姬路纺织厂、名古屋纺织厂等六家县立纺织厂开业运行。

表 1 所示为官营爱知纺织厂以及 "十基纺" 开业后的经营状况。可以看出，尽管明治政府在资金、技术等多方面给予了保护与援助，但这些纺织厂的经营状况却并不理想，特别是中日甲午战争后日本进入经济萧条期，不少纺织厂先后破产倒闭。明治政府扶植政策下的官营纺织厂经营不善的原因大致包括以下几点：第一，大多数纺织厂依靠水力进行生产，受地理位置、气候条件等因素制约。第二，技术水平落后，缺乏技术人员。承担技术指导工作的爱知纺织厂的生产技术尚且不完善，其他各纺织厂的技术水平更是处于低位。第三，资金调配困难。当时多数纺织厂的经营者为投资多项产业的商人或各地贵族，他们只是 "消极地" 进行生产管理。当纺织厂无法获得预期利益时，很难进行新一轮融资。

表 1　官营纺织厂及 "十基纺" 的营业情况

纺织厂名	年度	支出	收入	利润	
爱知纺织厂	1886 年（半年）	7 239	7 856	617	1896年因火灾被烧毁
	1887 年	16 506	18 939	2 433	
玉岛纺织厂	1882 年	33 817	29 602	−4 215	因过度贷款与设备投资导致财务崩溃，1899年破产
	1883 年	41 319	48 320	7 001	
市川纺织厂	1883 年	/	/	−1 323	1885年破产

续表

纺织厂名	年度	支出	收入	利润	
	1884 年	/	/	371	
三重纺织厂	1882 年	16 528	14 708	−1 820	1886 年改为股份公
	1883 年	47 466	42 178	−5 288	司,1914 年与大阪纺
					织合并
下村纺织厂	1885 年	10 872	7 536	−3 336	1903 年破产,1905 年
	1886 年	14 550	20 860	6 310	公开拍卖
丰井纺织厂	1883 年	691	714	23	1899 年 10 月废弃
	1884 年	17 643	20 167	2 525	
远洲二俣纺织厂	1887 年	66 117	74 998	8 881	1893 年解散
	1888 年	68 570	75 172	6 602	
岛田纺织厂	1884 年	17 212	27 600	10 388	1895 年因火灾被烧毁
	1885 年	24 774	26 508	1 734	
长崎纺织厂	1884 年	4 335	4 455	120	1896 年停业
	1885 年	42 115	41 115	−1 670	
下野纺织厂	1885 年	10 674	10 957	283	1894 年因火灾被烧毁
姬路纺织厂	1880 年—1884 年 8 月	32 304	27 369	−4 934	1899 年因火灾被烧毁

资料来源:楫西光速.技術発達史.軽工業[M].東京:河出書房,1948:46—48

絹川太一.本邦綿糸紡績史(第 3 卷)[M].大阪:日本綿業倶楽部,1938: 207—208

(三)民间纺织企业兴盛

1883 年几乎与"十基纺"同一时期,完全没有接受政府援助,由民间集资建立的大阪纺织厂开业运行。如表 2 所示,大阪纺织厂投入生产后便取得了惊人的业绩,并且随着生产能力增强、规模水平扩张、竞争能力提高,其盈利规模不断扩大。大阪纺织厂的成功刺激了日本民间对纺织业投资的热情,日本各地相继诞生了众多模仿大阪纺织厂运作模式的纺织企业,特别是关西地区,集中了包括平野纺织厂、摄津纺织厂、尼崎纺织厂在内的多家近代化大规模纺织厂。民间纺织企业的兴盛使日本纺织业的面貌焕然一新，1886 年日本仅有 20 家纺织厂，总生产规模不足 8 万锭，1891 年纺织厂数量增加至 36 家，其中 13 家生产规模超过 1 万锭。1890 年日本棉线产量首次超过进口产量，"表明在日本国内市场上，国产棉线已经与外国棉线各领半壁江山"[①]。1897 年日本国产棉线出口量超过进口量，1898 年全日本纺织业的生产规模超过 100 万锭。1909 年棉纺品出口量超过进口量，日本纺织业在短时间内完成进口替代，实现自立与国产化并成为出口产业。1933 年日本的棉纺品出口量达到 20.9 亿担，超过英国的 20.3 亿担成为世界第一棉纺品出口大国，棉纺业也成为战前日本获取外汇的最有力产业。[②]企业家的出现对日本纺织业的发展起到了重要的推进作用。在大阪纺织厂成立以前，日本纺织企业的运营几乎都由投资者直接负责，而单纯的投资者往往缺乏技术、管理等专业知识，尽管政府为促进纺织业发展提供了一系列技术扶植政策，但效果甚微。19 世纪末，日本的投资者们逐步将企业的经营管理权分离出来，交给主任技师、监工、销售负责人等实际负责管理的职员。在此背景下出现了山边丈夫（东洋纺织）、菊池恭三（大日本纺织）、武藤山治（钟渊纺织）、和田丰治（富士瓦斯纺织）等一大批具备生产管理专业技术知识的企业家，在企业家们的带领下，日本民间纺织企业仅用了 50 年的时间，便将日本纺织业推进到了世界前列。

表 2　大阪纺织厂的经营状况

年份	利润（日元）	收益率
1883 年下	11 191	8.40%
1884 年上	44 287	31.60%
1884 年下	45 812	20.90%
1885 年上	17 757	6.80%
1885 年下	25 495	9.10%
1886 年上	34 525	11.50%
1886 年下	88 641	29.50%
1887 年上	152 534	50.30%

---

① 杨栋梁：《日本近现代经济史》，世界知识出版社，2010 年，第 87 页。
② 大津寄胜典：「産業発展と企業活動—日本紡績産業の盛衰と企業経営」，中国短期大学纪要,1989 年第 20 期。

1887 年下	200 844	60.80%
1888 年上	210 366	56.10%
1888 年下	166 414	31.70%
1889 年上	141 839	24.90%
1889 年下	177 030	29.50%

资料来源：高村直助.日本纺績史序説(上)[M]. 東京:塙書房，1971:108

三、近代日本纺织业中的企业家精神：从何体现？

东洋纺织、大日本纺织以及钟渊纺织是近代日本规模最大的三家纺织企业。其中，东洋纺织于 1914 年由大阪纺织与三重纺织合并而成，并由大阪纺织创立以来的主要经营者山边丈夫担任第一任董事长。在山边的领导下，东洋纺织始终保持着在日本近代棉纺织业中的领先地位。大日本纺织于 1918 年在菊池恭三的推动下由平野纺织、尼崎纺织以及摄津纺织三家公司合并而成。菊池最初是平野纺织的经理兼工务部长，在 1889 年至 1892 年期间，又同时担任尼崎、摄津两家企业的技术负责人，大日本纺织诞生后由菊池担任第一任董事长。钟渊纺织创业于 1889 年，开业初期由于缺乏技术研究人才及熟练工人，业绩一直不佳。1894 年武藤山治加入钟渊纺织后通过兼并中小纺织厂、改革工程管理制度、改善劳资关系，使原本问题重重的钟渊纺织一跃成为近代日本"三大纺"之一。本文将以山边丈夫、菊池恭三、武藤山治为中心，从优化资源配置、技术创新与模仿以及保持对市场的敏锐度三个方面对近代日本纺织业的企业家精神及其体现进行分析。

（一）优化资源配置

近代日本纺织业的企业家们高效率地利用动力、电力资源，保障生产过程中的原材料及劳动力供给，降低了生产成本，提高了企业内部的资源效率配置，这是企业家精神的重要体现之一。在大阪纺织厂建立以前，由于水力技术相对成熟、使用及维护成本相对较低，传统纺织厂大多选择以水力作为生产动力，将生产车间建设在水源丰富的河边。在大阪纺织建设之初，也曾考虑过在爱知县木曾川、矢作川，和歌山县的纪之川、吉野川周边建设工厂。而山边丈夫在对预设地点进行实地考察后指出，雨季时期河水泛滥会影响工厂的操作安全，而旱季水量不足可能导致无法获得足够动力。最终，在山边的大胆建议下，大阪纺织放弃在河边建厂，决定使用蒸汽作为动力，并在综合考虑了劳动力资源丰富程度、进出口便利程度后，将生产车间设置在大阪。此外，在山边的推动下，大阪纺织厂成为继皇居、陆军士官学校之后，日本首个使用电灯的民间场所。1886 年，在电灯问世仅 7 年后，大阪纺织便向美国爱迪生电器公司订购发电机，9 月使用电灯取代煤油灯，避免了由于生产车间内充满棉尘而引发火灾的安全隐患。山边还对大阪纺织的生产原材料进行了调整。基于日本政府的保护政策，历来纺织厂均使用日本国产棉花为原材料进行生产。大阪纺织厂投产初期，恰逢政府扶植政策下的"十基纺"相继运行，导致日本国产棉花的需求急速增加，价格也随之上涨。对于纺织厂来说，原棉成本占生产加工费用的近 70%。山边丈夫认识到若坚持使用日本国产棉花作为原材料，不仅生产成本将大幅度提高，还可能出现原材料不足的情况。另一方面，山边还发现日本国产棉花的纤维较长、强度较高，与英国产的纺织机匹配程度不高，经常出现产品质量不稳定的情况。考虑到以上原因，山边提出从越南、印度、中国进口棉花，与日本国产棉花混合使用，不仅有效降低了生产成本，同时稳定了产品质量。

在近代日本纺织工业生产中，年轻女性是最主要的劳动力资源。通常年轻女性在工作两三年后就会返回家乡，因此当时的纺织企业需要长期大量招工。而由于当时劳动力缺乏流动性，信息交流不完全，一般纺织企业需要支付高额的中介费用与各地区的招工中介维持长期稳定的关系，以保证本企业的劳动力充足。为保证能够长期获得优质的劳动力，在武藤山治的建议下，钟渊纺织厂在日本各地设置了招工点。招工点的驻派员负责向钟渊纺织的职工家属汇报工厂近况，通过建立并维持相互之间的信赖关系，获取更多潜在劳动力资源。

（二）技术模仿与创新

技术模仿是后发展国家的企业家们在工业化初期提高企业技术能力的重要手段，在模仿技术本土化的过程中，也必然需要企业家们进行一定的技术创新。在日本民间纺织企业兴起以前，纺织企业内部掌握生产技术知识与管理技术知识的专业人员十分匮乏，因而生产效率低下。山边、菊池、武藤等企业家们通过对生产及管

企业家精神与近代日本纺织业的发展

理技术的模仿与创新，大幅提高了各纺织企业的产品品质及生产效率。毕业于工部大学校又赴英学习纺织技术的菊池恭三在生产技术的本土化与创新方面做出了许多努力。菊池恭三最初担任平野纺织厂的经理兼工务部长，当时日本纺织厂普遍使用走锭纺织机，并且英国对于走锭纺织机的评价远高于环锭纺织机。但菊池综合考虑了日本棉纺织品市场的特性、生产成本以及生产者的技术水平认为：第一，日本的纺织企业大多会兼营织布生产，相比之下环锭纺织机更能发挥其优势；第二，环锭纺织机的使用方法更加简单，对熟练度的要求低，同时，使用环锭纺织机的工人工资普遍低于走锭纺织机；第三，环锭纺织机的机械构造相对简便，故障率低，容易修理。菊池认为对于技术人员稀缺的日本企业来说，环锭纺织机的适用性更高，因此在平野纺织厂购置设备时决定全部使用环锭纺织机。此后日本各大纺织厂也都逐步将生产设备更换为环锭纺织机。

菊池在尼崎纺织厂时期还曾对纺织生产技术进行创新。19 世纪末，日本纺织厂的主流产品为粗线，其中最细线为"34 番手"。[①]随着国内对高品质细线的需求不断扩大，进口细线数量不断增加，特别是当时日本的纺织技术还无法生产的"42 番手"细线。在此背景下，尼崎纺织决定挑战研发国产"42 番手"细线。1896 年，菊池恭三作为尼崎纺织的核心技术人员出访英美，研究学习"42 番手"细线的生产技术。在出访期间，菊池观察到英国工厂在纺线过程中会将线浸湿，美国工厂会将两种不同品质的棉花混合生产"42 番手"细线。回国后，菊池将英国的"湿捻法"与美国的混棉技术综合利用到尼崎纺织的实际生产中，成功研发出了品质不逊色于英国制品的"42 番手"细线。之后，尼崎纺织成功占据了日本国内"42 番手"细线的市场份额。1899 年尼崎纺织生产的"42 番手"细线占全日本总生产量的68%。[②]英国制"42 番手"细线也因失去竞争优势逐步退出了日本市场。此外，受混棉技术的启发，菊池还以美国产落棉与中国产棉花为原材料生产出名为"尼太"的粗线产品，该产品作为法兰绒以及针织物的原材料获得了很高评价，也成为尼崎纺织的主要收益来源之一。

生产及经营管理技术的模仿与创新主要体现在管理制度变化上。尽管在近代日本纺织企业中，大阪纺织厂具有先进的生产设备，但其生产能力与规模水平与英国

---

① 番手为日本计量棉线粗细的单位，数字越大线越细，品质越高。

② 山崎泰央：「紡績業の発展を支えた技術企業家：山辺丈夫と菊池恭三」，『日本の企業家活動シリーズ』第 57 号，2012 年。

纺织厂仍有差距。山边丈夫认为"由于所有设备都依靠进口，日本的设备投资是英国的近两倍。如果不延长生产时间，大阪纺织将无法经营下去"。[1]1883 年 8 月，大阪纺织在正式投产一个月后，开始实施昼夜轮班生产制。在昼夜轮班生产制度之下，大阪纺织的生产量迅速增加，每锭产量甚至曾达到当时英国纺织厂的两倍。武藤山治则是采用了美国科学管理之父泰罗所建立的标准化原理对生产管理制度进行改革。钟渊纺织在不断并购中小工厂，扩大规模的过程中面临着并购工厂产品品质不佳，各工厂间品质差异大的问题。1907 年 10 月至 1908 年 9 月，武藤对钟渊纺织的销售市场进行实地考察，收集产品质量反馈信息。调查结果发现，即使使用同一批次的原材料，从同一进口商处进口的相同型号的纺织机，不同工厂生产出的同类产品都存在很大的质量差异。特别是九州地区的工厂，存在"捻度不均衡"、"长度不足"、"混有杂质"、"局部带有油污导致染色不均"等众多问题。此外，1908年兵库工厂的一项调查发现，在生产的最后一道工序中，仅产出 1.43 捆棉线，就出现 279 次断线，并且其中 85%的断线都发生在前期生产工序中。[2]武藤认识到前期生产过程中的产品品质是最终销售品品质的上限，必须解决生产过程中管理缺失的问题。武藤依据泰罗的理论在钟渊纺织所有工厂实施了科学管理法，对生产过程中的各项流程制定了详细的规范与标准。此外，武藤还对钟渊纺织的劳动管理体制进行了革新。武藤认为把握劳动者的精神状态和内心对提高劳动者的技术水平、生产效率有重要作用。"他提倡将存在与家族间的温情实施于雇佣关系中"[3]，他指出当劳动者信任企业时才会增加自己勤劳工作的意愿，考虑公司的目标，提高责任感。为了让劳动者能够有归属感，武藤采取"大家族主义"的管理方法，采取了一系列改善劳务管理的"职工优待"政策。不仅改善劳动者的住宿环境，建立消费组合为劳动者提供廉价生活必需品，还设置了食堂、浴室、医院、娱乐场所、幼儿园等设施。考虑到当时的女性劳动者大多没有接受过完整的教育，1905 年钟渊纺织还成立了互助协会，为劳动者提供读写教育，提高她们对工作的理解能力。

---

① 阿部武司、中村尚史编：『産業革命と企業経営:1882—1914』，ミネルヴァ書房,2010 年，第 95 頁。

② 桑原哲也：「日本における工場管理の近代化:日露戦争後の鐘淵紡績会社」，『国民経済雑誌』174(6)，1996 年，第 49—78 頁。

③ 李卓：《家族制度与日本的近代化》，天津人民出版社，1997 年，第 176 頁。

企业家精神与近代日本纺织业的发展

（三）对市场的敏锐度

类似于柯兹纳提出的"警觉"概念，对市场的敏锐度意味着企业家能够及时发现新的有利可图的产品和市场。近代日本纺织业的企业家们对纺织行业的整体发展动向十分关注，不断扩大企业的产品类别，促进企业的多元化发展。与日本的棉线生产相比，棉布生产的近代化相对迟缓。山边丈夫在留英期间，曾有日本军官对他说，为了将来日本军需物品的自给自足，不仅要发展棉线纺织，还应发展织布产业。1887年，在山边的推动下大阪纺织成立大阪织布作为子公司，并从英国订购了333台力织机。这在当时是日本罕见的大型织布公司，也是第一家配有全套英国产机械设备的织布工厂。1890年，大阪纺织收购大阪织布公司，成为日本兼营织布产业的纺织企业先驱。尼崎纺织则率先展开了丝绸、麻布、尼龙等纺织产品的生产。1916年尼崎纺织出资750万日元成立日本丝绸纺织公司，由菊池恭三兼任董事长。1917年日本丝绸纺织公司并购了日本麻纺织公司，业务范围进一步扩大。20世纪初尼龙制品问世，菊池预见到尼龙作为"丝绸的平价替代品"其需求量将会大幅增加。1925年，菊池推动大日本纺织公司出资成立日本尼龙公司，开展尼龙生产业务，并带领日本尼龙公司不断优化加工技术，先后解决了品质、成本等问题。随着日本尼龙公司的发展壮大，1969年与大日本纺织合并为UNITIKA，活跃至今。

1890年日本国内陷入经济危机，棉线价格暴跌，各纺织企业的收益不足前年的一半。为使大阪纺织尽快走出困境，1891年山边丈夫出访中国东北地区和朝鲜，对海外消费市场进行调查。山边经调查发现，中国市场中70%的市场份额为英美制品，日本制品仅占10%，有很大的提升空间，同时大阪纺织生产的棉线在朝鲜市场上也有很好的声誉。在三井物产的协助下，大阪纺织打开了中国及朝鲜市场，并以此为契机，扩大了亚洲出口市场。1900年前后在金融恐慌与日俄战争后经济萧条的影响下，日本各纺织企业再次陷入经营困境。面对整个纺织行业的危机，武藤山治指出日本纺织企业不应止步于国内棉纺织市场，并提出"纺织大合同论"，主张对纺织资本进行集中管理，通过横向并购来扩大规模、降低生产成本、强化国际竞争力、积极开拓海外出口市场。在此背景下，1901年至1914年日本六大纺织厂的规模扩大了2.4倍，全日本纺织工厂并购案例高达31起。[1]并购带来的规模经济提

---

① 高村直助：《日本纺绩史序说(下)》，塙书房，1971年，第179页。

高了日本纺织企业的国际竞争力，各纺织企业的产品出口率也明显提升。（表3）

表3　各大纺织企业产品出口率

	大阪纺织（东洋）	尼崎纺织	摄津纺织	钟渊纺织
1910 年	3.8%	0.8%	37.5%	23.9%
1914 年	17.0%	8.1%	45.0%	32.2%

资料来源：高村直助.日本紡績史序説(下) [M]. 東京:塙書房，1971:185

结　语

近代日本纺织业的发展经历了由官营纺织厂主导转向民营纺织厂兴起的过程。民营纺织厂中企业家群体的出现以及其企业家精神的充分发挥对日本纺织工业近代化的迅速实现起到了关键作用。在现有企业家精神理论的基础上，本文对企业家精神进行了再定义，从优化资源配置、技术模仿与创新以及对市场的敏锐度三个方面考察近代日本纺织业中的企业家精神。在优化资源配置方面，山边丈夫、武藤山治等人通过改变动力结构和使用电力资源、更换原材料、设立招工网点等方式，降低生产成本、保证生产要素的稳定供给。在技术模仿与创新方面，菊池恭三模仿英美技术成功挑战"42番手"高端产品。武藤山治则采用泰罗的科学管理法规范生产流程，同时还设立符合日本国情的家族式劳动管理制度。在对市场敏锐度方面，企业家们不仅积极扩展产品品类，同时还不断开发海外市场，大幅提高了企业出口率。

观察近代日本纺织业的发展能够发现，企业家才是市场的主体，市场活力依赖于企业家精神。在"官营"纺织厂以及"十基纺"时期，尽管政府实施了一系列扶植纺织产业发展的政策，但由于没有企业家，市场缺乏活力，政策无法有效运行，纺织业近代化发展的进程也十分缓慢。随着民营纺织企业的兴起，企业家们在利益驱使下，通过优化资源配置、实施技术模仿与创新打破原有市场均衡，开发新产品和新市场，推动产业结构和消费结构的升级换代。这些对同属后发展国家、致力于向工业化经济转型的中国来说不无参考借鉴价值。

（作者：徐玥，南开大学日本研究院博士研究生）

"庭园之岛"：日本的环境立国战略与实践

云大津

内容摘要 战后日本经济经历了高度增长、安定增长和零增长的变化，日本企业在这个过程中历经重生的历练和大转型。除此之外，日本人也正面临着价值观方面的根本性转变。"观光产业"是社会的综合性展现，涉及生产、流通、服务、生活等方方面面，体现社会的整体面貌和文明程度。"观光"是异文化体验，日本"观光"还是文明的体验，"日本的自然及地方魅力是观光资源"，加上日本的文明程度构成日本观光两大要素，形成日本一大产业。观光立国的根本是"环境立国"，而"环境"是"生活方式"（"文化"）的结果，日本的"旅游""观光"所体现环境立国的特征，折射了当代社会面临新的哲学与价值观转变的挑战，是人类社会新的历史转折期的现象。在大转变时代"日本的环境立国战略与实践"凸现出来的是"循环经济"的回归、"零成本经济"的常态化和人们对"体验""原记忆"（原乡）的追忆。

关键词 生活方式 文化 异文化体验 文明的体验 观光立国 环境立国 循环经济 零成本经济 体验 原乡记忆

The Island of Gardens: The Environment-oriented Strategy and Practice of Japan

Yun Dajin

Abstract: The post-war Japanese economy has undergone changes from high growth to stable and finally zero growth. In this process, Japanese companies are seeing a rebirth and great transformation, while Japanese people are also facing a fundamental change in their values. The 'tourism industry' is a comprehensive manifestation of society, involving all aspects of production, distribution, services and life, reflecting the overall outlook of society and civilization. Tourism, as usually an exotic experience of natural and local charms, is all the more a demonstration of civilization. These two elements constitute the essential part of Japanese tourism and the foundation of which is the environment-oriented idea resulted from the lifestyle or culture. Such a characteristic of Japan is in fact a phenomenon of a new historical transition and reflects the challenges of a new philosophy and value. In such an era, Japan's strategy and practice of environment-orientation state policy highlights the return of a circular economy, the normalization of zero-cost economy and people's interest in and recalling of primary experience, originality and nostalgia.

Keywords: experience of lifestyle, civilization and exotics, tourism nation, environment nation, circular economy, environment nation, zero-cost economy, nostalgia

日本的入境旅游数据显示[①]，旅游业已成为日本的主要行业之一[②]。2003 年 1 月，小泉内阁将"观光产业"提升为日本国民经济支柱产业，提出了"观光立国"战略。7 月日本政府召开了"观光立国相关内阁成员会议"，确定了以"适宜居住，适宜观光"为中心的"观光立国行动计划"，并以国土交通省为指导部门展开了官

[①] 数字来自网络资源的整理，柴亚林：《日本观光立国战略评析》，《现代日本经济》，2008 年第 6 期；《着眼地方 日本将修订〈观光立国推进基本计划〉》，新华网，2017 年 2 月 6 日；石美玉：《日本"观光立国战略"的效果评价及启示》，《东北亚论坛》，2009 年 11 月第 18 卷第 6 期。

[②] 日本国土交通省的研究资料表明，2006 年度日本旅游总消费额为 23.5 兆日元。其中旅游业附加价值值为 11.9 兆日元，占 GDP 的 2.3%；旅游创税收 2.0 兆日元，占当年全国税收总额的 2.2%；旅游产业直接雇佣人数为 215 万人，占当年总雇佣人数的 3.4%（参见石美玉：《日本"观光立国战略"的效果评价及启示》，《东北亚论坛》，2009 年第 6 期）。

"庭园之岛"：日本的环境立国战略与实践

民一体化的"日本欢迎您"的宣传运动（简称 VJC 计划）。其目标是，2010 年日本入境旅客人数增长一倍，达到 1000 万人次，并把 2003 年定为"观光立国"元年。2003—2007 年"观光立国战略"实施的五年间，日本的年入境旅游人数从 521.2 万人次增加到 834.9 万人次，即"观光立国战略"实施的第二年突破了 600 万人次，2005 年突破了 700 万人次，2006 年又突破 800 万人次大关。但是 2008 年美国次贷危机引发的全球金融危机、2009 年的新型流感的蔓延、2011 年东日本大地震海啸等突发事件的影响，使日本年入境旅游人数一度下滑到 620 万人次。2012 年 9 月"钓鱼岛问题"触发了中国访日人数关联性的激减，最终 2012 年日本入境人数锁定在 837 万。2013 年度，在日元对外汇兑换率下降、日本政府对东南亚诸国实施宽松签证政策等的影响下，日本入境旅客人数终于在 2013 年 12 月 20 日达到了 1000 万人次，即推迟 3 年，达成了第一版《推行基本计划（2007—2010）》的年入境旅游人数 1000 万人次的政府目标。第二版《推行基本计划（2012—2016）》的设定目标，即 2016 年全年访日旅游人数增加至 1800 万人次，其实际数据是，2015 年 1973.7 万人次、2016 年 2043.9 万人次，已提前完成目标。2018 年访日游客人数首次突破 3000 万人次大关。

日本观光旅游全年访日人数当下的目标是 4000 万[①]，这意味着接纳旅客区域需要扩大到日本国土的全区域。自从 2003 年针对日本的旅游观光第一次提出"软实力"这一概念以来，2017 年更进一步重新认识了"日本的自然及地方魅力是观光资源"、不断充实农村民居和农作体验等旅游观光内容，提出旅游与本地居民生活的一体化，即对作为"软实力"的"文化"内涵是"生活方式"和"环境"，是"生活方式"的结果的重新认识，从而得出了旅游观光实质上是环境保护的结论，即"环境立国"是"观光立国"的根本。"旅游""观光"源于"异文化体验"，当人类工业化发展的成果"城市文化"和"未开发性""原始性"间形成巨大"差异"之

---

① 2017 年 2 月，日本政府为 2017 年度至 2020 年度制订的《观光立国推进基本计划》（第三版《推行基本计划》）修订草案提出，将在日本全国 500 个地区推进农山渔村体验型住宿项目，同时将充分发挥文化遗产作用设立 200 处观光基地。为实现全年访日游客 4000 万人次的目标，不仅是大城市，扩大地方的旅游接纳能力被作为重点课题。此外，日本政府还将着力重振东北地区的观光，使外国住宿客增加到全年 150 万人次。修订草案（第三版《推行基本计划》）强调，受到海外关注"日本的自然及地方魅力是观光资源"，将让游客在地方民居体验生活和农作等增加回头客，帮助提高农户等的收入。关于 2020 年东京奥运会和残奥会，草案强调"不能让其仅仅成为一时性的'节日活动'"。要宣传各地的历史、饮食文化及日本动漫的魅力，并积极申办国际会议。

初，美国人类学的先驱也是从这种"旅游""观光"的"异文化体验""纯粹文化的憧憬"中走出了探索"文化多样性"的人类学之道①。

　　回顾二战后日本产业发展的历史，日本政府相续提出了贸易立国②、科技立国③、产业立国、信息立国、文化立国、观光立国、环境立国④等战略。这是日本在工业化进程中，不同阶段应对不同问题的结果。贸易立国解决外汇问题，这是技术引进阶段的突出问题。科技立国、产业立国是工业化、制造业大国所追求的目标。而信息立国体现的是工业化社会进入信息化社会的历史转折期的特征。文化立国，体现了当今社会"软实力"的重要性和人类对精神文明的需求，同时，信息技术与文化

---

　　① 今福龍太：『クレオール主義』，ちくま学術文庫，第 52、64 页。

　　② 二战后日本的科技水平要比世界先进水平落后 20—30 年。日本于 1955 年正式加入关贸总协定（GATT），"日本通过引进技术，在 1955—1970 年的 15 年间，就吸收了全世界用半个世纪开发出来的先进技术，付出外汇不足 60 亿美元，而要发明这些专利技术需要花费 1800 亿至 2000 亿美元。日本人在掌握国外先进技术上，大约节省了 2/3 的时间和 9/10 的费用"。到 20 世纪 70 年代初，在大部分工业技术领域，日本已基本消除了和欧美发达国家的差距，并且在钢铁、汽车、家用电器等领域的生产技术方面日本已处世界领先地位。

　　日本运用关税政策保护国内产业，1964 年加盟 OECD 之后，日本政府仍根据不同商品不同的竞争力谨慎地、分阶段地实行自由化，制定进口自由化时间表。日本政府从 1967 年 7 月到 1973 年 5 月，用 6 年时间，分五阶段推进资本自由化。为应对国际竞争，20 世纪 60 年代初日本还成立了"产业结构调查会"研究日本产业结构发展的长远方向，以"需求收入弹性标准"和"劳动力生产率增长率标准"，为选择理想产业结构提供依据。同时企业兼并也成为应对资本自由化的对策，日本企业合并总数"从 1960 年的 440 件增加到 1970 年 1147 件"。三井、三菱、住友、富士（芙蓉、旧安田）、第一（古河）以及三和的六大银行，和其相对应的三井物产、三菱商事、住友商事、丸红、伊藤忠和日商岩井的六大商社为核心横跨多产业的六大集团等，构成了日本大企业的基础，同时大企业周边汇集了占公司总数 99%的中小型企业，形成了日本经济二重结构的特征。中小企业与大企业间的协助和专业分工体系亦称"系列结构"。

　　日本加入 GATT、加盟 OECD，参与世界经济产品和金融的自由化，促进了日本制造业技术和欧美间差距的缩短，加速了日本产业结构的提升，同时通过国际竞争促进了企业管理和劳动力素质的提高（相关数字参考徐立军"日本贸易立国战略辩析"《现代日本经济》，2002 年第 4 期，总第 124 期）。

　　③ 1980 年日本通产省发表了《80 年代通商产业政策展望》，第一次提出"科技立国"战略，同年 10 月日本科学技术厅公布的《科技白皮书》中再次明确提出了"科技立国"战略。1986 年 3 月 28 日，日本政府内阁会议通过了《科学技术政策大纲》。20 世纪 90 年代随着世界经济一体化趋势的不断深化和所谓"知识经济"的到来，为了赶超"知识经济"的时代步伐，缩短与美国的差距，在 21 世纪科技竞争中占优势，日本政府进一步丰富和发展了"科技立国"战略，提出了"科学技术创造立国"的新口号，强调日本要彻底告别"模仿与改良的时代"。在 1995 年 11 月通过的《科技基本法》的基础上，日本政府又于 1996 年 7 月制定了《科技基本计划》。1997 年 12 月，日本政府决定将科技厅与文部省合并，成立教育科学技术省，以加强科技和教育工作，促进日本经济从汽车等传统支柱产业转向信息技术产业等，即通过技术与信息、产业与文化的融合促进产业转化与升级。

　　④ 1994 年 12 月制订《环境基本计划》、2000 年 12 月制订《第二次环境基本计划—走向环境世纪的方向》、2006 年 4 月制订《第三次环境基本计划—从开拓环境走向富裕的新道路》，在《第三次环境基本计划》的基础上制订了《环境立国战略》，把环境保护推到更高层面。

"庭园之岛"：日本的环境立国战略与实践

相结合引领产业结构升级成为当代经济社会产业发展的重要特征[①]。环境立国源于
工业立国负面的对策，是对工业立国的反省，是对资源循环利用和可持续发展的重
新认识和追求。因此，日本的"旅游""观光"所体现的"环境立国"特征，折射
了当代社会面临着新的哲学和新价值观转变的挑战，是人类社会新的历史转折期的
现象。

本文通过对"全国综合开发（形成）计划"[②]、"银河计划"[③]、《里山资本主
义》《里海资本论》和网络资料等[④]的整理和解读可以看到，经济零增长的日本社
会在发生价值观的社会性转变。具体体现在人与自然的和谐、山与海的往来与融
合和人们对"庭园城市""田园城市"的美好生活的追求。"家"与"庭"一体、
生活与自然景观一体，提出"参与和协助""广域地区圈""新公众"，即通过居
民和社会团体等参与的手段和人从属于自然的观念，确保"多自然居住区"景观的
"多样性"，这正是"异文化体验""纯粹文化的憧憬"的旅游观光真正趣味的依
据和精神追求。同时，日本的"旅游""观光"的特征还体现了"秩序""健康"
"安全""人从属于自然"[⑤]等的文明社会认同的崭新一面。另外，日本的"循环

---

① 日本的产业升级，在"贸易立国"向"投资立国"的转变过程中实现。日本政府充分利用各国
的比较优势，鼓励国内"边际产业"到海外进行投资，将技术含量低、低附加价值、高能耗等产业转移
海外，并加强国内高技术含量、高附加价值产品的生产规模，从而达到产业结构升级目的。20世纪80
年代初，日本已经成为世界第二大贸易国。1990年跃居世界第一对外直接投资大国，2005年所得收支
盈余首次超过贸易盈余，成为日本国际收支经常项目的最大顺差来源。截至2013年，日本海外净资产
已达325万亿日元，连续23年保持全球最大海外净资产国地位。另外，日本政府还把对外资、促进贸
易发展与ODA（政府发展援助）结合起来，实现开发市场和促进经济国际化的双重目标，1989年日本
已成为世界第一对外援助国（张晓兰：《日本由"贸易立国"向"投资立国"转变的经营》）。
② 以下简称"全综"。日本从1950年颁布《国土综合开发规划法》开始，到1998年完成《第五次
全国国土开发规划—21世纪的国土蓝图》，先后完成了5次国土综合开发规划。1952年修订的《国土综
合开发规划法》是第一次到第五次全国国土综合开发规划的依据。到了"五全综"时代，国土开发工作
基本完成。2005年《国土综合开发规划》修改为《国土形成规划法》，在国土规划体系方面，从四级结
构转为二级结构，依据《国土形成规划法》2007年完成送交国土审议会的国土形成规划最终报告，2008
年审议通过规划，即日本第六次规划"六全综"（《日本国土形成规划》）。以2005年为界，日本的国土
综合规划法经历了"国土开发"和"国土形成"两个阶段。"六全综"推进广域地区自力协助发展，2015
年8月出台的《日本国土形成规划》"七全综"沿袭了"六全综"的国土形成理念，定名为第七次国土
规划—形成对流促进型国土。
③ 宫城県庁气付/北海道・東北21世紀構想推進会議編：『北海道・東北21世紀構想—ほくとう
銀河プラン』，1994年。
④ 本文多处参照川胜平太的相关研究成果。
⑤ 岛是浮在海洋中的庭，海景摹写是日本庭园史的基调。平安时代的《作庭记》是世界最古老的
制园技术书，其思想的根本是"（人）追随自然"，庭不是自然而是经过了人工的"第二自然"。

经济"所体现的"零成本""体验""原记忆"（原乡）等特征，是值得关注的 21 世纪经济现象。总之，日本的"循环经济"与"环境立国"战略在"旅游""观光"产业和日本经济社会的方方面面全面体现。

本文还关注了，"五全综""六全综"所体现的"家"与"庭"一体、"多自然居住区"景观的"多样性"的特征，是对"日本的自然及地方魅力是观光资源"的重新认识，是日本人的生活方式以及价值观回归的表现。日本人正追求着宫泽贤治的在万象中看到菩萨和万物共生的"生命节奏"童话般的世界。

一、建造"美丽庭园之岛：'五全综'的开发计划"

日本国土审议会，以 2010 年为期限，概括了适宜 21 世纪文明包含日本国民和国土的长远规划内容的国土计划报告书，即《计划部会调查探讨报告》（1996 年 12 月），是第五次"全国综合开发计划"（从 1994 年 11 月到 1998 年 2 月公布，经历了 41 个月）的重要内容，是和国民生活密切相关的报告。该报告开篇第一节对现代的认识是"历史性的转折期"，第二节主张"国土结构转换的必要性"。报告书对战后日本太平洋沿岸的城市化、工业化表示危机感，并指出为克服危机对新的国土构思进言的宗旨。即"21 世纪，扎根于我国的历史和风土，创造出崭新的文化和生活方式，在国土上生活的人们（日本人）真正能过上富裕的生活。只有这样才能称得上国土之美丽的'庭园之岛（Garden Islands）'的美名，在世界之林才能感受到自豪的日本列岛，才有可能在当今的全球化时代确立起我国的国民意思"，这是"五全综"的精神。"五全综"相对于前四次全综，除了具有克服工业化危机的价值观转变的特征之外，还提出了"参与与协作"的开发模式，提倡地方自主开发、民主开发，鼓励居民共同参与。

体现国土建设长远计划的"全国综合开发计划"，战后至今共制定了七次。"一全综"在推行所得倍增政策的池田内阁期间于 1962 年公布（从 1960 年 1 月到 1962 年 10 月公布，历经 22 个月），主要内容是以"据点开发"形式建设产业基地，形成了现在的太平洋沿岸地带。"二全综"是在佐藤内阁期间的 1969 年公布（从 1966 年 10 月到 1969 年 5 月，历经 31 个月），以"大规模项目开发"方式，和接下来的田中内阁的"日本列岛改造"相呼应，出现了新干线、高速公路等的建设热潮。太平洋沿岸地带也称"西日本国土轴"或"第一国土轴"。这两次的全综计划以工

"庭园之岛"：日本的环境立国战略与实践

业化为轴心，使日本经济得到发展。"三全综"是在福田内阁期间的 1977 年公布（从 1975 年 4 月到 1977 年 11 月，历经 30 个月），该全综提出了定住圈构思，但未能消除居住人口过密与过疏问题，即在"一极一轴"格局之下东京过度集中问题未得到有效解决。1987 年中曾根内阁制定"四全综"（从 1983 年 10 月到 1987 年 6 月公布，历经 45 个月），提出"多元分散型国土"的目标，但至今未能实现多方面分散和地方分权的目标。可以说，第三次、第四次全综计划以失败告终。

　　"五全综"和以往的全综有着本质性的区别，是在新理念的指导下的大设计。之所以是大设计，是因为"五全综"不停留在日本人自身量身订做的国土计划，还体现了日本人放眼世界，与地球共生的可持续发展的崇高志向①。"五全综"设有"人与自然""街道建设""区域经济""基础设施建设"的四个委员会的审议。值得一提的是，1996 年 4 月还新设立了"文化与生活方式"委员会。从生产中心、工业中心、城市中心的国土建设转变为生活中心、文化中心，是对活法自觉性的提升。从新干线、高速公路等建设的国土审议会增设了议论文化的委员会，并且在集中审议的过程中如何恢复"日本的美"成为核心话题，"文化"在"五全综"中起核心作用，"五全综"体现了"生产方式"向"生活方式"转变、"生产方式"和"生活方式"一体化等价值观的变化②。

　　1993 年以来，日本人人均所得为世界第一位，制品进口率 1989 年突破五成、1995 年超过六成③。继 80 年代的"经济大国""政治大国"战略，20 世纪 90 年代日本人提出"生活大国"目标，日本人的活法、生活方式、对"美的追求"成为人们思考的问题。在这样的背景下，"文化与生活方式"委员会提出了"'庭园之岛'日本"的国土构思。同时值得关注的是，"浮在太平洋上的'庭园之岛'日本"的国土构思，是回归 1873 年（明治六年政变）以前日本的文艺复兴④。报告提出"实现宽裕、舒适的生活，城市和多自然居住地域的多元文化叠成的美丽国土""富裕的生活和丰富多彩的自然共存开放的充满活力的国土""让世界羡慕充满美和创造性的国土"的口号。这样的国土构思和口号，只能是在没有被城市化和工业化污染，人口稀少地带的多自然的居住地域，也就是我们所说的在农村偏远地区才能得以充

---

　　① "五全综"除了征求地方政府、学者、国民的各界人士之外，还征求了中国、韩国、马来西亚等国的意见，体现了全球化的时代日本人放眼世界的视野。
　　② 关于文化的定义，除了学术、艺术、历史等之外，"生活方式"本身也属文化范畴。文化人类学对文化概念的定义是，生活方式，即文化包括学术、艺术、历史等上层部分和生活方式的下层部分。
　　③ 川胜平太：『文明の海へ』，ダイヤモンド社，1999 年，第 171 页。
　　④ 近代日本最初面临的转折点是明治六年的政变（毛利敏彦：『明治六年政变』，中公新书，1979 年）。

分发挥。和工业、城市的景观相比多自然景观更具有日本国土的特色，即日本具有通过"都市与农村的结婚"，实现"浮在太平洋上的'庭园之岛'日本"国土构思的"自然条件"。

另外，日本同时具备实现"浮在太平洋上的'庭园之岛'日本"国土构思的"人文历史条件"①。其实在"三全综"实施期间的大平内阁时代已提出"田园都市国家构思"，因大平总理的突然病故而终止。"田园都市"，埃比尼泽·霍华德早在 1898 年出版《明天：一条通往真正改革的和平之道》，1902 年修改再版，更名为《明天的田园城市》的书中提及，其起源于幕府末期西方人访问日本的日本城市印象②。日本的庭园是景观式庭园，意大利庭园是典型的几何学建筑式庭园，在欧洲 18 世纪最早引进风景式庭园的是英国，它和茶文化一起带进英国。也就是说，日本是外国人所羡慕的"庭园都市国家"的原型。"五全综"提出的"庭园之岛"构思是有历史因缘的，是日本人的同一性的流露，是历史的回归。

"五全综"计划，在桥本内阁期间的 1998 年 3 月策定，以"美丽庭园之岛日本"的创造③为基本目标，同时制定了"生活空间倍增计划""庭园之岛构想""新首都建设"的三位一体，明确"美丽的自然环境""美丽的生活景观"创造的方向。虽然没有明确"美"的界定，但追求"多自然居住区域"是核心，比如日本除了单一的人工城市景观太平洋工业地带即首都圈向西延伸的"西日本国土轴"之外，考虑到气候、风土、文化沉淀、地理的特殊性等，划分为"北东国土轴""日本海国土轴""太平洋新国土轴"的"多轴型"国土构思。实现多自然居住地域的创造、

---

① Garden Cities 翻译称"田园城市"是误译，应该翻译为"庭园城市"（田园有乡村的意识）（川勝平太：『文明の海へ』，ダイヤモンド社，1999 年，第 172 頁）。

② 初代驻日英国公使对幕府末期的评价是"充满绿意的园艺国家"（オールコック：『大君の都』，岩波文庫，1962 年），1872 年来日，世界第一家旅行社托马斯库克旅行社创始人托马斯·库克（Thomas Cook，1808—1892 年）的"被日本丰富的自然，接连不断变化无限的美丽景观所征服而呆然"的日本印象（ピアーズ·ブレンドン：『トマス·クック物語』，中央公論社，1995 年）。南北战争的第二年，夏至秋四个月在日本东北旅游，英国淑女萨贝拉·博儿（Isabella Lucy Bird，1831—1904 年）访问金泽时写到，"亚洲的世外桃源""充满了美丽、勤劳、安乐的魅惑人心的地方""美丽的日本田园风景"（イザベラ·バード：『日本奥地紀行』，東洋文庫，1973 年）。1860 年为采集鉴赏用园艺植物第二次来日，考察了农家和寺院庭院的フォーチュン写到，"如果爱花的国民性，代表人类文化生活高度的话，日本底层的人比起英国同阶层来说，要高得多"（フォーチュン：『幕末日本探訪記:江戸と北京』，講談社学術文庫，1997 年）。广为人知『古代への情熱』的作者海恩里希·施里曼（Heinrich Schliemann，1822—1890 年）说，"日本人是世界上最清洁的国民不会有异议""日本人都是园艺爱好者""日本人的家里都有庭院，庭院里有水槽或者敷上小的庭石，有装满了扇状尾巴金鱼的模式般的水池"（ハインリッヒ·シュリーマン：『シュリーマン旅行記』，講談社学術文庫，1991 年）。

③ 大平正芳内阁（1978—80 年）提出"田园都市构想"和"环太平洋连带构想"（川勝平太：『文明の海へ』，ダイヤモンド社，1999 年，第 179 頁）。

"庭园之岛"：日本的环境立国战略与实践

大都市的革新、地域连带轴的展开、广阔的国际交流圈的形成的四大战略。

"五全综"时代，国土开发工作基本完成，2005 年《国土综合开发规划》修订为《国土形成规划法》，并以此为依据制定《国土形成规划》。2008 年审议通过"六全综"，在国土规划体系方面，从四级结构转为二级结构，提出可持续发展的目标，提出"广域地区圈"和"新公众"概念。"六全综"提出五大战略目标，即世界发展中无缝亚洲的形成、可持续地区的形成、形成抗灾能力强、能灵活应对灾害的国土、美丽国土的管理与继承、以"新公众"为支柱的地方建设。最终建立"美丽安全"的国土，促进可持续发展成为新目标[①]。2015 年的"七全综"沿袭了"六全综"的国土形成理念，提出"形成对流促进型国土"概念。

总体而言，"一全综"和"二全综"以产业发展为主，"三全综"和"四全综"以宜居生活为主，"五全综"和"六全综"以可持续发展为主，"七全综"则提出"对流促进"，是"六全宗""广域地区圈"的延续。其特征是从国土综合开发到国土形成的国土规划法律；从产业发展、宜居生活到可持续发展的国土规划目标；从一极一轴、多极多轴到广域地区圈的国土结构；从国家主导、地方主导到多样化主体参与的国土开发模式；提高规划质量与强化规划实施并重的规划模式等。

值得关注的是，为确保规划的实施每次综合开发规划公布后都制定相应的法律法规和具体的实施计划等。另外，"五全综"提出"参与和协助"，"六全综"更提出"广域地区圈""新公众"的概念。认为规划实现过程中，承担者不仅包括行政单位，还包括地缘型社区、非盈利组织（NPO）、企业等多样性的主体，定位为"新公众"。"参与和协助""新公众"，为实现"多自然居住区域""多样性"提供确保。

二、与万物共生："银河计划"的实践

日本是由 6800 个岛组成的岛国，现在，日本有 4000 万户住宅，其中有 1400 万户集体住宅（商品楼），日本人三人当中有一人居住商品房。家庭分解为家和庭，即家成了"箱"，"庭"被赶出家门公园成为替身[②]。在这样的国土中，"五全综"

---

① 蔡玉梅："日本六次国土综合开发规划的演变及启示"，《国土规划》，2010 年 5 月（网络资源）。
② 川勝平太：『文明の海洋史観』，中央公論社，1998 年，第 285 頁。

提出建造有"庭"的生活景观。日本人重建家和庭一体的"家庭"再组合的做法，一方面通过城市改造实现家和庭一体的重新构筑，另一方面是在偏远地区（地方）实施"农村与城市的结婚"，"多样性"是核心。联合国教科文组织的关于"真正的开发是什么？"，在《人们的多样性的创造》报告中指出，"没有伴随文化的发展是缺乏灵魂的，经济发展是作为文化的一部分而开花"，其根底具有经济为文化服务的哲学思想①。文化的本质是多样性，即经济发展、经济开发是人们实现文化多样性的手段。经济发展的下一个重要目标是文化发展，生活哲学特别是消费哲学的确立刻不容缓。经济活动的重心，从生产转移到消费时，经济和文化密切相关。总之，让外国人所羡慕、日本人自身感到自豪的"浮在太平洋上的'庭园之岛'日本"具有家和庭一体化的重建、生活与自然等多样性的保障和自然与生活一体化的特征，这也是日本"观光立国""环境立国"的异文化（多样性）体验的具体内容，"银河计划"是体现其哲学思想的实践。

早在 1994 年，在北海道、东北地区就开始了志向高远的"银河计划"，它已经涵盖了日本国土开发中体现的"文化"（灵魂，与所有生命共生）多样性等特征。"银河计划"甚至指向人类之外，比如动物、树木、石头、彩虹、月亮和星星等所有的物质都富有生命，由这样的生命组成的生命节奏，超越了人类的范畴，扩大到自然和宇宙。"银河计划"，是包括人类在内万物的"生命节奏"呈现的计划。

"银河计划"是以北海道、东北地方知事（地方长官）会议作为母体，官民一体推行的，21 世纪构思的核心计划②。计划提出"个性城镇，广泛分布在我们居住的东北日本的广阔的空间和郁郁葱葱丰富的大自然中，面向 21 世纪的区域建设，是建立在对人类尊重的基础上，谋求与所有生命体的共生和各地区之间的交流和协助。我们的银河—天之川，由无数的星星形成壮观的全景立体画，在广阔的宇宙中，分布在我们'东北日本'的城镇，加强和各区域的交流和协助，其带状的个体城镇不断得到扩大形成新国土轴，居于这样的印象，我们把北海道、东北 21 世纪构思，称为银河计划"。这是把区域建设，自律于涵盖整个地球这样的志向中进行的理念。"我所讲的，都是取之于树林、原野、铁道线路，彩虹和月亮的光等""我们从田园的风和光中，光洁可爱的果实，青色的蔬菜，连同它们的心象一起提供给人

---

① 川勝平太：『文明の海へ』，ダイヤモンド社，1999 年，第 175 頁。

② 宮城県庁気付/北海道・東北 21 世紀構想推進会議編：『北海道・東北 21 世紀構想—ほくとう銀河プラン』，1994 年。

间"①。日本人正追求着，在万象中看到菩萨和万物共生的"生命节奏"的宫泽贤治所描绘的童话般的世界。

经历了经济高度增长、稳定增长和零增长的日本社会，政府、企业和个人在政府的政策制定、企业经营和个人的生活追求等方面都发生了变化甚至是价值观的转换。值得一提的是，"银河计划"（1993）率先于"五全综"（1998 年），即地方先于中央（东京）实施地方振兴与克服工业化危机相结合的改革，是地方发起的价值观转变的实践。

三、回归循环经济：江户模式和日本

日本的近代化始于明治维新，其基础的形成可追溯到江户时代，这一观点在日本学界已有共识。"江户"的经济社会，在较成熟的封闭空间（"锁国"）之下经历了近 300 年和平的体验，其众多制度等原封不动的在日本近代化过程中延续②。江户近 300 年和平体验的依据，即政治制度和经济制度等统称"江户体系"。

在政治方面，江户幕府采取了转封、改易等制度，以最小的武力和最大的信息收集（军事和财政弱的"小政府"），极力防止权力分配的流动，最大限度有效的发挥监督和平衡，是极为巧妙的统治机制。在经济方面，日本战国时代到江户时代初期，即大开发时代的近百年间人口增长了三倍，在大开垦下河川、山林遭受破坏严重，为此，幕府于 1666 年制定了"山川规则"保护自然环境③。比如当今入选"日本的名松百选""森林浴的森百选"的秋田县能代海岸的防砂林是当时的人工林，是江户时期实施环保政策的成果。"江山海美是吾家"④，丰富多彩的自然，是日本人"参与自然的方式"的结果。日本列岛的绿色之美，不是天生自然的产物，而是经历了数千年，生活在这个岛上的岛民在经营日常生活中所形成的，是"生活方式"的历史遗产⑤。江户经济的基本特征体现在森林保护、人口增长的停滞（江户

① 川勝平太：『富国有徳論』，中公文庫，2000 年，第 241 頁。
② 寺西重郎：『歴史としての大衆消費社会』，慶應義塾大学出版会，2017 年。
③ "诸国山川掟"的三条法令（鬼頭宏：『文明としての江戸システム』，講談社，2003 年，第 131 頁）。
④ 志賀重昂：『日本風景論』，岩波文庫，1995 年。
⑤ 鬼頭宏：『文明としての江戸システム』，講談社，2003 年，第 119 頁。

中期后）和资源循环利用等方面，表现了人和自然协调关系体系的形成[1]。这种人和自然共存关系在当代日本社会，在解决当代问题中被重新认识和挖掘。比如《里山资本主义》和《里海资本论》体现的是日本社会的资源循环利用价值观的回归和克服工业化危机的实践。

（一）废料的再利用：《里山资本主义》[2]的实践

《里山资本主义》所涉及的能源问题，具有地方振兴与周边废弃资源再利用相结合、自然能源和当代高科技相结合的特征，是回归自然能源利用革命性的事例。资源的循环利用和自然能源的有效利用，对克服资源的有限性、摆脱核能源等当代问题具有现实意义。

在冈山县真庭市，这个山间小镇，出现了日本甚至是世界一流最前沿的能源革命。真庭市，2005 年通过周边 9 个村庄的合并成为冈山县的一个大区域，但人口只有 5 万，占地面积的 80% 是山林，是典型的山村地区。真庭市的支柱产业是木材加工林业。铭建工业，是一家拥有 200 名左右员工，年加工 25 万立方木料的当地木材加工企业。铭建工业在中岛浩一郎社长的带领下实施了被称为"木质生物体（生态）发电"，即利用木材加工过程中出现的碎木燃烧发电。木材的加工过程为从山上采伐的圆木运回木材加工厂，首先把树皮剥离开并把圆木四周做切平加工，然后使用刨子把木材加工成各种板材。圆木加工成板材产生大量的树皮、碎木片和刨木屑等，每年产生 4 万顿的木材加工废弃物。利用 4 万顿的产业废弃物燃烧发电，发电所 24 小时运转，输出电力为每小时 2000 千瓦，可供应 2000 户一般家庭的用电。据中岛社长的介绍，工厂 100% 使用"木质生物体（生态）发电"，仅仅这一点，工厂每年就节省了 1 亿日元的能源费，加上原 4 万吨产业废弃物处理费的 2 亿多日元，即通过废弃物再利用的经济效益接近 4 亿日元。另外，工厂用不完的电量向外

---

[1] 江户时代的日本，森林从面临枯竭危机中恢复过来的主要原因有：生物的原因，比如落叶宽叶树林的保护有利于野生的食料、燃料和肥料等丰富的山林的形成；制定了反技术进步的政策，比如限制大型锯等伐木工具的使用；森林保全思想和伦理充分反应在领主的政策上；在制度上，比如『夜明け前』所描述的留山、割山、年季山、部分山的制度的制定，使山林能可持续利用；和江户时代的生活方式相关的生态学的因素相关等，比如日本没有放养山羊和羊，人体需要的动物性的蛋白质和肥料从河海资源摄取，没有饲养食用牛马的习惯（鬼頭宏：『文明としての江戸システム』，講談社，2003 年，第 136 頁）。

[2] 藻谷浩介：『里山資本主義』，角川 ONE テーマ 21，2014 年。

出售，还把木材加工产生的废料加工成燃料棒用于锅炉、火炉等。

　　铭建工业的成功事例，促使真庭市政府认识到，除了木材之外没有其他支柱产业的边远山区，只能彻底的从木材中寻找出路，促进了被称之为"生物能源政策科"的真庭市政府生物能源部门的诞生。真庭市政府首先从公共设施着手，地方的小学校、政府办公处、温泉游泳池等引进燃料棒锅炉。2011 年大量使用了本地产柏科常绿叶乔木制作的真庭市公所，全面使用了燃料棒冷暖空调设备。燃料棒冷气空调，利用了吸收式冷冻机原理。当水加热蒸发时利用周围吸收其热气进行制冷转换，利用木材燃烧不光能制热也能制冷。生态能源不限于引进公共设施，真庭市政府还通过支助家庭和农家购买燃料棒锅炉和火炉时的补贴，扩大生态能源的使用。比如，个人家用火炉最高补贴 13 万日元，农业用火炉补贴最高达 50 万日元。真庭市的事例，是企业推动政府，由下至上就地取材的当地资源创新性利用的成功案例。利用木材废料发电、加工制作燃料棒等不但在本地区使用，还向区外全国销售。在国道上能看到，"欢迎来到木材城市""燃料棒锅炉销售"的宣传标语，成为具有地方特色的城市符号。

　　值得一提的是，人们对山林的适度采伐更有利于树木的生长。通过培养专业的采伐员管理采伐山林，利用废木等和当代最先端技术（燃烧率、转换率等）相结合，回归原初人类和自然相互依存的关系，激发人们的怀旧情感。这是利用最先端技术回归人类原初的生活方式的一个成功案例。

（二）濑户内海创生实践 1[①]：天然的过滤装置"蚝竹筏"

　　《里海资本论》中的"里海"指，"通过人为作用提高生物多样性和生产性的沿岸海域"，日本濑户内海的事例是"里海"的一个典型的成功例子。

　　日本最大的内海——濑户内海，从东面的大阪、神户，到西面山口的下关，岛的数量按岛周围一圈有 0.1 千米以上的标准计算就有 700 以上，相比更小的岛加起来超过 3000。濑户内海周边人口达 3500 万人，占日本人口的 1/4 以上。濑户内海除了海域狭窄处有潮水急流之外，大部分的海域平静如镜。在这片平静的海开始"蚝养殖"，可追溯到室町时代，濑户内海沿岸的蚝养殖场直到战后还有些遗存。可是，高度增长期的濑户内海是被改变最大的地方之一，"蚝养殖"被驱逐出濑户内海沿

---

　　① 井上恭介：『里海資本論』，角川新書，2015 年。

岸，出现了严重的"海洋污染"。

高度增长时代，随着工业化的进展氮和磷等大量流入大海，这相当于大量的"营养"注入大海，于是海面出现了大量的浮游生物，造成海本身"窒息"。从上空俯视是一面红色的海，即"赤潮"现象。并出现了至今没有的毒性浮游生物，20世纪70年代每年就有300回的赤潮发生记录。被称之为"海的摇篮"的大叶藻场，因填海影响面积缩小，另外，海的透明度低光照不到海底，无法进行光合作用而枯萎，基本处于毁灭状态。因浮游生物（"营养"）增加而一时出现捕鱼量增长，但逐渐减少到最高捕获量的一半的现象，同时濑户内海的海水浴也因污染而消失。可是频临死亡的海，经过40年的时光又奇迹般的重新恢复原样。在严格限制工厂和生活排水的同时，是"蚝竹筏"发挥了作用。

1979年开始减少排放磷注入大海，从1996年也开始限制氮的排放，2010年基本没有发生赤潮现象。排放规制只是人工的限制手段，为恢复濑户内海的生态系长年的"物资循环"，人们开始注意到了蚝净化水的作用。广岛湾，在广阔的海域上漂浮着1万1000台蚝竹筏，"日本最大的蚝之海，濑户内海"产量最大，占全国蚝生产量约70%。蚝不断吞食着浮在海面具有丰富营养的浮游生物，一个蚝一天的时间可吸300升海水，让其通过体内过滤吞吃浮游生物，濑户内海总共有65亿个蚝，形成了巨大的"天然的过滤装置"。"蚝在赤潮形成之前把浮游生物吃掉，蚝竹筏的蚝养殖，生产水产物的同时净化海水，是典型的里海经营的象征"。

"让自然海自然而然地富裕起来"是"里海经营"的理念，不是通过加强提供饲料的人工养殖，而是保持"海的自然原样"通过人为的协助增加蚝养殖产量。比如根据不同海域的不同的条件通过移动"蚝竹筏"到远离岸边的海域人为的协助蚝的繁殖等，而蚝的繁殖又促进了海水的净化，确保了"海的自然原样"的自然循环。"通过人为的协助让自然海自然而然地富裕起来"，让"海的自然原样"自然的循环起来，是人归属于神（自然），人只能尊顺于"海之神"的表现，是21世纪人类与自然共生的命题。

（三）濑户内海创生实践2①：大叶藻大面积的"耕耘"与循环利用

冈山县东端的渔港镇，备前市"日生"，当地人以渔业为生"日生千轩渔民镇"

---

① 井上恭介：『里海資本論』，角川新書，2015年。

的历史可追溯到绳文时代。日生、濑户内海的渔镇符号是大叶藻的森林。实际上，出现大叶藻森林才四五年，还是 30 年前播种的结果。播种时的目标是把该海域恢复到经济高度增长前的海。一开始连当地渔民也没有注意到大叶藻的重要性，而只是把它当成捕鱼航海的累赘。可是濑户内海出现赤潮，大叶藻消失，捕鱼量减少，日生的入江米子湾也变成"死水"。

尽管海域全面受到了污染，可是"水的浑浊"异常不得其解。鱼、墨鱼、海马都消失，一定有问题！1975 年有 30 年捕鱼经历的当地渔民本田和士发出了声音，"说不定和大叶藻的消失有关"，当地渔民开始注意到大叶藻存在意义。冈山县水产实验场的福田富男的研究小组也开始注意到，日生捕鱼量的剧减和"大叶藻的毁灭"的关联，并发现许多鱼等在大叶藻上产卵，幼鱼也在这里成长，是"海的摇篮"消失而引发捕鱼量减少。现在的 NPO 法人"创建里海研究会议"事务局长的田中丈裕，当时大学毕业没几年，作为冈山县的年青职员 1981 年和当地渔民本田和士一起召集伙伴开始了大叶藻森林的复苏工作，1983 年科研人员福田富男也加入了该组织，开始了政府职员、当地渔民和研究人员一体自发性的"耕耘海"的运动。

首先，像水稻的播种那样在海域进行人工繁殖大叶藻，但没有马上见效，通过反复实验和研究发现海底受严重污染，散发臭味，水质浑浊光线不进海底。通过反复观察发现，大叶藻的种子发芽的地方海底多少都有蚝壳的堆积，有蚝壳堆积的地方大叶藻的种子附在蚝壳上不容易浮出海面，还有蚝壳堆积的海域接近海底的水质明显清澈光也能到达，很明显蚝壳有净化水质的效果。在加上"蚝竹筏"的海水净化作用，2007 年大叶藻的面积恢复到 80 万平方米，2011 年恢复到 200 万平方米。这样，在当地渔民、科研人员和政府职员的"耕耘"下，日生渔港又恢复了原有的生机。另外，除了"海洋污染"之外，"海洋资源枯竭"也是大问题。比如利用篾网即建网的一种捕鱼，等待鱼进入布设的网只取进入篾网的鱼从而避免"乱捕鱼"防止资源枯竭等，当地渔民进行了各种探索。

在海洋资源的利用方面，比如在海边的洞窟内用杂草树枝起火把洞窟烧热，然后用大叶藻铺在洞窟的地面上，从大叶藻上散发出奇妙的香味和蒸汽，这就是濑户内昔日的桑拿浴的"石浴室"。用完"石浴室"之后，接着享用眼前的大海，"天然水浴"。"石浴室"使用完毕的大叶藻还可以当肥料，实际上"大叶藻是非常优质的肥料"，出乎人们的意料二战前就曾经被大规模的利用，资料还显示了当时对大叶藻进行管理，比如哪个海域什么时候由谁来切割都有明确的规定等。在热心于有机化肥的人群中，推广大叶藻的利用。1998 年开始作为地方特产，有怀旧感的、昔日的"藻盐"在广岛和上蒲割岛重新出现，这是使用了眼前的海水和马尾海藻一起制作的独特风味的盐。而附近种植柑橘的农家领取使用后的马尾海藻当肥料用等，资源再循环再利用。事实上，种植业在二战后的某一时段很快全面使用了化学肥料，原来的美味甘甜颜色鲜艳的柑橘也因此劣化。人们开始注意到柑橘的劣化之时正赶上重新生产"藻盐"的时期，工厂大量排出的马尾海藻在柑橘种植作为肥料得到再利用，柑橘原来的味道和颜色又逐渐恢复。海藻通过时间的放置处理，根据海藻含盐分的多少用于不同种类的蔬菜。大叶藻营养素送进菜地果园后，在大雨的冲刷下又重新回到大海，物质在无终止的循环。

四、"循环经济"与"21 世纪新常识"："零成本经济"

"21 世纪的新常识"，在乡下零成本碎木的有效利用的"里山资本主义的最新事例"，"里海"蚝竹筏净化大海、大叶藻吸收原在陆地后经过川河流入大海的氮、磷和钾等元素，再通过人工回收再利用的"里海资本论的最新事例"。

同样是《里海资本论》的事例，21 世纪"零成本经济"濑户内海地弓削岛的案例，岛民们在利用空置房改造的妈妈店，早上享用时尚的咖啡，午饭是嫩煎猪肉，虽然单一但口感特别营养丰富。濑户内海这一带是日本首位的柠檬产地，形状不好的柠檬都用来榨汁而产生每天一吨的柠檬渣。柠檬渣用于农地果园也有限，在发愁其用途的时候想到了喂猪，当饲料。吃了含有丰富的维他命 C 柠檬渣的猪，抗风寒性强可在大开间放养，这和关在温室内饲养，质量完全不一样。而猪的粪便又回收和碎木一起搅拌发酵成堆肥用于种植柠檬。妈妈店的妈妈们忙完咖啡客户后，又开始制作特别餐提供给附近认知症患者老年设施。岛上的多功能小规模认知症老年设施也是利用了被空置多年的幼儿园，从 70—94 岁共有 25 名入住者。

弓削岛本没有接纳认知症患者的老年设施，发病的老人只能离岛。可是入住岛外设施的老人基本没有对话，在设施越久认知症病状反而越严重。有志愿者发现这个问题动员把老人接回他们所熟悉的弓削岛，让老人寿享余年。认为"什么都没有的岛"本身正是"最好的设施"，把人也当作"生物"，意识到"认知症"其概念本身有"负"面含义，脱离"人工的护理"去"享受"认知症本身的想法，这是对身心障碍者认知的革命性转变。实践证明，不是最新的设备和护理技术，而是能促

"庭园之岛"：日本的环境立国战略与实践

使作为生物的老人的"怀旧"、促使好心情的环境才是良方妙药。这一事例体现了"人从属于自然"的"21世纪新文明"对科技优先的"旧态文明"的警示。

同样是濑户内海的事例，特产"白色之物""棉花"的复活运动。濑户内海地区本是棉花一大产地，有出名的棉花产品，比如今治（爱媛县）的毛巾，仓敷（冈山县）的牛仔裤。棉花复活运动源于在大学学习染织专业出身神奈川37岁的新里香移居广岛尾道。新里香被尾道对面浮在海面向岛的一家帆布工厂所深深的吸引住，这是一家创业80年以上的老厂，因帆布需求逐年减少，广岛仅剩存向岛这一家帆布工厂。工厂配有比利时原装进口机器和操作机器的老夫妇，粗厚的帆布等。新里开始利用"帆布"通过独自的设计制作小袋和提包等用品。新里关注到了"草木染"，利用岛民废弃的各种果枝当染料，染色在布上的颜色固定不可缺少的铁粉，在附近的造船厂磨铁板的剩余物铁粉要多少有多少，染料固定于布时起作用的蚝的外壳应有尽有。紧接着新里召集了有志者，商讨租赁岛上的闲置耕地正式开始了栽培棉花，就这样杂草丛生的闲置耕地变成了"白色的地毯"，第二年又发动岛民男女老少20人栽培面积达前年两倍的1800平方米。棉花也不断得到广泛利用，比如用于制作岛民自身的服装让城市人羡慕的岛民的"富裕"等，这充分体现了"里山"和"里海"的生命循环的特征。另外还租赁了耕作废弃地开始种菜，实现自给自足"不需要货币富裕的岛民生活"，并对外传播"乡下生活真美好"的信息。为防止连续耕种棉花对土地的危害，实施了棉花和稞麦的交叉耕种，稞麦卖给制造本地啤酒的厂家，既解决了连作危害土地的问题又增加了收入。

濑户内的尾道、因岛和向岛，曾经还是除虫菊的产地，在这里同样利用了耕作废弃地种上了除虫菊，恢复了岛民们所怀念的"白色的风景"，岛民们种植除虫菊更多是在恢复其原乡记忆，有利于吸引更多的游客来欣赏"白色的风景"。"心灵的家园或者是原乡风景，有了这些东西就有了精神支柱，还要不断的种花"，这是岛民的心声。事实上岛的特产"植物杀虫剂"是用惯了化学物品的21世纪人类所羡慕的产品。

"柠檬""棉花""除虫菊"与岛民的"怀旧""体验""原乡记忆"的共鸣，即"自然"与人类"生活方式"一体化的实践，是"人从属于自然""21世纪新文明"的特征，是为实现"多自然居住区域""多样性"提供确保的"五全综"的"参与和协助"和"六全综"的"新公众"具体参与的事例，其背后是对工业化社会的反省与克服。另外，自然与居民、居民间零成本往来（公用、互动），反应了

21 世纪经济"零成本经济"的新特征，其根本是人的价值观的变化。

结语：价值观的回归与多样性的创造

当下，人、物、信息频繁往来的社会，对"软实力"即聚集了"人们向往的文化"是非常有利的。而这里所指的"文化"，既有学问、艺术和艺能等的狭义的理解，也包含了民族的意识形态和人们的"生活方式"广义的内涵。

旅游观光的趣味在于"体验异文化"，而"文化"的基础是"生活的方式"。"文化"的原意是耕耘，即对自然的耕耘、对心灵的耕耘，是文化的根本。21 世纪如果能实现与"家""庭"一体化的自然景观—"庭园之岛"，这不但有利于日本文化的复兴，也有助于日本人对生活的自信和自豪感的形成。从明治期的外国人来访者所观察的"庭园之岛"看，当代日本人追求"理想故乡"的愿望，对日本人来说原本是一种回归原乡，在日本人的意识形态中，岛和庭是一体的美丽的"庭园之岛"。

近代以来的"田园城市"建设，始于英国人埃比尼泽·霍华德，他在 1898 年出版的《明天：一条通往真正改革的和平道路》序言中写道，"如何让人们回到土地中，拥有天空、享受微风吹和太阳的温暖，雨露滋润着美丽的土地，这是人类对神爱的具体体现"。而后，约翰·罗斯金的"终极理想"在霍华德的"城市和农村的结婚"的命题中体现。霍华德的"田园城市"构思很快在英国付之于实践，1899 年成立田园城市协会。英国贵族理想的生活是，平日在城里工作周末在农村度假。日本人很快也做出反应，1907 年内务省地方局编辑《田园城市》介绍"田园城市"的理论与实际，附有评论内容的《田园城市与日本人》一书也从讲谈社学术文库出版。虽没有"田园城市"的文字记载，平安以来首都、地方城市、农村到处可看到"田园城市"（家和庭一体）的景观。也就是说，日本本来就存在"田园城市"，只不过英格兰没有山都是平地，把城墙围起来就是城市，而日本到处是山，山本身成了墙壁，"田园城市"的景观有异。因此，霍华德的"城市和农村的结婚"到日本成了"临海地和山间地的结婚"，这也可追溯到绳文时代的山珍和海味互补关系[1]。也就是说，把人们从城市恶劣的生活环境（平民区、水和空气的污染、过度的工厂劳动、高物价、孤独、自然的消失等）中拯救出来的使命，和回归土地、

---

① 川勝平太：『文明の海へ』，ダイヤモンド社，1999 年，第 193 頁。

"庭园之岛"：日本的环境立国战略与实践

拥有天空、享受微风吹和太阳的温暖，雨露滋润着美丽土地的人们最朴素的生活追求，即近代以来西方人"田园城市"的理想追求的原型是日本。

当代日本，面临着经济零增长、老龄化、人口减少等经济社会结构变化的本质性问题。在经济增长方面，经历了从高度增长（消费社会）、安定增长（精细化管理社会、消费多元化社会）到经济零增长（价值观变化）的变化，即当代日本人面临着对人生价值本身的重新认识的哲学问题[①]。日本人的摸索是，从观光立国政策方面，2003 年针对日本的旅游观光第一次提出"软实力"这一概念，2017 年重新认识"日本的自然及地方魅力是观光资源"、不断充实农村民居和农作"体验"等旅游观光内容，提出旅游与本地居民生活的一体化等；从国土综合开发（形成）计划方面，"五全综"提出"参与和协助"，"六全综"更提出"新公众"的概念，具有确保"美丽的自然环境""美丽的生活景观"创造和"多自然居住区域"的"多样性"的特征。可见，"观光立国"和"国土综合开发（形成）计划"相互关联，其核心是恢复日本的"家""庭"一体、"山""海"结合的人和自然一体的"多自然居住区域"创造。"银河计划"更是体现了日本人正追求着，在万象中看到菩萨和万物共生的"生命节奏"的宫泽贤治所描绘童话般的世界，是由地方发起的实践。可以说，2017 年日本人的关注点从观光立国政策转移到对观光资源本身的重新认识上。日本人的生活方式，与其结果的"环境"（自然）的一体化、多样化，体现了"环境（环保）立国"是"观光立国"的根本的基本理念。

总之，让外国人羡慕日本人自身感到自豪，"浮在太平洋上的'庭园之岛'日本"的愿景具有家和庭一体化的重建、生活和自然多样性的保障、自然与生活一体化的特征，这也是日本"观光立国""环境立国""异文化体验"的具体内容。同时，日本观光旅游的特征还体现在"秩序""健康""安全""人随从与自然"等"文明体验"的层面。

另外，经济零增长的当代日本社会正面临着价值观转变的挑战。比如《里山资本主义》和《里海资本论》所出现的资源循环利用、人与自然共生、城市与乡村的

[①] 1860 年熊本的横井小楠著有《国是三论》，提出"富国、强兵、士道"的三位一体论，指出了"富国强兵"的局限性。1989 年 8 月，小渊惠三首相就任时的信念发布演讲中提出"富国有德"的治国理念。泡沫经济后也有人提出"清贫思想"的说教，但已成为经济大国日本的"清贫论"只是一部分日本人的心理安慰，而且有伪善论之嫌。然而日本的象征富士山中的"富士"，有"富裕廉直之士"的涵义，依据"富士山"日本国的象征，"富国有德"的治国理念是符合日本人心性的（川勝平太：『文明の海へ』，ダイヤモンド社，1999 年，第 197 頁）。

往来和融合，表现了追求"空气、土地"等城里人回归人类依附于自然的原初状况和乡里人对自然环境包括作物等原记忆、体验和怀旧情感的流露。这是当代日本人对人类最本源性需求的探索特征，同时"循环经济"中所体现的"零成本经济"是值得关注的 21 世纪的经济现象。

在人和自然的和谐（资源的再利用、循环经济、人追随于自然等）、山与海的往来与融合（"临海地和山间地的结婚"）的理念下，实现人们对"庭园城市""田园城市"的美好生活的追求。日本人的实践与探索的顺序是个体价值观的变化以及消费行为的改变，企业应对所出现的创新和事后政府对企业行为的认定、支持和推动（《里山资本主义》和《里海资本论》）。所反应的特征是从下至上创新的推进（自主意识的作用，本地居民团体的参与有利于保障多样性创新）和人随从于自然的两大原则。即"个体（需求）→企业（供给）→政府（企业←政府助力）"="多样性"与"人从属于自然"="区域性"的理念。另外在政策推进方面，比如政策制定（官、民和学三方协助）、立法和具体实施方案的一体化，有利于政策制定不脱离实际、有利于政策的落实等方面对中国乡村旅游建设有借鉴作用。当然，需要有"各得其所""各安其分，各足其性"，相对自立求真的社会基础。总之，"观光旅游产业"是社会的综合展现，涉及生产、流通、服务、生活等方方面面，体现社会的整体面貌和文明程度。

（作者：云大津，海南大学马克思主义学院、社会科学研究中心副研究员）

日本古代史

试论足利义满的对明外交*

王玉玲

内容摘要 15 世纪初,足利义满与明朝建交,改写了 10 世纪以后日、中间无官方往来的历史,使日中在此后的百余年间维持了相对稳定的政治、贸易往来,在日中关系史上具有重要意义。然而,日本历史上围绕足利义满对明外交的评价却是褒贬不一。与室町时期以及战前的批判论相比,近年的日本史学界出现了迥然不同的论调,以足利义满"尊大"论为代表的观点重新引发了关于足利义满外交与明朝册封体制关系的热议。尽管这些讨论丰富了足利义满研究的相关成果,但其所得结论却值得商榷。

关键词 足利义满 日明外交 册封体制 朝贡贸易

* 本文系国家社科基金重大项目"新编日本史"(项目批号:13&ZD106)阶段性成果。

On the Diplomacy of Ashikaga Yoshimitsu between Ming Dynasty and Japan in the Muromachi Period

Wang Yuling

Abstract: Early 15th century, Ashikaga Yoshimitsu established diplomatic relations with Ming Dynasty, changed the history of no official dealings between Japan and China since 10th century, kept relatively stable political and trade contacts with China for more than a hundred years. That is of great significance in the history of China–Japan relations. But the historical evaluations about the diplomacy of Ashikaga Yoshimitsu were mixed of praise and criticism. Comparing the critical evaluations in Muromachi Period and before World War II, some new opinions appeared recently and caused hot discussions on this subject. Although these discussions enriched the research results on the diplomacy of Ashikaga Yoshimitsu, but some of the conclusions are debatable. In order to avoid impractical evaluation about the diplomacy of Ashikaga Yoshimitsu, different angle and comprehensive analysis are apparently necessary.

Key words: Ashikaga Yoshimitsu; diplomatic relations between Ming Dynasty and Japan; Canonized System; Kanngo trade

在古代中日关系史上，自日本终止派遣遣唐使以后，在相当长的时间内中、日之间都没有官方层面的外交往来。尽管唐以后的历代王朝都将日本视为重要的外交对象，通过各种手段试图与之建立国交，但日本自 10 世纪以后始终固持封闭的对外意识及消极的对外政策，结果，中日之间的正式国交中断了近 600 年。明朝建立以后，中日无外交的状态终于得以改变，日本接受明朝册封，重回由明朝主导的华夷秩序圈。尽管这种外交状态仅维系了百余年，但在中日外交史上却具有重要意义。在此过程中，室町幕府三代将军足利义满发挥了重要作用。然而，日本历史上对足利义满对明外交的评价却是褒贬不一，从室町时期到二战期间，关于足利义满对明外交的评价基本上都是负面、消极的，足利义满的对明外交甚至被批评为"辱国外交""有损国体"。战后，日本史学界对足利义满的批评趋于缓和，近年围绕足利义满的对明姿态、对明外交的实质及意义的相关研究中出现了与以往研究大不相同

试论足利义满的对明外交

的观点，例如足利义满对明"尊大"论。[①]与之形成鲜明对比的是，我国学界对足利义满对明外交的关注往往局限在对明朝外交政策讨论的框架内，对足利义满的评价依旧以称扬为主。[②]为更加客观地评价足利义满的对明外交，显然有必要在梳理、消化相关研究成果的基础上，对足利义满的对明外交进行再探讨。为此，笔者利用中、日等国的相关史料，在探讨足利义满与明建交的历史前提及其过程的基础上，针对日本学者的相关观点，从中日关系史的角度再议足利义满对明外交的历史影响及其评价。

一、足利义满与明建交的历史前提

应永八年（1401），足利义满命肥富、祖阿等人携国书、方物等出使明朝。明惠帝接受了肥富一行的纳贡并授命明使于翌年出使日本。翌年八月，足利义满在京都接受明朝册封，正式确立了与明朝的外交关系。此后，日明间相对稳定的政治、贸易往来得以持续百余年。足利义满之所以此时成功建立与明朝的外交关系，与该时期东亚地区的国际秩序、明朝的外交政策以及日本国内的政治局势等内外诸多因素直接相关。

首先，14 世纪中期以后东亚地区的倭寇问题以及明朝的海禁政策等外部因素成为日、明间建交的直接动因。14 世纪中期以后，东亚地区的倭寇活动日益猖獗，频繁入寇朝鲜半岛及中国北部沿海地区，严重扰乱了东亚地区的秩序。据《高丽史》记载，自忠定王（1348—1351）时期开始，倭寇侵扰朝鲜的情况愈发严重。倭寇入侵时，其船队规模不定，少则两三艘，多则数百艘，大肆抢掠沿海地区的粮食、船只以及居民，遭遇倭寇侵袭的地区"萧然一空""千里萧然"的情况时有发生。[③]明

---

① 关于足利义满的外交研究，可参见日本中世对外关系的相关著述，如木宫泰彦：『日華文化交流史』，富山房，1955 年；田中健夫：『中世海外交渉史の研究』，東京大学出版会，1959 年、『中世对外関係史』，東京大学出版会，1975 年；村井章介：『アジアのなかの中世日本』，校倉書房，1988 年、『増補 中世日本の内と外』，築摩書房，2013 年；佐々木銀弥：「東アジア貿易圏の形成と国際認識」，『岩波講座 日本歴史 中世』第 3 卷，岩波書店，1976 年等。

② 国内关于明朝中日外交的著述众多，基本有涉及足利义满对明外交的相关内容，但以足利义满为对象的专门研究却并不多见，如作喆：《明永乐帝与日本足利义满将军》，《紫禁城》，1989 年第 1 期；宗惠玉：《如何评价朱棣和足利义满建立起来的明日外交贸易关系》，《东北师大学报》，1992 年第 4 期；尹牧、纪微：《室町幕府将军足利义满与日本对明勘合贸易》，《常州大学学报》，2016 年第 2 期等。

③ 田中健夫：『中世海外交渉史の研究』，東京大学出版会，1959 年，第 5 頁。

朝同样备受倭寇之扰，仅洪武二年（1369）一年便遭倭寇3次骚扰。此后，山东半岛、江苏、浙江、福建、广东等沿海地区遭遇倭寇劫掠的事件更是络绎不绝，几乎每年都有。①面对如此严峻的倭寇问题，在加强海防、打击倭寇的同时，朝鲜与明朝都积极开展对日本交涉、要求日本方面严禁倭寇。明太祖朱元璋即在建立政权后不久就遣使日本颁诏，在告元亡明兴、希望日本奉表来朝的同时，要求日本镇压倭寇。于是，围绕取缔倭寇、送还被掳居民等问题，在日本与朝鲜、明朝以及琉球之间形成了一种新的外交氛围，日本亦史无前例地成了东亚地区各国频繁交涉、备受瞩目的对象。

与此同时，在不断加强海防体制的同时，为杜绝倭寇与民间势力结合的可能，明朝还实行了严格的海禁政策。继洪武元年（1368）第一次颁布海禁令后，洪武四年（1371）进一步禁止沿海居民出海，阻止倭寇参与民间私人贸易。同时，将民间贸易交由苏州、明州（宁波）、泉州、广州等地的市舶司进行统一管理；洪武七年（1374），废止市舶司，全面禁止海上交易。至此，明朝海商的出海交易以及外国海商的来航都成为被禁制的对象，元代盛极一时的民间对外贸易彻底失去了可能。在这样的背景下，明朝设定了仅允许朝贡使节进行交易的"朝贡一元体制"，将对外贸易纳入统一管理的范畴。于是，谋求与明进行贸易的暹罗、真腊、占城等周边国家纷纷与明结成朝贡关系，以接受册封为前提与明进行所谓的"勘合贸易"。

其次，日本南北朝动乱期间九州地方势力的崛起及其与周边国家的交往使日明建交具备了内在可能，为日明建交奠定了重要基础。14世纪中期的日本处于南北朝分裂的动乱时期，分别受到地方武士势力与幕府势力支持的南朝和北朝互相争斗，自顾不暇。因此，无论是吉野的南朝，还是京都的北朝，对于东亚诸国镇压倭寇的要求实际上都无能为力。首先打破这种局面的是高丽与以九州为中心的日本沿海地方势力。因为倭寇问题，高丽王朝从14世纪后期起便多次遣使日本，要求幕府取缔倭寇。贞治六年(1367)，高丽曾向室町幕府要求镇压倭寇，但时任幕府二代将军的足利义诠以九州乱臣割据，属幕府管辖之外为由予以回绝。②朝鲜（李氏）王朝建立（1392）后亦尝试就倭寇问题与幕府进行交涉，而得到的答复同样是否定的，三代将军足利义满以"我国将臣自古无疆外通问之事"为由拒绝了朝鲜的

---

① 宋烜：《明代倭寇问题辨析》，《国学学刊》，2013年第4期。
② 郑麟趾：《高丽史》卷133，朝鲜科学院，1957年，第689页。

要求。①相反，沿海地区的九州探题今川氏、周防国大内氏、对马岛宗氏则通过积极回应朝方要求、镇压倭寇的方式，与朝鲜半岛王朝建立了比较融洽的通交关系。尽管倭寇问题没能得到彻底解决，但在一定程度上得到缓解，而且大批被掳的半岛居民也得以重返家园。与此同时，在对马岛宗氏掌握了对朝的通交权后，与朝鲜的贸易往来也得以顺利展开。

而明朝方面，由于对日本国内情势的变化缺乏了解，仍将九州大宰府视为日本对外交往的官方窗口。镰仓幕府时期，大宰府乃至于日本的对外交涉事务基本上都由幕府掌控，但进入室町时期以后，随着南北朝的分裂，中央政权失去了对九州地区的实际支配权，各地方势力纷纷崛起。其中，受菊池氏支持的怀良亲王开设征西府，成为南朝在九州地区的官方代表。因此，尝试与日本朝廷进行交涉并建立国交的明朝最初接触的是时任征西府将军的怀良亲王。在怀良亲王接受明朝的诏谕后，九州征西府便成了明太祖时期明朝与日本交往的官方主体。可见，尽管南北朝动乱期间日本与朝鲜、明朝之间并没有形成正式的国交关系，但九州的地方势力却始终保持了与周边国家的往来，成了当时日本对外交往的实质主体。

总而言之，14 世纪中期以后，随着东亚各国内部的王朝更替，明朝、朝鲜及室町幕府成为了东亚地区国家格局中的新主角。为了实现取缔倭寇的目标，创造安全的东亚海上环境，无论是朝鲜还是明朝，都在过去以贸易往来为主的通交关系之上，与日本进行了更加密切的政治交涉。在明朝海禁政策的影响下，一种以册封为前提、以朝贡贸易为主要内容的新型东亚秩序正在形成。而日本由于正处于政权分裂的南北朝时期，无论是镇压倭寇还是对外交往的实务都掌握在九州地区的地方势力手中。不过，当统一政权再次出现时，日本对外交涉的主体势必发生改变，而改写这一历史的正是室町幕府的三代将军足利义满。

二、足利义满对明的交涉过程

1368 年明朝建立以后，为重建华夷秩序，再现万邦来朝的中华核心地位，明太祖朱元璋积极开展对周边国家的"怀柔外交"，对日本亦是如此。但明太祖的多次诏谕始终没有得到日方的回应，直至应安三年（1370）怀良亲王被册封为"日本

---

① 『李朝実録』第 6 册，学習院東洋文化研究所,1955 年，第 338 頁。

国王"，日中间才初步建立起外交关系。不过，当明朝方面得知掌握北朝实权的实为幕府后，足利义满便成为明使交涉的新对象。

应安五年(1372)，仲猷祖阐、无逸克勤等人出使日本期间，即设法通过天台座主，将朱元璋希望与日本建交的意愿传达给足利义满。为建立与幕府抑或北朝的联系，无逸克勤在写给天台座主的信件中解释了明朝为何与九州征西府往来以及礼遇怀良亲王使者的原因。第一，与征西府建交并非明太祖本意，"朕三遣使于日本，意在见持明（院统）天皇，今关西之来，非朕本意"①；第二，之所以礼遇征西府使者祖来，是因为明太祖认为"关西之分，王自分之，中国之待祖来，通为待日本之使尔"②。该书信经延历寺天台座主尊道转呈给了足利义满，虽然没有得到足利义满的即时回应，但却成功促使足利义满的对明态度由消极转向积极。③应安七年（1374）至康历二年（1380）间，足利义满先后以"大臣"及"征夷将军"的身份两次遣使入明纳贡，但因无表且言辞倨傲无礼而两度被拒。

与多次拒绝明朝诏谕的怀良亲王相比，显然足利义满采取了对明非常积极的外交态度。这一方面得益于此前祖阐、克勤二人的出使，另一方面也与"日本国王"的存在直接相关。接受日本国王封号的怀良亲王本是后醍醐天皇的皇子，在后醍醐建武新政失败后被派往九州，负责集结九州地区势力，以图推翻幕府，恢复王权。在菊池氏等地方势力的支持下，延文四年（1359）怀良亲王成功攻占大宰府，确立了在九州的霸权地位。对此，幕府在应安三年（1370）任命今川了俊为九州探题，并命其对征西府进行征讨。这在考量怀良亲王于同年接受册封的原因时显然是不可忽视的重要因素，因为如果征西府获得明朝的支持与军事援助，那么扭转九州乃至南北朝对峙的局势或都将成为可能。应安五年（1372），今川了俊因怀疑怀良亲王向明请求救兵而扣押来日明使的做法即佐证了幕府方面对怀良亲王与明交往的忌惮。④换言之，尽管南朝势力日趋走向衰落，但仍然不能排除征西府以日本国王的名义争取明朝军事援助的可能性。而足利义满之所以在同时期积极地尝试与明建交，也明显与其压制南朝势力的政治意图密切相关。

明洪武十三年（1380），明朝内部发生了胡惟庸谋逆事件。结果，胡惟庸因谋

---

① 田中健夫编：『善隣国宝記 新訂統善隣国宝記』卷上，集英社，2008 年，第 98 頁。
② 伊藤松辑，王宝平、郭万平等编：《邻交征书》，上海辞书出版社，2007 年，第 227 頁。
③ 王来特：《明洪武初年赴日使者之交涉活动》，《史学月刊》，2016 年第 5 期。
④ 村井章介：『増補　中世日本の内と外』，築摩書房，2013 年，第 196 頁。

试论足利义满的对明外交

反之嫌被斩，而怀良亲王也因曾借兵助胡发动政变而令朱元璋深恶痛绝，明与日本的国交就此中断。此后，明朝不再向日本诏谕，同时进一步加强海禁政策，禁止一切日本商船来航。中、日在明初经历了短暂的通交后，再次恢复到了无国交的状态。而日本方面，明德三年（1392）在足利义满的斡旋下，日本南北两朝持续近 60 年的分裂与战乱终于结束，南北朝实现统一。居功至伟的足利义满在确立了君临公武的统治者地位后，其对外政策随之发生转变。明德五年（1394），足利义满出任太政大臣职并被授以"准三后"称号后不久，应永五年（1398）即令大内氏遣使朝鲜，表达了幕府镇压倭寇的决心。[1]应永八年（1401），再次以肥富、祖阿出使明朝。关于足利义满时隔 20 年再次向明朝遣使的政治原因，日本学界存在两种对立观点：一是以佐藤进一、今谷明为代表的学者认为，足利义满遣使并受封的意图在于为篡夺天皇位寻求更高的权威依据；二是羽下德彦、田中健夫等学者质疑"日本国王"在中世日本的实际权威性，反对佐藤进一等人的学说。[2]与此相比，足利义满与明建交的经济意图则十分明显。尽管室町幕府确立了以土仓等金融业者的经营税为主要财源的经济政策，但明使赴日时携带的大量物资，尤其是少则数千贯，多则上万贯的铜钱以及日明间勘合贸易的收益对幕府而言仍然是非常重要的财政补充。

与前两次遣使一样，足利义满命肥富等人携国书、方物等赴明。其国书云：

日本国准三后某上书

大明皇帝陛下，日本国开辟以来，无不通聘问于上邦，某幸秉国钧，海内无虞，特遵往古之规法，而使肥富相、副祖阿通好献方物：金两千、马十匹、薄样千帖、扇百本、屏风三双、铠一领、筒九一领、剑十腰、刀一柄、砚筥一合、同文台一个，搜寻海岛漂寄者几许人还之焉。某诚惶诚恐，顿首顿首，谨言。[3]

肥富一行同年秋季抵达明都，向明帝献贡。而此时明朝的内乱则为日明复交创造了重要条件。明二代君主惠帝洪武三十一年（1399）即位后不久，就遭到了燕王朱棣的挑战。同年八月，朱棣打着"清君侧"的旗号起兵"靖难"，史称"靖难之

---

① 田中健夫编：『善隣国宝記 新訂続善隣国宝記』卷上，第 106 页。
② 石田実洋、橋本雄：「壬生家旧蔵本〈宋朝僧捧返牒記〉の基礎の考察」，『古文書研究』69，2010 年。
③ 田中健夫编：『善隣国宝記 新訂続善隣国宝記』卷中，第 108 页。

役"。恰如明惠帝在致足利义满的国书中所言"第军国事殷"①，肥富出使的1401—1402年正值明朝廷军队与燕王军队激烈交战之时。于是，足利义满"慕礼，且欲为国敌忾"②的做法及态度就受到了明惠帝的盛赞，也为足利义满与明建交提供了有利条件。肥富一行的纳贡得到了明惠帝的允许，并于翌年携明使及惠帝的回赐物品返回日本。应永九年（1402）八月初，明使一行抵达兵库。足利义满亲赴兵库将明使一行迎至京都，九月五日在北山殿举行了接见、受封仪式，并决定翌年派遣僧人坚中圭密随明使赴明。至此，足利义满正式与明建交，日明间以朝贡为前提的外交往来亦由此拉开帷幕。

三、足利义满时期的勘合贸易

在明朝奉行海禁政策的背景下，勘合贸易是周边诸国与明进行贸易的唯一合法途径。而日明间的勘合贸易，对于亟待解决倭患问题的明朝而言，既是对外贸易的经济手段，更是激励幕府积极取缔倭寇的政治外交手段；对日本而言，在接受明朝册封、对明称臣的政治前提下，勘合贸易不仅为幕府带来了丰厚的经济收益，而且使元代以后中断的日中贸易往来得以恢复，日本海商得以重新加入日明贸易。

明永乐元年（1403）九月，坚中圭密等人随明使抵明。而在此之前，"靖难之役"已经尘埃落定，明惠帝落败，燕王朱棣夺得帝位，是为明成祖。由于在事前得知了明朝政变的消息，足利义满命坚中圭密携两份国书赴明。而此时，明成祖正要派遣左通政赵居任、行人张洪及僧侣道成等赴日诏谕入贡。因此，日方使者的到来受到了明成祖的欢迎与礼遇。对于日本使节违反"番使入中国，不得私携兵器鬻民"规定、携带武器的做法也予以宽容。在日本使节的请求下，明成祖同意与日本签订贸易协定，是为《永乐勘合贸易协定》。贸易协定规定"日本十年一贡，人止二百，船止二艘，不得携带军器，违者以寇论"。③同时，立日字、本字勘合各100道、底簿各2册，分别交由礼部、福建布政司及日本使用。凡日本船舶必须持有明朝颁发的"勘合"，经市舶司查验无误后，方可进京朝贡、贸易，这种贸易因此得名"勘合贸易"。永乐二年（1404）四月，明成祖命赵居任携"赍道义冠服、龟钮金章及

---

① ② 田中健夫编：『善隣国宝記　新訂続善隣国宝記』卷中，第110页。
③ 张廷玉等：《明史》卷322《日本传》，中华书局，1974年，第8347页。

试论足利义满的对明外交

锦绮、纱罗"及勘合、底簿等,护送坚中圭密等日本使者回国。[①]同年五月,一行人抵日并在京都受到了足利义满的接见。赵居任所携国书云:"咨尔日本国王源道义,知天之道,达理之义,朕登大宝,即来朝贡,归向之速,有足褒嘉。用锡金印,世守尔服,眷滋海甸。"[②]自此,因明实施海禁政策而中断的日中贸易得以以勘合贸易的形式重启。

足利义满在世期间(1358—1408),日明间的勘合贸易共进行了 6 次。[③]由下表可知,在此期间,《永乐勘合贸易协定》中关于朝贡时间、船舶数量的规定并没有被严格执行。由于历次日本朝贡船归国时,明朝都会遣使护送归国,而明使归国时,幕府亦会派使者随行赴明朝贡,因此,事实上从应永十一年(1404)第 1 次勘合贸易至足利义满去世之前,几乎每年都有朝贡船往返于日、明之间。而且根据 6 次勘合贸易使用的勘合总数判断,这一时期共有 38 艘朝贡船入明。换言之,平均每次勘合贸易都有六七艘船舶。幕府之所以如此频繁的派遣朝贡船入明,其最直接动机即在于通过勘合贸易获取可观的经济回报。对于幕府而言,勘合贸易的厚利首先体现为明朝丰厚的回赐。明朝对外的勘合贸易素来以"薄来厚往"为原则,因此相对日方"时值甚廉"的贡物,明朝的回赐往往"给之太厚"。尤其是当幕府应明朝要求镇压倭寇有功时,明朝的回赐往往更加丰厚。应永十一年 (1404),幕府捣毁了对马、壹岐的倭寇据点,并在第 2 次派遣勘合贸易船(1405)时向明送交了 20 名被俘的倭寇头目,受到了明廷的赞许。于是,翌年日本使节回国时,明成祖厚赐"白金一千两,铜钱一万五千缗,绵、纻、丝、纱、罗、绢四百一十匹,僧衣二十袭,帷帐、衾褥、器皿若干事;并赐王妃白金二百五十两,铜钱五千缗,绵、纻、丝、罗、绢八十四匹"[④]。

---

① 张廷玉等:《明史》卷 322《日本传》,中华书局,1974 年,第 8347 页
② 田中健夫编:『善隣国宝記 新訂続善隣国宝記』卷中,第 116 页。
③ 关于足利义满时期日明间勘合贸易的次数,也存在 8 次说,即将《永乐勘合贸易协定》签订前 1401 年、1403 年幕府派出的 2 次遣明船也算在内。
④ 《太宗文皇帝实录》卷 67,上海古籍出版社,1983 年,第 941 页。

表 1　足利义满时期的勘合贸易

次序	使节	入明时间	遣明船经营主体	船只数量
1	明室梵亮	应永十一年（1404）	幕府船	
2	不明	应永十二年（1405）	幕府船	
3	坚中圭密	应永十三年（1406）	幕府船	
4	不明	应永十五年（1408）	幕府船	38
5	坚中圭密	应永十五年（1408）	幕府船	
6	不明	应永十七年（1410）	幕府船	

　　此外，对进贡品之外的贸易物品进行公、私交易也是日本朝贡船获利的重要手段。虽然日本的朝贡船以朝贡名义而来，但在其搭载的物品中，除幕府将军即日本国王进贡给明帝的"进贡方物"外，还有称为"使臣自进物"与"国王附搭品"的贸易品。所谓"使臣自进物"指进贡使团正使、副使以及从僧、通事（翻译）等进献的物品，以刀、剑为主；"国王附搭品"泛指附搭于日本国王进贡方物的贸易品，多为幕府、寺社、大名的等投资的商品，如硫黄、铜、扇、苏木、刀、剑、砚、砥石等。"使臣自进物""国王附搭品"与"进贡方物"的显著区别在于被允许在明进行交易，具体来说即由市舶司代表明廷首先进行论价官买，如果认为价格不合理，则允许在明朝廷的监督下进行私人交易。而无论在数量上还是品类上，"使臣自进物""国王附搭品"都要远远超过"进贡方物"。在第 3 次勘合贸易中，与"马二十匹、撒金鞘大刀二把、硫黄一万斤、玛瑙大小二十块、金屏风三副、枪一百把、黑漆鞘柄大刀一百把、长刀一百把、铠一领、砚台一面并匣、扇一百把"的贡品相比，"国王附搭品"包括"硫黄三十九万七千五百斤、铜十五万四千五百斤、簧黄十万六千斤、大刀九千伍佰把、长刀四百一十七把、枪五十一把、扇一千二百五十把、描金物大小六百三十四种"[1]。与《明会典》中记载的 20 种日本"正贡"相比，在《皇明永乐志》物品清单中出现的日本国商品多达 248 种。[2]换言之，朝贡船搭载物品中绝大多数都是用于贸易的商品。在朝贡这种政治外交行为的名义下，明朝默许了日方的违规，而日本的寺社、大名等作为参与勘合贸易的主体则与幕府一同

---

① 辻善之助编：『大乗院日記目録』卷 12，三教書院，1937 年，第 351 頁。
② 万明：明代初年中国与东亚关系新审视，《学术月刊》，2009 年第 8 期。

获得了巨额的收益。这对于刚刚实现南北朝统一并确立起至高政治地位的幕府而言，不仅具有重要的经济意义，而且同样具有强化其对寺社、地方大名统治的政治作用。

四、足利义满对明外交的历史评价

虽然足利义满的对明外交"卓有成效"，但室町幕府内部对足利义满的对明外交政策一直存在反对的声音。应永十五年（1408）足利义满去世、足利义持接任将军职后，室町幕府一改足利义满的外交政策，果断断绝了与明朝的国交。据《善邻国宝记》记载，足利义持与明断交的理由如下："夫与邻国通好，商贾往来，安边利民，非所不欲乎。然而，余之所以不肯接见明朝使臣，其亦有说，先君之得病也，卜曰：诸神为祟，故以奔走精祷，当是时也，灵神讬人谓曰：我国自古不向外邦称臣，比者变前圣王之为，受历受印，而不却之，是乃所以招病也。于是先君大惧，誓乎明神，今后无受外国使命，因垂诫子孙，故守毋坠。（中略）余之所以不接使臣，兼不遣一介者，非敢恃险阻不服也，顺明神之意，奉先君之命，以行事耳。"①由此可知，足利义满的死因被归咎为"向外邦称臣""受（明）历受（明）印，而不却之"而导致的神祟。而选择与明断交，实为遵"神讬"与"遗诫"。这里所谓的"明神之意"无疑只是足利义持拒绝继续向明称臣、与明通交的一种托词，但亦足以看出足利义持对义满的反对、甚至批判态度。

事实上，对足利义满持批判态度的远不止足利义持一人，足利义满的对明外交甚至被批评为"屈辱外交"。具体来说，针对足利义满的批判主要集中在两个方面：一是指责足利义满接见明使的仪式过于隆重。据载，当日足利义满出至北山殿四角门处迎接使僧，对着诏书焚香、三拜后，下跪拜读。②对此，深得足利义满、义持、义教三代将军信任，被誉为"黑衣宰相"的三宝院满济曾表达批评意见，称："故鹿苑院殿（足利义满）御沙汰事过样"，即认为足利义满的接见仪式过于隆重，或有违神虑。③二是指责足利义满接受明朝册封、对明称臣。在应永九年（1402）致

---

① 田中健夫编：『善隣国宝記 新訂続善隣国宝記』卷中，第140页。
② 京都帝国大学文学部编：『満済準后日記』，平安考古会，1920年，第790页。
③ 同上，第790、805页。

明帝的国书中，足利义满以"日本国王臣源"自称，并采用了明朝的年号。[1]对此，南朝史书《南朝纪传》批评道："日本虽小国，皇统相继，独立而为天下皇帝。人皇百余，代为夷国，不受王号，而今源道义代为武臣，如斯似彰日本耻辱于异朝。"[2]此外，曾多次起草幕府外交文书的相国寺禅僧瑞溪周凤也在《善邻国宝记》中指出，以日本国王自称有对天皇僭上、不敬之嫌；接受明册封、对明称臣以及使用明年号亦有失妥当。[3]

以上这些从名分论、国体论角度出发对足利义满的批评在战前长期受到日本史学界的普遍认可，战前著名的实证主义佛教史家辻善之助也曾以名分论立场对足利义满进行批评，认为足利义满的外交是经济利益至上的辱国外交。[4]战后，日本史学界对足利义满的批评趋于缓和。例如佐佐木银弥根据满济、瑞溪周凤等人与足利氏及幕府的密切关系，认为瑞溪周凤等人批评足利义满的出发点在于忧虑日本对华传统的平等外交关系遭到破坏。[5]桥本雄依据对壬生家旧藏本《宋朝僧捧返牒记》的考证，指出参加明使接待仪式的 32 人都是平日与足利义满关系亲近的公家、僧人，并不包含管领、大名、武家直臣、五山僧人等。并且仪式的流程大抵以《大明集礼》《大明会典》为准，但仪式场所的布置、被册封者的座位、立位、做法等都与明朝的规定不尽相同。因此，桥本雄认为明使接见仪式不过是在足利义满近臣范围内、以"便宜的"（权宜）形式举行而已。在确保对明使尊重的前提下，足利义满不仅没有卑微谦恭，反而表现出了一幅尊大的姿态。[6]基于这种观点，小川刚生也对学界强调足利义满的对明外交使日本融入明朝册封体制的论点提出了质疑。[7]

日本学者利用新史料对足利义满的对明外交进行再考察，无疑是具有创新性的。同时，与此前以批判足利义满为主的评价相比，其结论也极具冲击力与颠覆性。

---

① 田中健夫编：『善隣国宝記　新訂続善隣国宝記』卷中，第 110 页。

② 湯谷稔编：『日明勘合貿易史料』，国書刊行会，1983 年，第 50 页。

③ 田中健夫编：『善隣国宝記　新訂続善隣国宝記』卷中，第 114 页。

④ 辻善之助：『増訂　海外交通史話』，内外書籍株式会社，1930 年，第 300 页。

⑤ 佐々木銀弥：「東アジア貿易圏の形成と国際認識」，『岩波講座　日本歴史　中世』第 3 卷，岩波書店，1976 年，第 128 页。

⑥ 石田実洋、橋本雄：「壬生家旧蔵本<宋朝僧捧返牒記>の基礎的考察」，『古文書研究』69，2010 年；橋本雄：「東アジア世界の変動と日本」，『岩波講座　日本歴史　中世』第 3 卷，岩波書店，2014 年，第 50 页。

⑦ 小川剛生：『足利義満—公武に君臨した室町将軍』，中央公論新社，2012 年，第 231 页。

试论足利义满的对明外交

诚然，通过对照《大明会典》中规定的蕃国迎接诏敕礼仪与足利义满的明使接待仪式可以发现，与明朝所规定的使节接待仪式相比，足利义满的接待仪式实际上无论是仪仗、鼓乐，还是规模、次第都存在很大差距。而且与同时期基本按照明朝规定执行接待仪式的朝鲜相比，足利义满的接待仪式亦称不上盛大，反而有过于简单之嫌。不过，据此是否能够得出足利义满态度"尊大"的结论却值得商榷。首先，与明初朱元璋积极对日诏谕不同，此番日明建交并非日方被动接受，而是足利义满主动争取的结果，因此主观上并不存在故作"尊大"的必要。其次，得知明使抵日后，足利义满携妻妾子女亲赴兵库迎接的举动也难称"尊大"。再次，尽管与明朝规定的接待仪式存在差距，但作为幕府举办的第一次明使接待仪式，其流程基本上还是以明廷规定为参照执行，这同样不能成为足利义满"尊大"的佐证。

此外，历史上对于足利义满与明外交的评价，往往都是基于以天皇为核心的所谓"名分论"。然而，在 14 世纪末的室町时期，尽管北朝的公家政权得以延续，但实质上掌握日本国家政权的却是实现南北朝统一的室町幕府以及将军。作为幕府将军，足利义满不仅历任大纳言、内大臣、左大臣、太政大臣等重职，全面控制了朝廷的人事任免权甚至于祭祀权，而且在明德四年（1393）后圆融上皇死后，足利义满还变相成了太上皇。即便是对足利义满持批判态度的三宝院满济也在其日记中直言，"将军既执国政"，"於'王'字不可有御惮"①，即认为实际上执掌国家权力的足利将军以"日本国王"自称无可厚非。换言之，足利义满对明以"日本国王"自居实际上是一种必然。再者，对足利义满进行评价时，足利义满对明及明皇帝的主观态度或有待考证，但日本在朝贡的前提下与明进行外交往来的事实却是无可置疑的。以对明称臣为前提实现的朝贡贸易不仅为幕府创造了丰厚的经济收益，使日本海商获得了赴明贸易的合法途径，同时幕府对权门寺社、地方大名尤其是九州地方大名的统治也由此得以加强。后世以所谓国体的立场对足利义满进行批判时，显然忽略了朝贡贸易为室町幕府带来的巨大经济与政治"效益"。最后，关于足利义满外交与明朝册封体制的关系问题，事实上，无论是战前还是战后，批判足利义满受封、否认日本加入以明朝为中心的华夷秩序的论调始终存在。例如战前学者渡边世祐就曾以明皇帝的册封诰命不存于世为由，否认足利义满受封的事实。②对

① 京都帝国大学文学部编：『満済準后日記』，第 812 頁。
② 渡边世祐：「日明交通と海賊」，『日本海上史論』，三省堂書店，1911 年，第 205 頁。

此，《明史》《善邻国宝记》等日、中诸多史料中收录的明成祖的册封诏书以及足利义满使用明朝颁给的大统历、金印，以"日本国王""臣"自称的表文等，都是明、日间册封与被册封关系的客观佐证，已然无需赘言。忽视册封、贸易的事实，仅依据主观上"尊大"的推断便得出日本没有融入册封体制的结论，显然是无法成立的。

总而言之，从 14 世纪中期以来的东亚地区局势来看，足利义满同明朝建交可以说是历史发展的必然趋势。尽管双方的外交往来以册封、朝贡为前提进行，但实际上明政府与足利义满对日明间的外交往却有着不同的诉求，明朝方面更重视与日交往的政治意义，而足利义满则更重视与明交往的经济利益。对明而言，足利义满的政治实力是镇压倭寇的保障，借助足利义满的力量，东亚海域上的倭寇祸患一度得以消除。对日本而言，在接受明朝册封、对明称臣的政治前提下，对明外交不仅为日本带去了丰厚的贸易收益，而且使元代以后中断的贸易往来得以恢复，日中间文化交流的途径亦得到保障。不同的诉求直接决定了外交往来对中、日两国不同的现实影响，也直接影响了中日两国对足利义满对明外交不同的评价。然而无论基于何种立场，朝贡贸易本身兼具政治与经济意义的事实都是毋庸置疑的，将二者割裂开来抑或偏重某个侧面，势必都无法对足利义满的对明外交做出符合史实的、客观的评价。

（作者：王玉玲，南开大学日本研究院副教授）

日本室町时期的神木入洛与南都传奏

马　藤

内容摘要　传奏作为日本中世时期的产物，最早可以追溯到后白河院政时代，早于室町初期，开始分化出针对特定寺社的传奏，即有南都传奏称谓的出现。足利义满时期传奏成为政治活动中的重要一环，南都传奏在应永年间正式发挥作用。康历年间设立南都传奏一职，其初衷亦并不是为了正面制止当时的神木入洛，而是借此举措加强今后对南都寺院事务的交涉，以期避免大规模上诉的再度发生。通过南都传奏与南都奉行对兴福寺诉讼纠纷的处置，在康历上洛之后兴福寺数十年间没有出现大规模强诉。南都传奏的管理是伴随着寺门杂掌的出现而实现的，从属于兴福寺，与南都传奏结成固定关系的杂掌约在 15 世纪前期定型下来，可见幕府试图对南都加强管理与南都自身的衰落是共存的。

关键词　日本中世　神木入洛　南都传奏　兴福寺

Shinboku Nyuraku and Tensou of Nanto in Muromachi Period of Medieval Japan

Ma Teng

Abstract: The appearance of offical positions–Tensou, can be traced back to 1180s. Special "Tensou" which responeled for specific temples, was set up before Early Muromachi period, and Tensou of nanto was appeared in the record at the same time. Tensou played an important role in political activities after Ashikaga yoshimitsu's pravrajya. Tensou of nanto beccame effective and functional since 1394, and began to be institutionalized after 1410s. Tensou of nanto was set up between 1379 to 1381, The original intention was not to against the Shinboku nyuraku at that time, Instead, to strengthen the negotiation of Koufuku temple affairs, in order to avoid the recurrence of large–scale appeals. Through Tensou of nanto and Bugyou of nanto's efforts, there was no large–scale forced appeals in Koufuku temple for decades after 1381. Tensou of nanto's management was accompanied by Temple zassyou's appearance. Zassyou, which was subordinate to Koufuku temple and had a fixed relationship with Tensou of nanto, was shaped in 1440s. It can be seen that Bakufu's attempt to strengthen the management of Nanto, coexists with Koufuku temple's own decline.

Key words: Medieval period of Japan; Shinboku Nyuraku; Tensou of nanto; Koufuku temple

　　作为日本中世宗教势力主要代表的兴福寺，其自和铜三年（710）藤原不比等迁寺以来沿革即久，律令制时代时已有较为完整的寺院机构和寺官，作为藤原氏的氏寺，由藤原氏长者支配，中世前期实际由劝学院实施管理。劝学院于弘仁十二年（821）建立，后被认定为大学寮别曹，因位置位于大学寮南侧，后又称南曹。其设立的目的是为各地推选的藤原氏子弟提供宿舍、学费，教授学问培养人才以便日后任官。1世纪末至12世纪职权不断扩大，实际施行兴福寺及春日社的诉讼、犯人搜查审讯等事务，13世纪摄关家权势衰落后劝学院组织日益衰败，名存实亡。反而劝学院长官南曹弁一职保留了下来，名义上受纳寺院诉状，奉藤原氏长者宣，在摄关家和兴福寺之间上传下达。[①]12世纪末左右，正是兴福寺内部开始阶层分化，势力独立强化的时期。如何处理南都诉讼和纷争，一直是院政及幕府的宗教政策之

---

① 高山京子：『中世興福寺の門跡』，勉誠出版，2010年，第46—47頁。

日本室町时期的神木入洛与南都传奏

重点。兴福寺内部经集会众议做出决定，以别当、上层僧官通过南曹弁、氏长者向公武政权表达诉求，朝廷照会幕府，必要时借助其武力进行弹压。南北朝时期出现负责特定寺社的传奏，如伊势神宫的神宫传奏、延历寺的山门传奏、贺茂神社的贺茂传奏等。观应年间（1350—1352）兴福寺文书中已出现"南都传奏"这一称谓。14 世纪末起正式固定化，逐渐取代以往交涉途径，成为中央政权对南都实行管理的重要媒介。

室町中期执掌兴福寺的经觉、寻尊，以及之后任南都传奏的万里小路时房，均将万里小路嗣房①认定为首位南都传奏。时房还在日记中指出，嗣房最早于康历年间（1379—1381）任该职位，②从观应至康历的 30 年间，正值兴福寺内部斗争激化，且频繁进京武力强诉的时期，其中最富有标志性、影响力的方式就是神木入洛。之后这种极具特色的抗争形式便在历史上销声匿迹。本文通过对比室町初期几次神木入洛中，兴福寺与中央政权交涉途径的变化，观察南都传奏如何在其中起到实际作用，使我们对南都传奏这一概念的演变有更贴切的认识，对于如何理解室町时代的南都政策以及"公武统一政权"的形成，亦有很大帮助。

一、神木动座、入洛的强诉方式

在中世日本，大型寺社经常通过上京强诉来迫使公武政权实现其诉求。寺社往往利用神明不可侵犯的宗教权威，在纠集大量僧侣、神官、属民等武装进京的过程中，同时护送代表本寺供奉神明的圣物、神舆一同进发。有了神明开道，便无法武力阻挡刀剑相向，致使大量上诉僧众暂驻京中影响治安，又须为其设置临时安放处所，公卿乃至天皇前往礼拜，还要进献贡物、举办仪式以慰神灵等，所以朝廷和幕府双方历来都极力避免这种状况的发生。对于寺社而言，最为行之有效的强诉手段莫过于此，于是逐渐形成惯例，屡见不鲜。例如延历寺自嘉保二年（1095）强诉时将日吉社神舆初次抬入京都，称"神舆入洛"，至室町末期共有 40 余回。与其并称"南都北岭"，寺社势力另一大代表的兴福寺，则利用其所属春日社的神木，实

---

① 万里小路嗣房（1341—1401），室町前期公卿，万里小路仲房之子，足利义满时期作为传奏，在公武双方交涉中发挥较大作用，应永三年（1396）任内大臣。

② 『建内記』嘉吉元年 10 月 19 日条 大日本古記録 伏見宮本第七卷，第 179 頁，https://clioimg.hi.u—tokyo.ac.jp/viewer/view/idata/850/8500/06/1404/0179?m=all&s=0178&n=20

行神木动座和神木入洛来达到强诉目的。

所谓神木动座，指春日社将代表春日大明神神体的榊木从原本安放的本殿中移至他处，动座之后不但会影响春日祭典和维摩会的如期进行，因春日大明神为藤原氏祖神，原则上而言，神木迁于京都附近后，这一时段藤原一族公卿均需谨慎居家，年始朝拜、官职升迁、即位典礼、斋会法会等宫中仪式均无法举行，殿上不得行酒宴歌舞，如有违背，迁怒于南都僧众者，还有可能会被处以"放氏"[1]。总之，因其会深刻干扰公家的政治运作，所以自有南都大众上京强诉以来，神木动座很快便成为兴福寺对抗各方，表达诉求的重要手段，朝廷及幕府则尽力满足其所提要求，抚慰僧众，以期神木早日回归本座。如果说神木动座，入洛强诉表现着兴福寺这一独立的宗教权门较强的影响力的话，那么迅速促成神木归座也体现着公家、幕府果断的政治执行力和强有力的政治权威。

神木动座时先将其置于春日社金堂前，如未能得到满意的答复，兴福寺经过僧侣集会决议后，集结下级僧众、下属寺院僧人、春日社神人[2]、所属武士等，甚至要求奈良附近其他寺社亦出力以壮声势，护送神木浩浩荡荡进京，即神木入洛。最初的神木入洛亦有诸说，如《兴福寺别当记》记载"后冷泉院御宇治历二年七月十五日神木入洛"[3]，《百练抄》记载，宽治七年（1093）八月二十八日因诉讼近江守高阶为家伤害神人一事，"兴福寺大众率春日神民集会劝学院，捧奉神木，随身镜铃（后略）"[4]。《康富记》宝德三年九月一日条中认为此乃最初神木入洛之例。亦有安和元年（968）诉讼东大寺时、宽弘三年（1006）诉讼大和守源赖亲时神木入洛之说。但安和、宽弘年间南都大众尚聚于八省院而非劝学院，另外，宽弘强诉时僧众至藤原道长府邸请愿，道长对此事有所记载，但并未涉及神木一事，治历年间亦无因神木入洛宫中仪式停止的记录，所以目前还是以宽治七年神木入洛真实度最高。从治历、宽治至最终的文龟元年，神木大小动座共约有 66 次，入洛 21 次，如除去迁座平等院，仅以置于京都劝学院、法成寺、长讲堂而言，则有 15 次。初因劝学院掌管春日社、兴福寺，诉讼时僧众、神人并神木均据劝学院。永万元年

---

① 从氏族中开除。兴福寺、春日社常以此作为惩罚藤原氏公卿、达到诉求的方式，被放氏者只得蛰居，取得继氏（即重新回归氏族）的赦免后方能正常供职。

② 从属于春日社，在神主、神官之下承担日常事务、杂役等，或负责神社领地事务的下级神职。有黄衣、白衣神人之分。

③ https://clioimg.hi.u—tokyo.ac.jp/viewer/view/idata/T38/1066/02—4—2/1/0004?m=all&s=0004

④ 经济杂志社编：『国史大系．第 14 卷　百錬抄　愚管抄　元亨释书』，1897—1901 年，第 35 页。

日本室町时期的神木入洛与南都传奏

（1165）兴福寺僧众请处天台座主流放时，神木开始置于木津丈六堂，一方面劝学院变得名存实亡，另一方面朝廷并之后的镰仓幕府开始遣诸多武士于宇治阻挡，神木无法直接上京。动座时多置于春日社移殿或兴福寺金堂，将要求照会朝廷等待回应，后通过众议聚集兴福寺附近所属僧众，进发至木津以及宇治平等院，达到目的后再归奈良，公武双方为尽量避免新年宫中仪式受影响，尽快裁决以防止神木动座逾年。如此状况于弘安四年（1281）九月，兴福寺诉讼大隅庄与石清水八幡宫薪庄争端时被打破，在与武士的激烈对抗后，神体被分别携带渡至宇治川，入京都安置于法成寺。宫中事务停滞，公卿蛰居，以藤原氏长者为首至法成寺参拜，幕府亦承诺将阻挡神木的数名武士处以流放，至弘安五年十二月二十一日方回归奈良。如果说弘安上洛从侧面反应镰仓幕府势力受挫，永仁年间（1293—1299）大乘院、一乘院两方争斗，分别将部分春日神神体据为己有，亦表明了兴福寺整体权威的衰退。其后小诉寺社闭门，神木迁于偏殿，大诉如延庆、正和年间则至京都法成寺，神木动座的期间逐渐变长，常有逾年。

进入南北朝时期，自历应二年（1339）至贞和四年（1348）动座6次，兴福寺基本处于连续上诉状态，历应三年（1340）十二月十九日神木入洛，因法成寺已不存在，遂置于长讲堂。之后的观应年间，兴福寺内部于混战状况之下难以组织强诉，至文和四年（1355）针对越前国寺领坪井、河口等庄遭受侵占，兴福寺又利用神木动座以期裁决，延文二年（1357）三月四日，因传闻明日寺内欲相杀伐，为避血光之不洁，遂将神木仓促迁回春日社。室町时期神木入洛共有4次，即历应、贞治、应安、康历。同镰仓时期相比较，在处理兴福寺内斗与强诉时，六波罗探题及镰仓幕府会直接向南都遣使者交涉。在处理永仁斗乱[①]时，幕府派多名御家人至奈良警戒，甚至一度在一乘院领设置地头，正安三年（1301）应兴福寺要求，幕府派兵至奈良围剿恶党。相对而言，南北朝时期室町幕府对南都强诉的处置就显得并不高效，不遣武士至宇治防御，而是寄希望于公家出面劝解。究其原因，来自据奈良贺名生的南朝的军事压力，使得幕府军兵并不可能轻易进入南都弹压。地方守护根据半济令[②]在各国征收军粮米，导致分布各地的寺领、社领庄园纠纷增多，幕府内部的政治波动，三位上皇被俘，北朝长期不设院政。诸多原因共同造成了室町初期神木频

---

① 发生于永仁元年至五年（1293—1297），兴福寺内部展开的一系列武装斗争。
② 半济令：承认庄园、公领年贡一半为该国守护所有，以充军费的法令，始于观应年间（1350年左右）。

繁动座，数度入洛的局面。

二、观应确执、贞治入洛的南都交涉

在探讨代表南都势力的兴福寺时，必然会涉及其作为门迹寺院，内部形成的大乘院、一乘院两门体制。"门迹"一词本指寺院内共承尊师法传的同门流派，后转义为寺内维持法流传承的院及其院主，南北朝以后开始固定指代天皇家、摄关家子弟充任的特定院家。13、14 世纪随着寺院公权机构、公职日益形式化，寺务由门迹实际掌控，诸如兴福寺、延历寺、醍醐寺、仁和寺等开始被称为门迹寺院。起初于兴福寺内，天禄元年（970）定昭开创一乘院，宽治元年（1087）隆禅开创大乘院时，两院都仅为寻常僧舍。伴随摄关势力的介入，两院在寻范（藤原师实之子）、信圆（藤原忠通之子）手中逐渐扩大发展。信圆本来兼管两院，但由于近卫基通执意以其子实信继承一乘院，信圆安排九条道家之子圆实入寺以确保九条家权益，至此，大乘院门迹出自九条家、一乘院门迹出自近卫家的模式初步形成，即两门体制。约从镰仓后期开始，兴福寺内部寺院阶层分化加剧，基于两门体制的相互对立、斗争愈加明显。不少僧侣系门迹之门徒，奈良地区武士集团（大和国人）亦与两门门主结成主从关系，门迹势力不断壮大，围绕房地产权、门主继承、死伤案件等问题相互攻伐。其中永仁斗乱时间之长、影响之深、波及范围之广，一度在幕府的介入之下才略有消退，被学者安田次郎认为是兴福寺此后一个世纪内部斗争的序幕。[1]至南北朝及室町幕府时期，维持半个世纪相对安定的兴福寺，又迎来一场大规模内乱，即观应确执。

观应二年（1351）五月十八日，一乘院门主觉实因急病圆寂，此时正与近卫基嗣争夺近卫家当家地位的经忠，立即将自己的儿子送入一乘院出家，即后来的实玄。基嗣几天之中连续尝试接触光严院执权洞院公贤，争取上皇承认自己一门对一乘院的领有，公贤在日记中记载："廿二日，天阴，一条前宰相[2]来谒，一乘院事，南都传奏藤长卿其时未出仕，余者各有碍事，劝修寺前大纳言[3]抱恙，先以经量、俊

---

① 安田次郎：『中世の興福寺と大和』，山川出版社，2001 年，第 207 页。
② 指近卫基嗣。
③ 劝修寺经显（1298—1373）光严院近臣，历任传奏、武家执奏等职。

日本室町时期的神木入洛与南都传奏

冬为代官，彼等又有恙，乃失其言路。（后略）"[1]根据文脉来看，基嗣的请求使公贤倍感为难，二十日、二十一日以身体有恙、其子充任使者资历不足等种种原因推辞。此处提及的"藤长"指甘露寺藤长（1319—1361），吉田隆长之子，贞和五年（1349）四月三十日始任传奏初参。公贤本意为该事最应由"南都传奏"负责，可见观应年间在传奏之中已有人分管负责南都事务，公贤前两日的推脱也有一定可能是出于待二十二日藤长当值，以南都传奏上表南都之事，自己就不用出面的考量。同一时期，例如贞和五年（1349）五月九日、观应元年（1350）九月二十七日，藤长同四条隆荫、叶室长光、中御门宣明等传奏共同参加光严院主持的文殿杂诉沙汰[2]，则表现出此时"南都传奏"并非独立职位而属于某一传奏兼管的性质。

实际上实玄入寺时两院正出于备战状态，对立背后的原因是之前多年来两门对于喜多院的争夺，一乘院门主新丧，继任者幼少，对于大乘院而言可谓是绝佳机会。以六月十五日春日社神人砍伤大乘院门徒箸尾新兵卫尉为秀事件作为导火线，七月四日战斗正式拉开序幕，伽蓝之内遍修城垒，互放飞矢。在此过程中，公武政权曾试图介入干预，促成双方尽快和解，洞院公贤催促前大纳言四条隆荫作为敕使，于七月七日赴奈良了解情况。武家召集两院询问，大乘院方怀雅、实遍于十五日上京，因一乘院方使者未至，被认为原本理亏不敢出面。其后双方仍攻伐不休，至当年十月双方停火其间大小战斗18次，[3]直到文和元年（1352）六月二十六日始，两院双方开始互撤壁垒箭楼，七月初寺院集会才基本恢复常态。

时任南曹弁的勘解由小路兼纲在其日记《兼纲公记》中留存南曹御教书文书七通[4]，同之后的应安、康历年间对兴福寺的交涉相比，南曹弁作为中央与南都的交流中介，其作用是十分显著的。我们将文书编号并简要分析。

① 宜停废所司范舜法眼其职，示此明令，乃奉长者宣旨意也。依此意进报，遂执此下达。

六月廿六日 　　　　　　　　　　　　　　　　　　右大辨兼纲

谨上　　　　　松林院法印御房

---

[1] 『园太历』观应二年 5 月 22 条　大日本史料　第六编之十五，第 16 頁，https://clioimg.hi.u—tokyo.ac.jp/viewer/view/idata/850/8500/02/0615/0016?m=all&s=0015&n=20

[2] 院政时于文殿进行商议，处理诉讼，建武新政时将诉讼集中于记录所、杂诉决断所，北朝光严院时期重新组织廷臣于文殿中处理诉讼，其中不少都有在杂诉决断所供职的经历。

[3] 寺院细々要记　观应二年六、七、十月条　兼纲公记　大日本史料第六编十五，第 107 頁。

[4] 『兼纲公记』南曹御教书　大日本史料　第六编之十五，第 109—112 頁。

163

② 兴福寺众徒奏曰，著（箸）尾新兵卫尉为英以下诸人，遭神人打掷刃伤一事，佥议书状如此。可由□□处置，报与武家，乃上意也。遂如此上表，恐惶谨言。

六月廿七日　　　　　　　　　　　　　　　　　　右大辨兼纲

劝修寺殿

③ 就满寺鼓噪一事，院宣如此。令晓承之，乃奉长者宣也。以此意进报于别当僧正孝觉御房，遂执此下达。

六月廿八日　　　　　　　　　　　　　　　　　　右大辨兼纲

松林院法印御房（怀雅）

④ 就满寺鼓噪一事，院宣如此。令晓承之，乃奉长者宣也。以此意进报于一条（乘）院禅师实玄御房，遂执此下达。

同日　　　　　　　　　　　　　　　　　　　　　右大辨兼纲

西南院法印御房（实遍）

⑤（院宣）兴福寺众徒所奏箸尾新兵卫尉为英以下诸人，遭神人打掷刃伤一事，依申请可加处置之意，已传报武家。传闻未待彼裁断而两人忽发确执，以至满寺鼓噪，祸乱之甚，万不可也。应各守稳便，谨依序如仪处理，以此意当谨进于别当僧正，乃上意也。可泄此旨宣之，遂执此下达。

六月廿七日未刻　　　　　　　　　　　　　　　　藤长

（收信人名缺）

⑥ 众徒佥议书状获蒙御览，业已传报武家。应相以承待其旨意，乃奉长者宣也。依此意进报，遂执此下达。

六月卅日　　　　　　　　　　　　　　　　　　右大辨（花押）

（收信人名缺）

⑦ 南都两门迹确执事，别当僧正并一条（乘）院禅师请文如此，可奏闻之者，乃奉关白二条良基口谕也。遂如此进上，恐惶谨言。

六月卅日　　　　　　　　　　　　　　　　　　右大辨（花押）

甘露寺中纳言殿

其中①③④为南曹弁奉氏长者之意下书大乘院及一乘院。⑥未署收信者名，根据文意及式样与前三者相类似，推测为致兴福寺院家或学侣书状。②为南曹弁依照"御气色"即上意、光严院意愿，通过武家执奏劝修寺经显照会幕府的文书。⑤大致就是③④中所谓的院宣，即院政机构接收兴福寺诉状后，先以②询问武家意见，不料两院不待裁决遂动干戈，便以传奏藤长奉院宣⑤，⑤末尾有"執達如件"字样，极有可能是下书于位阶较传奏稍低的南曹弁，再由南曹弁附"长者宣"字样传达至大乘院和一乘院。⑦为两日后南曹弁奉关白之意，将两门迹请文通过院传奏甘露寺藤长，请示光严院的文书。通过一连串的文书传达我们可以看出，兴福寺学侣或门迹方面是直接与南曹弁接触的，院宣也是通过院——传奏——南曹弁（附长者宣）——大乘院、一乘院法印某——门主的模式进行下达，其时记录中尚未出现寺门杂掌，南都诉状亦有可能通过直接下书南曹弁，以请示氏长者二条良基意见的。

兴福寺的观应确执发生时正值观应扰乱①，幕府权威受到重大打击，光严、光明、崇光三上皇又被南朝方掠挟至吉野，一时间朝内无君，又无上皇，政务停摆。随后后光严天皇即位，北朝近20年未行院政，北朝与室町幕府陷入异常深刻的政治危机，观应确执暴露了室町初期中央政权权威、统治力、应对力的衰弱倾向。当然两院继承并近卫家督争执等矛盾并未丝毫解决，延文二年（1357）三月四日，大乘院孝觉欲驱逐实玄，又谋划让近卫基嗣之孙，道嗣幼子入观禅院，两方爆发激战，朝廷为解决此事，欲后醍醐天皇之孙良玄为二条良基犹子，作为实玄弟子日后继承一乘院。十月二十五日传闻一乘院方作乱，烧毁禅定院僧房数百间，良玄被认为不堪充任新门主，实玄亦退出寺外暂避，同时组织僧徒积蓄势力，两院斗争以大乘院一方的优势告一段落。

频繁的内斗导致寺院无法集结势力进行强诉，直到7年后，因控诉越前国守护斯波高经②部下侵占春日社领河口庄之事迟迟未果，暂时平静的南都又起波澜，贞治三年（1364）十一月十五日神木动座，十二月十九日抵宇治平等院，二十一日移至六条长讲堂。春日神社文书中留有神木入洛时送至兴福寺的文书，如：

> 当社营缮者，抽栋别钱充资，奏闻武家，已获敕许。询问其额，今明可下敕裁。且，于年内归座之事，特令布晓满寺，长者宣旨意也，遂执此下达。

> 十二月十九日　　　　　　　　　　　　　　　　少纳言秀长③

> 别会五师御房

---

① 1350—1352年围绕足利直义和高师直对立发生的一系列室町幕府内部的内乱与斗争。

② 斯波高经（1305—1367）南北朝时期武将、守护大名，早年随足利尊氏起兵征战，为室町幕府元勋之一。尊氏死后以其子义将为管领，实际掌握幕府实权。后因与佐佐木道誉等人对立，在贞治之变中失势被逐出京都，逝于领国越前杣山城。

③ 东坊城秀长（1338—1411）东坊城长纲之子，历任少纳言、文章博士、天子侍读、参议等职，著有日记《迎阳记》。

而《大乘院杂事记》长禄三年五月八日条中，列举了三通贞治三年、四年时按照长者宣，命令春日社氏人解除神职的文书，送至"春日正预馆"或"春日社两惣官中"，而署名亦是少纳言秀长。通过上述文书体现出，中央与南都的交涉模式，和观应确执时相比发生了一些变化。首先，此时并无院政，则除去传奏、院宣环节，氏长者[1]与武家共相谋划，二条良基的作用就显得更为重要一些。其次，由春日社申诉引起的神木入洛，与由兴福寺学侣[2]申诉或寺内两院确执造成的神木入洛性质不同。参考高山京子的观点，兴福寺别当等职任命一般署南曹弁，奉长者宣，春日社神主补任则会采用"南曹弁御教书"，即另一书吏署名，依南曹弁奉长者宣之意，以作书状。这种双重奉旨的体例表示了作为文书传达的对象，春日社较兴福寺低一级别的观点。[3]以少纳言东坊城秀长下书催促正乃此意，体现了朝廷方面以春日社料所问题为此次神木入洛诉求中心的认识。

由于神木在洛，第二年正月五日叙位除目亦未举行。诉讼长期未决，正如南都上诉时所言，公家旨意既出而无人遵行，武家书状则轻易不颁。室町幕府元勋之一的斯波高经，此时正掌握幕府大权，对其进行处罚其难度是相当大的。于是足利义诠二月五日下令，通过向各国征收栋别钱十文以资春日社修缮的方式试图解决问题。贞治五年（1366）七月，传闻神木归座时日及事宜大致敲定，要求两院上洛以作准备，不料想八月八日，义诠驱逐斯波高经，高经遂焚毁自宅出奔京都，即贞治之变。这场突如其来的政治风波相当于间接为贞治强诉画上了圆满的句号，八月十二日，数百神人开道，神木在以二条良基为首的公卿 12 名、殿上人 11 名、大小僧官 32 名，以及众多僧徒的护送下离京至宇治。日后为南都传奏的万里小路嗣房，时任右中弁、南曹弁，照例在行列之中。而此时作为大乘院门主的孝觉，却因身体不适未能上洛，贞治六年（1367）执掌南都长达 18 年的他，将门主位让与自己的侄子教尊。此后兴福寺陷入了较观应年间更为混乱的局面，更大规模、更为棘手的应安强诉随即出现。

---

① 藤原氏一族的族长，一般由摄关、太阁等担任。
② 学侣：兴福寺僧中有资格研习佛经学问的上层僧侣，与以日常勤杂、修行侍奉佛法的下层禅众相对。
③ 高山京子：『中世興福寺の門跡』，勉誠出版，2010 年，第 80—83 頁。

三、应安入洛与南都杂掌的出现

如果说僧众上京强诉体现强有力的寺社势力的话，那么应安年间的神木上洛则是反例，寺中内斗走向衰落，根本原因还是门主继承未得到妥善安排。孝觉隐退后，九月五日，之前长期对立的近卫道嗣将幼子良昭送入一乘院实玄门下，暂时和解。接替孝觉的教尊则因其"狂气"于应安三年（1370）在九条经教强制下让出门主之职，由经教犹子入寺接替门主，是为教信。寺僧认为教信裁决不公，上诉九条家，经教又欲同意教尊复任门主，以教信为其徒。教信不愿辞去门主职位，强烈反对，被认为不孝，经教与其断绝关系，甚至想借助一乘院实玄的势力共同打击教信，一时间，两门僧人各自挟执弓矢、剑拔弩张，日课法会根本无法施行，寺院面临毁灭之危。为了防止兴福寺毁于一旦，不从属于两门的学侣[①]、六方众[②]决意以动用武力之门迹为敌群起攻之，并意欲上京强诉。为共同制止神木入洛，实玄居然与教信言和，然而如此举动亦未能产生作用，应安四年（1371）十二月二日神木入洛，十二月五日作为对南都诉讼的回应，院宣下达并照会武家。

一乘院实玄僧都，大乘院教信禅师，宜停废彼门迹管领，早撰器用之人得度入室[③]之意，报诸家门[④]毕。并，应筹措不日即奉神木归座之旨，传报武家。院宣如此。可泄此旨申之，遂如是上报。宣方诚恐顿首谨言。

十二月五日　　　　　　　　　　　　　　　　　左中辨宣房奉

进上　民部大辅殿

道嗣十七日收到院宣

院宣如此

一乘院门主业已停废，即可行入室之仪，新院旨意也。以此旨报于近卫前关白殿，遂执此传达。

十二月六日　　　　　　　　　　　　　　　　　权中纳言忠光

---

① 兴福寺的中层僧侣，研读佛法担任寺官等职，区别于以日常勤修侍奉的禅众，不属于门迹下属。
② 在兴福寺周围附属寺院的下层僧侣，按照不同方位被分为六方，是为六方众。
③ 此处指由摄关家选派适龄子弟出家，拜至兴福寺前门主膝下为徒，同时代表接任门主之职。
④ 指两院门主出自的九条家、近卫家。

南开日本研究 2021

勘解由次官殿①

十三日传闻实玄、教信并良昭因战火出奔流落，因神木在京，即位典礼难以举办，由于提议南都神诉应对此做一定考量，执权柳原忠光、勘解由小路仲光被放氏，神人又将神木数根安放在二人家中，十八日中御门宣方放氏，三十日万里小路嗣房放氏。

其实在事件发生之前，朝廷就如何处理兴福寺诉讼咨询过近卫道嗣，其态度是较为积极的。

> 十月七日，丙戌，晴，俊任来，南都六方众徒诉讼事书在之，专诉两门迹也。如咨访彼，则众徒益增忿懑，然即刻报诸武家乎，可谋策进言。
>
> 余建白日背注
>
> 余建白如下：
>
> 兴福寺众徒等诉事，直传事书于武家者，聊可谓轻率，应先由公家处置哉，彼事书多端，以取舍之篇目传报武家，乃遵规序乎。②

五年正月二十二日，近卫道嗣将有关家领的御教书给兴福寺杂掌赖贺，晚间，实玄、教信流放敕旨下达。忠光又被放氏。五月十二日，赖贺携南都事书前来，但十九日携南都事书的却是观运、赖秀，赖贺暂时被代替。六月十八日、十一月二十五日后光严院至六条殿参拜神木，同时谋划召两门迹代表和寺门代表等觐见后光严院商讨归座之事。通过同太阁鹰司冬通等的商讨，朝廷遣僧侣归去询问寺门意向，十二月十六日隆圆僧都表示年轻僧侣虽表示赞成，但年长僧侣不同意，坚持先达成诉讼要求才能归座。年末双方又计划来年正月中旬神木归座，以便正月二十日进行即位大典。应安六年（1373）正月二十九日，教尊致二条良基的书信中所附兴福寺事书表示，目前神诉的目的有以下 5 点：（1）门主流放之事有名无实，应保证其不得返寺；（2）光济、宋缘僧正的驱逐与罢免其职；（3）赤松入道性准、广濑兵库助范显因杀伤春日社神人等事应流放；（4）诸国寺社领；（5）清水寺地代等。归座事宜被推迟。八月九日赖贺携兴福寺事书与道嗣，十三日又被遣往兴福寺，二十六日左右南都方面派遣两位杂掌，表示未达到诉讼目的拒不返回。之后又遣杂

---

① 『愚管记』应安四年十二月十七日条 大日本史料 第六编之三十四 第 413 页。https://clioimg.hi.u-tokyo.ac.jp/viewer/view/idata/850/8500/02/0634/0413?m=all&s=0401&n=20
② 『愚管记』应安四年十月七日条 大日本史料 第六编之三十四，第 410—411 页。https://clioimg.hi.u-tokyo.ac.jp/viewer/view/idata/850/8500/02/0634/0410?m=all&s=0401&n=20

168

日本室町时期的神木入洛与南都传奏

掌至南都交涉，赖贺于十二月十五日返回京都表示南都方面仍坚持先达成诉讼要求方能归座。于是神木动座再一次逾年。在数年的不断交涉之下，神木终于在应安七年十二月十七日归座，二十八日，一再推迟的后圆融天皇即位大典总算得以举办。

通过上述过程我们不难看出，应安年间有关强诉的交涉中最鲜明的特色就是，南都方面基本不派寺官上洛，朝廷方面也不通过南曹弁、长者宣等形式下书，而是同一位（或几位）南都杂掌往返于京都和奈良之间。这一时期兴福寺方面门迹错乱，寺务大位旁落，此次强诉学侣为主要交涉对象；朝廷方面1371年后光严院政始开，对南都事宜又显出希望主导交涉的姿态，包括众徒多次针对公卿的放氏处分，相互结合成为南都杂掌出现的背景。应安二年（1369）六月十八日夜，兴福寺学侣聚众骚动，同时因春日社申请免缴纳役夫工米①一事表奏未果，遂决定将南曹弁中御门宣方处以放氏，二十一日教尊就报告已为宣方继氏、请示下一步如何行事发出内容基本一致的两篇案文，见于寺院细细引付。一篇收信人处书"人人御中"，投予氏长者鹰司冬通；另一篇收信人处书"藤中纳言殿"，在其后写有"此南都事传奏之体云云"。此处的"藤中纳言"指柳原忠光（1334—1379），此时尚为传奏之一，于两年之后，后光严院政之始即任院执权。可见应安年间诸传奏中，亦有兼管负责南都事务之人，作为文书传达中介的南曹弁被放氏，大乘院门主教尊亦不由侧近资深僧侣署名，而是开始与长者及"南都传奏"直接通书。神木在京时围绕即位典礼问题，忠光、仲光、宣方、嗣房等人被相继放氏，无法发挥正常功用，所以交涉方式的改变、杂掌的出现有着一定的必然性。开篇寻尊所说的"杂掌桑原"，在记录上最早出现于永享元年（1429），当年三月十一日清晨，兴福寺寺官一人、杂掌法师一人来拜贺时房任南都传奏，建内记记载杂掌号桑原（快算），当时身着直垂。②应安时代的赖贺，与之后名义上从属兴福寺的桑原、柚留木尚有很大差距，但南都杂掌无疑是后世南都传奏得以有效处理兴福寺事宜的先决保证。当然我们也应注意，应安四年十二月十八日，饭尾左近入道（圆耀）任南都奉行，乃幕府试图解决南都诉讼的重要举措，南都奉行与南都传奏对室町幕府的南都管理发挥了很大作用。

---

① 伊势神宫每二十年举行的迁宫仪式所需资材，作为临时税向各领地庄园征收。

② 『建内记』永享元年三月十一日条。https://clioimg.hi.u-tokyo.ac.jp/viewer/view/idata/850/8500/06/1402/0009?m=all&s=0009&n=20

四、康历入洛和之后的南都传奏

在南都长期对内外冲突的过程中，从属于兴福寺的国人、众徒折冲御侮，作为寺社不可或缺的武装力量，成长为以筒井、越智、古市、箸尾、十市等武士党为代表的，极具影响力的地方势力。进入室町时代，由于一乘院、大乘院分别支持南朝和北朝，所属武士亦分为两派，借近畿守护大名权势互相攻伐，如此所谓"代理战争"是造成奈良地区不稳定的重要原因。在此背景下，南朝方的十市一族于春日社领地作乱，于是永和四年（1378）十月九日夜，春日神人将神木置于金堂前以示抗议，请求幕府出兵征讨十市远康等人，并借机提出要更换侵占春日社领的摄津国守护赤松光范。

幕府原本对南都的诉求积极应对，从当年年底至第二年，即康历元年（1379）正月，由前管领斯波义将①牵头，赤松义则、一色范光、土岐康行等守护大名发兵奈良，向兴福寺征调军费，俨然一副决意清剿之状。然而此时管领细川赖之与反对派的冲突一触即发，京中将领意欲举事，二月二十日夜军兵聚集将军御所，至晓方散。在此情形下，足利义满劝留赖之勿归其领地四国，又速召赴奈良将士回京稳定局面。二十四日义将从近江回京，幕府迫于其压力，赦免了反赖之派的京极高秀、土岐赖康，随后不久便爆发了康历政变②，赖之被逐，义将上台。自诸将回京以来，近江、关东举兵，京中骚乱，各国守护改任，根本无暇顾及进军奈良一事。兴福寺僧众见自身诉求被无限期搁置，最终下定决心采取神木入洛来要挟公武政权。

七月十四日，兴福寺就之前诉状、摄津国兴福寺领地遭侵占、满寺愤懑意欲神木入洛之事进南都事书于氏长者九条忠基（1345—1398），寺官二人不待返答便回奈良，十六日由敕使奏此书状于幕府，武家通过长者劝阻兴福寺，表明要严正处理

---

① 斯波义将（1350—1410），室町前期武将，斯波高经四子，13 岁时就任幕府管领，因贞治之变随其父失势，未几被赦，任越中守护。之后其纠集反对管领细川赖之的势力发动康历政变，驱逐赖之，自任管领。其后 30 年间一直作为幕府重臣影响幕政。
② 康历政变：康历元年（1379 年）斯波义将纠集反细川赖之势力，归京后促成京极高秀、土岐赖康上京，合力兵围将军御所，迫使足利义满于闰四月十四日罢免细川赖之。之后赖之退居其根据地四国，义将任幕府管领。

日本室町时期的神木入洛与南都传奏

摄津国寺领之事，应暂罢神木上洛。[1]最终于八月十三日夜、十四日神木上洛。《愚管记》九月十七日中记录：

> 闻去比南都杂掌赖贺携武家旨命赴奈良。其故，依寺门报请大军进发可然也，且神木即刻由官军奉护归座乎，或官军至南都后遂归座两案，尽可全寺门所期即当处置，其余题目亦必逐一裁许，大意如此也。然众徒以不见清剿凶徒断难归座复之。十八日近卫道嗣就赴南都一事询问赖贺：其云，前日非携武家旨令，依形势不实，被某公命令驱赴，其意如风闻也。或云此乃准后令驱者也。[2]

此处"准后"是指二条良基。十月十一日二条良基召两门僧纲，一乘院方乘经，大乘院方松林院长怀，别当实遍上京，至二十三日诸僧还寺，摄津国寺领关所一事已获裁许，而兵发奈良之事仍未有结论。之后虽然义满表明向六国大名征兵进发奈良，但年底幕府遣使至南都劝解，依然是毫无结果，于是新年除目尽止，唯有义满一人叙从一位。年初幕府遣大名赶赴南都，而诸将毫无进剿之意即返京都，于是在兴福寺大众诉求并未完全满足的情况下，康历二年（1380）十二月十五日，神木归座，六方众、大众不至，唯有一乘院门徒300人上洛奉迎。直到永德二年（1382）五月幕府遣使至南都，教信、实玄回京，教尊、良昭归寺，有关两院门迹的风波才逐渐平息。

康历入洛堪称南都寺院势力独立地位的一次典型展示。此时后圆融天皇在位，尚未开设院政，长者以敕使照会武家，武家再通过长者下书兴福寺，就康历年间神木归座事宜，杂掌赖贺多次携公武双方书状往来京都和奈良之间，而且神木最终归座还和一乘院前门主实玄的促成有很大关系。大薮海在论文中认为，此时作为朝廷、幕府与兴福寺之间中介的南都传奏，并未在其中建立有效的联络机制，但又言其功能有一半由关白二条良基分担。[3]事实上与二条良基的交涉相比，相传此时为南都传奏的万里小路嗣房并未参与其中实施实际活动，所以未与关白分担的另外一半"功能"究竟体现在何处，如此解释方式是否贴切还有待商榷。嗣房作为南都传奏

---

① 『愚管記』応安四年七月十四日、十六日条。 https://clioimg.hi.u-tokyo.ac.jp/viewer/view/idata/T38/1379/ 08-5-1/5/0060?m=all&s=0060

② 『愚管記』応安四年九月十七日、十八日条。https://clioimg.hi.u-tokyo.ac.jp/viewer/view/idata/T38/1379/08-5-1/6/0036?m=all&s=0008&n=20

③ 大薮海：「康暦の強訴終結後の混乱と南都伝奏の成立」，『お茶の水史学』第 62 号，2019 年，第 1—15 頁。

署名的文书最初见于至德二年（1385）义满参拜南都后向兴福寺颁发的《御感御教书》，还是经由二条良基交付至僧众手中[①]，其作为传奏的活动至少要到明德五年、应永元年（1394）改元时的交涉、奉义满旨意下书至一乘院之时才有了显著变化，[②]即后圆融院逝世、义满取代上皇地位，充分利用传奏进行交涉、传达命令。

但依据奉武家命令署名南都传奏，直接下书兴福寺这一现象的出现，来推断南都传奏一职的实际成立时期，这样的思考方式亦不妥当。嗣房与时房，甚至是甘露寺藤长，均被称为"南都传奏"或"南都事之传奏"，但从观应年间至时房写建内记的嘉吉年间，这一名称的含义已经发生极大变化，更进一步说，起初寺社传奏形成时，其职能亦并非直接介入寺社事务，很有可能含有在传奏轮替值班的"结番制"的基础上，强调分管范畴的意味。传奏的分化应早于义诠时代，例如中御门宣明贞和三年（1347）任山门传奏，延文元年（1356）又接替叶室长光任贺茂传奏，贞治三年（1364）因四条隆荫年迈，以日野时光为神宫传奏等。宣明、长光、隆荫与甘露寺藤长在传奏中曾属同期，他们无论从位阶上，或同幕府亲疏关系上来看，与嗣房、仲光的区别都很大。所以结合义满时期宗教政策的背景，来观察和分析南都传奏的演变，可能比划定其成立时间更能引起有启发性的讨论。

概括而言，义满时期对以兴福寺、延历寺等为代表的显密寺社采取了怀柔并济、广泛吸纳的政策。[③]具体到康历入洛前后，一方面幕府方改变之前通过门迹交涉的方式，数次直接遣使赴南都催促，通过官务众徒介入寺社事务，表现出对兴福寺的强硬姿态；另一方面，至德二年（1385）足利义满参拜南都，之后又有诸如布施贡献、修缮寺舍、促进维摩会举办等一系列"南都复兴"的举措，博得兴福寺方面好感，重新构筑寺内各势力关系。后世虽致力于延续这种政策基调，但幕府权威已无法与义满时代比拟，南都传奏的活动又有改变。例如义持时期就南都事务与公家互相询问处理，此时广桥兼宣在任，应永二十年（1413）就兴福寺三纲职事依长者旨意下书兴福寺寺务，二十三年（1416）又就摄津国兵库关所之事依武家旨意照会南都等，数日间在院、长者、室町殿之间往返奔走，同嗣房、仲光时期幕府意愿主导、传奏直接交涉相比，也是义满步入"治天之位"这一时期特殊性的侧面映证。

---

① 大薮海：「康暦の強訴終結後の混乱と南都伝奏の成立」，『お茶の水史学』第62号，2019年，第12頁。

② 佐々木宗雄：『日本中世国制史論』，吉川弘文館，2018年，第248—250頁。

③ 大田壮一郎：『室町幕府の政治と宗教』，塙書房，2014年，第286—288頁。

日本室町时期的神木入洛与南都传奏

结 论

传奏本为院政制度的附带产物，最早可以追溯到后白河院政时期，起初并未被视为重要官职，以致后鸟羽院政期传奏时常不在上皇御所，多由女官等承担文书传递事务。大约于后嵯峨院政时期，重新整顿完备传奏制度，两位传奏交替轮值现象出现。[①]建武新政时后醍醐天皇有意以传奏为中心主导政治活动，传奏人数一度增至 20 名。南北朝时期传奏参与上皇出席的庭中、杂诉沙汰及院评定，为院政事务的核心骨干。足利义满时期，幕府方面通过传奏积极处理诉讼事务，向公家传达幕府指示，之前负责公武交涉的武家执奏一职变得名存实亡，传奏成为政治活动中的重要一环，直至嘉吉之乱后才才逐渐式微。一方面，传奏由公卿担任，对上皇及摄政等汇报工作，上传下达，形式上是院政机构，但实际任命均为室町殿亲近之人，又作为幕僚、家司的身份照会朝廷，同时具有公武双重的特征。正由于此，学界中围绕室町时期传奏才会衍生出许多不同观点。[②]所以朝幕两方势力的此消彼长决定着传奏的性质，南都传奏的涵义也不全是设立之初应对当时情况而赋予的。按照佐佐木宗雄的观点，直到后圆融院去世后，足利义满才真正将传奏纳入自己的掌控之中。[③]朝无上皇，于是仅隔不到一年，已任多年的南都传奏万里小路嗣房，围绕修南院领一事奉义满旨意下书一乘院门主，开始直接发挥作用，也就不难理解了。

具体围绕南都传奏分析的结论可以大致总结为以下几点：首先，在康历之前已经有类似南都传奏的称呼，义诠、义满前期神木频繁入洛与两院内斗的混乱局面，使设立专门负责南都事务官职充满了必然性和现实性，南都传奏出现之前幕府既已设南都奉行。嗣房、仲光之时其兼管的性质依然很强，至兼宣开始，特定的传奏开始专门化，南都传奏也制度化起来了。其次，在僧众频繁对公卿开除氏籍的情况下，

---

① 美川圭：「関東申次と院伝奏の成立と展開」,『史林』第 67 卷第 3 号,1984 年, 第 344—374 页。

② 例如伊藤喜良认为其充当了义满官吏幕僚的角色，在武家政权中充分发挥作用。富田正弘则认为传奏并不应被看作间接约束管理寺社的机构，义满时期又设传奏，使室町殿取代开设院政的上皇地位而成为"治天之君"，其性质还应是公家行使"院政"的政务机构未有太大改变，并基于此提出"公武统一政权"的观点。针对家永遵嗣将传奏视为室町殿家司的观点，瀬户薫指出应将永和至永德时代与应永年间义满辞官出家后的传奏下达文书作区分，前者更多为家司、家礼性质，后者则类似于院政传奏下文的性质等。

③ 佐々木宗雄：『日本中世国制史論』, 吉川弘文館, 2018 年, 第 248—251 页。

即便正式设立南都传奏一职，其初衷亦并不是为了正面制止当时的神木入洛，而是借此举措加强今后对南都寺院事务的交涉，以期避免大规模上诉的再度发生。实际上，室町时代通过南都传奏对兴福寺的指导，是在应永年间开始正式发挥作用的。再次，南都传奏的管理是伴随着文书传递模式的改变、寺门杂掌的出现而形成的，从属于兴福寺，与南都传奏结成固定关系的杂掌在时房时期定型下来，可见幕府试图对南都加强管理与南都自身的衰落是共存的。最后，虽然康历上洛之后兴福寺数十年间没有出现大规模强诉，寺院中下层僧侣势力的衰退，门迹和大和国人①势力的兴起是其中重要原因，但这也与通过南都传奏与南都奉行，对日常寺领诉讼和其他纠纷的处置是分不开的。

（作者：马藤，南开大学日本研究院博士生）

---

① 指名义上从属于兴福寺的奈良武士集团，他们名义上或为官务众徒，或为春日社神民，在室町中期开始势力逐渐庞大，战国时代大名筒井顺庆即出自于此。

田沼意次改革与江户幕府的官僚体制*

许译分

内容摘要 江户时代,紧缩财政、提倡节俭是主流经济思想。江户中期田沼意次主持幕政的时候,采取了成立行会并导入流通税、统一货币、土地开发等着眼于发展商品经济的措施。在以农为本的经济体制下推行该政策本就阻力重重,加上田沼意次以低微的出身占据高位,触犯了"家格定官阶"的官僚体制,因此,不仅政策遭遇到强烈的抵制,他本人也落得不幸的结局。随着历史的发展,田沼政策得到了新的评价。其实,田沼政策遭遇挫折的根本原因在于幕府的政治体制和经济基础,这本身也暴露了幕府统治的弊端所在。

关键词 田沼意次 经济改革 重商主义 江户幕府 官僚体制

---

*本文为国家社会科学基金一般项目,日本武家家训与武家发展史(18BSS035)阶段性研究成果。

Tanuma Okitugu's Reform and Edo Shogunate's Bureaucracy

Xu Yixi

Abstract: The mainstream economic thought in edo era was to tighten finance and advocate thrift. Only when Tanuma Okitugu came to power did he set up an industry body and introduce a tradable tax, a common currency, land development and other measures aimed at developing a commodity economy. It is extremely difficult to promote mercantilism in the context of an agriculture-oriented economy. Add to this the fact that Tanuma Okitugu came from a low background, and he came to power in violation of the Shogunate bureaucracy. His policies met with fierce resistance and his own sad end. But as history has evolved, Tanuma Okitugu's policies have gained new appreciation. In the final analysis, Tanuma Okitugu's setbacks were rooted in the political system and economic foundations of the Edo Shogunate. The fact that Tanuma Okitugu suffered setbacks also exposed the shortcomings of the Edo Shogunate.

Keywords: Tanuma Okitugu; economic reform; Mercantilism; Edo Shogunate; bureaucracy

引　言

江户时代，社会经济在和平环境下获得了长足发展。但由于税收体系难以吸纳商品经济领域产生的财富，幕府财政长期处于困境之中，甚至连任职武士的俸禄都难以按时发放。幕府希望走出困境，不断教化节俭、提倡节流，进行了包括享保改革、宽政改革、天保改革这三大改革在内的各种尝试。这些改革的共通之处是注重从农业生产中汲取财源，辅之以减少支出的节流手段，在解决财政问题方面都收效甚微。

然而，江户中期，幕府却出现了一个与众不同的执政者，他就是主持幕政运作20年的田沼意次。

田沼意次在历史上作为腐败政治的代表而臭名昭著。有两幅论及田沼意次时经常被提到的江户时代讽刺漫画，一幅出自《古今百代草丛书》（国立国会图书馆藏），把田沼意次画成一个人首鸟身、做飞翔状的怪异形象，画面下方写着"此鸟筑巢金

田沼意次改革与江户幕府的官僚体制

花山，名为贿赂鸟，平日食金银甚多，惠少时，则怫然不顾"，另一幅出自《缩地千里》（国立公文书馆、内阁文库藏），把田沼意次画成了一只"贿赂虫"，"常在城郭之内爬行，见人则要钱要金"。田沼意次贪婪腹黑的形象就是这样为人所熟知，直到二战刚刚结束的 20 世纪五六十年代，田沼家的后代仍然背负着祖先的恶名带来的压力，"在学校里每当日本史的课程接近江户中期，就想方设法逃学"。[①]

但是二战以后日本经济迅速复苏，20 世纪 50 年代到 70 年代中期实现了高速增长，走上经济大国的道路。在此背景下，人们发现田沼政策存在着有利于资本主义发展的因素，对田沼意次的评价也开始有所改观。辻善之助《田沼时代》（岩波书店 1980）提出，田沼意次虽然德行为人诟病，但其为政却有超越时人的眼光。大石慎三郎《田沼意次的时代》（岩波书店 1991）、《将军与侧用人的政治》（讲谈社 1995）更是高度赞扬田沼政策的积极性、前瞻性，肯定田沼意次笃实、务实的品质，对于田沼意次的恶评也专门做了研究，认为：有的只是辑录了田沼意次下台后街头巷尾的流言，有的本人就经常贿赂高官显贵，有的一贯在重臣下台后进行攻击，有的与田沼意次的政敌松平定信关系密切，出自这些人之口的恶评，可信度值得怀疑。除此之外，社会上对田沼政策本身的研究也在不断加深。最近，藤田觉《田沼意次》（ミネルヴァ书房 2007）、《日本近世的历史 4 田沼时代》（吉川弘文馆 2012）、《勘定奉行的江户时代》（筑摩书房 2018）从政策连续性的角度指出田沼政策具有与前代政策相通的紧缩性因素，而且其政策在后世仍有延续的一面。

可以说，近 40 年来，田沼意次政策积极性的一面得到了更多评价。但是既然政策具有积极意义，为什么田沼意次执政 20 年仍然无法得到认可？既然不被认可，是什么因素能使田沼意次执掌幕政 20 年之久？又是什么原因导致了田沼时代的结束？鉴于江户时代与日本近代社会的关联，国内对江户时代的经济社会状况也逐渐给予了越来越多的关注。本文结合江户时代官僚体制的特点，对田沼意次的执政生涯及社会背景试做探讨。

---

① 大石慎三郎：『田沼意次の時代』，岩波书店，1991 年，前言（はじめに）。

一、田沼意次上台的背景及改革政策

江户初期，和平的环境下，商品生产在全国各地发展起来。村庄之中，酿酒、酱油酿造、食用油炼制、纺织品制造等各种产业蓬勃发展，给幕藩领主、武士、工商业者提供了生活资材。经济的发展带来了物价的上涨，幕府需要有更多的收入应付不断增加的开支。但是，幕府的财政收入来源主要依靠从农业生产物中收取的年贡，农业生产增长缓慢，无法满足财政需要。幕府抽调府库进行补贴，到四代将军德川家纲（1651—1680 年在位）时，祖先遗产已消耗殆尽。五代将军德川纲吉（1680—1709 年在位）时，幕府除直辖地的年贡之外已经没有其他财源。1704 年（宝永元年）10 月 3 日，幕府向寺社奉行官吏以下的官员通告，由于支出过多，无财可用，该年度已经无法向武士发放俸禄"扶持米"，明知拖到来年再发，必然于众人生计有所妨碍，但实在迫于无奈，无处筹措，只好请各位节俭度日，不可避免的支出尽可能延期支付云云。这是幕府第一次公开言及财政的窘迫。[①]可见事态已经发展得十分严重，幕府不得不让供职人员与幕府共渡难关。

自然，延期发放俸禄只能是一时的权宜之计，幕府还是需要想方设法增加财政收入。最直接的措施就是加大对农村的盘剥。八代将军德川吉宗上台以后进行享保改革，大力推行年贡增收政策。1720 年（享保五年）前后，幕府一改之前的"检见制"，转而实施"定免法"。以前，幕府每年都要派遣官员到农村实地调查，对照"检地账"登载的土地面积，按当年农业收成的情形确定年贡比例。改革以后则不再进行实地调查，改为无论年成好坏都要缴纳固定比例的年贡。这样就能把检地账中没有登载的新垦土地的出产、农业技术进步增加的产量统统纳入年贡计算范畴，把自然灾害造成的歉收风险转嫁到农民身上，还可以省去调查的人工费用。赤裸裸的掠夺政策在增收方面的效果的确是立竿见影。随着 1724 年后定免法适用范围扩大，年贡收获量开始增加，1727 年达到了享保时期最高值 162 万石。[②]定免法出台不久，幕府又实行了一个更复杂的、使剥削更加隐蔽的收租方案"有毛检见取法"，即进行实地调查，但不考虑"检地账"石高和税率基准，而是选择一坪（约 3.3 平方米）田地割下作物，以收获的"实情"推算整个村庄的田地收获量，目的

---

① 東京市編：『東京市史稿　市街篇第十五』，宝永元年十月三日条，1932 年，第 765 頁。

② 高尾一彦：「経済構造の変化と享保改革」，『岩波講座日本歴史 11 近世 3』，岩波書店，1980 年，第 30 頁。

田沼意次改革与江户幕府的官僚体制

仍然在于把生产力提高和种植经济作物增收的收益计算到年贡中来。"有毛检见取法"自 1721 年左右开始施行，1744 年（延享元年）扩大到畿内，年贡征收数额之巨，农民称之为"前代未闻之御高免"（意即年贡缴纳额度之高，闻所未闻）。[1]尽管幕府想尽办法巧取豪夺，但依靠土地的农业生产增长毕竟有限，年贡收入在宝历期（1751—1763）达到峰值，之后再难有增长。而且，年贡增收政策直接压榨农民的劳动，带来极大的副作用。在幕府的直辖领地以及仿效幕府政策的各藩，农民组成"一揆"激烈反抗，规模之大往往遍及整个藩域，甚至波及邻藩，参加人数经常达到数万人。再加上享保时期允许开发新田的代官和商业资本拥有者获取一部分地租作为报偿，从体制上为地主制的发展开辟了道路。下层农民受到领主、地主的双重剥削，越来越多的人沦为贫农，造成严重的社会矛盾，连带拥有大量土地的上层地主经营也发生动摇。享保改革，很大程度上就是增收年贡——农民反抗——压制反抗的过程。德川吉宗的"米将军"之称，正是反映了年贡增收政策在改革中的核心地位。

改革之后，幕府发现自己面临尴尬的现实：以前每逢各藩发生一揆，幕府往往以藩主施政不善为由实行改易、转封，而到了享保年间，幕府的直辖领地竟然也大面积爆发一揆了。更有甚者，原本增收年贡是为解决财政困难，但是，年贡是以米为主的实际收获物，幕藩领主收取年贡米之后要拿到市场上换取货币，收上来的年贡米越多，市场上米的供应量就越大，米的价格就越低，就越换不到足够的货币。千方百计收来的年贡，却起了反作用。

田沼意次就是在这样的情况下走上政治舞台的。他执政的 1767—1786 年（明和四年—天明六年）20 年间被称为"田沼时代"。

田沼意次采取了不同于前人的政策。

首先，在商品流通领域鼓励组建承担行会功能的组织，并向其征税以弥补幕府财用的不足。田沼意次促使各个行业组建相当于行会的"株仲间"，赋予其行业垄断的特权。相应地，株仲间对幕府承担义务，向幕府上交类似于流通税的"冥加金""运上金"。由于商品经济的发展导致生活成本和行政管理成本上涨，单纯依靠从农业生产力中获得的收入已经不可能覆盖财政的需要。1760 年（宝历十年）至 1786

---

①高尾一彦：「経済構造の変化と享保改革」，『岩波講座日本歴史 11 近世 3』，岩波書店，1980 年，第 33 頁。

年（天明六年）的 28 年间，幕府在大阪向承担行会功能的会所、仲间收取冥加金共有 80 次。其中 1781 年一年就收取了 12 次，1770 年（明和七年）、1772 年各收取了 9 次。①在田沼时代，向商品流通领域征收税金是幕府收入的重要来源。

其次，推行货币一元化政策，为商品交易提供良好的市场环境。近世的通货制度为金、银、钱三币体制。金的通用区域是以江户为中心的东日本地区，银的通用区域是以京都大阪为中心的西日本地区，钱是小额货币，全国通用。这三种货币互相之间完全独立，金和银比价时时刻刻都在变动，带动钱的交换比率也相应变动，十分复杂繁琐，成为经济不安定的因素。田沼意次试图通过发行一元化货币来改善现状，先于 1765 年开始发行"明和五匁银"，后又于 1772 年开始发行"南镣二朱判"，都是定量计数的银货币。

再有，田沼意次着眼于开发新的土地资源，特别关注北方的虾夷地。虾夷是原住在日本东北部的少数民族的统称，经历了各部落之间的战乱、朝廷军队的镇压、地方势力的征伐，在镰仓、室町时代，虾夷人逐渐退到津轻海峡以北的北海道岛上并长期居住。由此，北海道、千岛群岛和库页岛被称为虾夷地。江户时代，1604 年，松前藩藩主从德川家康那里得到松前虾夷地的交易委任书，通过对阿伊努族的镇压和杀戮控制了虾夷地。不过对于当时的德川幕府来说，虾夷地还只是一个附属于本国的蛮夷之地。时至江户中期，俄国势力南下，日本北方边境的局面紧迫起来。工藤平助写作《赤虾夷风说考》，指出调查经营虾夷的必要性并提出具体方案，加上本多利明、林子平等人的建议，田沼意次于 1785 年与松前藩合作派出调查队到虾夷地进行调查，准备把虾夷地正式纳入幕府的统治体制。这是幕府第一次虾夷地调查。本多利明的学生最上德内与一同前往的官吏、助手、医生、翻译在极寒的气候中勘察了虾夷各方面的情况。据回到江户的人员报告，虾夷地土地广大、人口稀少、水源充足，适合大力发展农耕，并提出向虾夷人提供农具、种子，传授农耕技术等许多具体设想，初步制定了开发计划。

田沼意次的所有政策都有一个共通的思想基础：解决财政问题不能靠盘剥农民，要寻找其他途径开发财源。"切不可向领中百姓强索年贡，以补财用之不足。于百姓町人无慈悲，为御家之害者莫过于此，所有事务当以正道处之"。（《田沼

---

① 大石慎三郎：『田沼意次の時代』，岩波书店，1991 年，第 104—105 頁。

田沼意次改革与江户幕府的官僚体制

意次遗训》）①所谓的"正道"，主要是从管理的角度为商业提供必要的认可和保护，从商业发展中吸纳财富，并向未开发地区寻求发展。形成这样的思路应该与田沼意次早年的经历有很大关系。当年八代将军德川吉宗推行享保改革时，田沼意次担任其世子德川家重的贴身侍从，亲眼见证了年贡增收政策的局限性和副作用。他亲自主政之后，从来不曾推行过加重农民负担的政策。

田沼意次并不是一味否定既有的传统，他也注意吸取幕府在处理财政事务方面的经验，像幕府一贯所做的那样，坚持节流，减少不必要的支出。田沼意次自己也认为，应该"莫怠俭约，莫致奢靡，莫有无益之费。稍有过逾，便当严诫，亦要严嘱役人，尽早改过"。（《田沼意次遗训》）②但与许多因循守旧的官员不同的是，田沼意次尽管身居高位，却保持着对外部世界的好奇心。江户时代，与荷兰的贸易是日本接触西方的唯一途径。田沼意次很喜欢荷兰物品，每次荷兰船来都要去搜集新奇之物，这在锁国时代的为政者中是不多见的。日本第一部西方科学书籍的译本《解体新书》得到幕府认可也是在田沼意次当政期间。1774 年（安永三年）前野良泽、杉田玄白、中川淳庵三人翻译的荷兰解剖学书籍《解体新书》出版，进献给将军德川家治和担任幕府最高职位"老中"的田沼意次。此书被幕府"顺利纳入库中"，有理由认为"田沼意次的意向起了很大作用"。③对新事物的持续关注、开放的心态、务实的作风使田沼意次能够不拘泥于既有的条条框框，避免僵化思维，形成与众不同的政策方针。不向农民伸手，而是在坚持减少不必要支出的前提下促进商品经济发展，并设法将商业系统中产生的财富纳入政府的财源，这在当时的幕府是一个全新的思路，被称为重商主义。

二、田沼意次的出身与幕府官僚体制

在极重传统的武家社会进行改革本身就阻力重重，何况田沼意次还有一个无法克服的"先天不足"：出身。

田沼意次出身于纪州藩的下级武士之家，他的父亲是纪州藩主的庶子德川吉宗的贴身侍从。德川吉宗在自己的父亲和哥哥们相继死去之后做了纪州藩主，又赶上

---

①② 大石慎三郎：『田沼意次の時代』，岩波書店，1991 年，第 232 頁。
③ 辻善之助：『田沼時代』，岩波書店，1980 年，第 287 頁。

幕府七代将军幼年夭折，需要从德川"一门"的御三家中选择继承人，最终德川吉宗被确定为八代将军。田沼意次的父亲与德川吉宗一起来到江户，身份也跟着水涨船高，晋升为 600 石的旗本，这一地位也就传给了田沼意次。九代将军德川家重在位时，田沼意次被从贴身侍从中选拔为将军的"御侧众"，开始参与一些政治事务，在此期间受赐领地 1 万石，跻身大名的行列。十代将军德川家治在位时，田沼意次加倍受到倚重。德川家治即位七年之后的 1767 年（明和四年），田沼意次被委任为"侧用人"，在将军和执掌政务的"老中""若年寄"之间联络传达，1769 年获得相当于老中地位的"老中格"，1772 年（安永元年）开始正式担任幕阁最高职位老中。职位晋升的同时，田沼意次多次得到知行封赏，最高时领地 5.7 万石。这样田沼家的"家格"（门第）就达到了在幕府政权中拥有地位的"谱代"大名的平均水平。

田沼意次完全是依靠将军的信任被一路提拔上来的，他本人对此也是由衷地感激："于君恪尽忠节，不可片时悖忘。尤其本家于九代家重、十代家治之世，受君厚恩无以伦比，万万不可遗忘。"（《田沼意次遗训》）[1]这不同于疏离于政权中枢的"外样"大名审时度势选择的"恪尽忠节"，也不同于谱代大名世代传承的惯性，而是源于田沼意次深深地感受到的将军非同寻常的知遇之恩。

之所以说田沼意次受到的恩遇非同寻常，是基于当时幕府的官僚体制背景。幕府的官僚任命需要遵循"家格定官阶"的传统。家格即门第，是家的社会地位。武家的家格由领地面积"石高"体现，不同的家格有相应的生活方式、礼仪习惯，特别是决定武士在政权中任职的地位。这是幕府官僚任命的基本原则。

这一原则发端于江户幕府初创之时。德川家康组建幕府官僚机构的时候，吸取了丰臣政权组织中政治实力与军事实力重合带来的教训，把行政权力与军事力量进行分割。对于谱代家臣，没有分给他们太多的封地，而是在政权组织中赋予他们阁僚的地位。可以说，世代侍奉、沙场建功的谱代家臣在政权组织中拥有地位，这一点自幕府初创时起已经达成明确的共识。

而家格与职务系统挂钩的具体方式，具体来说就是什么样的家系担任什么样的职位，则是在历经四代将军统治的过程中形成的。

江户幕府建立两年之后，德川家康让位给继承人德川秀忠，让其在江户主持政

---

① 大石慎三郎：『田沼意次の時代』，岩波書店，1991 年，第 229 頁。

田沼意次改革与江户幕府的官僚体制

务，自己移居骏河以"大御所"身份在幕后掌控局面，形成了以德川家康和德川秀忠为中心的两套行政组织。当时幕府为丰满羽翼，给德川氏一族大量分封土地创建"亲藩"，第一代政务人员中很多人被派到亲藩之中做了"付家老"，既监视亲藩的动静，也辅佐藩中的政务。这样就带来一个结果：这些家臣的身份从直接谒见德川将军的"直臣"转变为将军麾下藩主的家臣，即"陪臣"，不再具备直接谒见将军的身份，也就不再适合担任幕府的职位，因此该时期没有形成向幕阁的职位持续输送人选的家格。

1616 年（元和二年）德川家康死去，7 年之后的 1623 年，德川秀忠把将军职位传给三代将军德川家光，自己移居江户城西丸，效仿德川家康做起了大御所，他的侧近担任大御所方面的最高职务。三代将军德川家光的侧近松平信纲、阿部忠秋、堀田正盛、三浦正次等人先后担任幕府将军身边的"小姓""小姓组番头"等职，并于宽永初年晋升为谱代大名，开始发展起势力。

1632 年（宽永九年）德川秀忠死去，三代将军德川家光的侧近作为幕政的实际运作者走上前台。自此时起，幕府政权组织机构迅速建立起来。当年年末，幕府设"总目付"（又称"大横目"，后来的"大目付"）职务。1634 年，确定"年寄"（即老中）与"若年寄"职权范围。"老中职务定则"规定，幕府老中"司掌皇族贵族担任住持的寺院事务、各大名事务和诉讼、向大名旗本下达公文（奉书连判）、直辖领租税、金银收支、大型土木工程的实施与寺社建造、知行地分配、寺社事务、外国事务、日本各国的地图绘制"。"若年寄职务定则"规定，若年寄管辖"旗本的指挥与诉讼、专门技艺者的拜见事宜、幕府医师的任用、工程建筑、各处当值人员官吏的安排、一万石以下没有被编入组的武士的事务和官司等事务"。[1]老中和若年寄都有数人担任，以一个月为期轮换主持幕府日常事务，称"月番交代制"。其中家格高或任职在先的自然居于主导地位。其后，德川家光的侧近松平信纲、阿部忠秋、堀田正盛等新晋谱代集中担任"老中""若年寄"职务，他们的领地集中配置在江户周边。1638 年，原来的老中土井利胜、酒井忠胜两名解除职务，改为仅在朔望登城，有重大事宜的时候参与评议，等于不再担任常设职位。这意味着德川秀忠时期以来的元老"土井利胜、酒井忠胜被架空，德川家

---

① 藤野保：「江戸幕府」，『岩波講座日本歴史 10 近世 2』，岩波書店，1963 年，第 43—44 页。

光的侧近掌握了权力"。①中层以下行政组织"寺社奉行""勘定奉行""江户町奉行"也渐次设立。就这样，幕府的政治中枢机构在宽永时期迅速地建立起来。

四代将军德川家纲在位的宽文时期（1661—1673），官僚体制进一步整备。幕府有鉴于浪人暴动事件频繁发生，为了社会稳定，不再以剥夺大名领地的"改易"作为钳制大名的主要手段，也就无法再获得大量土地用于分封。该时期新增加的德川一门、谱代大名也主要是由原有的家门新创分家，土地以本家分出知行的"分知"形式提供，不再由幕府另行分配。幕府治下的大名领国管辖区域和石高数量趋于稳定，幕藩体制真正确立起来。由于德川家纲是幼年即位，且体弱多病，幕府政权没有转移到现任将军的侧近手中，而是由上一代的幕阁首脑继续主持幕政。同时，幕府行政职责有了更加具体的范畴。老中除了继续负责各大名、寺社及财务事务，还要管理江户的守卫监察等官吏、幕府其他直辖地官吏。在老中之下分管各处政务的若年寄职更加细致，负责管理从将军的贴身侍从、江户城饮食用具，直到消防、守卫、医师、儒者各种人员。奉行以下的职务也基本确定下来。武士个人身份由家格决定，官员的任命以此为基准。老中、若年寄等高级职位由固定的谱代门阀垄断，奉行等中层职务要由具备骑马和"御目见"（直接谒见主君）资格的上级武士担任，末端职务委派给不具备骑马和"御目见"资格的下级武士。武士终其一生都在与身份相应的范围内晋升、调动。1665—1666 年间，幕府为救济旗本设立职务补贴制度，即"役料制"，使得任职附带上利益，促进了武士的官僚化。该时期谱代门阀固定，行政机构职能越发完备与细化，家格与职务挂钩常态化。这些标志着幕府已经转向"文治主义"。

当然，幕藩体制确立的过程中，社会也在发生变化。

17 世纪后半期起，随着商品生产、流通的全国性发展，商品经济渗透到城市和农村生活内部。商业竞争加剧，贫富差距扩大，社会构造发生改变。一些人成为拥有土地和财富的富农、地主，另一些人出卖或典当土地，成为地主家的佃农或商家的学徒工。为寻找新的雇佣机会，有的人跨越藩境，有的人离开农村进入大城市。无论是城市还是农村都更加频繁地发生各种事端。如何在行政、司法方面应对复杂的状况，成为统治者面临的课题。

---

① 藤井讓治:「幕藩官僚制論」, 歷史學研究会·日本史研究会『講座日本歴史 5 近世 1』, 東京大学出版会, 1985 年, 第 345 頁。

田沼意次改革与江户幕府的官僚体制

幕府政权体制也进行了相应的调整。八代将军德川吉宗改进了宽文时期已有的役料制，于 1723 年（享保八年）6 月发布了一套新的人事晋升制度——"足高制"。该制度的核心在于在坚持"家格定官阶"原则的基础上为身份低微的武士担任高级职务打开一条通道。足高制为每个职位设定一个任职标准"役高"。如果让家格低于役高标准的武士担任该职，则要在其任职期间向其发放补足家格与役高之间差距的津贴"足高"。如，"勘定奉行"一职标准役高 3000 石，如果任命 1000 石身份的武士担任此职，需要在其任职期间每年额外支付他 2000 石的足高俸禄，直至任职期满为止。

足高制有利于提拔身份低微的武士担任高级职务，调整既定的家格定官阶制度，引进能力主义机制应对纷繁的社会变化。而该制度能够被极重身份的武家社会所接受，是因为它遵循了"模拟身份制原理"。[1]任职者破格晋升只是暂时的，任职期满之后就要回到原来的身份地位，并不破坏之前的家禄世袭体系。这样就可以避免过多侵犯既定阶层的权利和尊严，避免对家格定官阶机制产生过大冲击而酿成动荡。甚至可以说，由于基准"役高"的确定，身份与职务的联系更加一目了然。因此，足高制得以作为一种对家格定官阶的补充制度长期执行下去。尤其在处理财务问题的"勘定所"这种需要专门技能的部门，足高制的作用更加明显。在实行足高制之前，曾有 38 人担任役高基准 3000 石的勘定奉行，其中仅有 3 人是 1000 石以下的低微身份，占比不到一成；而实行足高制以后的 56 名任职者中有 31 人从不满 1000 石的身份中提拔上来，占到了半数以上。[2]

但是足高制的适用范围是有局限的，它的作用主要体现在实际事务层面。像 5000 石"大番头"这样的名誉性军事职务，即使在实行足高制以后也主要是按照家格来任命，更不用说总揽幕政、负责决策的老中、若年寄，则根本不在足高制的调节范围之内。也就是说，足高制只能在中下层起作用，无法触及幕阁高层。

在高级决策层实际上起到调节作用的是"侧用人政治"。幕府的政务流程一般是由奉行汇报给老中，老中再请示将军。但在将军和幕府政务官员之间还存在一个过渡层次，即将军侧近。五代将军德川纲吉在位期间，为削弱老中、若年寄的权力，开始从侧近中任命"御侧众"向老中传达将军的命令。他们与将军关系密切，能够

---

① 笠谷和比谷：『武士道と日本型能力主義』，新潮社，2005 年，第 132 頁。
② 同上，第 133 頁。

参与政治运作，此即侧用人政治的发端。五代将军期间的柳泽吉保，六代、七代将军期间的间部诠房，都曾经作为侧用人掌握大权。八代德川吉宗虽不用侧用人的称呼，却设置了承担同样职能的"御用取次"之位。侧用人、御用取次的地位十分重要，文书都要通过他们提交给将军，不经过他们，连老中也无法与将军会面。由侧用人左右幕政就是所谓的侧用人政治。侧用人的任命不拘泥于家格，而是由将军亲自确定自己身边的德才兼备之士，实际上对既定的家格定官阶制度起到了调节作用。田沼意次能够长期主持幕府政治运作，正是侧用人政治起作用的结果。

但是侧用人政治只是作为一种现象出现，并没有形成如足高制那样能为各方所接受的制度。幕府没有找到一个能让谱代门阀认可的方式来把这一现象合理化，因此每个当政的侧用人都会遭遇谱代门阀的强烈抵制。凭将军个人意志提拔晋升，固然是"受君厚恩无以伦比"，但是当将军这个唯一的靠山退位或者死去的时候，等待侧用人的就是政治生涯的终结，柳泽吉保、间部诠房等人皆是如此。同样的命运也在等待着田沼意次。

三、田沼政策的结局及影响

田沼意次从将军贴身侍从一路提拔到侧用人，直到担任本该属于 10 万石谱代大名的首席要职老中。受到提拔的不仅是田沼意次个人，还有田沼家的家格。这意味着从今往后田沼家要在幕阁高级职位分配上和谱代门阀分一杯羹。在谱代门阀看来，这抢夺了本该属于他们的利益，侵犯了他们的尊严，是绝对不能接受的。反对派的势力对田沼政治构成极大压力，田沼意次的政策实行得并不顺利。他积极鼓励建立的同行业组织株仲间，被认为是造成物价上涨的原因。在货币一元化方面，要人们抛弃 150 年来习以为常的货币体制本已极为困难，靠货币兑换谋取利益的"两替商"更是激烈反对。田沼意次自己则成了腐败政治的化身，坊间巷议中，找田沼意次送贿赂、走门路的大名和旗本在田沼宅邸门前排成了长队。1784 年 3 月，反对势力甚至在江户城内刺杀了田沼意次的长子、担任若年寄的田沼意知。但是，田沼意次还是坚持自己的路线。各种政策效果的不尽人意，更使他对当时广袤的虾夷地寄予了很大期望。就在长子身亡的第二年，幕府调查队到达虾夷开始调查。田沼意次还没有料到，即将到来的政局变局会终止这个计划。

此时，田沼意次的不幸结局已经在悄悄酝酿。1782 年（天明二年）以来，西

田沼意次改革与江户幕府的官僚体制

日本发生冷害，水稻欠收，开始了长达6年之久的"天明饥馑"。紧接着，信浓、长野国境的"浅间山大喷火"、关东的大洪水灾害，使困难的局面雪上加霜。应该说，在农村政策方面，田沼意次的政策是有弱点的。田沼意次虽然坚持不向农民强索年贡，也曾进行下总国印旛沼开发之类将沼泽改良为田地的尝试，但备粮备荒的风险意识有所欠缺。面对农村土地的荒废、农民的大量逃亡，幕府拿不出帮助农民重建农业生产的有力措施。投机商趁机囤积，造成米价暴涨，无法维持生计的下层民众袭击米店和官吏宅邸，各地频繁发生"捣毁"事件。社会出现如此巨大的动荡，田沼意次作为当政者难辞其咎。

1786年8月，将军德川家治病倒，无法再过问政事，田沼意次的命运真正到了转折点。反对势力发动了政变，田沼意次丢掉了老中职务，两个月后隐居，被没收2万石领地。此时虾夷调查队刚刚带着调查报告回到江户，却被告知此事已然终止。不久德川家治死去，1787年4月，德川家齐继任第十一代将军。紧接着，5月份，先是商业中心大阪发生了严重的捣毁事件，眨眼之间波及全国，到月末，连幕府坐镇的江户也发生了大型骚乱。一个月内共有30余座城市爆发捣毁事件，占了整个天明年间（1781—1788）捣毁事件的1/3。面对严重的社会动荡，幕府追究执政者的责任，田沼派的人全部下台。6月，田沼意次的政敌松平定信上台，10月，田沼意次再一次受到处罚，被没收2万7000石领地，勒令"蛰居谨慎"，等于软禁，居城也被收缴。田沼家的"家督"由田沼意次的孙子继承，改于奥陆国内领1万石，算是勉强保住大名的面子。其他被认为是田沼一党的人也相继受到处分。20余年的田沼时代就此结束了。

可是田沼意次的继任者也交不出令人满意的答卷。之后担任老中的松平定信是八代将军德川吉宗的孙子，16岁时做了谱代大名陆奥白河藩松平家的养子，后来继任白河藩主，在身份上完全满足谱代门阀的条件。1787年6月，松平定信由德川御三家推举担任"老中首座"和"将军辅佐"，之后立即开始主持宽政改革。松平定信坚决反对田沼政策，反其道而行之，主张要恢复以农为本的传统，重建农村。为此，以朱子学为正统，统制思想，禁止异学，在经济上实行彻底的大俭约政策，限制衣服、用品、食物、房屋、酒宴、赠答、酿酒、戏剧演出，从幕府官吏到庶民百姓都必须遵守各种各样苛刻的限制。民众难以忍受，社会上流传起"白川至清鱼难驻，却念往昔田沼浊"的说法。宽政改革艰难推行了6年，松平定信就被迫辞去了将军辅佐和老中的职位。而半个世纪以后的天保改革仅仅3年就进行不下去了。

这些改革都是紧缩财政，竭尽全力维护以农为本的经济基础，再也没有田沼时代那样大胆开放的政策，也无法真正解决幕府的财政困难。可以说，田沼时代结束之后，幕府的财政又开始在老路上兜兜转转。当统治的财政基础无法保证时，统治的行政力度必然会大打折扣。到天保改革时期，幕府发布的"上知令"已经指挥不动手下的大名，成了压垮改革的最后一根稻草。

不过，田沼政策的痕迹在其后的时代并没有完全被抹煞。

为统一货币发行的"南镣二朱判"，在田沼时代结束以后仍然在流通领域发挥作用。1790 年（宽政二年）9 月，幕府发布命令，在西日本 33 国，南镣二朱判流通不充分的地区要促进其流通。1791 至 1792 年，为促进西国、中国地区使用南镣二朱判，幕府通过当地的代官把 2 万两南镣二朱判以每年 10% 的利息贷给富裕农民。1792 年生野银山复兴津贴的"公金贷款"中也有南镣二朱判。1792 年至 1794 年幕府把 1.5 万两南镣二朱判贷给秋田藩，用于铜矿事业。1800 年到 1804 年（文化元年），幕府每年将包含 2000 两二朱判的 1 万两贷款贷给纪州藩，用于发展砂糖产业。[①]"南镣二朱判"在幕府的农村金融政策、财政增收政策中持续地发挥着作用。

发展行业组织并向其征税的政策也被继承下来。文化年间（1804—1818），幕府在调解海上运输业者"菱垣回船"和"樽回船"的矛盾时提出，希望从业者联合成立"菱垣回船积问屋"，并上缴冥加金。商家方面也希望通过株数限定而达到排他性的垄断目的，双方一拍即合。1808 年末，菱垣回船积问屋上缴冥加金 3700 两。幕府认为上缴得不够，翌年 11 月，49 组、1276 株又上缴 8150 两。但幕府还希望能多收一些。直到 1813 年，65 组、1995 株再次上缴了 12000 两，幕府才认可了菱垣回船积问屋株数，以禁止新成员加入的方式保证既有成员的权利。[②]至此，菱垣回船积问屋正式建立，成为垄断式经办运至江户港的货物的株仲间。实际上，从年贡以外的途径解决财政来源是必然的。1730 年幕府总收入中年贡收入占比为63.7%，而到 1844 年，年贡收入占比仅为 25.1%。[③]可见，越到后期，幕府越是要依靠农业年贡以外的收入来维持财政运转。天保改革期间，幕府认定是株仲间的垄

---

① 竹内誠：「寛政改革」，『岩波講座日本歴史 12 近世 4』，岩波書店，1980 年，第 27 頁。

② 賀川隆行：「都市商業の発展」，歴史学研究会・日本史研究会『講座日本史 6 近世 2』，東京大学出版会，1985 年，第 200 頁。

③ 沈仁安：《德川时代三大改革比较研究》，《德川时代史论》，河北人民出版社，2003 年，第155 页。

田沼意次改革与江户幕府的官僚体制

断造成了物价昂贵的状况，一度强行解散各行业的株仲间，同时放弃了收取流通税的权益。没想到，解散株仲间后物价不但没有下降，反而上升了。而且，幕府刚刚宣布解散令没有多久，民间就开始自行重新缔结行业组织了。

虾夷地开发与统辖事务也在曲折前行。1792 年，俄国军官拉格斯曼根室来航的事件使幕府感受到北部海防的压力。1799 年，幕府把虾夷的东半部分从松前藩手中收回，1807 年收回了西半部分，这样，虾夷地全部归幕府直辖。后来，由于管理经验不足、资金持续投入困难等问题，幕府于 1821 年将虾夷地返还给松前藩。但是随着 1853 年俄国使节普提雅廷来朝并要求划定边界、进行通商，以及俄军进占北虾夷地，防备北方危机再次成为幕府一大外交问题。1855 年 2 月，幕府再次下令，除松前地区之外的虾夷大部分地区归幕府直辖。事实证明，由于来自北部的海上威胁，幕府具备开发虾夷地、将其直辖化的意愿，并两次付诸实施。

明治维新以后，社会迎来了巨大的变革。1886 年明治政府成立伊始即设北海道厅，投入巨额资本开发北海道，从本州往北海道迁入大量移民，以农林业为中心大力进行开发。为统一货币，明治政府于 1871 年制定了关于货币的"新货条例"，并于 1897 年制定了货币法。至于建立完整的税收体系，完成政府税收中地租为主到间接税为主的转变，则几乎经历了整个明治时代。田沼意次的构想，明治政府都一一付诸实施。历史用政策选择的方式，对田沼政策前瞻性、务实性的一面做出了评价。

结　语

事实证明，田沼意次的政策是发展资本主义的必然选择，在实际运作层面造成了相当深远的影响。而当时田沼意次其人其政却遭到各种攻击，一个关键的原因就是田沼意次低微的出身在体制中是无法逾越的巨大障碍。幕府经历了前三代的政治摸索，在四代将军德川家纲时代幕府政治职能完善化，形成家格定官阶的体制，担任幕府高级职位固化为谱代门阀的特权，这一点没有受到后来形成的、起调节作用的足高制的冲击。田沼意次以微末的出身，凭借将军的信任进入幕府政治中枢，担任了本该属于 10 万石谱代大名的首席要职，世代相传的家格同时获得提升，势必引起谱代门阀的极大反感和强烈抵制。社会上田沼意次贪金受贿的恶评未必能据以为实。其实，在江户时代，大名在年中、岁末等时节向将军及幕府官员赠送礼品是一种约定俗成的惯例。以津山藩在天明至宽政年间（1781—1801）每年的江户费用为例，6187 两的费用中，有 1116 两是由于礼品赠答的"御进物方"，这是武家社会约定俗成的交际费用。①至少，并没有证据能够显示田沼意次比同时代其他官员更加贪婪。可以说，田沼意次本人及其政策的命运折射着江户时代的幕府官僚体制中家格定官阶体制与侧用人政治的博弈，广为流传的恶评不妨作为其人其政不能为体制接受的证明。

破格出仕已经违反了以家格定官阶的既定秩序，另一方面，重商主义政策又违反了既定的经济基础。

江户时代经济基础是农业，幕府的统治以土地的占有为基础，以从农村收取年贡税收作为基本支持。基于这样的现实，幕府以领地出产量"石高"标志家臣的身份，身份秩序中的地位和权力分配皆以此作为基准。既然如此，幕府就不得不关注农村，关注农业生产。而田沼意次的重商主义政策中恰恰缺失了对农村的关注，这使政策失去了平衡。自然灾害在江户时代是相当高发的事件，一旦出现这样的情况，脆弱的农村无力抵抗，政府也难以施行有效的救济，田沼政策遭遇挫败可以说是一种必然。田沼意次无法改变既定的经济基础，而发展商品经济的政策导向不符合以农为本的基本原则，客观上有破坏现行体制的可能性，形成了与现行体制难以调和的冲突。

归根结底，田沼政策遭遇挫折的根本原因在于幕府的政治体制和经济基础。这一挫折也暴露了幕府统治的弊端所在。官僚体制僵化，微调机制无法完全应对社会发展带来的新问题，为解决财务困窘所做的最谨慎的克制和最大胆的尝试都归于失败。这些无疑意味着现行制度下的调整作用已经发挥到了极限，只能等待一场推翻体制的大变革到来。

（作者：许译兮，天津师范大学外国语学院日语系副教授）

---

① 森末義彰、宝月圭吾、木村礎：『体系日本史叢書 16 生活史Ⅱ』，山川出版社，1965 年，第 142 页。

日本外交

政经不可分：日俄领土问题难解之因

——以 1956 年《日苏联合宣言》为起点

李 凡

内容摘要 1956 年签订的《日苏联合宣言》确立了日俄两国解决领土问题的基本框架。自此，双方就如何解释该条约问题进行了长期的争论和较量。本文简要论述了解决日俄领土问题基本框架的建立过程，以及日方针对此问题提出的"政经不可分"政策，即希望以经济技术优势迫使俄方在领土问题上让步。日方亟需解决日俄领土问题的态度、政经不可分政策、领土主权处置问题、民众心态等问题导致日本政府在解决领土问题上陷入了僵局。

关键词 领土问题 日俄关系 政经不可分

The Impartibility of Politics and Economics: the Intricate Reason of the Territorial Issues between Japan and Russia——Starting from the *Joint declaration of Japan and the Soviet union* Signed in 1956

Li Fan

Abstract: *Joint declaration of Japan and the Soviet union* signed in 1956 have established the basic framework of the territorial issues solving between Japan and Russia. Since then there has been controversies between two parties regarding the interpretation problem. This article dissusse the establishment of basic framework of the territorial issues solving between Japan and Russia briefly. Then, the article dissusse the Japanese policy of impartibility of politics and economics towards the Soviet union and Russia. At last, the article analyzes the bewilderment of the territorial issues solving for Japanese government briefly.

Key Words: Territorial issues; Japan–Russia relations; impartibility of politics and economics

近日国内外各种媒体广泛关注，日俄同意以 1956 年 10 月签署的《日苏联合宣言》为基础，就有关缔结和平条约问题举行谈判。请注意"为基础"，不是"按照"，是在 1956 年宣言基础上展开谈判，不是落实宣言条款。日方意图：承认齿舞群岛（俄称赫巴马伊群岛）、色丹岛（俄称施科坦岛）为日本主权"为基础"，"继续"就是国后岛（俄称库纳施尔岛）、择捉岛（俄称伊图鲁普岛）问题谈判。实际上 1956 年宣言中完全没有国后岛、择捉岛字句，要求明显超出该宣言限度。1956 年《日苏联合宣言》，是两国 1955—1956 年间举行复交谈判的最终结果。该宣言确定了两国有关领土问题基本框架，此后围绕该框架的争论不断出现。

一、1956 年《日苏联合宣言》确认的框架

1956 年 10 月 19 日，在克里姆林宫，日本首相鸠山一郎、苏联部长会议主席布尔加宁分别代表两国政府，正式签署了《日苏联合宣言》。其有关领土问题如下：

第九条：日本国和苏维埃社会主义共和国联盟已经同意，在重新建立了日

政经不可分：日俄领土问题难解之因——以 1956 年《日苏联合宣言》为起点

本国和苏维埃社会主义共和国联盟之间的正常外交关系以后恢复缔结和约的谈判。

苏维埃社会主义共和国联盟为了满足日本国的愿望和考虑到日本国的国家利益，同意把齿舞群岛和色丹岛移交日本国，但是经谅解，即这些岛屿将在日本国和苏维埃社会主义共和国联盟之间的和约缔结后才能实际移交日本国。[1]

日苏两国谈判如何确认上述共识，本文简单归纳如下：

1955 年 6 月 7 日，日苏两国有关复交大使级正式谈判第二轮，日本代表松本俊一把日方准备的"基本要求备忘录"，递交给苏联代表马立克。备忘录有关领土问题为：（三）齿舞、色丹，千岛群岛及库页岛（俄称萨哈林岛）南部，从历史上看是日本领土，应该就领土问题交换意见。[2]6 月 14 日，第三轮大使级正式谈判中，苏联代表马立克向松本俊一代表递交了苏方"苏日和平条约"草案。其有关领土问题为：（五）日本国承认苏维埃社会主义共和国联盟对千岛群岛及库页岛南部及周边一切附属岛屿拥有完全主权，放弃对上述地域一切权利、权源及请求权。苏联与日本之间国境，见附属地图……[3]

上述内容看出，日本希望能够在恢复邦交谈判中，讨论有关领土问题。苏联则不仅拒绝日方提出领土问题谈判的请求，而且要求日本承认上述领土为苏联拥有权。在双方领土问题上争吵僵持下，8 月 4 日，双方代表举行缓和气氛的非正式会谈，马立克询问松本："有关领土问题，日本的最终要求是什么？"松本对此答复比较含糊，他说："齿舞群岛、色丹岛，日本国民认为是北海道的一部分，千岛群岛、库页岛，从历史背景考虑，不能放弃这一要求。"[4]松本在答复语气上，明显是齿舞群岛、色丹岛属于日本本土，理应归还；相反提及千岛群岛及库页岛南部时，使用历史背景为返还根据，比较暧昧。这里实际上向苏方暗示，日本有关领土问题上的最低线为返还齿舞群岛、色丹岛。日方这样暗示，实际上按照谈判开始前夕，

---

① 鹿岛和平研究所编：『日本外交主要文書・年表』第 1 卷（1941—1960），原書房，1983 年，第 784—786 頁。

② 松本俊一：『モスクワにかける虹——日ソ国交回復秘録』，朝日新聞社，1966 年，第 29—30 頁。

③ 鹿岛和平研究所编：『日本外交主要文書・年表』第 1 卷（1941—1960），原書房，1983 年，第 718—719 頁。

④ 松本俊一：『モスクワにかける虹——日ソ国交回復秘録』，朝日新聞社，1966 年，第 42 頁。

日本政府"追加训令"指示而为，即齿舞群岛、色丹岛无条件返还，是日苏两国谈判达成妥协的最低条件，千岛群岛南部与千岛群岛北部及库页岛南部的返还，大体向苏联提出要求，但不必坚持。[①]

苏方获知日本谈判底线为返还两岛后，为了早日结束谈判，立即决定采取主动让步政策。8月5日，第二轮非正式谈判，"苏联代表马立克突然说，如果其他问题都解决，苏方可以按日方要求，把齿舞群岛、色丹岛让渡给日本方面。"[②]8月9日，第十轮正式谈判中，马立克提出："领土问题中，并非小千岛群岛问题与这些切割，与其他各种问题存在关联，应在上述问题解决基础上进行对话。"[③]解释为苏方归还齿舞群岛、色丹岛有附加条件的，第一，在双方缔结和平条约时，齿舞群岛、色丹岛才能够归还给日方。第二，除齿舞群岛、色丹岛之外，其他领土问题如何解决，按苏方"苏日和平条约"草案规定处理，即日本承认苏联对千岛群岛及库页岛南部拥有主权。

日本外务省获知苏联接受返还两岛后，8月18日举行会议，根据重光葵外相的意见决定。8月27日，以"追加训令"指示日本代表团：（一）有关让渡问题，条约签字前要取得确实让渡的具体保证。（二）领土问题：（1）尽力返还国后岛、择捉岛，无条件返还齿舞群岛、色丹岛。（2）告知苏方，千岛群岛北部、库页岛南部归属由国际会议决定。[④]上述内容看出，苏联让步并没有换来日本的满意，日本反而又增加四岛返还新要求。

8月30日，第十三轮正式谈判上，松本依据新的"追加训令"，提出日方有关领土问题最终要求："（一）苏联利用武力占领的日本领土：（1）国后岛、择捉岛，色丹岛及齿舞群岛，在条约生效时完全恢复日本的主权。（2）北纬50度以南的库页岛及千岛群岛，尽快举行包括苏联在内的联合国家与日本交涉，讨论决定归属。（二）上述领土内苏联驻军在条约生效后90天内，必须无条件撤出。"[⑤]

这就是日本所谓"北方领土"问题的整体要求，日方至今没有放弃。苏方本以

---

① 田中孝彦：『日ソ国交回復の史的研究——戦後日ソ関係の起点：1945—1956』，有斐閣，1993年，第103頁。

② 松本俊一：『モスクワにかける虹——日ソ国交回復秘録』，朝日新聞社，1966年，第43頁。

③ 同上，第43頁。

④ 田中孝彦：『日ソ国交回復の史的研究——戦後日ソ関係の起点：1945—1956』，有斐閣，1993年，第159頁。

⑤ 松本俊一：『モスクワにかける虹——日ソ国交回復秘録』，朝日新聞社，1966年，第50頁。

政经不可分：日俄领土问题难解之因——以 1956 年《日苏联合宣言》为起点

为归还齿舞群岛、色丹岛后，就可以满足了日方的领土要求，可以很快缔结两国和平条约了。但是完全没有考虑到日方非但未领情，反而变本加厉，进一步提出返还择捉岛、国后岛要求。日本要求四岛返还，不仅出乎苏联意料外，而且直接打击了苏联大国主义自尊心，此后苏方不肯在领土问题上做任何让步。

为了推动谈判继续，双方决定举行部长级谈判。1956 年 7 月 31 日，第一轮部长级正式谈判，谢皮洛夫外长表示说，苏联过去向日方表示做出的让步，包括返还齿舞群岛、色丹岛仍然有效，反映出苏方在领土问题上的立场未变。 8 月 6 日，第三轮会谈上，日本外相重光葵提出，如果苏方把国后岛、择捉岛返还日本，日本则承认苏联对千岛群岛北部及库页岛南部的主权。[①]重光葵的交换战术，对于苏联毫无实际意义，因为这些领土都在苏联的占领下，必然遭到拒绝。

8 月 11 日，第五轮部长级正式会谈，重光外相针对苏方和约草案提出修正方案。苏方和约草案第 4 条款："（一）苏维埃社会主义共和国联盟，考虑到日本国的请求及日本国的利益，把齿舞群岛及色丹岛让渡给日本国。本条约提出诸岛屿的让渡方法，由本条约附属议定书决定。（二）苏维埃社会主义共和国联盟与日本国的国境线，如附属地图为根室海峡与野付海峡的中央线。"[②]

重光外相提出的修改方案为："苏维埃社会主义共和国联盟，把齿舞群岛及色丹岛让渡给日本国。"[③]其余全部删除，形成这些领土归属问题尚未解决的局面，实质上日本采取默认维持现状态度。谢皮洛夫外长拒绝接受，并指出，苏联政府返还齿舞群岛、色丹岛就解决了领土问题，不能留下两国之间将来发生争端的任何种子。

对于苏方反应，重光外相似乎早已有预料，即刻提出第二套修正方案，即消除苏方和约草案第二项，转换为加入《旧金山对日媾和条约》第二条款（3）[④]，"日本国放弃对千岛群岛及由于 1905 年朴茨茅斯条约所获得主权的库页岛一部分及其附属岛屿的一切权利、权利根据和请求权"。日本承认放弃有关领土，但不规定这些领土最终归属。谢皮洛夫外长对此指出，日方实质上没有让步。

---

① 鹿岛和平研究所编：『日本外交主要文書・年表』第 1 卷（1941—1960），原書房，1983 年，第774 頁。
②③ 鹿岛和平研究所编：『日本外交主要文書・年表』第 1 卷（1941—1960），原書房，1983 年，第 778 頁。
④ 松本俊一：『モスクワにかける虹——日ソ国交回復秘録』，朝日新聞社，1966 年，第 109 頁。

　　两国外长谈判的结果，完全打破了重光外相的所有预想。8 月 12 日，重光外相向日本代表团成员表示，迄今已做了最后努力，现在除不折不扣地接受苏联方案外，已经别无他路了。①重光外相的擅自决定，立即遭到代表团成员松本俊一等人坚决反对。重光外相被迫向内阁报告该决定，8 月 13 日，鸠山首相给重光外相的电报称：“目前内阁一致强烈反对接受苏联方案，并可断言国内舆论亦十分强硬，因此应慎重行事，暂不接受苏联方案。”②

　　两国外长谈判失败后，鸠山等人开始考虑首相亲自访苏解决领土问题，实现邦交正常化。首相准备访苏消息公布后，遭到日本国内的一片反对声浪。最后，鸠山首相决定以退出政界为交换条件，力求取得国内各种反对势力能够持中立或谅解的态度，在自己任期内实现日苏复交问题。实际上把日本国内各种势力的注意力由外交问题转向内政问题，围绕着后继的首相人选，自民党内各派系立即展开了争斗，客观上减少了鸠山访苏的一定阻力。

　　1956 年 9 月 11 日，鸠山首相致信于苏联部长会议主席布尔加宁，其主要内容为：“ 本人基于过去两国谈判过程考虑，此时有关领土问题谈判为日后继续进行的条件下，首先（1）两国宣布结束战争状态。（2）互相设立大使馆。（3）立即遣返被俘人员。（4）渔业条约生效。（5）苏联支持日本加入联合国。如果苏方表示同意，两国为实现恢复邦交正常化继续进行谈判，请通知。”③

　　9 月 13 日，布尔加宁给予复信，表示同意就上述五项内容举行会谈，但对有关领土问题的处理未作明确表示。④为了确证此事，日本决定派国会议员松本俊一赴莫斯科探询，并决定采用交换信件方式，以便于日后有据可证。

　　9 月 29 日，双方以松本俊一与葛罗米柯之间交换信件形式确认。松本信件主要内容为：“正如鸠山一郎首相在信中所申述的那样，日本国政府目前不打算缔结和平友好条约，愿就日苏关系正常化问题在莫斯科进行谈判。但即使通过谈判恢复外交关系后，日本政府仍认为日苏两国关系，在包括领土问题在内的正式和平条约之基础上，更加巩固地发展，是我们所盼望的。与此相关联，日本国政府认为，两

① 吉泽清次郎主编：《战后日苏关系》，叶冰译，上海人民出版社，1977 年，第 76 页。
② 松本俊一：『モスクワにかける虹——日ソ国交回復秘録』，朝日新聞社，1966 年，第 114 页。
③ 鹿島和平研究所编：『日本外交主要文書・年表』第 1 卷（1941—1960），原書房，1983 年，第 781 页。
④ 田中孝彦：『日ソ国交回復の史的研究——戦後日ソ関係の起点：1945—1956』，有斐閣，1993 年，第 275 页。

政经不可分：日俄领土问题难解之因——以 1956 年《日苏联合宣言》为起点

国正常外交关系恢复后，应继续举行关于包括领土问题在内和平条约的谈判。"①苏联以葛罗米柯第一副外长名义复信，其主要内容如下："贵函所及，我荣幸地受苏维埃社会主义共和国联盟政府的委托，表述如下之意念，即苏联政府了解到日本政府信中所述之见解，同意在恢复两国正常外交关系后，继续举行关于包括领土问题在内的和平条约交的谈判。"②这就是重要文件"松本——葛罗米柯信件"。

1956 年 10 月 12 日，鸠山首相在农林相河野一郎、国会议员松本俊一等陪同下访问苏联，标志日苏两国恢复邦交谈判进入最高阶段即首脑会谈。

10 月 15 日，双方第一次全体会议后，苏方将"联合宣言"草案递交日方，草案未写入日方关心的立即返还齿舞群岛、色丹岛问题。10 月 16 日，河野一郎与赫鲁晓夫举行第一次会谈。河野一郎提出："此前日本提出搁置领土问题进行谈判并达成协议，但是受到党内一部分人反对而事情发生了变化，希望能在共同宣言里明确记载返还齿舞群岛、色丹岛，并继续审议其他领土问题。"③对此赫鲁晓夫非常气愤地说："这是违反事先协议的！日方不是已经明确提议会谈中不涉及领土问题吗？这样做法不能说是搁置领土吧？""如果希望让渡齿舞群岛、色丹岛的话，那么现在就缔结和平条约并且划定国界线吧？""你们日本要求返还四岛，美国不是也没有返还冲绳吗？齿舞群岛、色丹岛在缔结和平条约时返还，并且等待美国返还冲绳后返还。"④

日方要求明显是矛盾，一方面主动提出会谈中不涉及领土问题及搁置领土问题；另一方面又提出"返还齿舞群岛、色丹岛，并继续审议其他领土问题"。苏方针对此提出返还齿舞群岛、色丹岛，要等到美国返还冲绳后实施，无疑使返还再次增加难度。但是，很快赫鲁晓夫又提出返还齿舞群岛、色丹岛的附加新条件可以取消并愿意缔结"君子协议"。苏方先提出最低条件，如果日方不接受，再在最低条件上增加新的条件，坚持最低条件上不肯让步态度。鸠山回忆录里曾经对此时的心情描绘说："如果能够消除的话就好了，而且抱有一定把握的，所以一时欢呼

---

① ② 鹿岛和平研究所编：『日本外交主要文書・年表』第 1 卷（1941—1960），原书房，1983 年，第 783 頁。

③ NHK 日ソプロジェクト编：『こわがソ連の対日外交だ——秘録・北方領土交渉』，日本放送出版协会，1991 年，第 155 頁。

④ 同上，第 156 頁。

起来。"①

17 日下午，苏联副外长费德林把新起草文件交给河野一郎，其主要内容为："日本国与苏维埃社会主义共和国联盟，两国恢复正常外交关系后，同意继续就包括领土问题在内的缔结和平条约进行交涉。苏维埃社会主义共和国联盟，根据日本国的请求并考虑到日本国的利益，同意把齿舞群岛及色丹岛让渡给日本，但是这些岛要在日本国与苏维埃社会主义共和国联盟缔结和平条约（并且美利坚合众国管理下的冲绳及其他日本所属岛屿返还日本）后，实现返还。"②与此同时，费德林把"君子协定"文件也交给日方。其内容为："苏维埃社会主义共和国联盟同意，不等美利坚合众国管理下的冲绳及其他日本所属岛屿解放，在苏维埃社会主义共和国联盟与日本国缔结和平条约后，把齿舞群岛及色丹岛让渡给日本。"③

10 月 18 日，在第三次河野一郎与赫鲁晓夫会谈上，河野一郎就苏方上述提案，提出日方答复。其主要内容为："同意日本国与苏维埃社会主义共和国联盟恢复外交关系后，继续就包括领土问题在内的缔结和平条约进行交涉。但是苏维埃社会主义共和国联盟同意根据日本国请求并考虑到日本国利益，决定把齿舞群岛及色丹岛让渡给日本国。上述岛屿事实上对日本国让渡，在日本国与苏维埃社会主义共和国联盟缔结和平条约后执行。"④

这时表明，日方已放弃了立即返还齿舞群岛、色丹岛的要求。日方认为"预约继续就包括领土问题在内缔结和平条约进行交涉"问题不存在困难时刻，赫鲁晓夫却突然提出了修改意见。赫鲁晓夫提出，在"继续就包括领土问题在内缔结和平条约进行交涉"段落中，取消"包括领土问题在内"部分词句⑤。对于赫鲁晓夫突然提出修改意见，实际上也是出尔反尔举动，当然也促使日方更加谨慎处理问题。对日方来说，确保恢复日本邦交后"继续交涉领土问题"，是获得国内支持非常重要的条件。同时，也担心如不接受的话，苏方是否会再次提出美国返还冲绳问题。日

---

① 鸠山一郎：《鸠山一郎回忆录》，复旦大学历史系日本史组译，上海译文出版社，1978 年，第 231 页。
② 田中孝彦：『日ソ国交回復の史的研究——戦後日ソ関係の起点：1945—1956』，有斐閣，1993 年，第 288 页。
③ 同上，第 289 页。
④ 同上，第 291 页。
⑤ 鸠山一郎：《鸠山一郎回忆录》，复旦大学历史系日本史组译，上海译文出版社，1978 年，第 231 页。

政经不可分：日俄领土问题难解之因——以 1956 年《日苏联合宣言》为起点

本代表团经过再三思虑后，决定接受苏方修正案。鸠山一郎回忆录解释，即使取消"包括领土问题在内"部分内容，如果"继续就缔结和平条约进行交涉"，剩下问题事实上就是国后岛、择捉岛问题，当然包括领土问题。[①]公开发表松本俊一与葛罗米柯交换的信件内容，是最好的补充方法[②]。这样领土问题就成了日苏两国恢复邦交后的遗留问题。

二、日本坚持对俄"政经不可分"政策

1973 年 9 月 20 日，日本众议院大会通过决议，其主要内容为："经过战后四分之一世纪，至今我国固有领土齿舞群岛、色丹岛及国后岛、择捉岛等北方领土尚未返还。对于日本国民是非常遗憾的事情。因此政府应该努力尽快解决北方领土问题，确立日苏之间永久和平的基础。"[③]

该决议在日本参议院大会也获得通过，成为日本国会共同决议即国策。

近来有关媒体报道安倍提出返还两岛缔结和约，实际上日本不可能放弃返还四岛主张，也就是说即使日本获得两岛后，还要主张继续谈判返还剩余两岛，至少留下继续谈判余地。这就是 1956 年《日苏联合宣言》的框架，再加之国策难以逾越，日本原制定国策是要挟苏联以表坚定不移姿态，结果也拴住自己无法实现突破。

要厘清日本坚持四岛主张，还要返回 1955—1956 年两国复交谈判中。日方为何暗示两岛返还为最低线？第一，日方不了解苏方对领土实际对策。日本已在 1952 年 4 月生效《旧金山对日媾合条约》中宣布放弃了千岛群岛和库页岛南部所有权益，所以再提出领土要求，必遭到苏方拒绝。可以说，此时日本完全没有底气！希望采取最大领土要求，也许能够换来一定的让步。第二，日方希望尽快实现两国关系正常化。日方在结束两国战争状态，立即释放被俘人员，日本加入联合国，渔业等问题上都急需与苏方交涉。

日方为何又不接受返还两岛而提出返还四岛主张？第一，与日方谈判战术有

① 鸠山一郎：《鸠山一郎回忆录》，复旦大学历史系日本史组译，上海译文出版社，1978 年，第 232 页。
② 田中孝彦：『日ソ国交回復の史的研究——戦後日ソ関係の起点：1945—1956』，有斐閣，1993 年，第 300—301 頁。
③ 末澤暢二、茂田宏、川端一郎編：『日露（ソ連）基本文書・資料集』（改訂版），RPプリソティソゲ，2003 年，第 221 頁。

关。日本认为，返还齿舞群岛、色丹岛，要以承认苏联对其他领土主权为前提条件，这样付出的代价太大，故不能接受。 第二，顾及日美两国同盟关系因素，不敢轻易接受苏联让步方案。实际上，日苏恢复邦交谈判中，始终顾及如何能够让美国在接受条件下实现妥协的问题。美国国会在批准《旧金山对日媾和条约》时曾通过决议，不承认苏联拥有千岛群岛及库页岛南部主权，所以日本在日苏恢复邦交谈判中实际上选择余地很小。第三，日本国内政治因素。1955 年 6 月，日本国内加紧推行的所谓"保守合同"，即自由党与民主党合并运动。在野自由党要求返还四岛，执政民主党不敢轻举妄动。

鸠山内阁最终选择搁置领土问题，是考虑国内外政治因素使然。因苏联不可能满足日方领土要求，如在两国谈判中解决领土问题，只能是日方做出让步，结果造成日本国内政治势力分裂，国外遭到美国抵制。如果采用搁置领土而恢复两国邦交，日本将从领土问题中解脱，无法获得苏联明确领土问题让步，日本也没必要明确承认苏联领土要求。换句话说，鸠山内阁考虑，不承认苏联拥有千岛群岛及库页岛南部主权前提下，实现日苏邦交正常化。

日本完成与苏复交后，外交重点转变为修改与美国同盟关系上。1960 年 1 月，日美两国签署新《日美安全保障条约》，确定美国在涉及亚太地区问题时，事先应该与日本政府协商原则。日美关系调整引起苏联不满，认为是日美关系加强针对苏联，于是苏联在领土问题施压。这时期双方以池田勇人首相和赫鲁晓夫主席的名义，开展了交换信件外交，围绕领土问题争吵，甚至形成苏方否认存在领土问题。随着日本 1968 年成为资本主义世界第二大经济大国后，日本对苏政策也开始强硬起来了。1973 年 9 月，日本参众两院大会通过要求苏联返还领土的决议，就是在这样的背景下出炉的。1981 年 1 月 6 日，日本内阁又通过决议，决定设置"北方领土日"，其主要内容如下：（1）动因：为了更加深入推动国民对北方领土问题的关心和理解，推进全国的返还北方领土运动进一步发展，设置"北方领土日"。（2）日期：每年 2 月 7 日。（3）活动：北方领土问题有关机构、民间团体等共同协助，当天举行与这样动因相符的全国性集会、演讲会、研修会。①

1985 年 3 月，戈尔巴乔夫上台后，日苏两国领土问题交涉再次进入正常渠道。

---

① 末澤暢二、茂田宏、川端一郎编：『日露（ソ連）基本文書・资料集』（改訂版），RPプリソティゾゲ，2003 年，第 219 頁。

政经不可分：日俄领土问题难解之因——以 1956 年《日苏联合宣言》为起点

戈尔巴乔夫不仅在国内推行大刀阔斧的改革，而且在国际关系上推行"新思维"外交，与西方国家关系获得很大改善。但是日本却错过解决领土问题时机。戈尔巴乔夫改革需要注入外来资金技术，推动苏联远东及西伯利亚经济发展。日本则认为，苏联求助日本机会来临，如没有日本资金技术，苏联改革不可能成功，日本对苏"政经不可分"政策机遇降临了。1988 年 7 月，日本前首相中曾根康弘受邀在莫斯科演讲，"苏联政府应该采取主动，与日本之间就领土问题再次举行讨论，并应该改变过去那种顽固态度，应该表现出愿意向解决方向的诚意"。[①]上述言论，非常明显地展现了此时日本朝野人士心态。为了实现戈尔巴乔夫访问日本，两国组建工作班子，专门讨论领土问题。戈尔巴乔夫提议应先发展两国之间的经济合作，在创造出一定的气氛下，两国再就有关领土问题举行会谈，共同寻找双方都能够满意的解决办法。日本却采取盛气凌人的态度，坚持"政经不可分"原则，即苏联不返还"北方四岛"（俄称南千岛群岛），日本就不提供大规模经济援助。

1991 年 4 月，苏联总统戈尔巴乔夫访问日本，双方"以 1956 年日苏共同宣言的'领土条款'为谈判的基础，为了解决问题而追求妥协"。[②]最终双方发表的联合声明中："海部俊树首相与戈尔巴乔夫总统，考虑到双方就齿舞群岛、色丹岛、国后岛及择捉岛的归属问题立场，就日苏两国之间包括领土划定问题在内的有关和平条约诸问题进行了认真会谈。"[③]上述表述表明，第一，苏联正式承认存在领土问题。第二，领土问题具体指齿舞群岛、色丹岛、国后岛、择捉岛，四岛的名字被明确记载。第三，领土问题没有解决，到缔结和平条约时，包括这些领土问题必须得到解决。这三点达成一致是两国关系史上很大的进步。

1991 年 12 月 25 日苏联解体，俄国总统叶利钦成为克里姆林宫新主人。叶利钦上台后推行亲欧美"一边倒"对外政策，使日本又看到了以经济援助迫使俄国返还岛屿的良机。为了迫使俄国早日做出决断，日本采取进一步强压措施。

一是求得西方盟国援助。1992 年 7 月，慕尼黑西方七国集团首脑会议政治宣言里提到："我们欢迎俄罗斯宣布依据法律和正义的原则推行外交政策。我们相信俄罗斯这样的原则，能够成为解决领土问题的基础，实现日俄关系完全正

---

① 長谷川毅：『北方領土問題と日露関係』，筑摩書房，2000 年，第 128 頁。
② 佐藤和雄、駒木明義：『検証日露首脳交渉』，岩波書店，2006 年，第 12 頁。
③ 末澤暢二、茂田宏、川端一郎編：『日露（ソ連）基本文書・資料集』（改訂版），RPプリソティィソゲ，2003 年，第 254 頁。

常化。"①结果是欲速则不达，此举激怒了叶利钦，指责日本把"领土问题绝对化"。

二是求得俄国社会舆论支持。日本借助俄国社会批评斯大林的环境，1992 年 5 月，日驻俄使馆在俄国散发自编《日本北方领土》小册子，希望俄国人认识斯大林所犯罪恶，与全体主义罪恶诀别，归还北方四岛。②日本小册子以"站在自己立场绝对正确的"方式③，幻想将俄国国内社会舆论导向有利于日本的方向，结果此举彻底伤害俄罗斯人的自尊心，最终导致俄国人民极大反感。

1993 年 10 月，日本最终实现了叶利钦访日的目标，双方发表《东京宣言》确认，"日俄关系应该依据法律和正义原则发展"。④叶利钦多次表示日俄关系要坚持"法律和正义原则"，日本解释为，法律是指齿舞、色丹返还，正义是指国后、择捉返还。俄国解释为"法律和正义原则"就是要经过双方谈判，讨价还价来实现，反驳立即返还四岛主张。

日俄有关领土问题谈判在没有任何进展情况下，1996 年 1 月，俄外交政策从亲欧美"一边倒"，转变为"全方位"政策。叶利钦推行亲欧美"一边倒"政策，欧美向俄许诺经济援助，口惠而实不在，有限的经济援助就如杯水车薪。更重要的是北约不顾俄的强烈反对，坚持策划东扩政策，叶利钦看清欧美对俄"分化、弱化"政策。

俄国外交政策转变后，日本对俄政策也出现了转变。1996 年 1 月，桥本龙太郎内阁成立后，采取主动推动日俄关系发展的方针。1996 年 4 月，桥本龙太郎利用出席莫斯科国际会议期间，与叶利钦举行了第一次首脑会谈。桥本会后表示："我和叶利钦总统构筑了个人友好关系。相互直率地交换意见，我们期待寻找出相互妥协点。"⑤这是第一次日本首相宣布与俄总统之间建立个人关系。日本推行双方首脑私人关系外交来解决领土问题，戈尔巴乔夫时期也曾经采用过。日本希望俄国领导人，能够依靠个人魄力决断接受日本的主张。

1997 年 11 月，叶利钦与桥本龙太郎在俄东西伯利亚城市克拉斯诺亚尔斯克举行了非正式会晤，日方献上大蛋糕"叶利钦、桥本计划"。即日本对俄国提供直接

---

① 末澤暢二、茂田宏、川端一郎編：『日露（ソ連）基本文書・資料集』（改訂版），RP プリソティィソゲ，2003 年，第 529 頁。
② 和田春樹：『北方領土問題——歴史と未来』，朝日新聞社，1999 年，第 332—333 頁。
③ 同上，第 333 頁。
④ 佐藤和雄、駒木明義：『検証日俄首脑交渉』，岩波書店，2006 年，第 41 頁。
⑤ 長谷川毅：『北方領土問題と日露関係』，筑摩書房，2000 年，第 336 頁。

政经不可分：日俄领土问题难解之因——以 1956 年《日苏联合宣言》为起点

投资，参加俄国远东地区的能源和资源开发，帮助俄国实现西伯利亚铁路现代化，参加中俄天然气管道建设项目，支持俄罗斯加入亚太地区经济合作组织（APEC）和世界贸易组织（WTO）等。该非正式会议最大亮点为，两国首脑达成"包括解决领土问题在内，力争在 2000 年结束前缔结和平条约"①的协议。可是说，叶利钦在日方巨大经济技术许诺下冲昏头，事先没有与人协商，突然提议在本世纪内解决领土问题缔结和平条约②。这既反映出叶利钦本人情绪化性格特征，也证明日本极力推行私人外交的成就。

为了落实叶利钦许诺，1998 年 4 月，在桥本龙太郎邀请下，叶利钦赴日本静冈县伊东市川奈旅馆，出席第二次两国首脑非正式会晤。桥本龙太郎在会谈中，向叶利钦递交解决领土问题新建议，即川奈桥本提议。叶利钦在总统府副官小声提示后，表示要拿回去认真讨论后给予答复。③日俄领导人交涉，实际双方在"领土问题"与"经济协助"两个平台上，各自所站重点不同。日方希望以最低的"经济协助"获取俄方在领土问题让步，而俄方则希望以最低的领土问题让步，换取日方更大的经济协助成果。日俄双方围绕着"领土问题"和"经济协助"之间相互较量，都希望对方能够做出让步，实现自己的愿望。

为了获得俄方答复，1998 年 11 月，小渊惠三首相正式访俄，叶利钦向小渊惠三递交了俄方有关"川奈桥本提议"的答复文件。其主要内容："川奈提议实际上意味俄国承认日本在千岛群岛南部的主权。该提议无论如何也不能说是遵守双方都能够接受'不损害双方政治立场'的原则。对于这一提议，我们无论是社会舆论还是议会都不能接受。"④日本私人外交再次遭到失败。

三、日俄协商解决领土问题现状

2000 年，伴随新世纪降临，俄国新领导人普京上台。日本似乎又看到了希望，又在普京身上投入私人外交力量，盼望普京能果敢地决断，接受日本领土问题主张，

① 丹波實：『日露外交秘話』，中央公論新社，2004 年，第 19—20 頁。
② 末澤暢二、茂田宏、川端一郎編：『日露（ソ連）基本文書・資料集』（改訂版），RP プリソティソゲ，2003 年，第 295 頁。
③ 丹波實：『日露外交秘話』，中央公論新社，2004 年，第 50—51 頁。
④ 佐藤和雄、駒木明義：『検証日俄首脳交渉』，岩波書店，2006 年，第 251 頁。

又是极力邀请普京访日。

2000 年 7 月，普京应邀出席日本冲绳县名守市举行西方八国集团首脑会议。期间普京与日本首相森喜朗举行会谈，双方决定普京正式访日时间为当年 9 月。为了准备普京访日，日本外务省就领土问题确定交涉方针，确认以 1956 年《日苏联合宣言》为交涉出发点，具体为：（1）俄方要承认齿舞群岛、色丹岛为日本领土。（2）齿舞群岛、色丹岛在缔结和约前返还给日方，双方缔结和约前先缔结中间条约。（3）然后就有关国后岛、择捉岛归属问题进行交涉。（4）确认四岛归属日本时，双方才缔结和平条约。①

该计划反映出日本要突破 1956 年《日苏共同宣言》中领土问题条款。宣言规定，双方缔结和约后才移交齿舞群岛、色丹岛，该计划却要和约缔结之前移交，并且缔结中间条约。《日苏共同宣言》规定，日苏两国"正常外交关系以后恢复缔结和约的谈判"，日方认为继续谈判内容就交涉有关国后岛、择捉岛返还问题，而苏方则认为不存在这样理解。实际上从《日苏共同宣言》字面上看，不存在"国后岛、择捉岛"字样。

2000 年 9 月 3 日，普京正式访问日本，日方一系列打破常规接待，使俄罗斯人吃惊。森喜朗破例地赶到羽田机场迎接普京夫妇，又坐普京专车陪送下榻的国宾馆。9 月 4 日，天皇夫妇率子女在皇宫设家宴招待普京夫妇。

9 月 4 日，森喜郎与普京举行第一轮会谈。普京提及 1956 年《日苏共同宣言》，"我是站在确认宣言的立场。过去存在否认（宣言）事实，但是我不这样考虑。根据以往交涉成果为基础进行谈判，我们没有疑义"②。普京此言获得森喜郎的满意。在双方讨论签署的共同声明草稿时，日方提议把普京表示的"确认 1956 年《日苏联合宣言》有效性"写入共同声明里，遭到俄方拒绝。这次两国首脑会谈，日方认为获取最大成果，就是普京承认 1956 年《日苏联合宣言》有效性，这是日方长期以来争取俄方给予承认的目标。

2001 年 4 月，小泉纯一郎组建新内阁。7 月意大利热那亚西方八国首脑会议期间，小泉与普京举行了首脑会谈。小泉表示："处理四岛归属问题缔结和平条约的立场，考虑选择在四岛返还的时间上缓和。"③小泉也希望与普京发展个人友好关

---

① 佐藤和雄、駒木明義：『検証日俄首脑交渉』，岩波書店，2006 年，第 295 頁。
② 同上，第 299 頁。
③ 同上，第 328 頁。

政经不可分：日俄领土问题难解之因——以 1956 年《日苏联合宣言》为起点

系，但普京对此不感兴趣！10 月上海 APEC 首脑会议期间，小泉与普京再次举行会谈。小泉提出："如先前未解决四岛归属问题就无法对话，这样就无法前进。我认为，是否可以将齿舞、色丹和国后、择捉并行讨论？这样虽然立场不同，但在相互了解中进行讨论，也是与森道路相一致的方法。"①对此普京表示："在整体上理解首相的考虑，这样并行的对话也是可以的。"②普京轻而易举的表示接受小泉提议四岛并行讨论，使日方感到十分兴奋！

为了抓住普京思路推动双方关系，2003 年 1 月小泉访俄，小泉与普京会谈后，发表了共同声明，提出"日俄共同行动"计划。主要内容为：（1）深化政治对话。（2）和平条约交涉。（3）在国际舞台上协作。（4）在贸易、经济领域协作。（5）在防御、治安领域发展关系。（6）推动文化、国民交流。③共同声明确认："全力交涉，努力解决有关齿舞群岛、色丹岛、国后岛及择捉岛归属问题，尽早缔结和平条约，实现两国之间关系完全正常化。"④

正当人们关注小泉内阁按计划推进双方关系发展时，2004 年 2 月 7 日，即"北方领土"日，小泉却发表态度强硬对俄喊话。他警告：俄国应当清楚认识到，如果不归还日本的四岛，那么双边关系就不可能获得正常发展。2004 年 9 月 2 日，即"投降日"，小泉乘坐海上保安厅的巡逻艇，从北海道根室市出发，海上视察了被俄占据的四岛。小泉不按常理出牌，只能解释为做秀表演，表演对象是日本选民，展现他对俄强硬立场。日本政治家这种做秀表演，既对俄外交活动毫无价值可谈，而且还葬送先前双方交涉的成果。随着日俄关系恶化，小泉内阁确认今后对俄外交方针"即把北方领土问题作为日俄谈判的最优先课题"。这也意味这小泉内阁放弃"日俄共同行动"计划，又回到"政经不可分"的老路。

2005 年 11 月，普京应邀访日，在两人首脑会谈上，小泉提议双方应该就"北方四岛"归属问题进行认真谈判。即所谓的"四岛并行论"，四岛归属问题一并讨论，两个岛屿归属还没有谈妥，又提出四个岛归属共同谈判，小泉向日本选民表演出"硬汉"形象。普京则坚持按 1956 年《日苏联合宣言》规定，同意在签署两国

---

① 佐藤和雄、驹木明义：『検証日俄首脑交涉』，岩波书店，2006 年，第 333 页。
② 同上，第 333 页。
③ 末澤畅二、茂田宏、川端一郎編：『日露（ソ連）基本文書・資料集』（改訂版），RP プリソティソゲ，2003 年，第 318—330 页。
④ 同上，第 317 页。

和约后，归还齿舞群岛，色丹岛，其他问题不肯做任何让步，理由为超出 1956 年《日苏联合宣言》规定。由于双方在领土问题毫无进展，所以最后没有发表联合声明。

2006 年 9 月小泉内阁辞职，接替就是安倍晋三首届内阁。其虽然执政时间很短，但是在对俄领土问题上却放出一段"流星"般华彩。2006 年 12 月 13 日，时任外相麻生太郎在国会外交委员会提出，如按以前所提建议，让日本获得最南端两个岛屿，俄国则获得其余两个大岛屿，那么俄国肯定获得绝大多数领土。应该根据北方四岛的总面积进行划分，这样日本可以获得北方四岛中三个岛屿，同时还可以获得最北端择捉岛的 1/4 领土。麻生解释说："讨论两个、三个或者四个岛屿，却没有把土地面积考虑在内，这是不能够接受的。"[1]同时，麻生外相还提出，解决日俄有关北方四岛主权争论问题，应在普京任职期间完成，"普京总统是一个有影响力的人物，而且愿意解决领土问题，所以我们必须在他任职时候解决这个问题。"[2]麻生此言引起日俄两国朝野激烈谴责，安倍内阁也没有出面做过多解释，议论声音也迅速淡化了。实则麻生建议，一方面是要观看社会舆论反应；另一方面是要尝试打破以往框架。安倍内阁于 2007 年 9 月解散，此后日本内阁都是短命的，频繁更换首相造成对俄领土问题交涉停滞。

2012 年 12 月，安倍晋三再次组阁，持续执政至今。安倍在对俄领土问题上，必须说投入巨大努力，但是成效不明确。安倍希望利用美欧国家对俄制裁的形势，因俄国经济困难，所以能被迫接受日本领土主张。俄国则希望利用日本急于解决领土问题，拉拢日本突破西方经济封锁。安倍利用各种机会主动与普京举行会谈，协商如何解决领土问题，但至今未见实质性进展。安倍对俄领土问题难解因素，除了双方相互仇视民族心理因素外，还有如下：

第一，日本对俄领土问题，采取"政经不可分"政策。日本自 1968 年成为世界经济大国后，对俄一直采取"政经不可分"政策，可谓成败都是它。日本与俄国对比，只有经济技术对俄有优势，有强大资金、技术等，希望利用经济手段征服俄国。相反对方并不屈服，日本就属于骑虎难下的结局。戈尔巴乔夫时期、叶利钦时期，甚至普京执政，都劝说日本先展开经济技术合作，缓和双方关系，创造良好环

———

① 中国新闻网东京 2006 年 12 月 15 日电。
② 『読売新聞』2006 年 12 月 14 日报道。

政经不可分：日俄领土问题难解之因——以 1956 年《日苏联合宣言》为起点

境后，再协商解决领土问题。日本人则担心出多了资金损失过大，甚至担心出资后俄国人不认账了，采取挤牙膏战术，结果俄国人认为日本人无诚意，十几年来反复出现这样剧目。俄国人指责日本，为什么对待中俄采用不同政策？日本对华主张"政经分离"，即钓鱼岛之争不应影响中日两国经济贸易关系，对俄却是"政经不可分"，即俄未返还北方四岛就不扩大两国经济贸易关系。日本领导人，包括安倍晋三，在俄国领导人面前设置各种各样合作开发计划为"诱饵"，可是普京不接招，难以奏效。日本不肯对俄投资及技术转让，但欧洲国家如德国、法国等对俄投资转让技术，日本无可奈何。有关领土由俄国人控制，不怕日本人拖延，俄国人损失不了什么。有关领土也不必闲置，招商引资，日本不来，肯定有人被吸引来，追求利润为商业最大目标。日本只能是既着急又无奈，当初搁置领土，本身就是存在不可预测的未知，而且形势并未出现日本渴望的局面。

第二，日本对俄领土问题，采取四岛返还政策。1973 年 9 月，日本参众两院先后通过决议，要求苏联归还四岛，名义上向苏方显示不妥协、不放弃的姿态，实际上也限制了日方手脚，任何首相都不敢违反该决议。按照 1956 年《日苏联合宣言》规定，两国恢复邦交后，恢复就缔结和约谈判；两国缔结和约后实际让渡齿舞群岛、色丹岛。日方解释为，恢复就缔结和约谈判，就是指两国交涉国后岛、择捉岛归属问题。对此苏方完全否认，认为恢复就缔结和约谈判，是指两国交涉如何具体让渡齿舞群岛、色丹岛问题，与国后岛、择捉岛毫无关系。

日方最早提出所谓中间措施，是 1967 年 12 月 27 日，日本政府公开发表方案：（1）齿舞群岛、色丹岛，"中间措施"妥协后，要求立即返还。（2）国后岛、择捉岛，要待包括越南战局变化等国际形势适合时才能返还。（3）对于返还，日本政府考虑对苏方投入的资金以补偿，并在国后岛、择捉岛实施非军事化。[①]这就是日本政府所谓返还"北方领土"问题的"两阶段方式"。上述内容说明，日本一直坚持为收回四岛而努力，安倍今天提出主张绝非新意，不过是旧戏重演而已。

有关双方共同开发四岛经济问题，叶利钦时期就展开协商，现在双方就共同开发四岛问题基本达成共识，俄国希望利用日本资金技术带动远东国土经济发展；而日本则希望利用投资缓和俄国对日情绪，最终目的是俄归还日方四岛。这里涉及共

---

① 落合忠士：『北方領土問題——その歴史的事実・法理・政治的背景』，文化書房博文社，1992 年，第 175 頁。

同开发基础性问题，被开发土地主权是谁的？甚至日本提出所谓"香港模式"，即如类似英国租借中国香港，俄国租借了四岛，双方协商确定一个期限，期限届满后俄将四岛归还给日本，日方设计皆遭俄方否决。俄国不可能放弃主权，俄拥有四岛是二战胜利带来结果，反法西斯战争胜利结果不容许否定。

第三，日本对俄领土问题，外界受到美国牵制作用。1955 年 1 月 26 日，美国政府制定备忘录，针对日苏交涉恢复邦交，提出美国政府的态度：关于领土问题，美国政府支持日本政府有关齿舞群岛、色丹岛不包括在千岛群岛之内的主张。美国政府不承认日本政府在仅返还齿舞群岛、色丹岛的条件下，就与苏方在谈判中达成妥协。美国政府希望日苏两国恢复邦交谈判，不能脱离《旧金山对日媾和条约》中有关领土问题规定，《旧金山对日媾和条约》中没有决定千岛群岛及库页岛南部的最终归属问题，日本政府如果承认苏方拥有这些领土主权，美国政府是不能接受的。[①]日苏两国复交谈判开始后，美国不断发送指示，限制日本向苏联妥协，最终搁置领土就是迫于美国压力，日本不得不接受的现实。

国际冷战环境下、美国出于维护本国利益前提下，控制日苏间领土问题达成妥协。国际冷战结束后，美国仍采取漠视态度，观望日俄双方就有关领土问题争论不休。美国时而也冠冕堂皇地表态，希望双方妥协解决领土问题，但毫无实质性内容可言。日俄两国是具有互补性极强的两大相邻国家，如果双方关系得到缓和，无论是日本还是俄国经济发展肯定都将获得飞跃式前进。美国既不希望俄国获得日本巨大经济、技术援助，也不希望日本获得俄罗斯丰富自然资源供应。无论是俄罗斯还是日本，两者快速发展都将对美国今天国际地位构成不利影响。日俄两国长久地就领土问题争论下去，双方这样对峙状态长久持续下去，最符合美国国家利益。

综上所述，日俄领土问题形成是多种因素促成的，同样解决该问题也需要多种因素共同作用。安倍及日本政府希望通过私人外交，或其他方式使俄国领导人普京点头同意接受日本主张，领土问题就解决了。可以说，想法太过于天真了。

（作者：李凡，南开大学世界近现代史研究中心教授）

---

① 田中孝彦：『日ソ国交回復の史的研究——戦後日ソ関係の起点：1945—1956』，有斐閣，1993 年，第 99—101 頁。

"印太"视域下日本—东盟关系的发展及其影响

徐万胜　苟子奕

内容摘要　近年来，基于"印太"政策视域下的日本—东盟双边关系不断取得发展：为增强地方连通性，双方开展了多层次的高质量基础设施建设合作；双方的海洋合作包含传统安全与非传统安全领域在内，致力于地区安全秩序的构建与双边关系的深化；双方凝聚有关东盟中心性的共识，推动日本—东盟关系机制化建设与"印太"地区框架构建进程相互对接。这些政策互动与关系发展，在一定程度上推动了地区合作，且有利于以"东盟"为中心的非排他性地区框架的形成。但在日本、东盟之外，大国战略博弈仍是制约地区合作与秩序构建的重要因素，并对日本—东盟双边关系发展产生复杂影响。

关键词　印太　日本—东盟　地区合作　大国博弈

The Development and Influence of Japan–ASEAN Relations From the Perspective of Indo–Pacific

Xu Wansheng　　Gou Ziyi

Abstract: In recent years, based on the common policy implications of Indo–Pacific stracegy, Japan–ASEAN bilateral relations have made continuous progresses. In order to enhance regional connectivity, the two sides have carried out multi–level cooperation on high–quality infrastructure construction; the maritime cooperation between the two sides includes traditional and non–traditional security fields which is committed to the construction of regional security order and the deepening of bilateral relations; the two sides will work together to promote synergy between the institutionalization of Japan–ASEAN relations and the framework building process in the Indo–Pacific region. To some extent, these policy interactions and relations promote regional cooperation, and are beneficial to the formation of a non–exclusive regional framework centered on ASEAN. However, except for Japan and ASEAN, the games of big powers is still an important factor restricting regional cooperation and order construction, and has a complex impact on the development of bilateral relations between Japan and ASEAN.

Key Words: Indo–Pacific; Japan–ASEAN; regional Cooperation; the games of big powers

　　二战后，日本—东盟关系的发展基本上是处于"亚洲""东亚""亚太"等地区视域之下的。近年来，伴随着国际社会上"印太"概念的提出，2016 年 8 月，日本首相安倍晋三在内罗毕举行的第六届东京非洲发展国际会议(TICAD)上正式提出"自由开放的印太战略"，而东盟亦于 2019 年 6 月召开的第 34 届东盟峰会上通过了《东盟印太展望》。这表明"印太"正在成为推动日本—东盟关系发展的地区视域。

　　目前，国内学界对日本"印太战略"（或"印太构想"）的研究取得了较为丰富的成果，并致力于探讨"印太"视域下的美日澳印等大国关系互动。①鉴于《东

---

① 有关日本"印太战略"（或"印太构想"）的代表性成果包括：吴怀中的《安倍政府印太战略及中国的应对》，《现代国际关系》，2018 年第 1 期；葛建华的《试析日本的"印太战略"》，《日本学刊》，2018 年第 1 期；高兰的《多边安全合作视野下日本"印太战略"的内涵、动因与影响》，《日本问题研究》，2018 年第 4 期；卢昊的《日本外交与"印太构想"——基于国际公共产品角度的评析》，《日本学刊》，2019 年第 6 期；孟晓旭的《日本"印太构想"及其秩序构建》，《日本学刊》，2019 年第 6 期。

盟印太展望》提出的相对较晚，国内学界对东盟"印太战略"的研究虽有所涉及[①]，但对"'印太'视域下日本—东盟关系"的研究尚不够充分。

事实上，随着两国"印太"政策的相继提出及政策互动的不断加深，"印太"地区已成为我们研究日本—东盟关系发展的新视域。日本与东盟国家双边关系的发展不仅取决于各自国家内部因素的影响，也是由其所处的地区环境而塑造的。在不同时期的地区视域下，双边关系发展将会表现出显著的阶段性特征。而地区主义作为一种分析框架，已被大量运用于解释欧洲、北美、东亚等地区的一体化合作现象。因此，本文基于"印太"研究视域，通过阐释日本—东盟双方的"印太"政策认知及互动，在阐释其双边关系的发展态势的基础上，进一步探讨其对"印太"地区建构及大国关系的复杂影响。

一、地区连通性与高质量基础设施建设

早在 2010 年，第 17 届东盟峰会就已通过了《东盟互联互通整体规划(MPAC)》，确定了以基础设施建设、机制构建和人文交流为主体的互联互通建设蓝图。2016年，第 28 届东盟峰会又通过了《东盟互联互通总体规划 2025》，在对前者相关缺陷加以修改的同时提出新的具体举措，规定 2025 年前完成。在上述蓝图的指引下，日本—东盟双方一直致力于在促进地区连通性上开展合作。

关于地区连通性，日本与东盟的"印太"政策内涵之间存有高度一致性，二者实现了有效的战略对接。

在日本方面，自 2015 年 5 月起，安倍晋三政府就致力于实践"优质基础设施伙伴关系：亚洲的未来"倡议，以促进亚洲高质量的基础设施融资，增强地区连通性。[②]在 2019 年版《外交蓝皮书》中，日本重视"印太"地区的连通性，并将其列为"实现自由开放的'印太'地区"的三大支柱之一，"日本通过增强连通性，包

---

① 有关东盟"印太战略"的研究成果主要包括：张洁的《东盟版"印太"愿景：对地区秩序变化的认知与战略选择》，《太平洋学报》，2019 年第 6 期；刘琳的《东盟"印太展望"及其对美日等国"印太战略"的消解》，《东南亚研究》，2019 年第 4 期；张屹的《东盟的"印太"战略及其在中美博弈中的角色》，《亚太经济》，2019 年第 6 期。

② Asean, "Overview of Asean-Japan Dialogue,Relations", September 30, 2019, file:///C:/Users/s1997/Desktop/Overview-ASEAN-Japan-Relations-full-version-as-of-30-September-2019.pdf〔2020—03—01〕.

括按照国际标准发展高质量的基础设施，追求经济繁荣"。①日本将推进高质量基础设施建设置于构建"印太"秩序的重要位置，旨在通过加强"印太"地区的连接性来提升经济活力，促进"印太"地区的"自由"与"开放"，提前规避"被隔绝"和"被排斥"的风险，进而增强日本在"印太"地区的战略存在。②在东盟方面，《东盟印太展望》强调的关键要素之一便是推进地区连通性合作，认为"东盟连通性愿景，即建立一个无缝、全面的连通和整合地区，以提高竞争力、包容性与地区意识。印度洋和太平洋国家之间日益紧密的融合和联系，需要投资并努力连通基础设施"。③因此，开展地区连通性合作，也是日本—东盟双边关系文件中的重要表述内容。例如，2017 年 11 月，第 20 届日本—东盟峰会发表声明，提出加强"自由开放的'印太'战略"与《东盟互联互通总体规划 2025》之间的协调，以建设一个紧密联系、富有竞争力与活力的东盟和"印太"地区。2019 年 11 月，第 22 届峰会中又发表声明，表示"东盟领导人鼓励日本在《东盟印太展望》阐述的关键领域与东盟开展合作，欢迎日本通过日本国际协力机构（JICA）提供贷款、投资基础设施建设以及小额信贷合作等方式，实现地区经济可持续发展"，"通过促进包括陆运、海运和空运在内的综合联运系统的发展，在促进东盟与日本之间互联互通的同时推动地区产品竞争力的提升"。④上述内容表明，日本—东盟双方均将开展"地区连通性合作"视为其"印太"政策内涵的主要领域，并突出强调了基础设施建设的作用。

在具体实践中，开展高质量基础设施建设合作，则是日本与东盟国家推动地区连通性合作的主要路径。例如，在日本国际协力机构（JICA）的贷款支持下，2018 年 10 月，日缅双方签署了缅甸仰光—曼德勒铁路升级工程项目的合作协议。该工程预计于 2023 年竣工，届时仰光—曼德勒铁路路段时速将提升至 100 千米/小时，行使时长将由现在的 14 小时缩短至 8 小时，并将完成铁路轨道建设及投入运营空

① Ministry of Foreign Affairs of Japan, "Diplomatic bulebook2019", November 11, 2019, https://www.mofa.go.jp/policy/other/bluebook/2019/html/index.html［2020—03—01］.
② 孟晓旭：《日本"印太构想"及其秩序构建》，《日本学刊》，2019 年第 6 期，第 38 页。
③ Asean, "Asean Outlook on the Indo-pacific", June 22, 2019, https://asean.org/storage/2019/06/ASEAN-Outlook-on-the-Indo-Pacific_FINAL_22062019.pdf［2020—03—01］.
④ Asean, "Chairmans Statement ofthe 22nd Asean-Japan Summit Bangkok/Nonthaburi", November, 2019, https://asean.org/storage/2019/11/chairmans-statement-of-the-22nd-asean-japan-summit-final.pdf［2020—03—01］.

调列车。2018 年 11 月，日本与菲律宾签署铁路 3 号线复兴项目，规定日方自 2019 年 1 月起开始对车辆、线路和架线等设备全面进行改造维修，预计于 2022 年完工。此外，菲律宾还将借助日本的政府开发援助（ODA）建设国内第一条地铁及连接马尼拉郊外和市中心的通勤铁路，并将维修改造故障频发的既有线路，预计总项目费达 2.5 万亿日元。日本与菲律宾意图通过上述系列项目改善铁路基础设施，缓和交通拥堵状况，带动沿线地区的再开发及推进城市建设，以应对人口增长，促进地区连通性。2019 年 4 月，印尼雅加达捷运南北线地铁成功运营。该项目是由 JICA 提供的政府开发援助贷款，在从土建、车辆交付、电机系统到建筑监理及运营管理咨询服务在内的所有方面，日本企业全部参与其中。该项目在一定程度上满足了印尼交通运输增长需求，从而改善国内投资环境。显然，这些高质量基础设施建设项目的推进，必将加强地区连通性，有利于相关国家经济发展以及整个地区的全面发展。

此外，日本与相关东盟国家还注重在"次地区"层面推动"印太"地区连通性合作，二者相辅相成，相互促进。其中，在湄公河地区合作上，自 2009 年举办首届"日本与湄公河流域国家峰会"[①]以来，依据《东京战略 2012》《新东京战略 2015》《东京战略 2018》等文件路径，日本已在湄公河地区中累计实施了超过 7500 亿日元的政府开发援助。在这一过程中，日本与湄公河流域国家重点推动"高质量基础设施"合作，着眼于提升"印太"地区连通性，双方合作的机制化建设趋势明显。例如，2018 年 10 月，第 10 届"日本与湄公河流域国家峰会"强调："将印度洋与太平洋连接起来的湄公河地区具有得天独厚的地理优势"，"领导人表示决心坚定地执行湄公河流域国家同日本的合作项目，这些项目有助于促进自由和开放的'印太'地区"。[②]此外，安倍首相还在峰会上宣布，从 2019 至 2020 年间日本将向湄公河流域五国援助至少 150 个项目，重点推动老挝机场设施扩建、缅甸公路建设等高质量基础设施项目。[③]随着日本在次区域层面的大力投入，日本利用政府开发援助援建的基础设施项目及简化通关项目，很大程度上加强了次区域内部互通与对外联系，积极推动了地区的连通性发展。根据 2018 年 10 月第 10 届"日本与湄公河流域国家峰会"上通过的《东京战略 2018》对双方推动"印太"地区自由开

① 日本与湄公河流域国家峰会，是指日本与泰国、缅甸、越南、柬埔寨、老挝等国首脑出席的外交、政治、经济交流会议。

②③ Ministry of Foreign Affairs of Japan, "Tokyo Strategy 2018 for Mekong–Japan Cooperation", October 9, 2018, https://www.mofa.go.jp/files/000406731.pdf［2020-03-01］.

放合作项目的统计，共涉及 32 个项目，其中促进"印太"地区连通性合作的项目达到 23 项，占到总体合作项目的七成以上。①由此表明双方积极就基础设施建设开展合作，推动地区连通性成为日本—东盟在湄公河次区域合作的重点。2019 年 4 月，日本首相安倍晋三在第 11 届"日本与湄公河流域国家峰会"宣布，日本已在 2019 年稳步实施了有助于加强地区连通性的合作，实施了包括柬埔寨西哈努克港口及缅甸迪拉瓦港口扩建项目及老挝第 9 号国道的重建项目在内的诸多合作项目。②除了政府开发援助之外，日本政府积极推动提升私人融资在推动地区连通性中的作用，其开展的基础设施项目也得到了包括日本国际协力机构、日本国际协力银行和亚洲开发银行等政府组织及多边机构的支持。③

因此，日本—东盟以基础设施合作为重点，通过政府开发援助、私人融资等多种方式积极推动"印太"地区的连通性。双方合作也并非局限于整体合作项目，既有日本直接同东盟相关国家开展的双边合作，也有在"印太"地区下的次区域平台开展的合作。此种多平台、多层次的合作，与日本及东盟"印太"政策中的目标及要求相契合，在推动地区经济发展的同时更有利于地区连通性建设，进而推进"印太"地区建构。

二、海洋合作与地区安全介入

鉴于"印太"地区横跨印度洋与太平洋两大洋，"海洋合作"成为日本与东盟共通的"印太"政策内涵。

其中，对于东盟而言，海洋合作是《东盟印太展望》的政策重点，其合作内容既涉及安全领域，又涉及经济、能源、科技领域；既强调运用全面、和平的手段促进地区海上安全与航行自由，又提出在海上争端等传统安全以及跨国犯罪、反海盗

---

① Ministry of Foreign Affairs of Japan, "Mekong–Japan Cooperation Projects in Synergy with Japan's policy to realize a free and open Indo–Pacific", October 9, 2018, https://www.mofa.go.jp/files/000406735.pdf［2020—03—01］.

② Ministry of Foreign Affairs of Japan, "The 11th Mekong–Japan Summit Meeting", November 4, 2019, https://www.mofa.go.jp/s_sa/sea1/page3e_001125.html［2020—03—01］.

③ Hong Zhao, "Chinese and Japanese Infrastructure Investment in Southeast Asia:From Rivalry to Cooperation?", Institute of Developing Economies Japan External Trade Organization, February, 2018, http://www.ide.go.jp/English/Publish/Download/Dp/689.html［2020—03—01］.

"印太"视域下日本—东盟关系的发展及其影响

等非传统安全领域开展合作，还包括在防止海洋污染、促进海洋科学技术合作及海上连通性等方面开展合作。^①对于日本而言，其 2019 年版《外交蓝皮书》同样强调海洋合作，内容包括协助开展海上执法、开展有关反海盗措施及减少灾害风险的能力建设，力图共同确保"印太"地区的和平与稳定。^②2020 年 1 月 10 日，日本外相茂木敏充在雅加达发表政策演讲，提出"'印太'地区只有满足航行自由，和平解决海洋争端等先决条件，该地区才能作为海上通道的枢纽实现真正的繁荣"^③。日本的"印太"政策在安全领域注重提升地区整体安全能力，强化安全秩序体系，并认为"印太"陆路秩序挑战主要来自经济层面，海路秩序挑战则来自安全层面。^④因此，双方以海洋安全为重点的海事合作，也是日本—东盟双边关系文件中的重要表述内容。2017 年 11 月 13 日，第 20 届日本—东盟峰会发表声明，表示"双方强调海洋安全的重要性，将根据包括 1982 年《联合国海洋法公约》在内的国际法，维护和促进本地区自由开放的海上交通秩序"，"双方意识到加强包括能力建设援助、联合演习、信息共享等海上执法机构合作的重要性"。^⑤从上述内容中可以看出，日本—东盟双方均将海事合作视为海洋合作的主要内容，强调维持海上秩序的重要性，并将海事合作作为促进"印太"地区的和平与稳定的重要路径。

在具体的政策实践中，从合作领域来看，日本—东盟双方的海洋合作包含传统安全与非传统安全领域在内，且致力于地区安全秩序的构建与双边关系的深化。而从具体合作项目看，则包括海洋政策协调、能力援助建设、双边及多边演习或训练等诸多方面。

首先，南海问题是日本—东盟双方共同安全关注的重点。南海是"印太"地区的战略枢纽和连接点，地缘位置突出，日本如将其置于"印太"政策框架下进行审视和应对，总体上势必加强介入力度。^⑥此前，日本主要是与东盟成员国菲律宾开

① Asean, "Asean Outlook on the Indo-pacific", June 22, 2019, https://asean.org/storage/2019/06/ASEAN-Outlook-on-the-Indo-Pacific_FINAL_22062019.pdf［2020-03-01］.

② Ministry of Foreign Affairs of Japan, "Diplomatic bulebook2019", November 11, 2019, https://www.mofa.go.jp/policy/other/bluebook/2019/html/index.html［2020-03-01］.

③ Ministry of Foreign Affairs of Japan, "ASEAN Policy Speech by Foreign Minister MOTEGI Toshimitsu", January 10, 2020, https://www.mofa.go.jp/s_sa/sea2/page3e_001148.html［2020-03-01］.

④ 孟晓旭：《日本"印太构想"及其秩序构建》，《日本学刊》，2019 年第 6 期，第 39 页。

⑤ Asean, "Chairmans Statement ofthe 20nd Asean-Japan Summit Bangkok/Nonthaburi", November, 2017, https://asean.org/storage/2017/11/20th-ASEAN-Japan-Summit-Chairs-Statement-FINAL.pdf［2020-03-01］.

⑥ 吴怀中：《安倍政府印太战略及中国的应对》，《现代国际关系》，2018 年第 1 期，第 20 页。

展有关南海问题的安全对话与合作。"印太"视域下日本—东盟双方的政策互动，则导致南海问题更多地被纳入了多边机制框架下而趋于复杂化。例如，2018 年 6 月，第 33 届日本—东盟论坛发表共同声明，强调"南海地区和平、稳定、自由和安全的重要性"，"并突出全面和有效执行《南海各方行为宣言》和尽早缔结《南海行为守则》的重要性"。[1]2019 年 11 月，在第 22 届日本—东盟峰会上，双方就共同促进南海地区的"和平、稳定、安全及航行自由"达成共识，并进一步重申和平解决争端、非军事化及自我克制在解决南海争端中的重要性。上述内容也表明，日本—东盟双方在南海问题上的合作层次较浅，并未谋求取得解决争端的具体路径，而是更多强调在国际法框架下和平解决争端。一方面，这是由于传统安全问题往往涉及领土争端等国家根本利益，各方难以达成一致意见；另一方面，也是因为东盟长期坚持包容性原则，强调尊重主权独立及互不干涉的政策原则。

其次，日本与东盟国家通过海上联合演习或训练来强化合作。除了"金色眼镜蛇""环太平洋军演"等传统多边联合军演之外，近年来日本与东盟国家还注重开展各种双边海上联合演习。仅以日本与马来西亚的海上联合演习为例：2018 年 1 月，日本海上保安厅与马来西亚海上警备部门在南海地区举行联合演习，共有 200 多名马方人员与 60 名日方海上保安厅队员参加，演习目的旨在提升两国海上警备力量的合作。2019 年 5 月 29 日，日本海上自卫队作为其太平洋方面派遣训练的一部分，派遣"出云"号直升机护卫舰同马来西亚海军进行了联合训练。日本—东盟双方通过海上联合演习或训练，既有效提升了东盟相关国家的海上执法能力，也有助于通过此举加强日本同东盟国家军事力量的协同能力，构建互信关系。通过此种合作模式，双方在"印太"地区就海上跨国犯罪、海洋灾害等非传统安全问题开展合作，有利的推动"印太"地区的海上安全及稳定。

最后，日本注重不断加强对东盟国家的各种海上援助。此种援助既包括"硬件"设施建设，也包括"软件"能力提升。其中，在"硬件"建设方面，2016 年 2 月 29 日，日本与菲律宾签署《防卫装备与技术转移协定》，日方据此同意向菲方租赁海上自卫队 5 架 TC—90 双引擎教练机。在 2017 年日本通过《自卫队法修正案》后，应菲方要求，日方又将有偿租赁 TC—90 改为无偿赠予，并承诺向菲军提供 UH

---

① Asean, "ASEAN and Japan Reaffirm Commitment to Strengthen Partnership", June14, 2018, https://asean.org/asean–japan–reaffirm–commitment–strengthen–partnership/?highlight=%20Indo–Pacific〔2020—03—01〕.

—1 武装直升机零件。另外，日本政府还分别于 2017 年 3 月和 7 月向马来西亚赠送"北根号""亚娄号"2 艘大型巡逻舰。在"软件"能力提升方面，2017 年 10 月，日本海上保安厅专门设立了培训外国海上警备力量的部门，重点加强对东盟国家的能力建设援助。2019 年 5 月，日本防卫大臣岩屋毅访问越南，双方一致同意继续深化培训合作计划：日本将积极为越南干部开展有关飞行安全、航空医学、水下医学、航空救援、信息技术、参与联合维护行动等领域的业务培训班。根据日本防卫省统计，日本—东盟在海上安全、人道主义援助/救灾等合作领域开展的项目已从 59 个（2012 年 10 月至 2016 年 7 月）增加至 79 个（2016 年 8 月至 2019 年 5 月）。[①]这表明双方"印太"政策的互动在推动海上援助中的重要作用。虽日本对东盟国家的能力建设援助涉及领域较多，但主要集中于海上灾难援助等非传统安全领域。

日本—东盟双方的海洋合作，与地区安全秩序的构建密切关联。尽管日本—东盟双方对南海问题的安全关注尚停留在"一般论"的较浅层次上，但日本政府加大了对包括菲律宾、越南、马来西亚等南海争端当事国的海上援助力度，彼此间的海上联合演习或训练也更为频繁，这实质上是对南海问题发展趋势的一种"间接"牵制。某种程度上讲，日本政府也是通过强化与东盟国家间的非传统安全合作，来介入传统地区安全热点问题。

三、东盟中心性与地区建构原则

地区秩序是存在互动关系的相邻国家之间权力分配、利益分配、观念分配的结果，在三者共同作用下将会形成稳定且有利的地区秩序。[②]地区原则及观念的确立对于地区至关重要，地区内国家可借此构建地区政治、经济、文化等层面的稳定关系。英国学派代表人物赫德利·布尔(Hedley Bull)同样认为规则的形成可以使行为体对共同利益形成明确认识，是秩序形成的重要因素之一。[③]所以遵循何种原则来建

---

① KEI KOGA, "Japan's 'Indo–Pacific' question: countering China or Shaping a New regional Order?", *International Affairs*,Vol.96, No. 1, 2020, p.68.

② 门洪华：《地区秩序建构的逻辑》，《世界经济与政治》，2014 年第 7 期，第 18 页。

③〔英〕赫德利·布尔：《无政府社会: 世界政治秩序研究》，张小明译，世界知识出版社，2003 年，第 54—60 页。

构"印太"地区，不仅是日本—东盟双方各自"印太"政策的核心内涵，还将对"印太"视域下的日本—东盟双边关系产生深刻影响。

关于"印太"地区的建构原则，日本政府在 2019 年版《外交蓝皮书》中提出法制、航行自由、自由贸易等原则，认为这些原则是维护"印太"地区和平与稳定的基础。①2020 年 1 月 10 日，日本外相茂木敏充在雅加达发表政策演讲，明确东盟是"印太"地区的枢纽，突出《东盟印太展望》同日本"印太"构想的诸多共同点，并提出"为实现稳定、可预测的经济和社会环境，以充分享受'印太'地区的繁荣，其地区构建必须受到具有透明性规则的支配"。②这表现出日本对"印太"地区建构原则的重视。同样，《东盟印太展望》提出基于东盟的中心性、开放性、透明性、包容性等原则，强调基于规则的框架建构，并尊重国家主权、互不干涉内政及以《联合国海洋法公约》为代表的国际法在地区建构中的重要作用。由此可见，日本—东盟双方均重视有关"印太"地区建构原则的界定，二者之间虽存有共识，也存有分歧。其中，最为关键的问题在于，日本政府如何接受"东盟中心性"原则，并在该原则指导下推进地区框架建构进程。

所谓的"东盟中心性"原则，是指东盟在处理内部关系、推进地区经济一体化进程、构建地区政治与安全框架、处理域内外大国关系以及在地区议程设置与秩序塑造等方面发挥引领作用，或人们常说的"驾驶员"角色。③显然，东盟中心性原则，事关"印太"地区框架建构的主导权，是影响地区框架结构的核心问题。对于这一原则，《东盟印太展望》强调："几十年来一直致力于发展包容性地区框架的东盟，需要继续发挥其集体领导作用，以建立和塑造在'印太'地区更紧密合作的愿景，并继续保持其在该地区的核心作用。"④日本政府在 2019 年版《外交蓝皮书》中表示："东盟发挥中心作用，是各种地区合作的引擎。 因此，实现一个更加稳

---

① Ministry of Foreign Affairs of Japan, "Diplomatic bulebook2019", November 11, 2019, https://www. mofa. go.jp/policy/other/bluebook/2019/html/index.html〔2020—03—01〕.

② Ministry of Foreign Affairs of Japan, "Asean Policy Speech by Foreign Minister MOTEGI Toshimitsu", January 10, 2020, https://www.mofa.go.jp/s_sa/sea2/page3e_001148.html〔2020—03—01〕.

③ 韦宗友:《印太视角下的"东盟中心地位"及美国—东盟关系挑战》,《南洋问题研究》, 2019 年第 3 期, 第 1 页。

④ Asean, "Asean Outlook on the Indo-pacific", June 22, 2019, https://asean.org/storage/2019/06/ASEAN-Outlook-on-the-Indo-Pacific_FINAL_22062019.pdf〔2020—03—01〕.

定和繁荣的东盟对于整个地区的稳定与繁荣至关重要。"①

同时,在双边关系框架下,日本—东盟双方也不断凝聚有关东盟中心性的共识。例如,2017年11月,第20届日本—东盟峰会发表声明,强调"日本将进一步加强与东盟为主导的多边机制的合作,通过积极参与包括'东盟10+3'、东亚峰会(EAS)等机制,支持东盟在不断发展的地区架构中的'中心性'与'凝聚性'","日本的'印太'政策强化了以东盟为中心的地区架构,东盟鼓励日本探索'印太'政策与既有机制下的协同作用,以构建一个有竞争力、充满活力、紧密联系的东盟和'印太'地区"。②2019年11月,第22届日本—东盟峰会更是强调双方接受了东盟所主张的包括东盟中心性在内的各项原则。日本—东盟双方在外交层面上对东盟中心性原则的强调,有利于推动地区规则及原则的形成,在促进"印太"地区构建的同时又减少了各方在"印太"政策中关于主导权争夺的既有分歧,并试图就东盟的中心性地位达成共识。

事实上,在地区合作实践进程中,东盟已通过连接东南亚、东北亚、南亚等地区的各种机构及对话机制,构建了其在"亚洲"乃至"亚太"地区的中心性地位,形成了以"东盟10+3"、东亚峰会(EAS)、东南亚友好合作条约(TAC)、东盟地区论坛(ARF)为代表的对话合作机制,涉及政治、经济、安全等诸多领域,并得到了中、日等地区大国的承认。以东盟为主导的多边机制尽管存在缺乏效率等诸多缺陷,但其在促进地区国家间信息交流、政策协调及制定方面往往能发挥重要作用。③2020年1月10日,日本外相茂木敏充在雅加达发表政策演讲中便强调:日方支持《东盟印太展望》的原因之一便是认为"东盟已通过'东盟10+1''东盟10+3'、东亚峰会和东盟地区论坛等机制成功构建地区性多层次框架,使得东盟中心性原则成为整个'印太'地区发展的重要动力"④。为落实东盟中心性原则,日本在积极融入以东盟为主体的地区多边合作机制的基础上,大力推动日本—东盟关

① Ministry of Foreign Affairs of Japan, "Diplomatic bulebook2019", November 11, 2019, https://www.mofa.go.jp/policy/other/bluebook/2019/html/index.html[2020—03—01].

② Asean, "Chairmans Statement ofthe 20nd Asean-Japan Summit Bangkok/Nonthaburi", November, 2017, https://asean.org/storage/2017/11/20th-ASEAN-Japan-Summit-Chairs-Statement-FINAL.pdf[2020—03—01].

③ KEI KOGA, "Japan's 'Free and OpenIndo-Pacific' Strategy: Tokyo's Tactical Hedging andthe Implications for ASEAN", *Contemporary Southeast Asia*, Vol.41, No. 2, 2019, p.300.

④ Ministry of Foreign Affairs of Japan, "ASEAN Policy Speech by Foreign Minister MOTEGI Toshimitsu", January 10, 2020, https://www.mofa.go.jp/s_sa/sea2/page3e_001148.html[2020—03—01].

系机制化建设与"印太"地区框架构建进程相互对接。例如，2018年12月，在第六届东盟海事论坛扩大会议（EAMF）上，日本在承认该会议为解决海洋争端与推动海事合作发挥重要作用的同时，突出强调日本通过为海上执法机构提供能力援助等方式，努力推动"印太"地区的自由与开放。[1]2019年10月，第11届日本—东盟国防副部长论坛的重点议题便是"'印太'愿景：建立自由开放的地区秩序"，强调日本—东盟防务合作倡议及东盟地区防卫合作倡议对地区秩序的重要作用。[2]以上表明日本通过积极实现"印太"政策与以东盟为核心的地区多边机制的对接，落实东盟在"印太"地区的中心性原则。

需要指出的是，东盟"中心地位"的确立不仅源于东盟在地区问题中扮演的实力角色，更得益于大国对东盟主导的地区多边合作机制的认可。日本在公开场合不仅多次强调东盟在促进地区安全及稳定的中心作用，也积极融入以东盟为主体的地区多边合作机制的基础并意图实现"印太"政策与既有地区安全机制之间的对接，表现出日本—东盟在构建东盟中心性原则中的努力。但东盟在"印太"地区"中心性"原则的确立仍面临挑战。由于东盟"中心性原则"的实现并不是建立在东盟实力基础上的霸权形态，而是建立在地区特殊的权力格局基础上，利用平衡外交，在大国间施展大国平衡的阶段结果。[3]因此，日本—东盟在推动"印太"地区东盟中心性原则的构建过程中，更需要维持"印太"地区的大国平衡。伴随着中美地缘战略博弈的深化，一旦地区大国彼此冲突及矛盾难以化解，则势必会对以东盟主导的地区合作机制造成重大冲击。

四、地区合作与大国战略博弈

日本与东盟作为地区的重要力量，双方在"印太"视域下的政策互动与关系发展，在一定程度上推动了地区合作，且有利于以"东盟"为中心的非排他性地区框架的形成。经济上，日本—东盟双方以促进"印太"地区连通性为切入点，通过积

① Ministry of Foreign Affairs of Japan, "The 6th Expanded ASEAN Maritime Forum", December 18, 2018, https://www.mofa.go.jp/fp/msp/page25e_000277.html［2020−03−01］.
② Ministry of Defense of Japan , "The 11th Japan−Asean Defense Vice−Ministerial Forum", October 9, 2019, https://www.mod.go.jp/e/d_act/exc/vm_forum/11th.html［2020−03−01］.
③ 刘务：《"印太"战略对东盟在亚太区域合作中"中心地位"的影响》，《社会主义研究》，2019年第1期，第135页。

"印太"视域下日本—东盟关系的发展及其影响

极开展基础设施建设合作，在带动国家经济增长的同时促进地区经济"一体化"发展。安全上，日本—东盟双方重视海洋安全秩序的构建，通过多种路径在传统安全及非传统安全领域开展合作。整体上看，双方合作涉及政治、经济、安全、能源及环境等多领域，合作程度日趋加深，致力于全面推进"印太"地区合作及秩序构建。

在日本、东盟之外，大国战略博弈仍是影响地区合作及秩序构建的重要因素。美国是日本的同盟国，与东盟国家关系密切，其"印太"政策取向着眼于中美战略博弈，且在同盟框架下对日本的"印太"政策具有制约作用。因此，在中美战略博弈态势明显的情况下，美国的"印太"政策取向，不仅对日本—东盟的关系发展至关重要，更是很大程度上对地区合作及秩序建构造成了复杂的消极影响。

在经济合作领域，美国通过为东盟国家提供"替代选项"来与中国展开竞争，并"恶意"排挤中国。例如，2018 年 7 月，美国国务卿蓬佩奥在出席美国商会"印度太平洋"发展论坛时，宣布美国将在"印太"地区投资 1.13 亿美元，用于新技术、能源和基础设施建设。[①]2018 年 11 月，美国副总统彭斯在出席亚洲太平洋经济合作组织工商领导人峰会上称，美国将为"印太"地区的基础设施建设提供支持，并承诺将提供 600 亿美元的基础设施融资。尽管美国在投资规模及项目数量上与中国相比尚存差距，但此举说明美国试图通过提供"替代选项"来与中国的"一带一路"倡议展开竞争。另外，美国不仅单独或伙同盟友提出竞争性的能源与基础设施建设倡议，还对中国的"一带一路"倡议进行诋毁与抹黑，要求东盟国家"提防"中国的"债务陷阱"和可能产生的"侵害主权"后果。[②]

在海上安全领域，美国通过介入南海争端来围堵中国的海上行动，迫使东盟国家面临"选边站"的难题。与日本、东盟国家相比，美国"印太"政策更加突出南海及印度洋地区的海上安全问题，带有浓厚的政策对抗性。近年来，美国政府不断强化与东盟国家间"基于规则"的海上安全合作，加大在"印太"地区的联合军演力度，下放美军"自由航行计划"决策权，致使其海空军在南海地区"自由航行"常态化，试图围堵中国的海上行动。这不仅导致地区安全局势复杂多变，也迫使东盟国家在中美两国之间寻求"平衡点"，尽力避免"选边站"。例如，2018 年 10

---

①《美国为"印太战略"撒 1.13 亿美元》，新华网，2018 年 7 月 31 日，http://www.xinhuanet.com/mil/2018—07/31/c_129923977.htm［2020—03—01］。

② 韦宗友：《印太视角下的"东盟中心地位"及美国—东盟关系挑战》，《南洋问题研究》，2019 年第 3 期，第 8 页。

月，中国与东盟十国举行首次海上联合军演。此后不到一年，2019 年 9 月，东盟十国又与美国举行首次海上联合军演。值得指出的是，与东盟国家不同，日本一直将日美同盟作为其对外政策的基轴，因此，日本的"印太"政策必然受到美国影响以及同盟框架的制约。特别是在海上安全领域，为了构建以日美同盟为基石的"权力平衡"，日本"印太"政策最重要的目标之一就是将日美同盟的作用范围从亚太扩大到"印太"，进而维持美国强大的地区安全承诺。[①]

在地区建构领域，美国通过推进各种双边及小多边合作机制化建设，对冲"东盟中心性"及"包容性"原则。虽然美国在公开场合多次提及东盟在"印太"地区的"中心性地位"，但仍将各种双边及小多边合作机制化建设作为地区建构的主要抓手。目前，美日印澳四国之间均已建立了双边"2+2"（即外长与防长）对话机制，美日澳、美日印、日印澳也相继开启了三边对话机制。至 2019 年 6 月，美日印澳"四边安全对话"已就海上安全、反恐等议题举行了 3 次会谈，呈现机制化趋势。上述机制化建设动向均将东盟排除在外，与"东盟中心性"原则形成对冲。并且美国"印太"政策具有更为浓厚的意识形态色彩，有损"包容性"原则。例如，2019 年 11 月，美国国务院在其发布的"印太战略"中，公开强调中国"威胁"及丑化中国人权现状，并污蔑中国"通过向其他国家输出其政治和经济影响力的这种做法破坏了促进'印太'地区稳定和繁荣的条件"。[②]

另一方面，中国作为日本、东盟的重要贸易伙伴，其"一带一路"倡议也必然对"印太"视域下日本—东盟的地区合作进程产生积极影响。首先，中国的"一带一路"倡议秉持共商、共建及共享的原则，强调多边主义，这与东盟、日本的"印太"政策理念中"包容性"原则相契合。其次，中日两国在东盟国家的贸易与投资具有较强的互补性，中国的优势产能与日本的高技术、高附加值产品能够共同满足这一地区基础设施建设的巨大需求。因此，中国、日本与东盟国家在推动地区合作上存有巨大潜力。

在中日双边关系的发展实践中，2017 年 6 月，安倍首相在讲话中明确表示支

---

① Tomohiko Satake, "Japan's 'Free and Open Indo-Pacific Strategy' and Its Implication for ASEAN", *Southeast Asian Affairs*, 2019, p.73.

② U.S.Department of State, "A Free And Open Indo-Pacific Advancing a Shared Vision", November, 2019, https://www.state.gov/wp-content/uploads/2019/11/Free-and-Open-Indo-Pacific-4Nov2019.pdf［2020—03—01］.

"印太"视域下日本—东盟关系的发展及其影响

持中国的"一带一路"倡议，希望实现"印太"政策与"一带一路"倡议的协调。[1]2018年5月，李克强总理访问日本，双方就开展"第三方市场合作"达成共识并签署《关于中日第三方市场合作的备忘录》，两国由此初步奠定了地区合作的基础。2018年10月，日本首相安倍晋三实现了7年来的首次访华，同习近平总书记就通过开展中日第三方市场合作等方式推动两国互利合作，积极引领区域经济一体化达成共识。2018年10月26日，中日两国政府举办了首届中日第三方市场合作论坛，并签署了50余份总金额超过180亿美元的合作协议，标志着中日两国第三方市场合作的稳步推行。在此背景下，东盟作为中国"一带一路"倡议及日本"印太"政策的重要交汇点，中日两国也积极以第三方市场合作为抓手，在推进三方合作的同时积极推动地区合作的深化。例如，在首届中日第三方市场合作论坛上，中日两国企业同泰国安美德集团达成项目协议，依托安美德工业园加快发展"安美德智慧城市"的项目。[2]这表明中日两国着力实现双方政策的对接及项目的合作，积极推进地区经济合作与经济一体化。

除了第三方市场合作之外，中日两国还积极加强金融合作，为推动地区合作提供资金支撑。首先，中国人民银行同日本银行在2018年10月26日签署中日双边本币互换协议，在维护两国金融稳定的同时，有利的支持了双方在东盟地区的经济和金融合作的发展。其次，中日两国意图实现亚洲基础设施投资银行（亚投行）与亚洲开放银行（亚开行）在金融领域的合作。此前，日本政府一直认为亚投行的成立是对亚开行主导亚太地区金融秩序的一种冲击，随着日本政府对"一带一路"倡议的态度转变，亚开行与亚投行之间的业务往来也日渐频繁。[3]2018年5月，在亚开行理事会年会上，中尾武彦行长表示亚开行愿意和亚投行一道为"一带一路"亚洲区域各国的基础设施建设提供资金支持。通过上述分析可知，"一带一路"倡议在有力推动地区经济发展的同时，也助力地区合作及地区一体化的发展。

在地区多边合作上，中国在不断积极融入以东盟为中心的多边合作机制的同时，多次在官方场合突出强调东盟在地区合作中的中心性地位。2017年2月10日，

① Yuichi Hosoya, "FOIP 2.0: The Evolution of Japan's Free and Open Indo—Pacific Strategy", *Asia—Pacific Review*, Vol.26, No. 1, 2019, p.24.

② 《第一届中日第三方市场合作论坛签约项目》，中华人民共和国商务部，2018年10月27日，http://www.mofcom.gov.cn/article/ae/ai/201810/20181002800324.shtml〔2020—03—01〕。

③ 徐国玲：《基于"一带一路"建设的中日第三方市场合作的机遇、挑战及策略》，《对外经贸实务》，2020年第1期，第21页。

中国外交部副部长刘振民在与东盟十国驻华使节工作交流时强调，中方支持东盟在地区合作中的中心地位，并期待东盟继续维护好东盟中心地位等原则，当好地区合作"设计师"和"驾驶员"。①2018 年 8 月 3 日，国务委员兼外交部长王毅在出席中国—东盟（10+1）外长会议上表示，中国将坚定支持东盟中心地位，并将使中国—东盟成为地区和平稳定与发展繁荣的支柱。②这与日本、东盟"印太"政策中的"东盟中心性"原则是相互契合的，有利于地区合作。

总之，在"印太"视域下，日本—东盟双方在地区连通性建设、海洋合作及地区建构原则等方面推动了彼此间的关系互动发展。但在日本与东盟之外，随着中美战略博弈态势的展开，中国"一带一路"倡议及美国"印太"政策不仅关乎日本—东盟关系的发展，还在更大程度上影响着地区合作进程。对中国而言，应当积极寻求自身政策与日本、东盟"印太"政策的合作点和利益交汇点，在深化双边关系的基础上推动地区一体化进程，进而构建合作共赢的新型国家关系与地区合作原则。

（作者：徐万胜，战略支援部队信息工程大学教授；苟子奕，战略支援部队信息工程大学研究生）

---

① 《推动中国—东盟关系迈向新阶段》，中华人民共和国外交部，2017 年 02 月 10 日，https://www.fmprc.gov.cn/web/ziliao_674904/zyjh_674906/t1437545.shtml［2020—03—01］。

② 《王毅出席中国—东盟外长会议》，中华人民共和国外交部，2018 年 08 月 03 日，https://www.fmprc.gov.cn/web/gjhdq_676201/gj_676203/yz_676205/1206_677076/xgxw_677082/t1582688.shtml［2020—03—01］。

试析二战后美国传教士在琉球（冲绳）的活动

安文斌

内容摘要　第二次世界大战后期，琉球在美军的占领及监督之下开始了战后重建。在战后琉球的重建过程中，美国琉球占领当局为了促进琉球的"美国化"，着力复兴琉球基督教会，并借机派遣大量美国传教士宣教。这些美国传教士来到琉球后，充当美国冲绳占领（托管）当局的"传话筒"，并通过基督教宣教活动向琉球民众传播美国的价值观和民主思想，试图借此安抚琉球民众。但也有一些美国传教士目睹美国占领（托管）当局统治下琉球民众的悲惨遭遇，并逐渐认识到了美国派遣基督教传教士在琉球宣教的真正目的。这些传教士出于基督教的博爱精神和对琉球民众悲惨遭遇的同情，来到琉球以后渐渐成了琉球民意的代言人，将琉球民众的政治、经济诉求反馈到美国琉球占领（托管）当局乃至国际社会，起到了充当琉球民众"扩音器"的作用。

关键词　美军琉球占领（托管）当局　美国基督教传教士琉球基督教会

Study of American Missionaries in Ryukyu (Okinawa) under American Occupation

An Wenbin

Abstract: In the latter part of World War Ⅱ, Ryukyu began its post-war reconstruction under the occupation and supervision of the U.S. forces. During the post-war reconstruction of Ryukyu, the U.S, occupation authorities of Ryukyu , in order to promote the "Americanization" of Ryukyu, made great efforts to revive the Ryukyu Christian Church and took the opportunity to send a large number of American missionaries to Okinawa for missionary work. When these American missionaries came to Ryukyu, they acted as "transmitters" for the U.S., and American occupation authorities of Ryukyu tried to appease the Ryukyu   people by spreading American values and democratic ideas through Christian missionary activities. However, there are also some American missionaries who have witnessed the tragic suffering of the people of Ryukyu under the occupation (trustee) administration of the United States, gradually realized the true purpose of sending Christian missionaries to Ryukyu. These missionaries, out of the Christian spirit of fraternity and sympathy for the tragic experience of Ryukyu people, gradually became the mouthpieces of Ryukyu public opinion. They fed back the political and economic demands of Ryukyu people to the U.S. occupation (trusteeship) authorities and eveninternational community, played the role of "loudspeakers" of Ryukyu   people.

Key Words: American Missionaries; the U.S. occupation authorities of Ryukyu; Ryukyu christian church

基督教①最初传入琉球②（或称琉球王国）是在 17 世纪初。自 1624 年琉球王国的石垣岛地头宫良亲云上永将（又名"石垣永将"）③第一次接触来自欧洲的基督教传教士以来，截至 1945 年第二次世界大战结束，基督教已在琉球历经了 321 年

---

① 本文中的基督教指广义上的基督教，即包括基督新教、天主教、东正教等以耶稣基督诞生、死亡和复活为信仰核心的宗教。

② 本文中若没有特殊说明，"琉球"即"冲绳"，"冲绳"即指"琉球"。

③ 石垣永将（？——1635）曾担任石垣岛宫良的地头一职。因在 1624 年款待漂流至琉球（冲绳）的天主教神父范·迪·罗斯·安贝雷斯·艾德而被琉球国王怀疑是基督徒，被流放到渡名喜岛，1635年在渡名喜岛上被处以火刑。

试析二战后美国传教士在琉球（冲绳）的活动

的岁月。到 1940 年为止，琉球群岛上已经有了 17 家教会和 2026 名神职人员[1]，在这 3 个多世纪的漫长岁月中，基督教在琉球逐渐传播、演化形成了自己独特的教徒社会生态与基督教传播方式。

太平洋战争后期，随着日军在太平洋战场上的节节败退，日本开始着手策划本土决战。冲绳便首当其冲成为日本法西斯策划本土决战的前沿阵地。冲绳战役之前，冲绳基督教会被遣散、教堂等教会设施被日军征用，一些教徒或被疏散，或被强制编入当地法西斯协赞团体。基督教会的日常活动基本处于瘫痪状态。

1945 年 4 月 1 日至 6 月 21 日，以美国为首的盟军实施了琉球登陆战。盟军占领冲绳以后，为了对占领地区进行有效管理，美军于 1945 年 4 月 5 日，在琉球读谷村成立了"美国海军政府"，开始了对琉球的占领（托管）统治，直至 1972 年 5 月 15 日，美国对日"返还琉球行政权"为止。二战后美国对琉球进行了长达 27 年的占领（托管）统治。美国对琉球进行占领统治期间，美国为了顺利实现对琉球进行长期军事占领目的，派遣大量不同基督教教派的传教士到琉球进行了宣教、教化活动。这些传教士的宣教、教化活动，对琉球的战后复兴、改革乃至社会文化风气都产生了深远的影响。

一、战后美国派遣基督教传教士前往琉球的背景

第二次世界大战前后，冲绳本土的基督教遭到了毁灭性的打击。20 世纪 30 年代后半期开始，随着日本加速包括冲绳在内的西南诸岛军事基地化，反对冲绳军事基地化和反对教徒参军的冲绳基督教会日益成为日本法西斯政府无法容忍的存在。随着日本对外侵略战争的进一步扩大，日本法西斯政府不断强化《治安维持法》（1925 年 4 月 22 日公布，1928 年 6 月 29 日 1941 年 3 月 10 日两次修订）、颁布《国家总动员法》（1938 年 4 月 1 日）等法律，借以加强国内法西斯统治体制。日本法西斯政府还联手冲绳的"大日本翼赞壮年团"[2]等法西斯民间协赞团体，对

---

① 日本基督教团宣教研究所教团史料编纂室：『基督教年鑑（1940）』，日本基督教团出版局，1941年，第 220—221 頁。

② "大日本翼赞壮年团"成立于 1942 年 1 月，是以德意志第三帝国的冲锋队为样板的日本法西斯团体，是从属于大政翼赞会的民间准军事组织。

冲绳当地的基督教教会组织和教徒进行了"官民一体"式的镇压。随着冲绳军事基地化和日本法西斯战时体制确立，奄美大岛的天主教被彻底镇压，喜界岛的新教教堂被迫停止了活动、宣布关闭。冲绳本岛的基督教教堂大部分被日军接管，冲绳各地教会的牧师被迫带领民众以疏散的名义，乘船离开了各自的岛屿，被强制疏散到了日本本土和中国台湾，还有一些人甚至逃到了美国夏威夷。1945 年 4 月，以美国为首的盟军发动琉球战役时，驻守冲绳的日军又驱赶大量冲绳基督徒和其他民众奔赴战场充当了炮灰，进一步导致了冲绳民众的惨重伤亡。琉球战役以后"幸存下来的传教士，冲绳本岛只有一名牧师和一名传教士，石垣岛只有一名牧师，教会活动已经完全停止，卷入战争的许多信徒死后连名字都没能留下"①。因此，琉球战役结束后恢复正常的宗教活动和教会秩序成为冲绳当地基督徒和神职人员的当务之急。为此，二战后琉球急需补充基督教神职人员，这也是后来美国向琉球派遣大量美国传教士的一个重要原因。

除了冲绳本土对传教士的需求之外，以美国为首的盟国日本占领当局（GHQ/SCAP）的被占领地区宗教政策也对美国传教士涌入占领地区起到了推波助澜的作用。美国为首的盟国占领日本以后，顺应二战后民主化时代要求，也 "为确保日本不再成为美国乃至世界和平与安全的威胁"②，盟国日本当局在占领初期对日本进行了大刀阔斧的"非军事化""民主化"改革。

在军事上，缴械和解散复员日本军队、废除日本"最高战争指导会议"、参谋本部、海军军令部、陆军省、海军省等军事机构；废除日本兵役法、国防安保法、国家总动员法、战时紧急措施法等战争法令；解散长期从事灌输法西斯军国主义思想和强迫实行军事训练的"在乡军人会"等法西斯组织；禁止军事生产和军事科学研究；拆除日本战争工业设施进行战后赔偿等。

在政治上，废除法西斯军国主义法令，开放"言论与新闻自由"，释放政治犯与思想犯，恢复其人身自由和公民权利，并开放工人运动。以美国为首的盟国日本占领当局，还废除了限制思想、宗教信仰和集会、言论等自由的法令，废除了臭名

---

① 日本キリスト教団沖縄教区編：『戦場と廃墟の中から―戦中・戦後の沖縄に生きた人々―』，日本キリスト教団沖縄教区発行，2004 年，第 282 頁。
② 鹿島和平研究所編：『日本外交主要文書・年表』第 1 巻（1941—1960 年），原書房，1983 年，第 81 頁。

试析二战后美国传教士在琉球（冲绳）的活动

昭著的《治安维持法》《治安警察法》《言论出版集会结社等临时取缔法》《宗教团体法》等法令。逮捕和审判各级战犯，并揭露日本法西斯军国主义蓄意策划对外侵略战争的事实及大量在战争中犯下史无前例、骇人听闻的残暴罪行和反动本质。废止日本法西斯军国主义教育，解除法西斯军国主义分子的教员职务。实行政教分离，废除日本政府对国家神道的保护、支持、管理和传播，禁止利用神社、神道或其他宗教宣传法西斯军国主义，日本天皇裕仁发表《人的宣言（人间宣言）》否定天皇的"现人神"地位，宣告天皇也是仅具有人性的普通人，从而彻底动摇了长久以来在日本国民头脑中形成的忠君思想。自明治维新以来逐渐发展成为日本人民的精神枷锁和法西斯军国主义精神支柱的日本国教——神道教被迫同政治、政权脱离了关系。此外占领日本初期，盟国日本占领当局还解散了"大日本一新会""大日本赤诚会""言论报国会""国体用户联合会""黑龙会"等法西斯团体，褫夺了战犯，陆海军职业幕僚，特高警察，超国家主义、暴力团体和秘密"爱国"团体骨干分子，大政翼赞会、翼赞政治会、大日本政治会中的骨干分子，"满铁"、朝鲜银行等殖民机构的官员，日本侵略战争期间的占领地区行政长官，地方议会、地方长官、市町村长以及其他社会团体、大公司、媒体中的骨干分子公职和权力。

经济上实行农地改革，废除日本农村半封建"寄生地主制"；通过解散财阀、颁布《禁止垄断法》和《经济力量集中排除法》等措施，瓦解日本法西斯、军国主义产生的封建家族式的旧财阀制度和半封建性劳资关系。这些措施沉重打击了日本法西斯势力经济基础。

占领初期，盟国日本占领当局对日本的上述疾风暴雨似的"非军事化""民主化"改革，从心理上、制度上沉重打击了自明治维新以来日本社会建构起来的军国主义、法西斯主义的社会政治、经济、军事体制和社会主流价值体系。但在另一方面，上述疾风暴雨似的改革也带来了日本社会主流价值体系的"真空"。在战后"非军事化""民主化"改革中，随着日本左翼政治犯、思想犯的释放，在二战后世界性的和平主义、民主主义浪潮的推动下日本国内的工人运动、农民运动风起云涌，社会主义、共产主义思想得到了迅速传播。

以美国为首的盟国日本当局面临了在日本重建何种社会主流价值体系的新问题。麦克阿瑟（Douglas MacArthur，1880—1964）作为盟国日本占领当局最高行政长官，在考虑如何重建新的日本社会主流价值体系时，首先想到了作为西方资本主义制度社会、政治、经济伦理基础的基督教。

1945 年，在一份提交给美国国务院的报告中盟军总司令部（GHQ）宗教政策顾问威廉姆·P.沃德（William P. Woodard，1896—1974）披露，盟军总司令麦克阿瑟对美国新教领袖承诺在日本"明确支持基督教"。麦克阿瑟称："如今，日本的精神正处于真空状态，如果基督教不能满足日本的精神需求，那么共产主义就会满足日本的精神需求，请给我派 1000 名左右的传教士来。"[①]

尽管麦克阿瑟这种基督教至上主义的想法遭到了日本各界非基督教人士的抵制，而且麦克阿瑟将日本基督教化的设想也随着他于 1951 年被解职而不了了之了。然而，据日本学者冈崎匡史（おかざきまさふみ，1982—）的研究，尽管 1945 年盟国日本占领当局的取消国家神道指令及 1947 年的《日本国宪法》都确立了宗教信仰自由原则和政教分离的原则，禁止以政治权力强制推行某种宗教，但是以美国为首的盟国日本占领当局并未因此而放弃对日本的基督教化设想。美国为首的盟国日本占领当局在对日本社会进行的"美国化"改造的过程中，一直探索把基督教因素与西方价值观相结合的途径[②]。这种情形在冲绳地区也不例外，美国占领当局同样积极介入了当地的宗教事务。1945 年 4 月末，在美国琉球占领军的支持下，琉球美国海军军政府在平民俘虏收容所首次举行了基督教教徒集会。同年 5 月，在美军随军牧师的主持下在石川俘虏收容所又举行了首次洗礼仪式。同年 6 月，琉球美国海军军政府从读谷村迁至石川俘虏收容所，琉球战役结束以后又前往琉球首府那霸。琉球被美军占领以后，从 8 月份开始，又在曾是美军琉球占领当局行政中心的石川俘虏收容所开始了定期基督教徒集会。二战后在美国琉球占领军的积极介入之下，复活的琉球基督教会作为"信徒的教会"得到了琉球美军占领当局的积极支持。

1949 年 5 月，在东京盟军总司令部民间情报教育局会上，GHQ 琉球科科长威克林（John H. Weckerling，1862—1985）、GHQ 宗教局与会代表伍德（Bill Woodard）以及冲绳出身的宗教学者比屋根安定(ひやね あんてい，1892—1970)提出了战后冲

---

① W．P.ウッダード：『天皇と神道——GHQ の宗教政策』，阿部美哉訳，サイマル出版社，1988年，第 178—182 頁。

② 岡崎匡史：『日本占領と宗教改革』，学術出版社，2012 年，第 303 頁。

试析二战后美国传教士在琉球（冲绳）的活动

绳的精神复兴问题，并要求盟军总司令部（GHQ）向琉球派遣 20 名不同宗派的基督教传教士。当时，盟军总司令部（GHQ）派往琉球的基督教传教士既有美国传教士，也有日本"本土四岛"出身的日本传教士[①]。

而美国直接派遣传教士前往琉球则是在 1950 年之后的事情。1948 年远东国际局势，特别是中国国内政治形势发生了天翻地覆的变化。远东国际形势的巨变使得美国政府不得不重新调整对日占领政策，把原来对日实行"非军事化"和"民主化"、打击和削弱日本的占领政策逐渐转变为扶持和利用日本，明确宣布要复兴日本这个"远东工厂"和"防共防波堤"[②]。而对美国在远东防共军事据点——琉球，美国逐步确立了以联合国托管的形式对其进行半永久性军事占领的方针。因此，此时美国也开始更加关注琉球的社会治安和政治局势的稳定。基督教俨然成了美军占领当局对琉球岛民进行 "宣抚工作"的重要手段。1950 年 6 月，朝鲜战争的爆发进一步把这项"宣抚工作"提上了议事日程。1951 年 9 月 8 日，旧金山《对日和平条约》签定以后，美国以联合国的名义开始正式托管琉球。美军琉球托管当局开始通过美国国内的"北美海外传教局（FMCNA）"[③]从美国国内招募传教士，并以提供免费往返的机票等优厚待遇，诱导美国基督教传教士前往琉球从事宣教活动。

二、美国传教士与战后琉球社会的复兴

琉球战役之后，被美军解除武装的日本军人，依然藏匿有大量的粮食、医药品等军需物资。一些原日军军官利用自己掌控的藏匿军需物资为诱饵诱惑和玩弄女性，还有一些复员的日军士兵则干起了抢劫和偷盗的勾当，使得战后已经混乱不堪的琉球社会又增添了新的混乱。在这种社会背景下，美国传教士在琉球的社会救济

---

① W．P．ウッダード：『天皇と神道——GHQ の宗教政策』，阿部美哉訳，サイマル出版社，1988年，第 281—282 頁。

② 「日本の非軍事化と経済自立に関するローヤル陸軍長官演説（1948 年 1 月 6 日）（英語）」，外務省特別資料部編：『日本占領及び管理重要文書集・第 2 巻・政治、軍事、文化篇』，1949 年 3 月，第 4—10 頁。

③ "北美海外传教局"：全称为 Foreign Missions Conference of North America，简称 FMCNA。该组织成立于 1893 年，由美国和加拿大基督教传教士自发成立，以促进基督教在海外的传播为目的，1952 年解散。

活动是从保护妇女与儿童等社会弱势群体人身安全及确保生存物资开始的。这个时期，美国传教士主要负责管理居住在美国夏威夷和美国本土的琉球移民捐赠的大量救援物资和美国教会捐赠的救援物资。这些物资到达琉球以后往往是先存放在驻扎琉球的美军军需仓库里，然后再通过美国传教士和熟知当地情况的琉球基督徒之手分发到琉球民众手中的。当时的琉球运输物资的车辆极为稀缺，因此，救援物资、战后琉球复兴物资的运输，人员的调配等，都要依赖美国传教士手中的为数不多的传道车辆。这样，美国传教士和琉球基督徒就成了战后琉球经济社会复兴不可或缺的重要力量。

在战后的琉球社会，在战争中失去了丈夫和儿子的许多妇女，实际上也失去了战后赖以维持家庭基本生计的顶梁柱。二战后为使在战争中丧失家庭顶梁柱的琉球家庭摆脱生活困境，美军占领琉球初期，在部分美国传教士建议之下，琉球的一些教堂从美国购入缝纫机①，并承揽了洗涤和修补部分美军士兵衣物的工作，从事该项工作的琉球妇女，可以通过自身的劳动相对容易地直接获得当时相对比较稀缺的美元收入。美国传教士和琉球基督教会的这一举措，开辟了战后琉球妇女走上经济自立道路的先河。这一举措在某种意义上也使因饱受战争灾难而在精神上和物质上都陷入困境的琉球社会获得得以喘息的时间。

脱脂奶粉是 1947 年亚洲救济联盟(Licensed Agencies for Relief in Asia，以下简称"救济联盟")②提供给琉球岛民的救济物资。当时，琉球的粮食危机极为严峻，食品供应出现严重短缺。富含蛋白质和钙的脱脂奶粉成了保障琉球儿童成长的宝贵的营养源，但是琉球本地脱脂奶粉的供应量严重不足。

鉴于上述状况，琉球的美国传教士，一方面在美国社会发起了"向成长期的婴幼儿捐赠脱脂奶粉"的倡议，另一方面还说服美国琉球军政府负责人增加琉球居民的粮食配给。然而美国社会捐赠的救济物资毕竟有限，随着二战后第一次生育高峰的到来，琉球新生儿的数量的持续增加，配给的脱脂奶粉供应更加紧张。于是，在琉球的美国传教士通过美国本土教会向前来教堂做礼拜的美国信徒募集善款。美国

---

①　カトリック那霸司教区编：『カトリック那霸司教区記錄』，カトリック那霸司教区，1974 年，第 28—29 頁。

②　"亚洲救济联盟(Licensed Agencies for Relief in Asia)"：1946 年 4 月，由美国 11 个民间志愿者组织组成的人道主义救援机构，是二战后唯一允许在日本进行人道主义援助活动的非政府组织。

试析二战后美国传教士在琉球（冲绳）的活动

基督教会在教堂的入口处放置张贴严重营养失调的琉球男孩照片及书写着"在遥远的东方有这样一群可怜的孩子，请把你的爱献给这个孩子"[1]的箱子进行募捐。最早发起这种募集善款活动的是美国天主教会的传教士。他们把利用上述方式募集到的善款委托美国国际天主教福利协会(National Catholic Welfare Council)[2]，在美国本土购买脱脂奶粉，通过美军的帮助无偿运送到了琉球。美国天主教会发起上述募集善款活动之后不久，美国新教传教士们也展开了类似的募集善款活动。于是为琉球儿童募集善款，并用其购买救济物资的活动规模也得到了不断扩大[3]。

在琉球美国传教士救助琉球儿童的慈善活动还体现在对战后美琉混血儿的救助方面。例如，在美国基督教儿童福利团体资助下建立的"爱邻园"就是用来收养战后美军士兵与当地女性生下的混血儿的。"爱邻园"理事长就是由在琉球的美国新教传教士沃尔特·W.克莱德（Walter W. Krider）担任的[4]。

三、美国传教士与战后琉球基督教会重建与"宣抚"

随着二战后琉球社会经济缓慢的复兴，战时遭到沉重打击的琉球的基督教各派也逐渐开始恢复其宗教活动。据 1948 年在琉球美国传教团体向"北美海外传教局(FMCNA)"提交的报告，当时拥有 50 多万人口的琉球群岛已有 40 家教会和 4 个圣经讲习班，牧师数量也增加至 9 人（包括 1 名女性在内），传教士增加至 18 人，信徒的人数也超过了 5600 人，其中在战后成为基督教徒的新人也颇多。据说琉球人战后皈依基督教的热情，在很大程度上也是受到战后为琉球的复兴忘我工作的美国传教士的影响[5]。

---

① カトリック那霸司教区编：『カトリック那霸司教区记录』，カトリック那霸司教区，1974 年，第 28—29 页。

② "美国国际天主教福利协会(National Catholic Welfare Council)"：该协会成立于 1919 年，由天主教神职人员和主教组成，主要从事发放救济物资，救助失学儿童和弃婴，为社会弱势群体提供免费的基础教育和基本医疗保障。

③ 『今日の琉球』，1962 年第 12 号，第 3—6 页。

④ 一色哲：「戦後沖縄キリスト教史のなかの地域と教会—占領軍の統治政策とキリスト教児童福祉施設・愛隣園の研究—」，『キリスト教史学』，2001 年第 55 号，第 85 页。

⑤ 一色哲：『軍事占領下沖縄における「救い」と「癒し」の陥穽—キリスト教、国家、地域社会』，[C//],2007 年 8 月 20—22 日,日韓宗教研究 FORUM 第 4 回国際学術大会発表。

　　20 世纪 50 年代，随着朝鲜战争的爆发，琉球美军军事基地在朝鲜战争中的前沿作用陡然增强。美国政府也随之加强了对琉球社会的全面控制和管理。为了加强对琉球社会的控制和管理，由美国政府拨款，在美国基督教协会管理国外传教事务的"北美海外传教局(FMCNA)"之下，1950 年正式成立了"冲绳特别委员会"（Okinawa Interboard Committee，OKIB）。"北美海外传教局（FMCNA）"早在 1941 年就制订了在冲绳的传教计划，但因战争、经费等问题一直未能付诸实施。该计划包括以美国传教士主导建立的冲绳教会、在冲绳建立跨教派的联合教会、建立教会学校、运营教会医院、设立冲绳人去美国神学院留学的奖学金等。"冲绳特别委员会"成立以后，在其授意下 1946 年 2 月 6 日，由琉球基督徒成立的"冲绳基督教联盟"，于 1950 年 6 月正式改组为"冲绳基督教会"，该教会声称该教会是"全冲绳基督教徒的超教派单一教会"①。"冲绳基督教会"在财政上高度依赖美国的"冲绳特别委员会（OKIB）"。

　　美军琉球占领当局很早就试图把琉球当地基督徒和教会作为其战后对琉球民众进行"宣抚工作"的重要力量。负责管理冲绳宗教团体的美军军政府文化部文化科，明确提出把培植亲"军政府的牧师"作为琉球宗教文化建设的重要内容。1947 年 1 月修订的《冲绳基督教联盟章程》还把美国军政府副长官(琉球当地美军最高司令官)和美国随军牧师以及冲绳民政府知事志喜屋孝信（しきや　こうしん，1884—1955）等也纳入了其顾问名单。冲绳民政府和琉球政府的前身"冲绳谘询会"还提出了在美国占领军的监督下，建设基督教"新冲绳"的各种设想。据日本学者一色哲（いっしき　あき，1961—）的研究，由美国琉球占领当局挑选的、代表未来"新冲绳"的"冲绳谘询会"成员就具有浓厚的基督教色彩。该咨询会成员中就有 7 名基督徒，其余的 8 人也是亲基督教人士。"冲绳咨询会"委员长志喜屋孝信"从遗留下来的个人文件和资料来看是基督徒"，文化部部长当山正坚（とうやままさかた，1895—1971）、商工部部长安谷屋正量（あだにや　せいりょう，1887—1981）、教育部部长山城笃男（やましろ　あつお，1888—1968）等也是基督徒。干事长"松

────────────

① 一色哲：『軍事占領下沖縄における「救い」と「癒し」の陥穽—キリスト教、国家、地域社会』，[C//],2007 年 8 月 20—22 日,日韓宗教研究 FORUM 第 4 回国际学術大会発表。

试析二战后美国传教士在琉球（冲绳）的活动

冈政保（まつおか せいほ，1897—？）也与基督教有着很深的关系"。①

　　早在琉球战役之前美军就已对琉球社会经济、文化以及社会精英的宗教信仰进行了较为详细的调查，并编印成了琉球《民事手册》。基督教在琉球本地早已有传播，美军占领琉球以后，琉球本地基督教团体围绕琉球军事基地问题、美军士兵犯罪问题等与美军军政府时常发生意见分歧，甚至冲突。朝鲜战争爆发以后，随着美国半永久性军事占领琉球方针的确立，美军军政府开始将一部分对琉球民众的"宣抚工作"干脆直接交给了美国传教士。

　　从此，美国传教士开始直接介入了对琉球民众的"宣抚工作"。 美国传教士主要依据 1947 年琉球美军军政府文化部（后改为文化局）颁布的文化宣传"指导方针"开展对琉球民众的宣抚活动。该方针的主要内容包括：（1）推广民主主义，（2）反对共产主义，（3）促成琉球社会亲美化，（4）遵守社会道德，（5）主张建设非日本化的琉球，（6）推荐基于基督教信仰的生活方式等②不难看出，美国传教士的所谓"宣抚活动"带有明显亲美、反共、宣扬西方资本主义价值观的意识形态色彩。其反共、宣扬西方民主的意识形态色彩，在越南战争时期尤为明显。美国传教士把越南战争美化成美国在东亚进行的"义战"，并追义为美国取得胜利而祈祷等。这一点在冲绳基督徒的言论中也有体现。冲绳基督教教团机关报《路标》曾刊载过当时信徒的心声："美国传教士在布道中说，越南战争是义战，但我认为这是对主耶稣的背叛。在教团的定期总会上，穿着军服的随军牧师致贺词，对我来说也不像是能够接受的。教会和军队到底有什么关系呢?"③

四、琉球反基地运动与美国传教士

　　20 世纪 50 年代中期，从美国基督教协会派遣到琉球的基督教传教士中，也有

---

　　① 一色哲：「志喜屋孝信とキリスト教——戦後復興と新沖縄建設運動との関連で—」，『明治学院大学キリスト教研究所紀要』，2015 年第 47 号，第 227—247 頁。"冲绳谘询会"全部名单另见沖縄県公文書管理部編：『米国の沖縄統治下における琉球政府以前の行政組織変遷関係資料（1945—1952）』，沖縄県公文書館，2000 年，第 41 頁。
　　② 琉球政府文教調査課局編：『琉球史料・第十集・文化編(2)』，琉球政府文教局，1964 年，第 4—5 頁。
　　③ 『道しるべ』，1966 年 10 月号，第 5 頁。

后来成为支持琉球民众反对美军基地的人。1950 年的圣诞节，第一批派遣到琉球的美国基督教传教士，应邀参加了琉球那霸美军空军基地举办的圣诞节派对。在这次圣诞节派对中，基地当局曾希望传教士们向琉球"民众宣传美军是在保护日本和琉球"①。自此一些美国传教士终于明白了"自己被美军利用"的真相，开始关注琉球民众反对美军基地的斗争，一些传教士甚至还参与到了琉球民众的"反基地斗争"中。美国基督传教士战后参与的琉球民众反对美军基地的活动主要集中于以下两点。其一，参与了琉球民众反对美军扩张军事用地的斗争；其二，参与了琉球民众反对把大规模杀伤性武器运进琉球的斗争。

美国基督教传教士参加的反对美军扩张军事用地斗争最典型的事例就是 1954 年亲眼目睹美军强征琉球土地的一位被"北美海外传教局(FMCNA)"派遣到琉球的美国卫理宗传教士贝尔（Otis W. Bell），在《基督教世纪》（*Christian Century*）杂志上公开发表了控诉驻扎琉球的美军强征琉球土地的文章②。这篇题为"Play Fair with Okinawa（请公正地对待冲绳）"的文章引起了国际人权联盟主席鲍德温(R.N. Baldwin)的关注。国际人权联盟随后委托日本人权协会对美军强征琉球土地问题进行了调查。1955 年的日本《朝日新闻》也以"美军冲击冲绳民情"为题对上述事件进行了跟进报道。可以说贝尔发表在《基督教世纪》（*Christian Century*）上的先驱性文章使日本本土的民众和一部分美国人将目光第一次投向了琉球。与其相近的事例还有，针对美军在琉球群岛的伊江岛强征土地的问题，美国卫理宗传教士的理查德（Carleton Harold Rickard）向琉球美国民政府高级专员穆尔（J.E.Moore，1902—1986）递交了请求停止强征伊江岛土地的"请愿书"，但是该"请愿书"未能像贝尔文章一样引起各方面广泛关注，最终也未能阻止美军强征伊江岛土地，美军只部分提高征地价格了事。

美国基督教传教士参与的反对把大规模杀伤性武器部署琉球的典型事件则是 1969 年 7 月发生的琉球美军嘉手纳基地"毒气泄露事件"。事件的起因是，1967

---

①「宣教師団の声明」、「沖縄キリスト教会理事会の『特別報告書』」、日本基督教団宣教研究所教団史料編纂室編：『日本基督教団史資料集：第 3 巻』、日本基督教団宣教研究所教団史料編纂室、1998 年、第 369—376 頁。
② 日本基督教団沖縄教区編『27 度線の南から—沖縄キリスト者の証言』、日本基督教団出版局、1971 年、第 366—373 頁。

年 12 月，在日本临时国会上佐藤内阁提出了"不制造、不持有、不带入核武器"与"日本本土一样"的冲绳归还原则[1]。鉴于此，1969 年 1 月，驻琉球美军和美国琉球托管当局向琉球民众承诺将在 1969 年 3 月之前完成部署在琉球的化学武器的拆除和转移工作。但是实际上驻琉球美军并未信守承诺将大规模杀伤性武器转移出琉球。1969 年 7 月，琉球美军嘉手纳基地发生严重的化学毒气泄露事故，造成了 20 人死亡的灾难性后果。驻琉球美军的欺骗行为也随之大白于天下。这引起了琉球民众的极大愤怒。1970 年 5 月，琉球民众发起抗议运动，要求美军立即转移部署在琉球的大规模杀伤性武器。

美国浸信会传教士勃林格（Edward E. Bollinger）将琉球美军在"毒气转移"问题上没有履行承诺情况撰写成一篇文章，发表在《基督教世纪》(Christian Century) 杂志上，并严厉谴责了驻琉球美军及美国琉球托管当局作为统治者违背承诺、"漠视琉球民众权利"的"傲慢的态度"[2]。

结　论

第二次世界大战后，琉球本土基督教遭到了毁灭性的打击，教堂等宗教设施毁于战火，很多基督教传教士和信徒或逃往国外或死于战争。琉球战役结束后琉球基督教传教士仅剩一人，二战后琉球基督教的复兴急需受过正统基督教教育和培训的传教士。与之同时，在二战后琉球的社会、经济重建过程中，试图促进琉球社会的"美国化"和"基督教化"的美国日本占领当局（GHQ/SCAP）和琉球美军政府，试图通过向琉球派遣大量基督教传教士这种相对隐蔽的方式，借助宗教手段缓和美国占领当局乃至后来的琉球美国托管当局与琉球民众之间的矛盾，促进琉球社会的"美国化"和"基督教化"。二战后琉球的上述特殊历史背景造成了大批的美国传教士前往琉球传教。

在二战后早期琉球社会经济重建中，一些美国传教士及其影响下的琉球基督教组织，出于基督教的博爱和教徒奉献精神，为琉球社会、经济重建忘我工作，做出

---

① 林茂、辻清明编：『日本内阁史録（6）』，第一法规出版株式会社，1981 年，第 171 页。
② Bollinger E. E："1970 Okinawa: The Poison Gas Issue"，*The Christian Century*， July 22，1970.

了自己的贡献，并赢得了琉球民众的尊重和赞誉。

但是美国派遣大批传教士到琉球的真正目的并不是为治愈琉球民众战争创伤，并为其谋福祉，而是为了促进琉球社会的"美国化"和"基督教化"，从而帮助美国琉球占领（托管）当局顺利对琉球社会进行平稳统治。一些满怀宗教热情来到琉球的美国基督教传教士，抵达琉球以后很快就发现了自己的"宗教使命"与现实的"政治使命"之间的矛盾和冲突。一些美国基督教传教士为之苦恼和郁闷，甚至一些美国传教士最终站到了琉球民众一边，成了琉球民众利益的代言人。一些美国基督教传教士站在冲绳民众的立场要求美军撤出冲绳，并因此被解除了教会职务①。

很多美国基督教传教士抵达琉球之后发现，琉球并不是琉球美军占领（托管）当局宣扬的那样，是一块精神贫瘠、文化落后的地方，而是有着其独特的文化习俗和悠久的基督教传播历史的地方。到了琉球以后一些美国传教士发现自己的宗教理想与美国占领（托管）当局的琉球占领（托管）政策存在矛盾甚至冲突。又是美国公民又是琉球现居民的美国基督教传教士，时常裹挟在驻琉球美军、占领（托管）当局与琉球民众的矛盾、冲突的夹缝之中。这种状况即便是 1972 美国将琉球行政权归还日本之后也没有多少改变②。

尽管一些美国基督教传教士，到达冲绳以后目睹琉球人民的悲惨遭遇，勇敢地站在琉球民众的立场上反对琉球美军基地化，积极维护了琉球民众的利益，但这样的美国传教士毕竟还是少数。无论是出于生存的压力还是真心确信如此，在琉球活动的很多美国基督教传教士，还是接受了美国的军事占领能够为琉球带来永久和平的美国琉球占领（托管）当局的说教。

总之，二战后美国大量向琉球派遣基督教传教士，其根本目的是通过这些基督教传教士的"宣抚工作"，在战后琉球社会、经济的恢复与重建过程中试图促进琉球社会的"美国化"和"基督教化"，以便顺利实现对琉球的占领（托管）统治。尽管在这些美国传教士中也出现了为琉球社会、经济的复兴与重建舍身忘我工作

①　1953 年 11 月，在美国基督教浸信会联盟派往琉球（冲绳）普天间浸信会任职的美国牧师威廉姆·兰德尔（William T. Randall），因发表反对美军琉球（冲绳）基地言论，被美国基督教浸信会联盟开除传教士职务。
②　小林紀由：「日本復帰」後の沖縄バプテスト連盟と米国教会——宣教師解任事件をめぐって」，日本大学文理学部人文科学研究所『研究紀要』第 59 号，2000 年。

试析二战后美国传教士在琉球（冲绳）的活动

（特别是占领初期）的传教士和为琉球民众的权益奔走呼号的传教士，但这些都难以改变在琉球的美国传教士为美国占领（托管）统治服务的性质。在琉球的美国传教士是美国琉球占领（托管）政策的重要一环，它带有鲜明的美国化的意识形态色彩。

（作者：安文斌，福建师范大学社会历史学院世界史专业硕士研究生）

战争文学

目取真俊小说《群蝶之树》的创伤与记忆

李　敏　王振平

内容摘要　日本小说家目取真俊的《群蝶之树》采用双重叙事方法，描述了一个冲绳"慰安妇"在战时和战后遭受的身心创伤。战争的创伤是可见的、可以控诉的，而世俗的伤害却是无形的、难以言说的。两种伤害都足以摧毁人的意志，让人毁灭。受害者的沉默不语和某些冲绳人对悲惨历史的遗忘，导致创伤记忆出现了断裂。小说回顾了历史，表达了对社会现实的不满和对冲绳命运的关切。

关键词　目取真俊　"慰安妇"　创伤　记忆　《群蝶之树》

A Study of Trauma and Memory in Medoruma Shun's *Tree of Butterflies*

Li Min　Wang Zhenping

Abstract: Japanese novelist Medoruma Shun's *Tree of Butterflies* adqotirg dual narrative point of view presents a comfort woman who suffered from the physical and psychological trauma during and after the war. The trauma caused by the war is visible and indictable, while the trauma caused by secular vision is intangible and indescribable. Both kinds of trauma are serious enough to destroy people's will. The silence of the victims and the oblivion of some Okinawans to the tragic history leads to the breakdown of traumatic memory. The historical retrospect of the novel expresses the author's dissatisfaction to the social reality and his concern for the fate of Okinawa.

Key words: Medoruma Shun; comfort women; trauma; memory; *Tree of Butterflies*

　　二战期间，冲绳是日本境内唯一的地面战场，冲绳战是太平洋上的最后一战，是美军损失最大的一次战役，也是太平洋地区最为惨烈的战役之一，许多普通民众被卷入战争。据统计，"在冲绳战役中，来自本土的 6.5 万名士兵和冲绳出身的 3 万士兵，以及 9.4 万普通市民付出了生命。还有约 1 万从朝鲜半岛强行掳掠来的军夫、从军慰安妇等，具体人数至今不详"[1]。除了战斗的伤亡，有人被迫集体自杀，还有一部分人死于日军的虐杀。战后，冲绳被美军占领，1972 年"复归"日本后依旧是美军的军事基地，没有在真正意义上步入和平。惨烈的死伤和痛苦的经历给冲绳留下了深深的历史创伤。由于地理、历史、语言、文化等原因，冲绳文学在战前和战后长期游离于日本主流文学之外。直到有 4 位冲绳作家的作品相继获得芥川奖[2]，冲绳文学才受到越来越多的关注。在中国，最早关注并研究冲绳文学的是李芒，他先后发表了两篇论文（1963，1964）[3]，从战争、阶级斗争等角度阐述了《冲绳岛》《守礼之民》《榕树》等小说的主要内容和思想内涵。后来由于多种社会和

---

① 〔日〕新崎盛晖：《现代日本与冲绳》，孙军悦译，《开放时代》，2009 年第 3 期。

② 1967 年大城立裕的《鸡尾酒会》，1972 年东峰夫的《冲绳少年》，1996 年又吉荣喜的《猪的报应》，1997 年目取真俊的《水滴》。

③ 李芒：《霜多正次的冲绳三部曲及其他》，《世界文学》，1963 年第 5 期；李芒：《冲绳风暴——霜多正次的〈冲绳岛〉》，《世界文学》，1964 年第 Z1 期。

目取真俊小说《群蝶之树》的创伤与记忆

历史原因，冲绳文学一直未受到关注。冲绳文学再次进入我们的研究视野是新世纪之后。在冲绳作家中，我国学者对目取真俊的研究最为丰富，如王成（2002，2005）、黄颖（2012）、丁跃斌（2015，2018）、杨洪俊（2018）[①]等，都从作家的某部或多部小说入手，对战争和冲绳人的遭遇进行过评论，涉及战争记忆、战争创伤、战争历史评说、战争责任、民族身份认同、冲绳人在战争中的遭遇及其对战争的认识等。国外学者对《群蝶之树》的研究成果颇丰，涉及记忆的传承与表达（栗山雄佑2018，宫泽刚 2018）、加害责任和女性地位（尾西康充 2017）、战争创伤与记忆（KyLe Ikeda 2014）、"慰安妇"问题（朱惠足 2002）[②]等。在我国，目前尚未见有对《群蝶之树》的研究成果。《群蝶之树》是目取真俊发表于 2000 年的中篇小说。作家用超现实主义叙事手法，在时间与空间、历史与现实、梦境与真实间自由转换，以生动的笔触刻画了冲绳"慰安妇"的痛苦、恐惧和无助。小说中，出生于部落[③]，现在那霸工作的主人公义明，在参加家乡丰年祭活动时，看到发了疯的原"慰安妇"吴势[④]，而吴势也错把他当成了一个叫昭正的人。昭正是义明祖母的一个远房亲戚，他的牌位就供奉在义明家。于是，义明的讲述和吴势的回忆交织在一起，"慰安妇"在战时和战后的遭遇一幕幕展现在读者眼前。《群蝶之树》还原了冲绳"慰安妇"遭受的身心创伤，揭露了"慰安妇"不被同情和理解的社会现实。

---

① 王成：《用文学传递冲绳的声音——评目取真俊的短篇小说〈水滴〉》，《外国文学》，2002 年第 5 期；王成：《战争的记忆与叙述》，《读书》，2005 年第 3 期；黄颖：《冲绳战的文学记忆——以目取真俊的小说为中心》，《福建师范大学学报》，2012 年第 4 期；丁跃斌：《战争·创伤·救赎——目取真俊笔下的冲绳小说评解》，《浙江工商大学学报》，2015 年第 3 期；丁跃斌：《冲绳文学中的"疾病隐喻"与"战争记忆"——以目取真俊〈水滴〉〈叫魂〉为例》，《文艺争鸣》，2018 年第 11 期；杨洪俊：《论〈行走在和平街上〉中的战争体验言说与主题叙事》，《东北亚外语研究》，2018 年第 4 期。
② 栗山雄佑：「被害記憶への回路という欲望：目取真俊『群蝶の木』論」，『日本近代文学』，2018 年 11 月号；尾西康充：「目取真俊『群蝶の木』論——暴力の共犯者と家父長の権威」，『近代文学試論』，2017 年 12 月号；宫沢剛：「慰安婦と小説：語り得ぬ記憶の表現をめぐって」，『昭和文学研究』，2018 年 3 月号；Ikeda, KyLe. "Critical" "Sentimentalism" and conscious engagement in Tree of Butterflies". Okinawan War Mermory: Transgenerational trauma and the war fiction of Medoruma Shun. Routledge. 2014; 朱惠足：「目取真俊の小説における沖縄と「身体」の政治学」，名古屋大学大学院人間情報学研究科博士論文，2002 年。
③ 在小说中，二战期间用"村"表述；二战后，多用"部落"表述，笔者认为"部落"可以理解为冲绳。
④ "吴势"在小说中的日语表述为"ゴゼイ"，是过去冲绳女性的常用名，现在不常见。本文音译为"吴势"。

一、战争创伤——噩梦的开始

"创伤"(Trauma)源自希腊语，本意是外力给人体组织或器官造成的物理性损伤。凯西·凯鲁斯(Cathy Caruth)在她的经典著作《无主的经验:创伤、叙事和历史》中，将创伤定义为，"创伤是人们对突发事件或灾难的一种强烈感受，痛苦的感受往往是延迟的、不可控的，会重复出现，每当出现幻觉和遭遇其他侵扰时，这种感受就会出现。"①创伤经历给受创者的心灵留下深深的疤痕，会让他们产生严重的回避行为，出现噩梦、惊恐、幻觉、闪回和麻木等身心症状。《群蝶之树》的主人公吴势在战争期间遭受残酷的性暴力，身心备受摧残。战后，由于内心的煎熬和他人的孤立与歧视而发疯。她遭受的苦难，源于战争，但并未因战争的结束而结束。战争期间的性暴力对她造成的创伤成为她终身挥之不去的梦魇。

二战期间，日本在冲绳多处建造了飞机场，并于 1944 年将大量士兵运往冲绳，为与美国决战做准备。日军来到冲绳后，建设了大量慰安所，许多冲绳、日本本土、朝鲜等地的女性沦为日军"慰安妇"。吴势就是其中一员，她从小无父无母，在那霸的妓院里干活，长大后别无选择地成了娼妓。在她"工作"期间，一个叫石野的部队长故意用渗着恶心脓血的脏嘴侮辱她。被殴打、被侮辱是家常便饭，她痛苦不堪，甚至想用自杀来了结一切。日军战败，冲绳被美军占领，为保护部落女性不受玷污，慰安所的主人和部落负责人内间请求她为美军服务，她接受了请求，成为美军"慰安妇"，条件是让她一直住在部落。不论是"日军军官白乌贼般的腐臭身体"②，还是美军"长满了猪毛似的白色身体"③，都让她备受屈辱、遍体鳞伤、心灰意冷。由于是"慰安妇"，她无法拥有自己的孩子。同在慰安所给日军当杂役的私密恋人昭正，也被日本兵当作间谍给杀害了。二战中，吴势是日军"慰安妇"制度的受害者，美军占领时期，她又成了保护部落的女性不受侵犯的献祭者，再度牺牲。因为自己的"牺牲"，吴势得以在战时和战后保全性命。尽管苟活于世，她对美好生活的期望并未泯灭，尽管她的期望是那样的微不足道、那样的不切现实。

---

① Caruth, Cathy. Unclaimed Experience: Trauma, Narrative, and History. Baltimore and London: The Johns Hopkins University Press 1996, p.11.
② 目取真俊:『群蝶の木』，朝日新聞社，2001 年，第 194 页。所引《群蝶之树》译文均由笔者翻译，下引译文皆只标注页码。
③ 同上，第 201 页。

目取真俊小说《群蝶之树》的创伤与记忆

她唯一的期望是能继续住在与恋人相爱的地方，让自己沉浸在美好的回忆中，梦想着恋人回来找她。尽管她清楚地知道，恋人永远回不来了。

虽然吴势是受害者，但由于曾经是"慰安妇"，跟日军共处，靠日军生活，她感到深深的负疚与自责。当日军强征村民的食物，怨声四起时，她同情村民，想到自己就是日军食物的享用者，觉得无地自容。她对自己的恋人昭正心存歉疚，昭正是为了救她才被日军当作间谍杀害的。眼看着昭正被日军殴打得死去活来，她只能躲在岩石后面，不敢站出来伸手相救。而杀死昭正的石野回来后要在她身上发泄时，她却无法拒绝。吴势认为自己不仅背叛了村民，也背叛了昭正。她心地善良，为自己吃了日军强征来的食物而过意不去，也为自己只能服侍日军，不能和自己的恋人在一起而感到歉疚。由于未能制止日军杀害昭正，她甚至觉得自己也成了杀死昭正的凶手。"自发的参加者"和"共犯者"①意识是她抹不掉的创伤，终生难以释怀。"当创伤患者曾目睹他人的痛苦或死亡时，负罪感会特别严重"。"灾难和战争创伤患者萦绕心头的，是那些别人在垂死挣扎、他们却没有能力援救的影像。他们产生负罪感，是因为觉得自己没有冒生命危险解救别人，或未能满足垂死者的要求"。②吴势就具有创伤患者的负罪感，因此，发疯后的表现正是她曾经想做而又不敢或不能做的，如她对着义明说："昭正，快躲起来，日本兵要来抓你了！"③对着部落的人说："日本兵来了，大家快逃。"④她的创伤不仅仅来自自身的伤痛，还有对他人的歉疚。战争带给吴势的创伤是巨大的，而更让她想不到的是，战后来自冲绳普通民众的歧视与侮辱让她进一步陷入万劫不复的深渊。她无法正视自己，无法建构正常的个体和文化身份，在屈辱、痛苦和迷茫中发疯，成了她无可逃避的最终命运。

二、二度创伤——世俗的伤害

战争的伤害是显性的，能摧毁人的身体和尊严；世俗的伤害往往是隐性的，有

---

① 宫沢刚：「慰安婦と小説：『語り得ぬ記憶の表現をめぐって』」，『昭和文学研究』，2018 年 3 月号，第 179 頁。

② 〔美〕朱迪思·赫尔曼：《创伤与复原》，施宏达、陈文琦译，机械工业出版社出版，2018 年，第 50 页。

③ 目取眞俊：『群蝶の木』，朝日新聞社，2001 年，第 192 頁。

④ 同上，第 185 頁。

时却具有更大的杀伤力，足以摧毁人的心灵。由于战争期间的经历，吴势根植于内心的创伤如影随形、挥之不去。"慰安妇"的经历破坏了她与群体之间的联系，她与群体隔离，独自居住在河边的黄槿树下，将自己滴血的伤口隐藏起来，小心翼翼地独自生活。娼妓自古以来就受人歧视，娼妓出身，又接连充当日军和美军的"慰安妇"的吴势，战后的境遇可想而知。部落里唯一对她好的人是义明的祖母，她的废品只卖给吴势，还给她喝茶。但祖父却说："那种女人，不要给她茶喝。"①吴势在战争中遭受欺凌和羞辱是迫不得已，而战后受到孤立和歧视，则是来自于人性的缺陷。部落人视吴势为障碍，恨不得她尽快消失。就连一直对她心存挂记的义明，也放言说，"那个疯婆子，不能放任不管"②，更何况其他人了。义明小时候不慎走丢，是吴势发现了他并将他安全送回村子。做了好事却被义明的父亲和祖父误解，甚至被大声辱骂，而她只能一个劲儿地道歉。可以说，在变态的人性面前，弱者失去了尊严和言说能力，更没有对身份与自我的准确认同。而义明在家长的强权下也不敢站出来解释真相。一件小事，表现了吴势的无奈境地，也指出了同为弱者的义明在丑恶势力面前被迫失语的处境，这跟吴势在日军的压迫下的失语状态如出一辙。

心理创伤会对人造成持续和深远影响，受害者常常沉迷于记忆之中，无法自拔，甚至会精神失常。研究表明，"精神科 50%的住院病患与 40%的门诊病患，都报告了生理方面、性方面或两者皆有的受虐经历"。③从凯鲁斯对创伤的定义可知，创伤具有"延迟性"，即创伤性事件或创伤性经历与精神创伤的形成常常具有一定的时间间隔。受到孤立与歧视的吴势压抑多年的心理创伤，多年后终于爆发，她精神失常、走向癫狂。她到超市里拿起东西往嘴里放，或者没日没夜地在村里游荡，跑到丰年祭的民族舞队列中袒胸露乳、手舞足蹈，衣衫不整地跑到演剧舞台中央大喊大叫。她的眼前不是已死的恋人，就是来抓人、杀人的日本兵。她发疯后语言不多，仅有的几次发声就是跑到台上告诉大家，"日本兵来了，大家快逃"④。冲着被她错看成自己恋人昭正的义明大喊："昭正，救救我，日本兵要带走我。"⑤"昭正，

① 目取眞俊:『群蝶の木』，朝日新聞社，2001 年，第 207 頁。
② 同上，第 199 頁。
③ 〔美〕朱迪思·赫尔曼:《创伤与复原》，施宏达、陈文琦译，机械工业出版社出版，2018 年，第 115 頁。
④目取眞俊:『群蝶の木』，朝日新聞社，2001 年，第 185 頁。
⑤ 同上，第 174 頁。

目取真俊小说《群蝶之树》的创伤与记忆

不要丢下我。"① 只有在成为一个疯子后，她郁积心中的话语才得以发泄。虽然是疯人疯语，却是一个遭受战争创伤和世俗伤害的人发自内心的真实呼喊。

发疯后的吴势还出现了幻觉，这是典型的创伤症候。她觉得在丰年祭舞台上跳舞的人是自己，而"昭正在旁边对她点头"②。住院期间，她恍惚中觉得"自己看到了自己正追随着逐渐远去的脚步声奔跑，而看着这一幕的自己正蹲在黄槿树下"③。凯鲁斯指出，创伤即"双重伤害"，最初伤害发生时，受害人可能尚未意识到伤害的严重性，又或者受害人为了回归正常生活故意将其"遗忘"，以致等到第二次或更多的同类伤害发生时，受害人再次更加强烈地感受到身体和心灵的戕害，并可能伴随病理症状。④ 饱经伤害的吴势出现了一系列创伤症候，这些症候所表现的正是她的凄苦和无助，也证明了战争期间的创伤经历并未随着和平的到来而消减，而是在世俗伤害的刺激下不断重复出现。

吴势在战争中被迫献出了自己的身体，后来又替冲绳人为美军服务。而她忍辱负重、一再付出的结果是，不但要遭受日军和美军的欺辱，还要终身遭受冲绳人的歧视和孤立。世俗的伤害给她带来二次创伤，让她距群体渐行渐远，让她绝望。可想而知，没有跟自我达成和解，也未受到群体关注的她，不但无处伸冤，还无人同情，被欺辱，被孤立，被遗忘，她只能屈辱苟活，最终除了精神失常，她又能怎样？这一切，难道只是因为她曾经做过"慰安妇"吗？是，又不是。

三、创伤记忆——沉默与遗忘

朱迪思·赫尔曼(Judith Herman)指出了创伤记忆难以言说的特征："创伤记忆难以用言辞叙述，也缺乏前后脉络，而是以栩栩如生的感受和影像方式储存起来。"⑤《群蝶之树》将历史与现实、过去与现在、时间与空间揉合在一起，这种叙事的模糊性也体现了创伤的难以言说性。而且，"在所有的创伤类型中，性创伤是最严重的一种，主要是因为几乎所有创伤的受害者都会被同情、支持和帮助，但

---

① 目取真俊:『群蝶の木』，朝日新闻社，2001 年，第 193 頁。
②③ 同上，第 197 頁。
④ 刘玉:《创伤小说的记忆与书写》，科学出版社，2019 年，第 42 頁。
⑤ 〔美〕朱迪思·赫尔曼:《创伤与复原》，施宏达、陈文琦译,机械工业出版社出版，2018 年，第 34 頁。

性创伤的受害者例外"。①

小说中，吴势的回忆与义明的阐述交替进行，虽然她没有对任何人说出自己内心的创伤，读者却能通过她的回忆得知她的过往。但读者也能感到，她的周围，没有人真正了解她的创伤和苦痛。吴势在发疯前离群索居、畏缩禁闭，很少与人交流，即使遭到误解也不去申辩，具有明显的创伤症候。发疯后，她一直沉浸在过去的痛苦记忆中，出现了明显的记忆侵扰创伤症候。但她的创伤最终没有表达出来，周围也没有人真正理解她内心的伤痛。

吴势十分想说："你们输掉了战争，该被美国兵糟蹋的是你们的妻子和女儿。我既不是你们村里的人，又不是你们口中的妇女儿童，为什么要让我去为美国兵服务，去替你们的妻子和女儿受罪呢？"②在村子里住了50多年，放在心里的话，最终也没有说出来。在作品的叙事中，当事人对自己的个体创伤难以言说，作家同样无法言说。在《群蝶之树》中，主人公吴势是基本失语的，创伤记忆让她失去了发声的勇气和能力；作家是沉默的，他故意留白，欲让读者去想象，抑或是关照不足所致。义明对吴势的创伤的认识也是模棱两可的。通过她发疯后的只言片语，他得知她极度害怕日本兵。又通过二战的亲历者、曾经的区长、部落议员、参与过编辑部落历史的90多岁的内间老人，他才得知吴势充当过日军和美军的"慰安妇"。在吴势弥留之际，义明去医院探望她，她一直处于无意识状态。义明即将走出病房回头的那一瞬，他觉得吴势眼睛微睁，在看他，"刚想回去确认一下，感受到的一点点视线也消失了"。③吴势和义明并没有真正意义上的交流，他们的交集最终以义明的离开结束。义明自始至终也不知道吴势在战争期间和战后的真正经历及其内心的伤痛。创伤的不可言说性，又成为创伤记忆在社会记忆中被忽视的重要因素，导致创伤记忆出现断裂。就连记录部落历史的《字史》中都没有她的名字，她的存在被抹杀掉了。

丰年祭上演的戏剧"冲绳女工哀史"，讲述了冲绳人在日本本土受到歧视的惨痛历史。剧中女主人公被日本本土人欺骗怀孕，返回冲绳后又受到家人的毒打和鄙视，生下孩子无力抚养，在孩子一岁时被迫将其抛弃，自己最终沦为娼妓。在冲绳

---

① 〔美〕朱迪思·赫尔曼：《创伤与复原》，施宏达、陈文琦译，机械工业出版社出版，2018年，第Ⅷ页。
② 目取真俊：『群蝶の木』，朝日新聞社，2001年，第200—201页。
③ 同上，第223页。

目取真俊小说《群蝶之树》的创伤与记忆

战的战场上，她被已经成为铁血勤皇队员的儿子救了一命，两人却没有相认。最终儿子在自杀式袭击中战死，她也自杀殉命。观看完演出，部落人的掌声和哭声持续了一分钟多，他们大喊"该死的大和人"，悲愤不已。然而，这些给予剧中女子以深切同情，并为她感到悲痛的人，对现实生活中有过"慰安妇"经历的吴势却极度排斥和歧视。阿莱达·阿斯曼(Aleida Assmann)提到："记忆是一个创造性的、可变的，因而也是基本不可信赖的网络。"①社会也在变化的网络中对个人的记忆予以选择、取舍，最终形成了处于统治地位的意识形态和记忆。

吴势曾用自己的身躯保护冲绳女子不受侵犯，但她这个"恩人"却被冲绳人遗忘、歧视甚至侮辱。同时，冲绳人也忘记了自己曾经的奴颜婢膝，忘记了曾经的自相残杀。虽然也有像昭正那样故意弄伤自己而拒绝作恶的正直冲绳人，但还有许多屠杀自己同胞的冲绳人。正是冲绳人与那岭杀害了两个回村找食物的老人。杀完老人，他"还向其他人吹嘘自己的刀法，专心听他吹嘘的就有冲绳人岭井和大城"②。为讨好日军，一些参加杀戮的冲绳人对有间谍嫌疑的人的出手异常残忍。除了加入日军的冲绳人外，还有些冲绳村民向友军献媚以求得到帮助。读者看到的冲绳人既是受害者又是加害者，让人既同情又痛恨。作者目取真俊的芥川奖获奖作品《水滴》也表达了这一思想。《群蝶之树》在对冲绳"慰安妇"表示同情的同时，也对冲绳人对自己加害者身份的遗忘提出了拷问。

对人格与尊严的漠视必然导致遗忘，遗忘的结果就是良心的缺席。作家表现的不仅仅是"慰安妇"个人的悲惨经历，更是集体的记忆与遗忘，他在剖析人性，反思历史。经历过冲绳战，曾请求吴势去充当美军"慰安妇"，并且参与《字史》编纂的内间老人，对于吴势的伤痛也知之甚少。在义明向他咨询吴势的过往时，他只说她是"女郎"（妓女），是日军高级军官的"慰安妇"，战后由于"做那种工作不需要本钱，她无法自拔，还一度当了美军慰安妇"③。在内间口中，吴势的过往被歪曲了，她成了一个为了生存重操皮肉生意的堕落女人。

代表冲绳人的内间老人忘记了历史，忘记了伤痛。他失忆了，或者说，他选择了忘记。但是受尽屈辱的吴势没有失忆，没有忘记。虽然清醒时她没有过什么抱怨

① 〔德〕阿斯曼·阿莱达：《回忆有多真实？》，出自〔德〕哈拉尔德·韦尔策编：《社会记忆：历史、回忆、传承》，李斌、王立君、白锡堃译，北京大学出版社，2007年，第62页。
② 目取真俊：『群蝶の木』，朝日新聞社，2001年，第218頁。
③ 同上，第216頁。

和怨恨，但发疯后她的言语却都是过去的痛苦记忆。义明并没有真正理解她的伤痛。祖母只言片语的回忆、历史见证者内间的叙述，都没能正确地表达吴势的真正处境和心境。可以理解的是，由于亲历者创伤记忆的难以言说性，创伤记忆难以从受害者口中表达出来，但作者想表达的，也是我们想知道的是，为什么同样受到伤害的冲绳人不能宽容和理解吴势的创伤？为什么他们从受害者最后变成了加害者？为什么他们的创伤记忆出现了断裂？对于曾经的创伤，为什么他们会忘记或选择忘记？

结　语

在东亚国家的几千年历史中，女性经常被视为弱者，而"慰安妇"则是弱者中的弱者，她们没有人格，被剥夺了做人的尊严。在几度遭受灭绝人性的身心伤害后，吴势最终的精神错乱成为必然。由于创伤记忆本身的难以言说和社会的集体遗忘，她的创伤从未获得理解，也未得到治愈。《群蝶之树》不但表现了冲绳"慰安妇"战时与战后的创伤，也表现了冲绳的民族伤痛和悲惨境地。使冲绳人遗忘创伤，不能正视历史的原因是多方面的，客观原因是战争、历史、社会和政治，而主观原因则是冲绳人自己，是他们人性的弱点。面对强权，他们对战时和战后的屈辱遭遇选择了忘记，不但没有对遭受屈辱的吴势表现出同情，甚至还对她进行了二次伤害。但是毕竟冲绳人有着深厚民族文化传统，尽管在殖民统治下他们经历着精神和文化的异化，但他们对自己目前的境遇心有不甘，希望保留自己的民族文化，更希望保留自己民族的精神。小说中，义明年过 30 后，开始意识到带着岛上泥土气味的音乐一直回响在自己血液中，他"从电视的乡土频道观看琉舞和冲绳戏剧，购买磁带和光盘听琉球民谣"①，表达了冲绳人民祈望回归自己本真的强烈愿望。这是作家在为冲绳人寻找自己的根，寻找自身的魂。作家揭开记忆深处已经结痂的伤痛，反思冲绳人的过往，书写战争体验，意在铭记战争创伤，反省侵略战争的罪恶本质，呼唤善良人性，开拓冲绳的未来。

（作者：李敏，天津科技大学外国语学院讲师；王振平，天津科技大学外国语学院教授）

---

① 目取眞俊:『群蝶の木』，朝日新聞社，2001 年，第 182 頁。

抗日战争时期在华冲绳人的青春体验与精神构造*
——浅析大城立裕《清晨，伫立在上海——小说东亚同文书院》

常　芬

内容摘要　大城立裕（1925—2020），生于冲绳中城村一个世袭神女之家，1943 年入读上海东亚同文书院，日本战败后退学，辗转回到美军托管下的冲绳。东亚同文书院的消失带来的"青春挫败感"和"祖国丧失"的创伤促使大城立裕走上了文学创作的道路，与朝鲜、中国台湾及日本本土青年共读于上海东亚同文书院的经历促使其对"国家意识""国民意识""国家认同""文化认同"等观念展开了深刻的思索。《清晨，伫立在上海——小说东亚同文书院》是一部带有浓厚自传色彩的告白小说，其主题兼具边缘性与普遍性：冲绳以此与中国乃至整个东亚相联通。主人公集冲绳民族意识、"日本国民意识"于一身，海外异化空间促成了其琉球民族认同的觉醒，却亦由此陷入从边缘到封闭的境地。

关键词　上海东亚同文书院　冲绳作家　大城立裕　中国体验

*本文系教育部人文社会科学研究青年基金项目"冲绳作家抗日战争在中国的集体研究"（项目批号：19YJC752002）的阶段性成果之一。

Youth Experience and Spiritual Structure of Okinawans in China during the Anti-Japanese War : Elementary Analysis of Oshiro Tatsuhiro's Work "At Dawn, I Stand Long in Shanghai-The Tung Wen College"

Chang Fen

Abstract: Oshiro Tatsuhiro's literature not only records the relationship between China and Ryukyu with a strong sense of history and humanistic sentiment, but also is praised because of his distinctive Okinawa character, and it also has its own place in the field of "Japanese literature". In a sense, we can also refer to the literature of Oshiro Tatsuhiro as a cross-nation and mixed literature. "At Dawn, I Stand Long in Shanghai-The Tung Wen College" depicts the image of a student who is intertwined with pride, bitter and remorse at The Tung Wen College in the perspective of "Japanese". This image overlaps with the image of the Japanese nationals before and after the war and even the national image of Japan, forming a three-dimensional structure that is mutually mapped. At the same time, this structure also interacts with China in the Japanese concept and the Chinese people they actually contact. We should not separate any of its parts to discuss the history of the end of the "Great East Asian War".

Keywords: The Tung Wen College; okinawa writer; Oshiro Tatsuhiro; experience in China

引　言

说起战后冲绳文学,就不得不提大城立裕。大城立裕(1925—2020),生于冲绳中城村一个世袭神女之家,1943 年入读上海东亚同文书院,日本战败后退学。辗转回到冲绳后,担任过高中教师、政府职员等职务。在冲绳的"行政管辖权"尚未托管给日本的 1967 年,凭借小说《鸡尾酒会》荣膺日本纯文学最高荣誉芥川文学奖。获奖后,依旧笔耕不辍,陆续发表了多部描写冲绳的矛盾、苦难与自尊的小说、戏曲等,并于 2015 年以 89 岁高龄凭借个人创作生涯中的首部私小说《铁轨的那一边》摘得日本另一个举足轻重的文学奖项——川端康成文学奖。作为战后冲绳

抗日战争时期在华冲绳人的青春体验与精神构造

文学的领军人物，他对冲绳小说进行了大胆的实验与创新，表现手法不拘泥一格，这一系列主题内容和行文风格迥异的小说，提供了一个在夹缝中喘息的冲绳人和冲绳文化的真实写照。

然而，大城立裕于 1973 年开始创作、1983 年经由讲谈社出版发行的小说《清晨，伫立在上海——小说东亚同文书院》①（以下简称为《清晨，伫立在上海》）却没有表现出一如既往、贯彻始终的冲绳人国家主体性、文化主体性探索情结。全篇将抽象的述说与具体的描写结合起来，以日本人的口吻描绘了一个交织着自豪、苦涩和悔恨的青春影像，这种复杂的感情结合体亦是抗日战争末期日本国家形象的真实写照。本文试图从作品中登场的日本本土人、朝鲜人、冲绳人、日据台湾人以及中国人的国家意识及民族文化观入手，解析身在上海的日本人的精神构造及其中国观，中国人的精神构造及其日本观，以及不同历史背景和政治氛围下"文化类同与文化利用""中日提携与复兴亚洲"等问题。

一、《清晨，伫立在上海》的异色及主旨

《清晨，伫立在上海》是大城立裕唯一一部以自己的中国体验为主题的作品。大城 17 岁（1943 年）时，以冲绳县费派遣生的身份留学于上海的东亚同文书院。此时日本已深陷侵华战争的泥潭，为了弥补前线兵员不足，日本政府两次缩短大学和高等学校的修学时间，并最终废止在校大学生免除兵役的特权，动员"学徒出阵"，远在日本本土之外的上海东亚同文书院也不能幸免。在这样的历史背景下，大城在上海附近的苏州接受候补干部集合教育时被告知了日本战败的消息。随后，被征用为中文翻译处理战后日本军队向中国国民政府军缴械投降等交接事宜。《清晨，伫立在上海》里交代的历史背景以及主人公知名的生活轨迹、心路历程在很大程度上与大城本人的青春印记重叠，从中可以窥见抗日战争前后的上海以及日本人眼中的中国社会和风俗百态。

这部小说的一大显著特色，是没有表现出大城作品贯彻始终的冲绳人国家主体性、文化主体性探索情结。对此，研究家及评论家的看法毁誉参半，冈本惠德认为："一直以来，大城的作品都与冲绳息息相关，而《清晨，伫立在上海》的主人公知

---

① 大城立裕：『朝、上海に立ちつくす——小説東亜同文書院』，講談社，1984 年。

名对冲绳却没有丝毫的羁绊意识，因此这部作品很难被贴上'大城作品'的标签。"①不过，武山梅乘却认为："值得注意的正是冈本批判大城的视点……也正是在《清晨，伫立在上海》这部小说中，可以发掘出大城的另一种可能性——与冲绳割裂的作家·大城立裕。"②然而黄英却发表了与上述两位迥异的看法，黄英认为："由于身处多重立场，主人公知名即使可以回避触及冲绳，冲绳却总是如影随形……即使大城以日本人的立场讲述了一个残酷的青春体验，他也无法真正回避冲绳。冲绳已经内化在他的自我认识深处，会在不经意间不自觉地浮出表面。"③可以说，就《清晨，伫立在上海》这部作品是否具有冲绳印记，以及如何通过这部作品理解以探索冲绳人的文化主体性著称的作家大城立裕，众人各执一词。但是不可否认，与大城的其他作品相较，《清晨，伫立在上海》的冲绳意识和冲绳文化的表象不够明显。

关于《清晨，伫立在上海》的写作意图，大城在小说的后记中做了如此说明："10 多年间我一直苦苦思考：对日本和中国来说，东亚同文书院是什么？对我来说，东亚同文书院又是什么？再者，对东亚同文书院来说，我又是什么？由此将思考的触角延伸到日本和中国的相互依存关系，以及在他国设立学校究竟为哪般等具有普遍性的问题上，从而写就了这部作品。"（《清晨，伫立在上海》261）可见，在这部作品中，大城对在主体与他者交互碰撞过程中建构的日本、中国的国家意识，东亚同文书院的性质，以及身处特殊年代、复杂背景中渺小个体的自我认知和社会认同进行了探讨。然而大城对上述问题的思索深入到了何种地步？是否能产生跨越国界的共鸣？黄颖对此发表了如下看法："该作品展现了一个充斥着多民族、多视角、性暴力，以及各种语言交织在一起的权力竞技舞台，虽然可以从字里行间捕捉到上海东亚同文书院学生（大城）的加害者意识，但这种意识也是模糊的。纵览全篇可以获悉，大城下意识地认为书院学生（我）也不过是战争的受害者。这种对战争性质暧昧的意识不仅在大城作品中有所反映，也贯穿于整个战后日本文学，甚至

---

① 冈本惠德：「文学的状況の現在——『朝、上海に立ちつくす』をめぐって」，『新沖縄文学』，沖縄タイムス，1984 年，第 109 頁。

② 武山梅乘：『不穏でユーモラスなアイコンたち——大城立裕の文学と〈沖縄〉』，晶文社，2013 年，第 127 頁。

③ 黄英：『大城立裕「朝、上海に立ちつくす」におけるアイデンティティ』，九州大学大学院比較社会文化学府比較文化研究会 *Comparatio* 18,2014 年，第 74 頁。

是战后日本社会。"①从上述分析中可以得知，黄颖认为大城是从东亚同文书院学生的立场出发，对过去的经历和思想路程进行了阐释，但这种阐释以及对战争的回顾和思考，在本质上不够深刻和警醒，这与战后日本国民的战争责任认识如出一辙。

对大城的反思，黄英也有一番解析："在战时状态，既然是作为侵略者、殖民者踏上中国的土地，在表面上就只好以日本人自居。战败后，知名对战争的反思，也是从同文书院学生的立场，即日本人的立场来书写的。……正因为如此，为了不妨碍从日本人的视角反思战争，大城在一定程度上刻意地克制身为冲绳人所抱有的被害者意识，但是与此同时，冲绳人具有的加害者意识也不可避免地随之弱化了。"②可见黄英认为，大城有意识地剔除冲绳人的二战观是为了不妨碍从日本人的心态去表述战争认识，并且认为大城没有回避表明书院学生或日本人的身份是侵略者、殖民者，即战争的加害者。虽然黄颖和黄英对《清晨，伫立在上海》的主旨分析存在一定的龃龉，但不难看出，两位均认为大城在还原历史情境的过程中，刻意压制冲绳思维，以日本的国家意识及文化观为主导思考了日本的战争责任以及战后的责任认识。

以上是研究家及评论家从文本分析的角度对《清晨，伫立在上海》这部作品的探讨。不过，若是导入维琴尼亚·萨提亚（Virginia Satir，1916—1988）的"冰山理论"或者海明威（1899—1961）的"冰山原则"思索一番，就会察觉作品中大量的心理活动以及梦境描写，亦是剖析该作品的一个重要视角。新城郁夫即从主人公知名的梦境入手，使用精神分析法，发表了一番独到的见解。作品中，主人公知名一直被男性主体间授予和接受精液的梦境反复纠缠。有观点认为冲绳青年知名特有的自我认定不安感和少数族群意识是梦境产生的主要原因……作者本人就曾这样论述过。不过，新城郁夫依然试图从与作者意图完全相悖的视角解读该作品。从精神分析的角度来看，在知名的"梦"中可以读出"被压抑的事物"。此处值得注意的是，在作者眼里，第二次世界大战中描绘的"大东亚"这一远景蓝图，其实不过是在上海做的一个美梦。此刻，在男性主体间授予和接受精液的梦境里压抑着的"大东亚"理念的象征——"血盟的成立"这一潜在主题逐渐浮出表面。在小说的人物

---

① 黄英：「大城立裕『朝、上海に立ちつくす』論」，『琉球アジア社会文化研究』第9号，2006年，第30頁。

② 黄英：『大城立裕「朝、上海に立ちつくす」におけるアイデンティティ』，九州大学大学院比較社会文化学府比較文化研究会 Comparatio 18,2014年，第62—74頁。

配置上，日本人织田位于"血盟的中心"，主人公知名无意识地格外在意自己是否靠近日本人织田。再者，在知名的梦中，织田一直近在咫尺，可以说，织田才是知名欲望的投放处。而以织田为中心由近及远生成的"序列化"结构中，"新垣幸子""范淑英"等女性人物是边缘化的存在。新城郁夫认为从中可以看到男性间以非常明显的形态（同性性欲）聚集在一起的政治性人物构图。他继续指出，小说中对同性性欲鼓动和否认的描述是忘却"大东亚"这一历史幻象的曲射，他欲从此观点出发重新思考"大东亚"的历史，并认为该段历史不过是黄粱一梦。从新城郁夫的观点可以读解出，冲绳人知名真正的欲望投放处并非东亚同文书院，而是作为一个日本人的身份认同观。而对男性主体间同性性欲鼓动和否认的描述，则曲折地投射出日本及东亚同文书院鼓吹的"大东亚"理念其实不过是自欺欺人的幻象的观点。

综上所述，从文本分析入手解读《清晨，伫立在上海》的研究家及评论家认为该作品没有探索冲绳文化的主体性，在文字和语句的表象上缺乏冲绳人意识，在反思战争的过程中也刻意剔除了冲绳人的战争观。而从精神分析视角入手的新城郁夫则挖掘出主人公知名刻意回避冲绳的深层原因——"琉球处分"后冲绳人的日本国家认同观和文化认同观。

笔者认为，抗日战争末期，男主人公冲绳青年知名青春期的敏感与悸动滑稽地融入远东大都会上海的浮华躁动里，这一自醒式的梳理在给作品带来沉重肉身的同时，又为他者提供了考量自身的轻盈质感，并为解读抗日战争末期的历史提供了一个全新的视角。在该作品中，作者刻意回避探索冲绳的国家主体性及文化主体性，刻画的主人公无论是在日常生活中还是在梦境，均下意识地淡化冲绳人的民族心理，意识形态向日本本土青年靠拢，即写作主体和写作客体均在刻意回避冲绳。刻意回避意味着在意，因此，就此将该作品贴上"非冲绳特色"的标签未免武断。"琉球处分"后，摆脱与民族特色交织在一起的所谓"落后属性"，实现与日本本土的一体化、成为"日本国民"是冲绳近现代思想史中无法割裂的一环，因此，"刻意回避"或"刻意摆脱"冲绳亦是"冲绳特色"的一部分。而且主人公在意识形态上刻意靠近日本本土人的心理活动，以及在行动上附和日本政府主张的做法，均为冲绳人的战争"加害者"身份提供了佐证。

二、日本人的精神构造及其中国观

如前所述，主人公知名虽为冲绳出身的青年，却刻意回避冲绳人的族群意识，以日本人自居。对此，冈本惠德曾评论到："写这部作品时，相较于当前对冲绳人主体意识的孜孜建构，作者有意地采取了客观地描述过去的手法。"[①]抗日战争前后，冲绳人以日本人自居是难以回避的历史事实，因此，在本章，笔者试图回溯历史以剖析抗日战争前后日本人的精神构造，并反观当下。

（一）东亚同文书院的理念与实际

《清晨，伫立在上海》中的主要人物均与上海东亚同文书院有着或多或少的交集，而就读于该校的日本本土、冲绳、朝鲜以及中国台湾的学生构成了该校学生的主体。东亚同文书院的兴学要旨宣称："讲中外之实学，育中日之英才，一树中国富强之基，一以固中日辑协之根，所期在保全中国，定东亚久安之策，立宇内永和之计。"[②]然而，抗日战争末期，独缺中国大陆学生的学生群体构成从侧面反映出日本人的"兴亚论"具有一厢情愿的情感特性及显而易见的欺瞒性。在《清晨，伫立在上海》中，作者借中日两国人的对话对此问题一笔带过。日本本土青年织田住院期间，他称之为"亲日派"的中国少年李武雄曾用中文询问知名：

> "同文书院为什么不接收中国人入学？""究竟是为什么呢？"知名使用
> 日语将问题推给了织田。织田思考片刻后，用中文回答少年："很久以前也是
> 有中国学生的。"少年不依不饶："那为什么现在没有了呢？"织田回答："并
> 非规定不能录取中国学生，而是没有中国学生报考。"少年立马应声说："我
> 将来想上同文书院。"对此，织田不置可否……（《清晨，伫立在上海》40）

的确，如织田所说，同文书院很久以前有中国学生，1920 年 9 月，同文书院特设中华学生部开始招收中国学生，学生由中国官厅或学校校长保荐，1921 年招收到第一批学生，共计 35 人，自此，招生困难的问题一直困扰着中华学生部，最

---

① 冈本惠德：『文学的状况の现在——「朝、上海に立ちつくす」をめぐって』，『新冲绳文学』，冲绳タイムス，1984 年，第 109 页。

② 赵文远：《上海东亚同文书院与近代日本侵华活动》，《史学月刊》，2002 年，第 56 页。

终，该部于 1931 年正式停止招生。这所标榜育"中日之英才"的同文书院为何最终只能成为育"日之英才"的学府，笔者认为原因主要有三：（1）1915 年日本政府提出旨在灭亡中国的"二十一条"后，中国反日情绪高涨，凡是与日本有关联的事物，都会受到中国民众"义和团"式的抵制，因此，报名人数甚少实在情理之中；（2）从《清晨，伫立在上海》里日本宪兵队对同文书院朝鲜籍、中国台湾籍学生的不信任描写可以推断，日本宪兵队对中华学生部存有更多的顾虑、芥蒂和防范心理，为了杜绝在校内发生中国学生向日本学生灌输共产主义、"大东亚战争"的侵略本质等所谓的"危险思想"，关闭中华学生部对日本当局而言并非只有遗憾和无奈；（3）1925 年中国兴起了收回教育权运动，西方教会学校及日本学校均受到一定程度的冲击，中华学生部也不例外。1928 年，南京政府形式上统一中国后，颁布了《私立学校规程》等有关外国人在华办学的规定，要求外国人办学限期立案等。但是东亚同文书院坚持该校为日本人学校，拒不立案登记。中国方面则宣布，不承认中华学生部为正规学校。这一举措也加速了中华学生部的消失。然而尽管如此，东亚同文书院的某些教授仍然坚持该校理念的正确性和日本人的正义性。在日本宪兵队调查朝鲜学生金井恒明的思想问题时，铃江教授情绪激动地反击：

　　　　"日本人以谋求'支那'的和睦合作为理念而创办了同文书院这所学校。即使国家在打战，我们却想定自己身处和平之中……"宪兵马上提高嗓门呵斥道："你这是反战思想吗？！"铃江教授不紧不慢地回答："不是反战思想，而是我们的理想。战争也是为了和平。"（《清晨，伫立在上海》47）

从铃木教授振振有词的观点可以得知，具有人情味、袒护朝鲜学生的日本高级知识分子也坚信"大东亚战争"的正义性。这种正义性折射出日本人相对于亚洲其他民族而言自以为高明的优越感，以及在这种优越感的驱使下，无视他人及他国尊严，从主观意愿出发粗暴干涉他人及他国事物，并自诩为救赎中国及亚洲，从而获得自我肯定、自我满足的隐晦型利己主义与道德专制主义情感。

（二）战时冲绳人的精神构造

　　既然学生构成主体是日本本土、冲绳、朝鲜以及中国台湾的学生，而冲绳已于 1879 年成为日本的 43 个县之一，1937 年卢沟桥事变后日本当局在朝鲜及中国台湾加速推行皇民化教育，冲绳、朝鲜和中国台湾学生的精神内核或多或少受到了日本

抗日战争时期在华冲绳人的青春体验与精神构造

式思维的直接或间接影响，在人种和民族认同观上也不可避免地受到了冲击。冲绳学生知名在对低年级学生根岸进行中文发音指导时，根岸神经质般地盯着知名，不经意地脱口而出：

> "知名学长来自冲绳，所以中文才会这么棒的吧。"知名迅速回答："一派胡言！知名这个姓中文里就没有！"这一年来，知名已经对这类询问习以为常了，所以毫不慌张地掩饰道："织田的中文可是比我强多了。"（《清晨，伫立在上海》37）

从以上对话可以得知：（1）虽然存在个人偏见，日本本土学生和冲绳学生均对冲绳与中国的历史和文化纽带、冲绳有别于日本本土的文化特殊性有一定的认识；（2）在日本政府主导的国家主义思想渗透下，冲绳人努力地克服历史的后进性，以及因为后进而遭受日本本土歧视的自卑心理，拼命实现与日本本土的一体化[1]。这种历史情境在普通个体身上的表现即是激烈地否定过往，向日本本土人靠拢，不失时机地强调基于"日琉同祖论"[2]的日本民族认同感。回顾历史，可知第一次近卫内阁曾于1937年9月起在日本大力推广旨在"促使国民灭私奉公"的"国民精神总动员"[3]运动。1937年12月，该运动的风潮抵达冲绳，国民精神总动员运动冲绳支部发布大会宣言："吾等60万县民举县一致应对当前重大时局，绝对支持政府方针，树立坚韧不拔意志，以期促进皇国日本之发展和东亚永久和平之确立。"[4]可见，"琉球处分"过去大半个世纪，冲绳不仅以日本的一员自居，也有通过实际行动证明冲绳即日本、冲绳人即日本人的强烈愿望。

（三）日本人的国民意识与中国人观

女主人公范淑英与日本本土青年织田、冲绳青年知名均就日本人参战进行过简短的交流。当得知织田可能因伤推迟半年入伍的消息时，淑英闪烁着明亮的眼眸说：

---

① 仲程昌德：『近代沖縄文学の展開』，三一書房，1981年，第13頁。

② 日琉同祖论指日本人与琉球人的起源来自同一种族。日琉同祖论发端于16世纪京都五山的僧侣提出的源为朝远渡琉球的传说，该传说对17世纪向象贤（羽地按司朝秀）1650年编撰的《中山世鉴》也产生了深远的影响。明治时期，日琉同祖论在冲绳学奠基人、被后世称为"冲绳学之父"的伊波普猷的支持下得到进一步论述。

③ 相关论述参考遠山茂樹：『昭和史（新版）』，岩波書店，第1959年。

④ 後藤乾一：『沖縄近代史の中の「南進」問題——歴史と現在の連鎖』，法政大学沖縄文化研究所総合講座，2015年。

　　"能够推迟入伍实在是太好了。"然而，织田却略带戏谑地回答："你不
应该对一个日本人说出这种话……即使我是同文书院的学生。"（《清晨，伫
立在上海》37）

当淑英在其他场合向知名表露对织田推迟入伍一事的喜悦之情时，知名立马
回应：

　　"就算推迟了，也不过半年而已。"接下来，淑英问知名："你也会入伍
吗？"知名毫不含糊地回答："当然，因为我是日本人。"淑英不解地追问：
"日本人都要上战场吗？""即使是朝鲜人、中国台湾人都得去。"（《清晨，
伫立在上海》112）

知名之所以如此回答，是想向淑英强调，这对于日本内地的人来说更是不容推
辞的责任……但是淑英不为知名的言辞所动，依然喏嚅道：

　　"即使是半年也是好的。能够推迟就是好事……"突然，淑英的语气坚定
了起来："我不喜欢军队！"这下子，知名回应道："中国人真好。可以心里
怎么想，嘴上就怎么说。"（《清晨，伫立在上海》112）

从以上对话，可以得到以下启示：首先，从织田和知名对征兵入伍的坚定态度
可以看出，日本人的日本国民意识优先于同文书院学生意识，而且相较于其他民族，
日本人过分敏感地在意作为日本人的"同志意识"[1]以及日本人之所以为日本人的
特殊性。冈田晋曾指出："日本人的原点既不是技术也不是思想更不是文化。出乎
意料地简单，日本人的原点是深刻地意识到自己是一个地道的日本人，而非日本人
之外的什么人……由于孤悬大海，日本形成了单一民族、单一语言、单一风俗、单
一生活，有时一齐吸收外来事物，有时一齐抵制外来渗透，在这种周而复始的自律
行动过程中，养成了身为一个日本人所具有的安心感。"[2]当潜伏于内心深处的日
本人意识同个体萌生的观点、他者叙述的真情实感发生冲突时，这种安心感会敦促
日本人放弃小我，以观念中的日本人会如何思考、如何表现、如何应对作为行为准
则去框定个体的思考轨道和行动。也是在这种心理的驱使下，当大妻大佐当众宣布
马庭修平的征兵检查结果为数年前列为不合格类别的第三乙种合格，并大声训斥：
"身体这么差，怎么杀中国人！？"时，不仅是马庭修平，在场的每一个同学都把

---

① NHK スペシャル：『私が愛する日本人へ　～ドナルド・キーン　文豪との70年～』，NHK 総
合,2015 年。
② 岡田晋：『日本人のイメージ構造』，中公新書，1972 年，第 172—173 頁。

抗日战争时期在华冲绳人的青春体验与精神构造

这视为自己本人的耻辱。这种耻辱可以说既是身为人的耻辱，也是作为一个男人的耻辱，更是身为一个日本人的耻辱（163—164）。被这种心理所左右，个体即使察觉日本的国家政策存在一定的偏颇，也会刻意克制个体理性思维的进一步深入和扩展，无可奈何地，抑或是多一事不如少一事地，甚至是主动地选择服从日本式集团思维，这在《清晨，伫立在上海》中也有多处表现。

例如，知名、梶原等装扮成二等兵赴江苏省昆山县沙城镇执行军米收买的任务时，就《步兵操典》的实际操作问题与带队的伍长发生过争执：

> 伍长坚持"根据《步兵操典》中的'步哨一般守则'，大喊三次'誰か（中文译为：是谁）'没有回应的话，要么杀掉要么逮捕"，然而，梶原思考片刻后小心翼翼地反驳："不过，中国人肯定不知道'誰か'是啥意思啊。"伍长随即教训到："这不是我们操心的问题。我们只需按照《步兵操典》上写的去执行就够了。在南方战线，与马来人打交道时，也是这么办的。"（《清晨，伫立在上海》20）

对于日本军队的这种行事风格，曾在二战缅甸战场大败日军的英国将领威廉·约瑟夫·斯利姆[1]（William Joseph Slim，1891—1970）元帅评论到："日本军队是真正的怯弱。他们不是勇气上的怯弱，他们是精神上的怯弱，因为他们从来不敢改变计划。"可见，与服从日本模式生成的安心感同时滋长的，还有缺乏承认日本模式错误的道德勇气以及改变日本集团谬误的顾虑和胆怯心理。因此，《清晨，伫立在上海》中才发生了年轻的书院学生抱怨的"明明没有必要在上海实行配给制，却故意模仿内地（日本本土）叫人遭罪"（54），"明明上海有那么多富余劳动力，却动员书院学生参加劳动"（88）等服从日本集团思维的随大流举措。然而，早年毕业于同文书院，就职于上海福泰公司的荻岛几治用日语中的一个形容词"甘い"（88）评价学生的不满情绪。女儿多惠子的男友——朝鲜学生金井恒明对于成为一名日本军人保持游离的态度，荻岛几治使用动词"甘える"（78）对这一行为下注解。形容词"甘い"和动词"甘える"虽然词性不同，但都以汉字"甘"为主轴，所以核心意义是一致的。关于动词"甘える"，《新明解国语词典》第六版给出了

[1] 威廉·约瑟夫·斯利姆（William Joseph Slim，1891—1970），1945年6月，任东南亚战区盟军地面部队，即第11集团军群司令，1946年，回英国担任帝国国防学院院长，1953年，被封子爵并奉女王之命出任澳大利亚总督至1960年。1956年，出版回忆录《转败为此》。

如下解释："在期待对方容许的情绪下，采取超过节度的行动。"可见，存在一定的合理性、却与集团思路相悖的个体想法，难以得到同属日本人集团的他者的肯定。

其次，从淑英对军队的排斥感和知名答非所问的"中国人真好。可以心里怎么想，嘴上就怎么说"可以看出：二战中，观念中的日本"国体"对个体的精神渗透，致使国民在无形中对日本的国家意识承担了无限的责任①，因此，日本国民几乎没有形成，或是丧失了从个人主义价值观出发表达与"国体"意识相左的观念。然而日本人却敏感地留意到，中国人的国民性格远比日本人随性。不过，由于知名回复时的语气并非全然赞许，因此笔者认为，与其说是随性，倒不如说日本人认为中国人的性格相对恣意任性。另外，非常巧合的是，随后，知名总结淑英性格的一句"这个小女孩既有非常稚气冥顽的一面，又有相当成熟理性的一面"，（112～113）与辜鸿铭在其著作《中国人的精神》中阐述的中国人性格不谋而合："真正的中国人，他过着这样一种生活：他具有成年人的理性，也具有孩童一样简单的心灵，中国人的精神是一个灵魂和智力的令人愉快的组合。"②虽然辜鸿铭是清末民初具有代表性的保守知识分子之一，他的很多言论也被贴上了守旧的标签，但我们不应该片面地抹杀其思想对当时和现今的启迪。如此看来，从日本人的视角审视中国人性格的知名，与深度剖析本国国民性的辜鸿铭在某些方面的认识趋于一致。只不过辜鸿铭对中国人的此种特性赞美有加，而知名则略有微词。笔者认为这种微词很大程度上来自于前文所述的日本国民对日本"国体"承担的无限的责任，而且知名在内心深处认定，摒弃了个人主义的"恣意任性"、孩童式的"稚气冥顽"的言行举止兼具日本国民的成熟与成年人的理智。

三、中日国际婚姻与中日文化交流

关于中日两国国民性格的碰撞与对比，大城立裕在书中还借织田的表兄与上海女性的国际婚姻抒发了见解。这场因相互吸引靠近，冲破双亲阻挠结合的国际婚姻最终还是由于生活习惯的不同而触礁，又因日本的战败而走向终点。织田评论表兄婚姻的一句"与其说他是一个日本男人，倒不如说他是一个日本式的丈夫。他需要

---

① 丸山真男:『日本の思想』，岩波書店,1966 年，第 33 頁。
② 辜鸿铭:《英汉双语 经典译丛 *The Spirit of The Chinese People* 中国人的精神》，秦海霞等译，中国城市出版社,2008 年,第 137 页。

抗日战争时期在华冲绳人的青春体验与精神构造

的是一个日本式的妻子"（115）道出了表兄烦恼的原因。织田表兄的婚姻摩擦，归根结底是文化差异导致的文化冲突，表现为个体抗拒妥协，或抵制折中而产生的龃龉。无独有偶，表兄的上海妻子也存在同样的烦恼。日本战败后，两人为妻子是否随丈夫返回日本发生争执，妻子执意抗拒的态度致使夫妻关系迅速恶化，丈夫深感受辱，按捺不住地怒吼"你是日本人"并大打出手，而妻子回击的台词竟是出乎意料的"说到底，你还是无法成为一个中国人"（242）。可见，无论是日本丈夫还是上海妻子，均对对方妥协于自身的文化抱有一定的期待并最终失望。而大城立裕也借知名之口抒发了如下感想：

> "日中关系就仿佛一对原本就不合适的男女结婚。早晚有一天会离婚。"
> （《清晨，伫立在上海》241）

从这句对中日关系带有解嘲意味的话语中，可以解读出更深刻的涵义：原本寄希望于同文书院为保全中国出一份力的中国（清政府、中华民国），与将"日本在中国作战不是要灭中国，而是要救中国。中国人不明白，日本人有见识，有勇气，敢为救中国而牺牲性命"[1]作为信念的日本，最初因共同的目标——"救中国"而靠近，并创办了以"树中国富强之基，固中日辑协之根"为兴学要旨的上海东亚同文书院。然而这所谓的共同目标的背后却暗藏伏笔与冲突，两国最终兵戎相见，与此同时，东亚同文书院的日本学生对书院的性质与自身的使命也产生了认知错乱与怀疑。

日本战败后，知名询问中国青年范景光如何看待上海东亚同文书院的性质，范景光毫不犹豫地回答："东亚同文书院是中国的敌人。"（251）现今，若是搜索国内研究东亚同文书院的相关论文，批判的视角和结论不绝于耳。但是若是追溯历史，得知两江总督刘坤一、湖广总督张之洞等清廷大臣曾为同文书院的创立提供支持，孙中山先生曾以"昔当敝国危急之秋，首倡保全中国者，自东亚同文会始，前会长故近卫公，现会长锅岛公爵及会员诸君，皆以热诚图东亚之幸福。名之所至，实亦副之"[2]高度评价东亚同文会的理念与行动，我们就不能不反思，为何国内对同文书院的评价会呈现初期的一致赞扬和后来的一味批判两种截然相反的态度？

大城立裕在《清晨，伫立在上海》的终章还提及了一个值得思考和认真对待的

---

① 老舍：《四世同堂》，北京十月文艺出版社,2012 年,第 226 页。
② 赵文远：《上海东亚同文书院与近代日本侵华活动》,《史学月刊》,2002 年，第 56 页。

课题。25 年来，同文书院一直致力于汉语字典的编纂工作，书院的铃江教授为此编排了将近 14 万张词汇卡，但是民国政府规定同文书院相关人员归国只允许携带个人寝具及随身物品，禁止将印刷物品、照片等带出境，为此，铃江教授多次拜访司令部，恳求能准许他将 14 万张词汇卡带回日本继续工作。最终结果如何，大城立裕没有交代，读者也无从得知。不过，大城却借知名之口笃定地表示"汉语字典的资料与日本帝国主义毫无关系"，进而遐想"说不定在将来，会为中日恢复友好往来做出贡献也未可知呢"（233）。由此可见，在特殊的历史背景和政治氛围下，能够促进中日文化交流的事物可能被定性为文化情报收集活动，反之亦然，战争年代，基于文化类同的文化利用，也能被鼓吹为崇高的事业。

结　语

大城立裕的文学作品几乎是基于冲绳的近世史、近现代史创作而成的，其成名作《鸡尾酒会》也好，代表作《别了，福州琉球馆》也罢，都与冲绳的历史拐角点，如"琉球处分"、二战、"祖国复归"等息息相关，但大城文学绝不是以冲绳为舞台的地方性文学。琉球以及琉球人的历史，这个主题是特殊的，但又具有一般性；这是冲绳的历史，却可以在这里设定与中国、日本、整个亚洲乃至全世界相联通的主题。当冲绳在太平洋战争末期的冲绳战役中饱受战火摧残时，大城身在中国上海，与来自朝鲜、中国台湾的学生们交友，也与立志"建设亚洲"的日本本土学生结交，同时，亦和形形色色的中国人交往。在这个过程中，"民族"概念是在怎样的环境中、如何被意识到的，成了《清晨，伫立在上海》行文的一个立足点。

在战争年代度过青春期的一代作家，写作焦点常常集中于人心的复杂性与多变性，认为不把真相挑明，反而更能传达出真实的感觉，大城立裕亦不例外。这种想法从侧面佐证，的确有不少人在不了解真相的情况下，在时代的裹挟中随波逐流。《清晨，伫立在上海》中描写的同文书院学生群体即是在时代的大潮中与世沉浮，在异化的生存空间里陷入了自我封闭和拘执的境地。

另外，若将冲绳的历史简单粗暴地认定为受苦受难的历史，就傲慢地忽视了冲绳人的主体性。"琉球处分"后，日本在冲绳推行的同化政策取得了一定的成效，冲绳人的"日本国民意识"得以建构。日本发动全面侵华战争后，不少冲绳青壮年积极参军，加入了战争加害者的队伍，这在大城的短篇小说《鸡尾酒会》《龟甲墓》

等作品中均有所涉及。《清晨，伫立在上海》中的主人公——冲绳青年知名在战争时期，以冲绳县费派遣生的身份就读受日本外务省资助与管理、设立在中国上海的东亚同文书院，并在战争末期以陆军二等兵的身份前往江苏郊区执行军事任务，加害者身份毋庸置疑。值得注意的是，为数不少的冲绳迷们通过对冲绳怀有的同情意识陷入了一种荒谬的错觉，以为唯有自己获得了某种深入冲绳的特殊资格，也正是这种意识让这一部分人脱离了真正的冲绳，忽视了冲绳的加害者身份。

在大城的多部作品中，都能看到一种社会大环境与个体琐碎小事的结合，以及一种冲绳人视角和日本人视角的结合，《清晨，伫立在上海》亦不例外。该作品展现了一个交织着自豪、苦涩和悔恨的同文书院学生形象，这一形象与战争前后日本国民乃至日本的国家形象交织重叠，构成了一个互为映射的立体结构。同时，这个立体结构也与日本人观念中的中国，以及他们实际接触的中国国民相互影响、互为作用，我们不应割裂其中的任何一部分去论述抗日战争末期的历史。

如果无法从过去的历史中解读出对当代和未来的启示，那么大城立裕当初写就《清晨，伫立在上海》的目的和意义就没有达成。从这部写作手法细腻的小说中，我们能够读出许多对日本国民性的探讨，以及对中日两国文化冲突和交流的思考。另外，这部作品对从冲绳人的视角解读中国同琉球的宗藩关系、中国的国民性、抗日战争时期的中国人形象以及冲绳人在中国的加害者身份提供了另一种诠释途径。书中还提到了日本军队的痼疾——海军和陆军的深刻矛盾，日本媒介隐瞒战略失利的描写等。由于笔者能力不足以及篇幅限制，只能寥寥数笔一语带过，分析和论述不够深刻的遗憾，则容许笔者在今后的学习和研究中进一步提高。

（作者：常芬，长江大学外国语学院硕士生导师）

思想与文化

继承与演变：日本阴阳道招魂祭中的中国信仰元素辨析

时　秋

内容摘要　阴阳道的招魂祭成立于平安后期，与其他普遍祈求延命、消灾的祭祀不同，招魂祭主要关系到古代日本对人魂的认知与和解方法。本文通过探讨招魂祭的仪式做法，发现其早期与中国古代的"复"礼有着密切联系。不过，在之后的发展中，招魂祭又吸收神道、道教等信仰因素，演变成了一个杂糅体，并呈现出概念简化、生硬拼接的特点。

关键词　阴阳道　招魂祭　"复"礼　道教　演变

Inheritance and Evolution: Differentiation and Analysis of Chinese Belief Elements in Japanese Onmyodo Syokon-sai

Shi Qiu

Abstract：　The Syokon-sai of Onmyodo was established in the late of Heian period. Unlike other rituals that generally pray for life and disaster relief, Syokon-sai is mainly related to the cognition and reconciliation of the human soul. This article explores the ritual practices of Syokon-sai and finds that it is closely related to the ancient Chinese "Fu" ceremony. However, in the later development, Syokon-sai absorbed the belief factors such as Shinto and Taoism, and evolved into a hybrid body, which showed the characteristics of simplified concept and rigid stitching.

Keywords: Onmyodo, Syokon-sai, "Fu" ceremony, Taoism, evalution

日本阴阳道于平安时代成立，其以阴阳寮这一官僚机构为载体，运用基于中国阴阳五行思想的天文、历法、占术等知识体系，为国家活动提供相关技术支持。同时，也为皇室、贵族等的个人需要举行祭祀、祓禊等具有咒术性质的宗教活动，是一个职能技术体系的同时也是咒术宗教体系，而以咒术宗教性为其根本属性。[①]一直到近代以前，阴阳道在日本政治、社会、文化各方面都产生了诸多影响。

阴阳道在养成咒术宗教性的过程中创造了各种各样的祭祀，以泰山府君祭、天曹地府祭为代表，到镰仓时代已经有 60 种以上的祭祀得到了文献上的确认。这些纷繁复杂的阴阳道祭祀的主要特点就是大量吸收了古代中国的信仰元素。[②]对于泰山府君祭等核心祭祀中所融摄的中国元素，中日学者已经积累了一定的研究成果，而对于其他祭祀的关注却难言充裕。关于阴阳道招魂祭，在国内学术界更是基本无

---

① 齋藤勵：『王朝時代の陰陽道』，甲寅業書刊行所，1915 年，第 1—24 頁；村山修一：『日本陰陽道史総説』，塙書房，1981 年，第 4—7 頁；下出積與：『日本古代の道教・陰陽道と神祇』，吉川弘文館，1997 年，第 148—165 頁；山下克明：『平安時代の宗教文化と陰陽道』，岩田書院，1996 年，第 22—26 頁；山下克明：『平安時代陰陽道史研究』，思文閣，2015 年，第 3—22 頁。对于阴阳道的定义，可以参考以上学者的研究，目前学界基本认同山下克明对阴阳道的定义。

② 虽然在后续发展过程中，这些祭祀与神道祭仪、密教修法等也有所融合，但基本还是以五行思想、道教因素等中国信仰知识体系为中心。

继承与演变：日本阴阳道招魂祭中的中国信仰元素辨析

人问津。①与其他普遍祈求福禄长寿、消灾免祸的祭祀不同，招魂祭是阴阳道祭祀中唯一一个涉及人魂的祭祀，关系到古代日本对灵魂的认知。②接下来，本文便来探讨它是如何吸收我国古代"复"礼与道教相关知识体系的，以及这种吸收又呈现出了何种特点。

一、中国古代的魂魄说与招魂仪式

（一）中国古代魂魄说的演变与诠释

春秋时代是中国古代思想极其重要的转变期，后来的先秦诸子都承袭春秋之说，魂魄观念在这个时期也有不少记载。

魂魄观大致可以分成两类，一是魂魄一体说，即魂魄含义互用或者连称。如《庄子·外篇·知北游》中写："人生天地之间，若白驹之过隙……已化而生，又化而死，生物哀之，人类悲之。解其天弢，堕其天袠，纷乎宛乎，魂魄将往，乃身从之，乃大归乎！"③还有《史记·刺客列传》载："豫让遁逃山中，曰：'……我必为报雠而死，以报智伯，则吾魂魄不愧矣。"④以及《左传·宣公十五年》："晋侯使赵同献狄俘于周，不敬。刘康曰，不及十年，原叔必有大咎，天夺其魄矣"等。⑤在这些例子中，魂与魄一样，都指人死后离开肉体的灵，这可以说是魂魄一

---

① 关于泰山府君祭的研究，日本学界有坂出祥伸的《日本文化の中の道教——泰山府君信仰を中心に——》（1996）、增尾伸一郎的《泰山府君祭と〈冥道十二神〉の形成》（2000）、Giorgio Premoselli 的《陰陽道神·泰山府君の生成》（2014）、高田义人的《泰山府君都状の古文書学的考察》（2018）等论文，国内研究主要以孙亦平的《论中国道教对日本阴阳道的影响——以阴阳道的泰山府君信仰为例》（2015）为代表。而关于招魂祭的研究，日本学界主要有增尾伸一郎《日本における〈招魂経〉の受容——密教の延命供と陰陽道の招魂祭を中心に——》（1996）和斎藤英喜（《招魂祭をめぐる言説と儀礼——陰陽道祭祀研究のために——》（2011）等学者，国内还未见相关专论。

② 江户时代末期，为了让为国捐躯的军人灵魂得到安息，神道开始进行一种全新形式的招魂祭，并且逐步设立专门的招魂社来慰藉这些战死的军魂。例如，现在被称为靖国神社的前身即为东京招魂社。神道招魂祭的创生与当时的社会背景、宗教政策、国学思想等密切相关，与古代阴阳道的招魂祭属于两个信仰体系，并不在本文的探讨范围，所以在此不做赘述。

③ 郭庆藩：《新编诸子集成 庄子集释》，王孝鱼点校，中华书局，2012年，第742页。

④ 司马迁：《史记》，裴骃集解，司马贞索隐，张守节正义，中华书局，1987年，第2519页。

⑤ 左丘明传：《十三经注疏整理本19 春秋左传正义》，杜预注，孔颖达正义，北京大学出版社，2000年，卷第二十四，第773页。

词的原始意。[①]

另一种为魂魄分开说,对魂与魄分别进行解释,并逐渐与阴阳等进行二元对应。最早的观点来自《左传·昭公七年》中郑子产对魂魄的论述:"及子产适晋,赵景子问焉,曰:伯有犹能为鬼乎?子产曰:能。人生始化曰魄,既生魄,阳曰魂。用物精多,则魂魄强。是以有精爽,至于神明。"[②]

郑子产的这番魂魄相区分的论述对后世的魂魄观念影响颇大。唐人孔颖达进一步作疏,他在《左传正义》中云:"人禀五常以生,感阴阳以灵。有身体之质,名之曰形。有嘘吸之动,谓之为气。……人之生也,始变化为形,形之灵者,名之曰魄也。既生魄矣,魄内自有阳气,气之神者,名之曰魂也。魂魄,神灵之名,本从形气而有。形气既殊,魂魄亦异。附形之灵为魄,附气之神为魂也。附形之灵者,谓初生之时,耳目心识,手足运动,啼呼为声,此则魄之灵也。附气之神者,谓精神性识,渐有所知,此则附气之神。"[③]即,孔颖达认为人由形(身体之质)与气(嘘吸之动)构成。附形之灵为魄,附气之神为魂。魂魄虽依从于形气,却并非形气本身,而是形气之灵神。魂为使人具有精神性识者,魄为使形体四肢具有相应功能者。[④]而关于《礼记·郊特牲》中"魂气归于天、形魄归于地"的含义,孔颖达也有自己的解释,即,人死则形消气灭。如此,气必上浮,那么附着于气的魂便随之归天。形会入土,则附着于形的魄也随之归于地。[⑤]可以看出,这里的魂与魄都是非常抽象的精神存在。

现代学者钱穆认为,孔颖达的注虽与子产原意不能完全吻合,但也不会有大谬。在春秋时,至少如子产,显然不认为在人生前,先有某种实质即所谓灵魂投入人身,才开始有生命。所以钱穆认为子产所说的魂魄观带有唯物论色彩,与当时普通人以

---

① 栗田直躬:『中国上代思想の研究』,岩波書店,1949年,第120页。

② 《左丘明传》:《十三经注疏整理本19 春秋左传正义》,杜预注,孔颖达正义,第1437—1439页。

③ 同上,第1437—1438页。

④ 孔颖达的这段话乃是参考了郑玄的说法。因其后文说道:"郑玄〈祭义〉注云:'气谓嘘吸出入者也,耳目之聪明为魄'是言魄附形而魂附气也。"因郑玄对《礼记·祭义》篇中"宰我曰,我闻鬼神之名,不知其所谓。子曰,气也者,神之盛也。魄也者,鬼之盛也"一文作了上述注,据此,孔颖达才有了如此魂附气魄附形的观点。

⑤ 《左传正义》:"人之生也,魄盛魂强;及其死也,形消气灭。……以魂本附气,气必上浮,故言魂气归于天。魄本归形,形既入土,故言形魄归于地。"

继承与演变：日本阴阳道招魂祭中的中国信仰元素辨析

为人死后有某种实质存在的灵魂观不同。[①]子产的此种唯物性观点成为后来儒家哲学传统里有关"魂"和"魄"的经典之论[②]，但这种观点并不被当时以及后来的普通人所接受。[③]

总体来说，从春秋时代的记载来看，魂魄观大致可以分为两种。一种是更易于普通民众所接受的，魂魄是游离于身体之外的实际存在，也是魂魄的原始意。而另一种则以子产为开端，由儒家学者进行演绎细化的具有唯物主义色彩的形气说。其将魂魄分属于形气，还出现了与天地、阴阳等的二元对应关系，较为抽象。

（二）"复"礼与《楚辞》中的招魂

儒家具有唯物色彩的魂魄观终究没有被民间普通人所接受，在普通人的观念中，魂是在肉体之外另有的实际存在，可以游离肉体，而魄则逐渐变成倾向于肉体本身的存在。所以，在葬礼中以及宗教活动中便出现了招魂仪式，招回游离在外的灵魂，让其回归身体来延续生命活动。

招魂自古以来大体分两说：一为招死者之魂，二为招生者之魂。招死者之魂很早就出现，也称"返魂""呼复"，这是为刚死之人举行的一系列仪式之一。《仪礼·士丧礼》从"始死·复"开始到"卜葬日"共由 36 小节构成，其中，关于"复"的做法记载如下："复者一人，以爵弁服，簪裳于衣，左何之，扱领于带，升自前东荣、中屋，北面招以衣，曰：'皋某复！'三，降衣于前。受用箧，升自阼阶，以衣尸。复者降自后西荣。"[④]即，有人死去时，招魂之人（复者）带上死者的衣服，从东边屋檐爬上屋顶，面向北方，挥动死者平生所穿衣物并呼叫死者姓名三声："xxx，回来吧！"《礼记·丧大祭》中又写："皆升自东荣，中屋履危，北面三

---

① 钱穆：《中国思想史中的神鬼观》，《亚洲学报》第一卷第一期，新亚研究所，1955 年。
② 如朱熹亦言："或问魂魄之义？曰：子产有言：'物生始化曰魄，既生魄。阳曰魂。'孔子曰：'气也者，神之盛也；魄也者，鬼之盛也。'郑氏注曰：'嘘吸出入者，气也。耳目之精明为魄，气则之谓也。'《淮南子》曰：'天气为魂，地气为魄。'高诱注曰：'魂，人阳神也。魄，人阴神也。'此数说者，其于魂魄之义详矣。"
③ 余英时：《东汉生死观》，侯旭东等译，联经出版社，2017 年，第 172 页。
④ 郑玄注，贾公彦疏：《十三经注疏整理本 仪礼注疏》，北京大学出版社，2000 年，第 761—763 页。

号，卷衣投于前，司服受之，降自西北荣……唯哭先复，复而后行死事。"①也就是说，如果进行招魂后，逝者还是没有醒来的话，才能判断此人真的逝去，然后再举办正式的丧事。而之所以向北面三号，应是古人认为精气鬼神在北面幽暗之所，所以面向北面以祈祷精气回返。②

招生者之魂的例子则以《楚辞》为代表。《楚辞》中有《招魂》《大招》两首招魂歌，虽然学者之间意见有分歧，但普遍观点认为这是招生者之魂的作品。两者内容类似，只是《招魂》中可以大致看出招魂的仪式。其正文这样写道③：

> （前略）魂兮归来！去君之恒干，何为四方些。舍君之乐处，而离彼之不祥些。魂兮归来！东方不可以托些。长人千仞、惟魂是索些。十日代出，流金铄石些。彼皆习之，魂往必释些。归来归来！不可以讬些！魂兮归来！南方不可以止些。雕题黑齿，得人肉而祀，以其骨为醢些。……归来归来！不可久淫些！魂兮归来！西方之害，流沙千里些。旋入雷渊，靡散而不可止些。……归来归来！恐自遗贼些！魂兮归来！北方不可以止些。增冰峨峨，飞雪千里些。归来归来！不可以久些！魂兮归来！君无上天些。虎豹九关，啄害下人些。……归来归来！往恐危身些！魂兮归来！君无下此幽都些。土伯九约，其角觺觺些。……归来归来！恐自遗灾些！

从《招魂》的文本来看，这种仪式是从东西南北、天上、地下这六方分别进行招魂。且招魂过程中应该念念有词，通过告知灵魂外面的世界非常险恶，来劝诱游荡的灵魂不要久留，速速归来。

二、早期招魂祭对"复"礼的接近

招魂祭是阴阳道中较常举行的一个祭祀，于平安末期成立。

---

① 郑玄注，孔颖达疏：《十三经注疏整理本　礼记正义》，北京大学出版社，2000 年，第 1441—1442 页。
② 《礼记·檀弓下》："复，尽爱之道也，有祷祠之心焉；望反诸幽，求诸鬼神之道也；北面，求诸幽之义也。"
③ 萧统编：《文选》，卷第三十三《骚下》中《招魂》篇，海荣、秦克标校，上海古籍出版社，1998年，第 266 页。

继承与演变：日本阴阳道招魂祭中的中国信仰元素辨析

目前关于招魂祭最早的记录出现在永延二年（988），但是具体内容不详。[①]随后，正历元年（990）时，藤原实资因孩子生病，请阴阳师县奉平来为之举行了招魂祭。[②]接下来是长保四年（1002），藤原行成同样让县奉平举行招魂祭，并且，与招魂祭同时举行的还有泰山府君祭，由安倍晴明负责。[③]只是关于这些早期招魂祭的具体做法，并没有在公家日记或者阴阳道典籍中记载并流传下来。[④]

再往后到了万寿二年（1025），在 8 月 3 日刚刚生产了亲仁亲王（之后的后冷泉天皇）的东宫妃尚侍嬉子[⑤]，不幸因红斑疮随后离世。8 月 5 日，便请阴阳师为其招魂。不过，这次招魂的方法比较特殊。因为此事在《小右记》《左经记》以及文学作品《荣华物语》中都有记载，所以我们可以比较清晰地了解整个事件的经过。[⑥]

《左经记》万寿二年八月二十三日条

（前略）今朝大外记赖隆真人云，阴阳师常守来向（问）云，去五日夜尚侍殿薨之时，依播磨守泰通朝臣仰，上东门院东对上，以尚侍殿御衣，修魂唤，而道上臈达皆称不见本条之由，可负袚于常守云云，此事如何者，赖隆答云，有本条，更不可负袚。或书云，上自屋东方堂，亡者上，以其衣，向此方三度麻祢久，其词云口姓其魂复礼可唤字云云，毕自西北角下云云，常守闻此事，悦气殊甚云云。"

通过上述《左经记》的记载我们可以了解到，阴阳师中原恒盛受春宫亮藤原泰通之请去为尚侍嬉子修法事，于是他便进行了"魂呼（魂唤）"的仪式。夜晚时分，中原恒盛在尚侍藤原嬉子住所的上东门院的东对上处，挥动尚侍之衣来招魂。但是，

---

① 见于藤原实资《小右记》的"小记目录"卷八中"御祭事附解除"一项："永延二年（988）十月十一日、招魂御祭事。"

② 《小右记》正历元年（990）七月七日条："小儿所恼极重……今夜以奉平令行招魂祭。"

③ 《权记》长保四年（1002）十一月九日条："九日，戊[庚]子，令（安倍）晴明朝臣祭太山府君。……（县）奉平宿祢招魂祭，直物云云，备中介（平）生昌朝臣。"

④ 目前所保留的阴阳道史料，基本都是安倍晴明的后代土御门家所流传下来的史料。但是室町末期的土御门久修一代时，因兵火导致很多家传典籍佚失，再加上明治时期阴阳道的废除等原因，留存至今的难言充裕，且半数以上都是年代较晚的资料。关于招魂祭的记录也只能从其他史料的只言片语中搜集。

⑤ 藤原道长的第六女，原名藤原嬉子。

⑥ 《小右记》万寿二年八月五日条、《小右记（广本）》同年八月七日条、增补史料大成版《左经记》同年八月二十三日条、《荣华物语》卷第二十六中。只是《荣华物语》中记载进行"魂呼"的阴阳师为贺茂守道。

他的这一举动却被阴阳道上层官员们以"本条"①中并无所见为由，主张要再进行
祓。困惑的中原恒盛请教明经家的大外记兼助教的清原赖隆是否应该这样做，赖隆
给恒盛看了"或书"的一节，上面记载了"上自屋东方堂，亡者上，以其衣，向此
方三度麻祢久。其词云口姓其魂复礼可唤字云々，毕自西北角下云々"的内容，所
以肯定了他的做法。显而易见，此处"或书"的内容与上述《仪礼·士丧礼》与《礼
记·丧大记》中"复"的内容几乎一致，不难推测此处的"或书"即为《仪礼》或
《礼记》之一。也就是说，此次招魂仪式完全模仿"复"礼，并且是为刚离世的死
者举行。

　　但是这种祈愿死者复生的招魂仪礼并没有作为阴阳道招魂祭的范式固定下来。
之后有关招魂祭的史料记载，所见范围内都是为生者举行，以祛病消灾。只是与其
他一般性驱病消灾的祭祀不同，招魂祭是围绕"人魂""光物"②来进行的。例如，
万寿四年（1027），阴阳师贺茂守道为重病在身的藤原道长举行招魂祭，过程中见
人魂飞来，贺茂守道也因此得到赏赐。③可以看出，这次招魂应是为藤原道长招回
游离在外的灵魂，灵魂归位则代表疾病即将痊愈。以及嘉保二年（1095），为祈愿
掘河天皇早日康复，在大极殿举办千人的诵经法会，但后来有"光物"出现，疑似
这是天皇病重导致灵魂离体了，所以立马又组织了招魂祭。④

　　所以为死者招魂（魂呼）应是阴阳道招魂祭在发展过程中延伸的一个做法。尚
侍嬉子是藤原道长的第六女，本来产下皇子有望成为国母的嬉子突然离世，给藤原
道长带来了巨大打击。或许是抱有最后一丝幻想，为了让年仅 19 岁的爱女复活，
藤原道长才决定命人举行了这样一场"近代不闻"⑤的招魂仪式。渐渐地，招魂祭
的做法便固定下来，主要还是在疾病、光物怪异等出现时举行，目的则是为生者招
回游离在外的灵魂，让疾病得以痊愈、灾异得以平息。不过，无论哪种方式，合理
处理肉身与灵魂的关系都是招魂祭所要解决的核心问题。

---

①　此处的本条应为阴阳道所参考的权威性典籍的代称，推测其中大部分为汉籍。
②　某种发光的存在，多指灵魂。
③　《小右记》万寿四年（1027）11 月 30 日条："……入夜归，或云，禅室招魂祭，去夕，守道朝
臣奉仕。人魂飞来，仍给禄，桑丝（入道殿，为御祈。去夕，守道朝臣奉仕招魂祭，人魂飞来，赐绢三
疋事）。"
④《中右记》里书，嘉保二年（1095）10 月 2 日条："二日，夜禁中北中门方有大光物，是有人魂
之疑，右大将被宿仕间，彼前驱人ゝ彼是见付也，被奏事由，三个夜有招魂御祭，从今夜始。"
⑤　《小右记》万寿二年（1025）8 月 7 日条："……近代不闻事也。"

继承与演变：日本阴阳道招魂祭中的中国信仰元素辨析

三、招魂祭的多元化演变

在以上为生者所做的招魂中，大部分只记载了举行招魂祭这件事本身，并没有具体的做法。平安后期成立的招魂祭，在镰仓时期之后也一直由进入幕府的阴阳师（特别是安倍氏）来举行。[①]

目前留存的关于招魂祭的基本做法只在若杉家文书[②]中有记载。在若衫家文书中，约成书于镰仓后期的《文肝抄》是一部举足轻重的文献，它简要记载了阴阳道的149种祭祀的仪礼与所用器物。其中，第一百三十项即为"招魂"祭。通过此项记载，我们可以一窥招魂祭仪的概况。现将其具体内容翻刻如下：[③]

百卅

招甍 〔鱼味五座 抚物衣向北祭之〕 幡五本也

结抚物妻 〔男左女右〕 之时咒云：三魂七魄，突灵、昭光、幽成、尺尸、作阴、项贼、非毒、除秽、就拂，皆悉归来，急々结妻ノ付果衣米也。

息灾、病事、光物之时祭之

这里所记载的是招魂祭的仪式概要，包括所准备的贡品、器物，所持诵的咒语，还有简单的动作等。首先是准备的供物。其中有"鱼味"五座、招魂幡五个。数量之所以都为五，是为对应招魂祭文中的五方帝神。还准备了"抚物"[④]衣服，面向北方放置。之后是祭祀的大致做法。首先，将"抚物"衣服的下摆按照男左女右的方向打结，意指系住游离在外的魂。然后唱诵咒文，祈祷灵魂返回米袋中，此米袋则放在衣服下摆打结处。最后还写到此祭为灾异、生病、光物出现时举行，也印证

---

① 如《吾妻镜》前篇建保元年 （1213）8 月 18 日条："俄有光物……招阴阳少允亲职……然而于南庭被行招魂祭……"，以及《吾妻镜》后篇贞应二年（1223）12 月 3 日条："奥州御亭有光物，即时大仓药师堂，被始行御祈……又有七座招魂祭云々。"

② 目前土御门家旧藏史料的两大主要史料群是宫内厅书陵部所藏土土御门家旧藏史料与京都府立京都学·历彩馆（旧京都府立综合资料馆）所藏的若杉家文书。若杉家文书非常珍贵。明治初年，土御门家搬到东京。时任土御门家的家司若杉家，接手了其留在京都的文书、典籍等，之后于昭和五十九年（1984）寄赠给了旧京都府立综合资料馆。其共有 2285 份资料，跨越从镰仓时代到明治、大正很长一段时期。

③ 村山修一编：《陰陽道基礎史料集成》，東京美術，1987 年，第 216—217 页。若杉家本的上封皮上写有"家传书 丙若杉家"一文，宫内厅书陵部也藏有内容基本相同的《文肝要抄》(宝永二年(1705))，但此本一般被视为若杉家本的抄本。

④ 祭祀用物的一种，一般为衣服或人偶，常被作为祭祀者的替身用来达到除秽的功能。

了中世时招魂祭基本都是为生者举行的观点。

接下来我们便从上述做法中看看招魂祭是如何融合各种不同信仰元素的。首先，将被祭祀者的衣服面向北方，此做法应仍源于"复"礼中"北面招以衣"的做法。古代中国认为精魂藏于北面幽暗之处，所以用衣服面向北方招魂。除了"复"礼之外，还有神道的做法。用衣服下摆系住灵魂，这应是模仿神道祭祀中一种叫"系魂"（魂結び）的做法。并且，在物部氏系的"镇魂"中，"系魂"时还会加上"一、二、三、四、五、六、七、八、九……"①的咒文。而同样，招魂祭也将"三魂七魄、突灵、昭光……"作为"系魂"时的咒文来念诵。②只不过阴阳道做了创新，将简单的数字咒语替换成三魂七魄之名。而更有趣的是，此三魂七魄又是道教所创。所以我们可以看出，招魂祭（至少是镰仓时期的招魂祭）将"复"礼、神道、道教等多种信仰因素完美地结合在了一起。

不过，阴阳道在吸收这些要素时也呈现出了一定的特点，接下来将通过考察其对三魂七魄观的吸收，对此进行分析。

三魂七魄是道教对中国自古以来的魂魄观进行神学化发展而创造的更神秘、更复杂的灵魂观。首先来看三魂七魄在道教中的概念与功能。

早期的三魂七魄概念出现在《抱朴子》卷十八《地真》篇中，其写道："抱朴子曰：'师言……欲得通神，当金水分形。形分则自见其身中之三魂七魄，而天灵地祇，皆可接见，山川之神，皆可使役也。'"③之后，《云笈七签》卷五十四、五十五的《魂神》中有更详细的解说。卷五十四《说魂魄》中写道："夫人身有三魂：一名胎光，太清阳和之气也；一名爽灵，阴气之变也；一名幽精，阴气之杂也。若阴气制阳，则人心不清净。阴杂之气，则人心昏暗，神气阙少，肾气不续，脾胃五脉不通，四大疾病系体，大期至焉。……第一魂胎光，属之于天，常欲得人清净，欲与生人，延益寿算，绝秽乱之想，久居人身中，则生道备矣；第二魂爽灵，属之于五行，常欲人机谋万物，摇役百神，多生祸福灾衰刑害之事；第三魂幽精，属之于地，常欲人好色、嗜欲、秽乱昏暗、耽著睡眠。"④

---

① ヒト、フタ、ミ、ヨ、イツ、ム、ナナ、ヤ、ココノタリヤ……
② 斎藤英喜：「招魂祭をめぐる言説と儀礼——陰陽道祭祀研究のために——」，『鷹陵史学』第37号，2011年，第265—293頁。
③ 葛洪撰，张明注：《抱朴子内篇校释》（增订本），中华书局，1985年，第326页。
④ 张君房编，李永晟点校：《云笈七签》，中华书局，2003年，第1188—1189页。

继承与演变：日本阴阳道招魂祭中的中国信仰元素辨析

所谓"三魂"，是由"太清阳和之气"的"胎光""阴气之变"的"爽灵"，以及"阴气之杂"的"幽精"构成。"胎光"属于阳和之气，为人延长寿命，助人断绝秽乱之想，常在人身中人则可以长生。但是"爽灵"和"幽精"却为阴气。"爽灵"归五行，常让人产生操控事物的欲望，并试图使役百神，所以让人有祸福、灾变等。"幽精"属地，常使人好色嗜欲，因而人陷入秽乱昏暗的状态，精力竭尽导致死亡。也就是说，三魂中也有不好之物，需要人养身修性不为其所制。如果阴气制胜阳气，人心则失去清静；阴杂之气太盛则人心昏冥、神气减少，导致身体不调以至死亡。

关于七魄，此卷中的"制七魄法"中给出了定义，写道："其第一魄名尸狗，其第二魄名伏矢，其第三魄名雀阴，其第四魄名吞贼，其第五魄名非毒，其第六魄名除秽，其第七魄名臭肺。此皆七魄之名也，身中之浊鬼也。"[①]与三魂相比，七魄则地位更低，且每个都是邪恶污秽的浊鬼。三魂中虽然也有阴杂之物，但也起着制约魄的作用。

基于三魂七魄的这种特点，道教也创作了相应的修身之法，如"拘三魂法""制七魄法""对日存三魂法""朝礼九天魂魄帝君求仙上法"等，以让三魂守神，七魄内闭，相守受制，勿要妨碍得道，以飞升上清。所以不管是三魂还是七魄，都具有非常多样的属性和功能，与道教修炼密切相关，并非简单的名称。

再来看三魂七魄在招魂祭中的运用。招魂祭仪式中会念诵三魂七魄各自的名字，让其悉速速归来。只是，若将招魂祭中的三魂七魄名与道经中的名称相对应，会发现两者并不完全相同，且少了第二魄伏矢。现将两者对应如下：

三魂：突灵→爽灵 、昭光→胎光 、幽成→幽精

七魄（少第二魄）：尺尸→尸狗、 作阴→雀阴、项贼→吞贼、非毒、除秽、就拂→臭肺

在招魂祭所用的三魂七魄名称中，除了抄写错误外，很多名称使用的都是假借字。假借字的读音与正字的读音是一样的，虽然写法不同，但并不影响阴阳师在举行祭祀时念诵。也就是说，阴阳道在引入三魂七魄的概念时，并不在意或者并没有理解这三个魂与七个魄在道教中复杂的神学建构，而仅仅作为名称引入，只要念对发音，能够实际应用在祭祀仪式中即可。以此也可以类推招魂祭对其他信仰元素的吸收，同样"不求甚解"，只要这些信仰元素具有一定的合理性与实用性，就可以

---

① 张君房编，李永晟点校：《云笈七签》，第 1194 页。

为其所用。

其实，不光是招魂祭，也不仅仅针对道教，其他阴阳道祭祀在吸收密教、神道等信仰元素时也会有类似特点。例如泰山府君祭中祈请的十二座冥神中，除了有来自中国的神灵之外，又模仿密教的焰魔天供引入了阎罗王、五道大神两位佛教神灵，以及家亲丈人等在中国典籍都很难找到的边缘神格，让原来的七位神灵扩大至十二位。①其并不关心阎罗王等神灵的深层次神学内涵，只要能拿来扩大自己的祭祀功能即可。此般"拿来主义"，不可避免地导致了阴阳道祭祀的概念简化、生硬拼接的特点。同时，也反映了阴阳道并没有的完整和统一的教义思想体系，只追求实践功能的丰富化。

结　语

以上通过考察可以发现，阴阳道招魂仪式的发展经历过一个模仿古代中国"复"礼、为死者招魂的阶段，之后才逐渐固定成为生者举行的招魂祭。而在招魂祭的演变过程中，为了让仪式具有足够的功能，既强调来自中国知识体系的独创性，又要让浸染于日本本土文化的王公贵族得以接受，导致招魂祭杂糅了"复"礼、神道的"系魂"法、道教的三魂七魄观等多种信仰因素，让祭祀仪式变得多样化。

确实，招魂祭在一段时期内频繁地举行，大大满足了当时王公贵族强烈的信仰需求，但是，这种做法也附带了相应的缺点。阴阳道在借用其他信仰元素时，因摄入内容较为零散多样，加上异域文化差异，很多时候并没有或者不能够完整地理解其他信仰的神学理论内在含义，特别是道教复杂的神学建构更是难以掌握，导致阴阳道在发展自身宗教体系时更倾向于直接拿来技术上的实践方法，追求简单直接的应用。如此，也就避免不了对其他信仰中的概念进行简化、生硬拼接的倾向，无法深入发展自己的教义信仰。这种特点，或许一早便为阴阳道后来的衰弱并最终退出历史舞台埋下了伏笔。

（作者：时秋，上海商学院日语系讲师）

---

① 泰山府君祭原名"七献上章祭"。七献指献给七位神灵，分别为天官、地官、水官、司命、司禄、本命、泰山府君。而永祚元年（989）开始安倍晴明以"泰山府君祭"的名称举行，所祭神灵也由原来的七位增至十二位。此冥道十二神以泰山府君为首，其余十一位在原来六位的基础上，又增加了阎罗天子、五道大神、开路将军、土地灵祇和家亲丈人。

排耶弃佛与神儒合一

——会泽正志斋国体论中的宗教因素

费清波

内容摘要 会泽正志斋的国体论继承至其师藤田幽谷,却在此基础上体现出与其相异的宗教色彩。他因身处西力东渐最为激烈的时代而产生强烈的危机感,在排斥耶佛的过程中认识到统合民心对巩固国家统治的重要性。因而希望从日本的原生宗教神道中提取增强民众凝聚力的因素,并与儒家的伦理教化与等级秩序相融合,最终形成了以记纪神话为基底,糅合忠孝一致、敬天崇祖等儒家道德理论,并以神道祭典、明贤祭祀作为具体实践的以护持国体、统合民心为目的的神儒合一论。

关键词 会泽正志斋 国体论 排耶弃佛 神儒合一 民心

Repulsion of Christianity and Buddhism, Integration of Shinto and Confucianism:
the Religious Factor in Aizawa Seishisai's Theory of Kokutai

Fei Qingbo

Abstract: Though a disciple of Fujita Yūkoku, the theory of Kokutai from Aizawa Seishisai presented a theory different from that of his teacher in the religious aspect. In an age when exertion of western forces on eastern countries grew most intense, a strong sense of crisis arose in his heart. He realized the importance of consolidating the rule of the nation by gaining public support in his repulsion of Christianity and Buddhism. Therefore, he expected to create a theory by borrowing the elements from Shinto to enhance public cohesion, as well as by integrating ethical education and hierarchy from Confucianism. At last, a theory of the synthesis of Shinto and Confucianism with the purpose of sustaining the state system and gaining popular sentiments was created on the basis of the mythology from Kojiki and Nihon Shoki; the Confucian moral theory of the unity of loyalty and filial piety, respect of heaven and ancestors; the specific practice of performing Shinto rituals, and offering sacrifices to pay tribute to men of virtue.

Keywords: Aizawa Seishisai; theory of Kokutai; repulsion of Christianity and Buddhism; integration of Shinto and Confucianism; popular sentiments

会泽正志斋（1782—1863），名安，号正志斋，是后期水户学①的代表人物与思想集大成者。他在以《新论》为代表的多部著作中详细阐释了国体思想，其国体论对近代日本国体观念的发展起到了奠基作用。

以往国内学界对会泽的研究多集中于对《新论》的解读，以及由此引发的会泽国体论的讨论上。②另有一些学者重点关注《新论》中体现的"尊王攘夷"思想，

---

① 一般认为，17 世纪下半叶至 18 世纪 30 年代完成的《大日本史》的本纪、列传、论赞部分组成了前期水户史学的学问内容；18 世纪末至幕末，修史事业一度中断，转而关注现实社会发展问题，组成后期水户政教学的学问体系，前、后两期的学风普遍被认为具有明显的差异。

② 朱谦之的《日本哲学史》（人民出版社，2002 年）与《日本的朱子学》（人民出版社，2000 年）两部著作，从"皇室中心主义""日本中心主义""儒教中心主义"三方面，对会泽的国体论进行了归纳总结。

排耶弃佛与神儒合一——会泽正志斋国体论中的宗教因素

并由此具体考察会泽的国体理论。①以《新论》为中心进行研究固然能直接明了地掌握会泽国体学说之精髓，却同时也将研究局限于《新论》固有的格局中。而从"尊王攘夷"的角度考察会泽国体论，则容易忽视会泽国体学说的缘起与思想的底层。

在日本学界，由于国体论之于近现代日本历史发展的重要作用，而成为重点研究对象。战前，水户学被奉为王政复古、明治维新的思想原动力，而被给予高度评价。作为系统化国体论之滥觞的会泽国体论，被高度赞扬并被推崇至极。这种一味赞同而几乎无视其思想局限性的情况，随着战后研究态度的转向而产生变化。正如远山茂树评价水户学的尊王思想具有"一定的革新性"，同时更强调其"封建的性格"，众多学者在战后开始反思会泽国体论的缺陷与矛盾。②虽然战后对会泽国体论的研究趋于客观合理化，却由于过度将其置于"近代的射程"③，而忽略了依据其所处时代的国内外环境及后期水户学整体的学统传承上予以考察，而只有考察其中的差异点才能更深入地认知会泽国体论的特色所在，才能解释字数寥寥却内涵丰富的《新论》缘何对幕末以及明治时期的民族主义思想与行动影响如此巨大。

会泽的老师藤田幽谷乃承接前、后期水户学的重要人物，其代表作《正名论》是被视为"水户学思想的主要支柱""代表尊王攘夷思想之水户学的出发点"④的重要文献。他将"天命靡常，顺德者昌，逆德者亡"这一伦理观念视为古今内外的普遍法则，并以此为前提，以周文王为道德典范，要求幕府将军对皇室尊崇，来佐证顺从天命、严正名分的合理性。他还以阴阳观与三才论论述天人合一的观念，并由此论及皇统的永久性，称："天朝开辟以来，皇统一种，故天子无姓，但国人称君，必以天配之，尊之之辞也。"⑤反观《新论》，会泽并不是以伦理道德的普遍准则抑或大义名分为前提展开讨论的，取而代之的是他对社会现状的忧虑，"今虏乘民心之无主，阴诱边民，暗移之心。民心一移，则未战而天下即为夷虏之有"。

---

① 王家骅在《儒家思想与日本文化》（浙江人民出版社，1990年）中，指出会泽通过"国体论"的阐释，将藤田幽谷的"尊皇"与"攘夷"思想整合为一。

② 如丸山真男在《现代政治的思想与行动》（陈力卫译，商务印书馆，2018年）中关注到会泽攘夷思想背后的愚民观等。

③ 尾藤正英：「水戸学の特質」，今井宇三郎、瀬谷義彦、尾藤正英校注：『日本思想大系53 水戸学』，岩波书店，1973年，第561页。

④ 瀬谷義彦：「解題」，今井宇三郎、瀬谷義彦、尾藤正英校注：『日本思想大系53 水戸学』，第474页。尾藤正英：「尊王攘夷思想」，『岩波講座日本歴史：近世5』，岩波书店，1977年，第78页。

⑤ 藤田幽谷：『幽谷随筆』卷之一，菊池謙二郎编：『幽谷全集』，吉田弥平出版，1935年，第513页。

^①对于皇统，则称"帝王之所恃以保四海而久安长治，天下不动摇者，非畏服万民、把持一世之谓。而亿兆一心，皆亲其上而不忍离之实，诚可恃也"。^②以此两例，可以明显地发现会泽与幽谷问题意识的不同。幽谷的理论侧重对居上位者的道德约束、对国体的讨论，是从历史传统与道德认知的层面上开展的。而会泽却是以民族危机出发，希望民众的宗教意识借由祭政一致的政治体制而结合为一，进而唤起民众对现存国家秩序自发性地顺从。^③从学统上看，幽谷提出并大致描述了后期水户学国体论的原型，而会泽则在此基础上将之扩展至精神领域，并将之世俗化，走向下层民众。而这是会泽在批判耶佛的过程中认为有必要寻找日本原生的宗教原型并进行重塑才最终达成的。因此，有必要剖析宗教因素在会泽国体论中所起的作用与所处的位置。

一、排耶论

会泽在《新论》国体上篇反对异端之说，最为排斥的是耶稣教，这与其早年受教经历不无关系。他师从幽谷时，正值俄国人拉克斯曼登陆根室岛，如其在《及门遗范》中回忆说，幽谷"素忧戎狄窥边……察其情伪，推求古今戎狄之形势，了然如指掌，且辨破其虚诞夸张之妄说"^④，当时年仅 11 岁的会泽耳濡目染，开始关注世界形势。享和元年（1801），他根据 20 余种汉籍、和书及洋书^⑤摘录、概括而成《千岛异闻》，欲将夷虏之情详视于人。后又编录《谙夷问答》，记载其讯问登陆水户大津滨的英国船员之笔谈内容。而在水户藩内，藩主德川齐昭主张排斥耶稣教，会泽在此期间所做的《岂好辨》中，更以"何有之"的句式自问自答，批判西方奸邪之说，阐释驱除耶稣教的必要性。

会泽对耶稣教的批判，主要从三方面展开。首先，他指出耶稣教在政治上的侵略扩张性，"至西荒戎虏则各国奉邪苏之法，以吞并诸国，所至焚毁祠宇，诬罔人

---

① 会沢正志斎：『新論』，今井宇三郎、瀬谷義彦、尾藤正英：『日本思想大系 53 水戸学』，第380 頁。
② 同上，第 382 頁。
③ 前田勉：「新論の尊王攘夷思想」，『日本思想史研究』，第 19 期。
④ 会沢正志斎：『及門遺範』，浅井吉兵衞出版，1882 年，第 14 頁。
⑤ 包括《西域见闻录》《泰西舆地图说》《龙沙纪略》《职方外纪》《虾夷拾遗》《狄志》《鲁西亚志》等。

排耶弃佛与神儒合一——会泽正志斋国体论中的宗教因素

民，以侵夺其国土"①，他对被赋予政治意义的耶稣教传教活动大加鞭笞，指出西方诸国借传教之名登陆他国国土，蛊惑他国国民，耶稣教乃西方蛮夷侵略之先导。认为西方列强之所以称霸世界，殖民地范围日盛，皆依靠耶稣教传教活动。

其次，他认为耶稣教在说教上具有强烈的蛊惑性与煽动性，而其之所以极易魅惑人心，是利用了民众的好奇心理：

> 西荒蛮夷其性多巧思，如鸟之善巢，蜂之善窝，奇技淫工，足眩俗目……巧言如簧，以售其说。而人情之喜新奇，浅薄之徒，争而信之，则其所谓穷理者，适足以使人亵神慢天，是其言天不啻无益于人，而其为害实有不可胜言者矣。②

那些被耶稣教教义及其所裹挟的西方文化而魅惑并对之盲目崇拜的"浅薄之徒"，在再行传教的过程中，假借宋儒穷理之名，欺骗世俗民众，不敬鬼神不循天意，与圣人之道背道而驰，对于当时的社会思想来说其祸害之大不可言说。

最后，会泽认为耶稣教将导致道德沦丧、民心不稳的结果，这源于耶稣教教义与他所坚持的传统道德观与世界观严重对立。会泽依据儒学的自然整体观来阐释自己的"天地人活物观"："夫人也者，活物也。仁义者，其性情之活动者也。故言人道求之仁义可也。……天地亦活物也。阴阳刚柔天地之精神，而其活动者也。天地之道当求诸阴阳刚柔。"③即天、地、人不只是单纯的物质实体，而是天有阴阳，地有刚柔，人有仁义，各自具有精神的"活物"，三才缺一不可，乃有机整体。与之相对，西方自然科学将天、地视为纯物质性实体，依据生物进化论将人视作生物个体，三者之间不具备任何精神性联系而各自独立存在，与"活物"相对即是"死物"。由此，他抨击耶稣教"以寂灭为道。灭者人之所恶，吓以其所恶，故其俗阴险深刻，自然之符也"④。耶稣教宣扬人人厌恶的死亡，因此教俗阴险毒恶，将死亡归咎于"原罪"，实际上是西方民众生性本恶，从而产生现世悔罪的思想。这与东方将自然界看作有机整体，万物生生不息安于天命的"生道"大相径庭。而耶稣教信徒"废弃人伦，如身毒法，无君无父"⑤，将自己的生身父亲仅当作"肉身之

---

① 会沢正志斎：『新論』，第398頁。
② 会沢正志斎：『下学迩言』卷之一，会沢善出版，1892年，第8頁。
③ 会沢正志斎：『下学迩言』卷之一，第9頁。
④ 会沢正志斎：『下学迩言』卷之一，第4頁。
⑤ 会沢正志斎：『下学迩言』卷之一，第2頁。

父"的"小父"，而将教堂中顶礼膜拜的夷狄之神上帝称为"大父"，如此即是混乱父子关系。若从耶稣教教义指导下的西方国家政体来看，教皇（大君）之下有许多君主（小君）统治各自国家，大小二分，在实际统治中，民众只知小君而不知大君，有违君臣之道。耶稣教主张一夫一妻制，而对夫妻双方在外发展情人关系不加制止，这是夫妇关系之乱。将兄弟姐妹与路人等同视之，称世人皆为友人，而忽视亲疏之别、长幼尊卑之序。既然声称世人皆为友人，却将弱肉强食作为国家、社会、个人的生存法则，侵略他国，相互争权逐利而背离朋友之信。[1]由此观之，耶稣教教义及其影响下的西方文化简直混乱不堪，使天地之间充斥"积阴之气"。而耶稣教传教士"假兼爱之言"，使"民为胡神致死，相欣羡以为荣"[2]，最终"为西戎之徒属"，使日本"内既自夷，国体安存"。[3]

"民心"——是会泽提出排耶论的源流与归路。在西力东渐的大背景下，耶稣教利用民众好奇心并假借"兼爱之言"，使"民心"转移，是民族信仰与道德层面的巨大危机。而会泽以"活物观"与传统道德理念对其展开批判，不仅要匡正"民心"，更要借此起到群体教化的作用。因此他将外来威胁与道德意识相联系，将外部危机的实践者——耶稣教，作为重点攻讦对象。与此同时，他也意识到西方列强的行动之所以具有整体性，是耶稣教发挥了一种统合性、源动性的凝聚力量，日本若要在此险恶的国际环境中生存发展，必须寻找一种原生的力量，统合民众树立以日本为中心的主体意识。如果说会泽的排耶论源于对外患的反应，作用于群体意识的觉醒，那么弃佛论则是他对内忧的反思及对独立个体的约束。

二、弃佛论

水户藩对佛教的批判可追溯至二代藩主德川光圀，他实行神佛分离政策，否定神佛混淆并肃正寺社。至德川齐昭时，世界形势的变化及神、儒思想的发展，促使否定神佛混淆变为彻底的反佛排佛。齐昭在《不愠录》中批判"近来僧风日下，破戒不如法者不少……欺愚民、贪钱财，或肉食犯女之辈不少……政事之大害

[1] 会沢正志斋：『迪彝篇』師道五之二—師道五之六，岩波书店，1941 年，第 266—280 页。
[2] 会沢正志斋：『新論』，第 398 页。
[3] 同上，第 387 页。

排耶弃佛与神儒合一——会泽正志斋国体论中的宗教因素

也"。①他于天保十四年（1843）开始对寺院进行彻底整顿，严厉惩治犯戒僧侣，将整理寺院残留的佛钟熔铸成海防用炮，大力振兴神社并废除佛教葬俗而推行神葬祭。与政策并行，以会泽为代表的水户学者们试图从理论上揭示佛教教义中诸多矛盾虚伪之处。

会泽首先从佛教的修行方式展开批判，进而质疑其生死观。他指出，断绝一切世俗关系遁入佛门以求幸福的行为乃"一己之小道，故知有一身，而不知有天下，解脱世累，弃绝人伦，放浪物外而以自恣，而其意所本屑屑，厌生老病死，捐父出家，以意想身前身后，造为不生不灭之说，以自宽其畏死之心"。②这是对佛教修行方式与"空"思想的批判，若从生死观的角度而言，佛教轮回说认为众生由于恩爱执着、迷惑造业的影响，而在三界六道之中流转生死，受诸苦恼不能解脱，犹如车轮旋转，循环不已，因此为解脱轮回之苦，就要达到息灭烦恼后进入无我的精神境界，即是摆脱了一切物质和精神的束缚以获得涅槃。这种修行方式在会泽看来是一种消极厌世、逃避现实的行为，违背圣人提倡的热爱生命、感恩先祖的固有之道。他进而批判死后进入极乐世界或地狱的理论，是使世人徒增恐慌情绪的荒诞的空论臆说。甚至由此直接对佛祖提出质疑："天堂地狱，人所不目视面接……夫释迦亦人也，亦安得见而知之也。乃又为之说云，佛眼异凡夫，能知人所不知。然则人非佛身，设使知人所不知，而孰得实见。佛果能独知之，则虽信之，而徒信其言，未尝见其实，亦与狗吠虚声，不见其形者，何以异也。"③

与当时国学者对佛教的批判相似，会泽从僧徒拥兵自重又腐化堕落的角度展开批判，又通过反本地垂迹说，试图削弱甚至消除佛教在既有宗教意识中的影响。他通过史实举例，说明佛教乃滋生祸乱之源：

> 佛之入神州，未几有苏我氏之乱，甚者则马子之弑逆……空海则以佛名渎乱神明，以汙秽日域；最澄则虽稍循良，而高足弟子一再传，乃延历、园城二寺争讼起焉，兴福、东大等诸寺亦相习成风。弄兵梗命，小有不如意则犯阙强诉，亲鸾之唱专念说，谓君父为一时假合，其政令有不合己意，则谓之佛敌，动辄起兵扰乱国家，至下津间觊觎天位，则凶悖极矣。④

---

① 德川齐昭：『不愠録』，国書刊行会编：『史籍雜纂・第五』，国書刊行会，1912 年，第 264 頁。
② 会沢正志斎：『下学迩言』卷之一，第 6 頁。
③ 同上，第 4 頁。
④ 同上，第 7 頁。

　　佛教致使父子假合、伦理纲常败坏，使人只重私欲而忘国家大道。僧院寺社拥兵自重，私自械斗，扰乱国家秩序，又频频破戒、肆意妄为。这种腐化堕落的宗教对民众并无帮助与教诲，只能使思想污秽堕落、秩序混乱不堪。对于本地垂迹说，他批判"狡猾僧徒……冒神明以佛名，使元元移千万年奉神明之心，以佞媚蕃神胡鬼，其渎神明亦甚矣"。①以佛说神道之事，是对神道的亵渎，佛教与耶稣教同是戎狄之教，"戎狄之道不息，则神圣之道不明，神圣之道不明，则戎狄之道不息，二者不相容"。②因此排斥佛教不仅是削弱佛教的影响，更有彰显神道、保卫国体的深意。

　　另一方面，会泽认为佛教应是"柔和忍辱之道"③，以为"柔民心助政教"之用。而现实却是"日莲唱《法华》，虽称世法即佛法，然其轻蔑神明与自尊大，视上令如不满意者，以为仇仇，……而媚悦妇女，因缘后宫，以为自炫之术……如此数者，骄傲暴戾，非柔和忍辱之道，所谓柔民心助政教者果何在也?"④会泽通过剖析佛教理论来批判其腐化现状，他将对个人修行的说教上升为对民众意识的规范，也侧面说明了其理想中佛教应起到引导民众安分守己，勿起贪念，遵守既有秩序和国家统治的作用。若结合当时的世界形势，他的此种理想则蕴含着在西方冲击下稳定民心、统合民众，维护民族自立的深意。

　　相对于排耶论的群体教化作用，会泽批判佛教则是要求民众抛却只重"小我"而不关心国家危亡的私欲。佛教现实中的腐败堕落，及其教义注重个人感受与修为，缺乏对国家、群体关怀的理论特点，使其在日本内忧外患，面临民族危亡的形势下，并不符合统合民众、共御外侮的需求。因而无论是后期水户学学者还是国学者，皆将其作为批判排斥的对象。会泽对耶稣教、佛教的排斥，源于内忧外患情况下对民心统合的要求，也从侧面体现出其所期望的理想宗教应有之模式，即有助政教与统合民心。他在一系列的批判后，进一步提出具有实践性质的神儒合一论。

---

① 会沢正志斋:『下学迩言』卷之一，第6页。
② 会沢正志斋:『新論』，第401页。
③ 柔和忍辱之道:《妙法莲华经》云:"如来衣者，柔和忍辱心是。"讨论的是佛教僧徒随顺教法的接受能力，其所说教法，一是指平等慈悲的法华经一乘思想，一是指不偏不堕的空性思想。通俗说即是一种无论外部环境如何，都要包容摄受众生的自我修行模式。出自《妙法莲华经》，法师品第十，底本:大正新修大正藏经，中华电子佛典协会(CBETA)收录，第63页。
④ 会沢正志斋:『下学迩言』卷之一，第7页。

排耶弃佛与神儒合一——会泽正志斋国体论中的宗教因素

三、神儒合一论

水户学肇始之初，神、儒因素就已根植其学说中。德川光圀聘朱舜水为宾师，讲授"春秋之大义"，并为修撰《大日本史》充当顾问。受舜水影响，光圀称修史目的为"正闰皇统，是非人臣"①。除为历代天皇修本纪以述功业外，"正闰皇统"还体现为三大特笔之一的"南朝正统论"，这是在光圀授意下，以三种神器归属为基准定正统的想法，可追溯至《神皇正统记》以神器论皇统的学说，实质是以朱子学大义名分的立场阐释日本固有精神。所谓"是非人臣"，则由舜水的忠实学徒安积澹泊执笔的"论赞"来传达，以道德标准品评历代人物，具有传统儒家道德史观的特点。该时期，神儒结合尚不明显，皇统与神器传说隐秘于大义名分与道德史观下。但随着修史事业深入，如尾藤正英所说，主持编纂的学者"思想立场有巨大变化"②，使得"前期以纪传为中心，以道德标准臧否人物的编纂方针，到后期变为以编纂志表为中心，以究明制度变迁强调皇统存续为编纂方针"③，神的因素亦随之从幕后走向台前。

会泽的老师藤田幽谷在《正名论》中已有意识地引入"神国"概念，称"赫赫日本，自皇祖开辟，父天母地，圣子神孙，世继明德，以照临四海"④，来强调日本国体之不变。主持修史后，则更娴熟地将神话与儒家伦理融合解释，他在《大日本史·志》开篇即言："天皇以天祖之遗体，世传天业，群臣以神明之胄裔，世亮天功，君之视民如赤子，民之视君如父母，亿兆一心，万世不渝……是海外诸藩之所绝无者。"⑤幽谷通过连接天祖神裔—天皇群臣—君民父子的关系，"巧妙"地将父慈子孝演变为民众对天皇效忠的绝对性。他虽也讲大义名分、尊王敬幕，而昭示凸显神之因素，却殊非偶然。幽谷思想形成的宽政时期，前代的大饥馑、频繁的农民一揆、失败的改革及当代的紧肃政策，使从农民到统治阶层都出现了反对幕府统治的声音。作为水户学者，他自有"德川宗室责任感"，面对如此政治危局，伦

---

① 宫田正彦：『水戸光圀の「梅里先生碑」』，錦正社，2004年，第1頁。
② 尾藤正英：「水戸学の特質」，第562頁。
③ 同上，第564頁。
④ 藤田幽谷：『正名論』，今井宇三郎、瀬谷義彦、尾藤正英：『日本思想大系53 水戸学』，第11頁。
⑤ 德川光圀编著：『大日本史：義公生誕三百年記念出版第9册』卷二百四十四志第一，義公生誕三百年記念会，1928—1929年，第1頁。

理说教已无法劝服反叛之人，因而更需论证天皇至尊的神体与统治的神圣与永恒，来佐证幕府摄天皇而治的正当性，以达到"天子臣将军，将军臣诸侯，诸侯臣大夫，以至士庶"①的理想秩序。

会泽所说的"天祖天孙之仁覆于海内，幕府邦君之义于天下，慈父孝子之恩申于永世"②的伦理秩序，显然有幽谷学说的影子。但如前文所述，幽谷与会泽的问题意识不尽相同。面对内忧外患如何护持国体是他们共同面对的时代课题，幽谷侧重以制度改革加以应对，这与宽政至文政期，从幕府至各藩的改革浪潮有关，也与藩内的党争密切相连③。会泽则在继承幽谷学说的基础上，关注到在精神层面掌控民众意识的重要性。除论说神话与儒家道德伦理的联系外，宗教祭仪所折射出的伦理秩序与皇国精神，神道祭祀与明贤功烈祭祀"双管齐下"的普遍性祭祀活动，共同组成会泽以统合民心为目的的神儒合一论。

在《读直毘灵》的序言中，会泽以三神器与创世神话附会儒家经典中的人伦之教④，来论述神国日本自古就存有"人伦大道"：

> 天祖以三神器授天孙，宣：'丰苇原中国，汝往治之。宝祚之隆，与天壤无穷。君臣之义严正，千万世天位之尊，万国所无。'又宣：'宝镜，专为我御魂，斋奉如拜吾前。'父子之亲敦厚，事日嗣之君，如今天祖在。是亦可申万国无比伦。自伊邪那岐命、伊邪那美命之时，男先女之义著而夫妇之别正。自任三贵子，长幼之序明也。自思兼、天儿屋、太玉等诸神同志辅佐天功，则朋友之信备。如斯，自太初人伦之明，实可申天地之大道。⑤

此固有之道，所以优越万国，得益于天祖、天孙及诸神的"作为"。三种神器的传授与继承，是皇统绵延的象征。如《新论》中所说，是"天位之信，以象天德"，位信则德正，作为天祖胤嗣的天皇，世代相继的正当性由此严正不可犯⑥。将宝镜作为天祖魂魄的替代物加以奉祀，并称为"父子之亲敦"的行为，则运用了儒家式

---

① 藤田幽谷：『幽谷随筆』卷之一，第 517 頁。
② 会沢正志斎：『新論』，第 420 頁。
③ 德川治保任藩主时力推改革，立原翠轩派与藤田幽谷派在制度改革、修史方针上均产生严重分歧。前者主张渐进式改革，完善已有本纪列传不修志表；后者主张激进式改革，认为修志表乃光圀遗志。党争最终以藤田派掌权而告终。
④ 即《孟子·滕文公上》的"父子有亲，君臣有义，夫妇有别，长幼有序，朋友有信。"
⑤ 会沢正志斎：『讀直毘霊』，高須芳次郎：『会沢正志集』，『水戸学全集』第二編，日東書院，第 394—395 頁。
⑥ 会沢正志斎：『新論』，第 382 頁。

排耶弃佛与神儒合一——会泽正志斋国体论中的宗教因素

的祖先祭祀原理。《礼记》有言"天下之礼，致反始也，致鬼神也"①，礼的作用，是使人返归初始，报答上天，奉事鬼神，以敬祖先。会泽说"礼莫大于祀，万物本于天，本于祖，报其本，反其始"②，即是此理。天孙奉宝镜，是子孙对先祖充满忠孝恭敬的祭祀行为，基于父慈子孝的原理以表达报本反始之意。他还说"夫君臣也，父子也，天伦之最大者"③，而祭不仅"见父子之伦"，还可"见君臣之义"④，如此，祭礼就将天祖—天孙—君臣—父子相连接，使臣对君增添了父子般的忠孝。但祭宝镜尚不及臣属与民众，会泽则以大尝祭将君臣民演绎统合为一。

大尝祭，即新任天皇继位后于首次收获之际举行的祭典，天皇需亲临现场，彻夜祭拜皇祖，以示敬天报祖之诚。《新论》中对大尝祭的场景描述如下：

> 夫以天祖之遗体而应天祖之事，肃然優然，见当初仪容于今日，则君臣观感，洋洋乎如在天祖之左右，而群臣之视天孙亦犹视天祖，其情之发于自然者，岂得已哉。而群臣也者，亦皆神明之胄，其先世事天祖天孙，有功德于民，列在祀典，而宗子纠辑族人，以主其祭……入以追孝其祖，出以供奉大祭，亦各以其祖先之遗体行祖先之事。⑤

《礼记》有云："優然必有见乎其位……肃然必有闻乎其容声"⑥，此皆源自对先祖的思念之情与忠孝之心，即自然所发之情。而群臣是天孙降临时同下凡间各神的子孙，天孙降临之际的君臣关系在如今的祭祀中重现。典礼进行前，"诸国之人，知大祭之事"⑦，天皇命各藩进献，民众通过奉献贡品而参与到祭典中。又"天祖得嘉谷之种，种之御田……是为万民衣食之源。及传天下，特授之皇孙以斋庭之穗……故大尝祭，烹熟新谷"⑧，"以报于天神，然后与天下尝之，而天下皆知所食之粟，即是天神所颁之种也"⑨。这种祭仪不仅将天祖"重民命"的主张传至今日，也在天祖与民众间建立了纽带。如此即形成了天祖天孙、天皇群臣、天皇民众三重

---

① 胡平生、张萌译注：《礼记》祭义第二十四，中华书局，2017年，第905页。
② 会沢正志斎：『下学迩言』卷之三，第30页。
③ 会沢正志斎：『新論』，第382页。
④ 胡平生、张萌译注：《礼记》祭统第二十五，第937页。
⑤ 会沢正志斎：『新論』，第383页。
⑥ 胡平生、张萌译注：《礼记》祭义第二十四，第895页。
⑦ 会沢正志斎：『江湖負喧』，福田耕二郎校注：『神道大系 論説編十五 水戸学』，神道大系编纂会，1986年，第523页。
⑧ 会沢正志斎：『新論』，第382—383页。
⑨ 同上，第393页。

的类君臣父子关系，他们各以其"遗体"行"先祖之事"，除时间流逝外历史与现实并无差异，"虽千百世犹如一日"①。在君（即神的化身）与臣民（感化神的庇护）的交流中体现出敬天奉神、忠孝大道的同一性、永恒性。臣民亦通过祭典知晓祖先的辉煌功绩，进而对神国日本有了整体认识，从而达到统合民心的效果。

以大尝祭为代表的国家祭典虽利于臣民形成忠孝合一、崇天敬祖的伦理观念，但天神之世毕竟久远，国家祭典威仪森严，与日常生活相去甚远。为以更世俗的途径对臣民进行伦理教化，会泽认为有必要推广名贤祭祀。他将祭祀对象分为三类：累世祭拜具有镇护作用之神、人；镇守边疆或对某区域影响颇深之人；以身殉国之英雄②。即以传统、功绩、道德予以规范。对累世祭祀之神、人加以祭拜乃是尊重传统，在此无需赘言。论及道德标准，会泽多次以楠木正成为道德典范，赞赏其忠贞勤王的行为。以功绩为标准，既源自《尚书》的"（周公）记功，宗以功作元祀"③，也取决于会泽划定的"治乱兴衰"。他认为应神、仁德朝乃"皇化日洽洽之最长久者也"，孝德、天智使"治化复兴"，而"庆长至今……至尊垂拱于上，大将军奉戴辅翼，诸侯驯服听命，亿兆欢虞安堵，称为极治。"④治世之征即为诸侯驯服、亿兆一心。治世之功，承继了天祖治乱兴衰之业，使神武、应神、家康等除却因至尊的统治者地位，更增添了义理上被赋予大祀之礼的正当性。这些名贤之人，被赋予了弘道于民的意义。而其评价标准，则有教化民众的内涵。对被祭祀的统治者而言，其治世之功通过祭祀而得以传播，"可以兴起人心磨砺风俗"⑤。

以记纪神话附会儒学道德论，论证神国日本的"固有之道"乃"万国之纲纪"。再以大尝祭连接君臣民，借助忠孝合一、报本反始、敬天崇祖的伦理说教赋予天皇至臣民举国的神性。最后以名贤的判定给予功德之人享祭的正当性并对民众加深教化。这一层层递进的理论系统构成了会泽以掌控民心、护持国体为目的的神儒合一论。就水户学的学统而言，会泽的学说不仅继承发展并补充了幽谷的学说，也使后期水户学维护国体的理论从制度层面扩展至精神领域。

---

① 会沢正志斋：『新論』，第 383 頁。
② 会沢正志斋：『江湖負暄』，第 531 頁。
③ 王世舜、王翠叶译注：《尚书》，中华书局，2012 年，第 231 页。
④ 会沢正志斋：『下学迩言』卷之七，第 86 頁。
⑤ 会沢正志斋：『下学迩言』卷之三，第 36 頁。

排耶弃佛与神儒合一——会泽正志斋国体论中的宗教因素

余 论

尽管会泽的排耶弃佛论与神儒合一论看似相互独立，然而其背后始终贯穿着对"民心"的关注。作为西方侵略工具、倡导"寂灭之道"的耶稣教使民心涣散甚至受到蛊惑，必须加以禁止。有违伦理、腐化堕落又不利政教的佛教乃空论臆说、一己之道，不利于培育积极上进、共御外侮的精神，需完全抛弃。会泽排斥耶佛的背面，即是其理想状态的宗教应起之用——统合民心。

但会泽关注民心统合的行为绝非偶然。除在继承补充幽谷学说的基础上走向"必然"，他的世界认识与排耶论说亦是重要契机。在会泽之前，"民心"在近世日本思想史中鲜被提及，但在儒家经典和正史中常被运用。如《孟子》所说"善政，民畏之；善教，民爱之。善政得民财，善教得民心"①，在这里"民心"是伦理教化的对象；又如《汉书·息夫躬传》"推诚行善，民心说而天意得矣"②，指代民的感情、意愿；再如《朱子语类》中所载"民心之所向，即天心之所存也"③，"天心"为古代圣贤提倡之道，即将"民心"与德政相联系。而在会泽的著作中，常见的用例为"亿兆一心""人心一致""民心一移"等，不仅见于其对耶稣教的批判以及对祭礼功用的论述中，也见于守御篇、长计篇，作为富国强兵、抵御外侮、护持国体的精神工具，传统意义的"民心"在此已被赋予了类似近现代民族意识的内涵。而新内涵自有其"非传统"的来源，若认为会泽受攘夷思想影响而顺理成章地对耶稣教产生排斥心理，然而他对西方知识却有较全面的认识，这始于其早年受藤田幽谷关注俄国形势的耳濡目染，实践于其担负的与外国人交流沟通的藩内事务，丰富于其整理汇编异国知识的各种资料。虽然其中不乏如"西夷之跋扈海上……所恃以逞伎俩者，独有一耶稣教"④，这种夸大早已政教分离状态下耶稣教对政权统治的作用的误解，但同时也证明了他对耶稣教的格外关注。因此毋宁说是会泽在充分认识耶稣教的民心掌控作用后，赋予了"民心"新的意义，同时为了统合民众意识，希望从日本寻找原生的、具有同样功用的宗教原型并进行重塑。而神儒的结合即是其重塑的结果。因此，会泽的排耶弃佛论与神儒合一论实则具有一致性。

---

① 杨伯峻译注：《孟子译注》尽心上，中华书局，1960年，第306页。
② 班固：《汉书》卷四十五，中华书局，1962年，第2184页。
③ 黎靖德编：《朱子语类》七，卷第九十九张子书二，中华书局，1986年，第2535页。
④ 会沢正志斋：『新論』，第398页。

将维护国体的方法扩展至精神领域，给予了会泽更广阔的论述空间。而受修史事业影响，水户藩包容开放的学术传统吸引了众多出自不同学派的学者，多元的学统传承使水户学如芳贺登所说"是阳明学、古学、考证学的混合体"①，或如荒川久寿男认为，其本质是"贯穿神道宗源说、天命思想观、国体之不易、南朝正统论、尊王思想、正名论、理想主义等思想的学问"。②而会泽作为后期水户学学问集大成者，在他的神儒合一论中，也充斥着皇国观念、神秘祭仪与民众教化等诸多要素。就其皇国观念而言，除水户学以神器、神话论皇统的传统，会泽也受到国学者尤其是本居宣长的影响。他在《读直毗灵》正文开篇即赞赏"（宣长）尊天朝胜万国之论，乃卓见也。非俗儒辈之所能及"③。但会泽在肯定宣长皇国至上论的同时，则批判他的排儒思想，《读直毗灵》《读葛花》于是就成为了他以儒学的"人伦之教，经世之道"④重新解读皇国至上的文章。在将神国观念、神道祭祀与儒学理论融合解释方面，则可看到崎门学派宣扬神皇一体，祭政一致的影子。如后藤三郎所说："闇斋学统，与水户学、国学共同构成了德川时代我国国体思想的三大干流，……而在某种意义上，闇斋学统则构成了其他二学的源流。"⑤但会泽的论证方式与崎门学派却不尽相同。对于天神，他不似闇斋以理气论证神的存在，而是将神作为本原性的与天地共存的皇祖，并以君臣父子的伦理秩序赋予天皇统治的神圣性。论述神儒关系时，也不同于闇斋的"神儒妙契"与若林强斋的"理一分殊"所主张的神儒二者不可偏废，而是以记纪神话附会儒家伦理秩序，强调神国日本"固有之道"。会泽实则是借助崎门学派一些理论主张作为躯壳，而以伦理教化作为内涵论述国体。正如永田广志所指出的，"后期水户学……其内容主要是有关伦理和政治的，在哲学上是极为贫乏的"。⑥而在利用神秘祭仪论证天皇统治正当性方面，他们却是相通的，只是会泽在此基础上将祭与民相连，以达到统合民心的作用。将祭与民心连接以达到教化之用，则如子安宣邦所言，是依据荻生徂徕的鬼神祭祀论，创造出日式汉语词"天祖"，以祭祀性国家理念为核心，重新构建国家，通过给予民众

①② 芳賀登：『近代水戶学研究史』，教育出版センター，1996 年，第 194—195 頁。
③ 会沢正志斎：『讀直毗霊』，第 399 頁。
④ 会沢正志斎：『讀葛花』，『日本儒林叢書』論弁部・卷 04・編 45
⑤ 後藤三郎：『闇斎学と国体思想』序，金堂書籍，1941 年。
⑥ 〔日〕永田广志：《日本哲学思想史》，商务印书馆日本丛书，1992 年，第 247 頁。

排耶弃佛与神儒合一——会泽正志斋国体论中的宗教因素

死后的安心与归宿，达到民心向国，才得以成立的。①

　　回到水户学的学统，由德川光圀与朱舜水奠定的务实与开放包容的学风，使会泽对以上各种学说的拆解与重构成为可能。他曾在与友人的书信中说："（真正的学者）宜先开一大眼，无以口读，以心看之，则众说之是非邪正可了然于胸中，是所谓眼光透纸背也。是以读人所读之书，而观于其所未见，察于其所未思，专心一志，急当世之务，苟可以正君济民者，取以为己用。"②正是这种极致的取长补短、为我所用的务实学风，使他以护持国体、统合民心为目的的神儒合一论成为诸种学说的混合体。而将类似于近现代民族意识的"民心"与前近代的神秘祭仪与伦理等级秩序相结合，则为其走向世俗化与极端化提供了某种可能。

　　　　　　　　　　　　（作者：费清波，南开大学日本研究院博士研究生）

---

　　① 〔日〕子安宣邦著：《国家与祭祀》，董炳月译，生活·读书·新知三联书店，2007年，第84—94页。
　　② 会沢正志斎：『答岡崎子衛書』，名越時正編：『会沢正志斎文稿』卷之一，国書刊行会，2002年，第34页。

日本战后初期民主教育制度的确立及其局限*

臧佩红

内容摘要 战后初期,在以美国为首的盟国的主导下,日本政府对战前的教育制度进行了全面的民主化改革,通过颁布实施《日本国宪法》《教育基本法》《学校教育法》《教育委员会法》《文部省设置法》等,确立了以教育目的是"为个人"及教育行政凸显"分权"与"独立"、学校制度强调"单轨"学制及"普通"内容等为基本特征的民主教育制度。然而,上述民主教育制度的确立是迫于外部压力、并非日本政府自愿所为,因此又具有一定的局限性。

关键词 日本 战后初期 民主化 教育改革

---

* 本文系国家社科基金重大项目"新编日本史"(项目号 13&ZD106)的阶段性成果。

日本战后初期民主教育制度的确立及其局限

The Establishment and Limitations of the Democratic Education System in the Early Postwar Period in Japan

Zang Peihong

Abstract: In the early post–war period, under the leadership of the allies led by the United States, the Japanese government carried out a comprehensive democratization reform of the pre–war education system, through the promulgation and implementation of the "Constitution of Japan", "Fundamental Law of Education", and "School Education Law" "Board of Education Law", and "Act for Establishment of the Ministry of Education", etc., Japan established a democratic education system that featuring the purpose of education as "for the individual", education administration highlights "decentralization" and "independence", and the school system emphasizes "single track" school system, "ordinary" content, etc. However, the establishment of the above–mentioned democratic education system is due to external pressure and not voluntarily by the Japanese government, so it has certain limitations.

Keywords: Japan; early postwar period; democratization; educational reform

战后初期，在以美国为首的盟国的主导下，日本政府对战前的教育制度进行了全面的民主化改革。战后的教育民主化改革分为两大阶段：第一阶段（1945 年 8 月—1946 年 2 月）旨在铲除教育领域中的"军国主义"与"极端国家主义"要素。占领当局 1945 年 10—12 月下达了有关教育的"四大指令"①，意在铲除教育中有关军国主义与极端国家主义的"人"（教育工作者）、"内容"（课程与教科书）及"意识"（国家神道）。日本政府则于 1945 年 9 月 15 日率先公布《新日本建设之教育方针》，一方面主动提出铲除军国主义，另一方面却极力维护天皇的教育统治权。第二阶段（1946 年 3 月—1949 年 6 月）则通过立法确立了民主的教育制度。1946 年 11 月 3 日公布的《日本国宪法》（1947 年 5 月 3 日实施）规定了"学问自

---

① "四大指令"：《日本教育制度的管理政策》（10 月 22 日）、《教师及教育官员的调查、开除、认可》（10 月 30 日）、《废除政府对国家神道、神社神道的保护、支援、监督及弘扬》（12 月 15 日）（即"神道指令"，从学校教育中排除神道教育）、《停止开设修身、日本历史、地理课》（12 月 31 日）（停止修身、日本历史、地理三门课程，并收回其教科书）。

由""平等受教育权""普通义务教育"等教育基本原则;1947 年 3 月 31 日公布实施的《教育基本法》旨在"明示教育目的,确立新日本教育的基础",它本着"民主""和平"的主导原则,确立了教育目的、教育方针、教育机会均等、义务教育、男女同校、学校教育、社会教育、政治教育、宗教教育、教育行政等几乎所有教育领域的基本原则。1947 年 3 月 31 日公布实施的《学校教育法》确立了单轨制的学校教育体系,并对各级各类学校作出了具体规定。此后颁布实施的《教育委员会法》(1948.7.15)、《教育公务员特例法》(1949.1.12)、《文部省设置法》(1949.5.31)确立了教育行政的法制框架。

　　上述相关教育法律所确立的民主教育制度,具有教育目的是"为个人"、教育行政凸显了"分权"与"独立"、学校制度强调"单轨"学制及"普通"内容等基本特征。然而,由于战后初期的民主化教育改革是迫于外压、而非日本政府自愿所为,因此又具有一定的局限性。

一、"为个人"教育目的的确立

　　"教育目的"是教育政策的核心。任何国家制定及推行教育政策时,必先明确教育的目的是为了国家发展、还是为了个人进步。然而若只强调其中之一,便是走向了极端,因此一般而言,一个国家的教育目的均是两者兼而有之,只不过是因国情而更加偏向于哪一方而已。日本战前秉承"为皇国"的教育目的,并将其推向了极端;而战后民主化改革确立的首要教育目的则是"为个人"。

(一)"为皇国"教育目的的废除

　　日本战前贯彻的教育目的是"为皇国"。1890 年《教育敕语》是"政府以敕语的形式宣明了贯彻文教政策所必要的教育目的",[1]"它规定了此后 50 余年日本教育的根本"。[2]《教育敕语》中明文规定的最高教育目的便是"义勇奉公""扶翼皇运",即教育的目的是"为皇国"。此后,日本政府又不断采取措施,继续强

---

① 尾形裕康:『日本教育通史研究』,早稻田大学出版部,1980 年,第 204 页。
② 海后宗臣:『教育敕语成立史研究』,東京大学出版会,1965 年,第 137 页。

日本战后初期民主教育制度的确立及其局限

化这一目的。例如，文部省 1937 年 5 月编纂发行的《国体本义》中，一方面强调 "国体" 的绝对性，即宣称 "皇权" 神授[①]，将天皇与神合一[②]，将忠君、爱国、敬神三者合一[③]；另一方面要求国民 "舍我去私、唯奉天皇" "为天皇而奉献身命"。[④] 1941 年以后，日本政府先后修改了各级学校令，规定从小学到大学的各级各类学校的 "教育目的" 均强调 "皇国之道"。其中，《国民学校令》（1941 年 3 月）规定 "国民学校以遵循皇国之道、实施初等普通教育、进行国民之基础炼成为目的"；《中等学校令》（1943 年 1 月）规定 "中等学校以遵循皇国之道、实施高等普通教育及实业教育、炼成国民为目的"；《师范教育令》（1943 年 3 月）规定："师范学校以遵循皇国之道、炼成国民学校教员为目的"，"高等师范学校以遵循皇国之道、炼成中学及高等女子学校教师为目的"，"女子高等师范以遵循皇国之道、炼成高等女子学校教师为目的"；《高等学校令》规定 "高等学校以修皇国之道、实施精深的普通高中教育、炼成国家有为人才为目的"；文部省 1940 年 12 月向帝国大学校长、公私立大学校长下达的训令《大学教授之责务》中称："大学教授须遵循国体之本义，贯彻教学一体精神……"[⑤]进而，随着对外侵略战争的推进，日本教育的唯一目的便是培养国民 "奉公灭私" "以死奉皇" 意识与技能。战时少年兵渡边清[⑥]称："对我而言，教育只不过是送死的代名词而

---

① "大日本帝国由万世一系之天皇奉皇祖之神敕永远统治之。此乃我万古不易之国体。而基于此大义，一大家族国家之亿兆一心体奉圣旨，发挥克忠克孝之美德，乃我国体之精华。"宫原诚一等编：『资料 日本现代教育史』（4 战前），三省堂，1974 年，第 285 页。

② "天照大神与御镜共存于当今。天皇常供奉御镜，以大神之心为御心，与大神成为一体。此乃我国敬神崇祖之根本。"宫原诚一等编：『资料 日本现代教育史』（4 战前），三省堂，1974 年，第 287 页。

③ "敬神崇祖与忠之道完全一致，又与爱国同一。……尽力使国家繁荣即奉仕天皇之御荣，对天皇尽忠无非是爱国以图国家昌隆。无忠君即无爱国，无爱国便无忠君。……我国爱国与忠君同为根基，又与敬神崇祖完全一致。" 宫原诚一等编：『资料 日本现代教育史』（4 战前），三省堂，1974 年，第 290 页。

④ "臣民之道，……在于亿兆一心仕奉天皇。即我等生来便奉仕天皇，行皇国之道"，"奉仕天皇、体奉天皇之大御心，……乃国民所有道德之根源。忠即奉天皇为中心，绝对随顺天皇之道。绝对随顺即舍我去私、唯奉天皇。行此生存之道乃我国民唯一生存之道，乃所有力量之源泉。进而，为天皇而奉献身命，并非所谓自我牺牲，而是舍小我而生于大皇威，乃发扬国民真生命之所以。" 宫原诚一等编：『资料 日本现代教育史』（4 战前），三省堂，1974 年，第 289 页。

⑤ 宫原诚一等编：『资料 日本现代教育史』（4 战前），三省堂，1974 年，第 325、329、330、331 页。

⑥ 渡边清 16 岁志愿以少年兵身份进入海兵团，1944 年 10 月在菲律宾莱特岛海战中九死一生。

已。"① 可见，日本战前"为皇国"的教育目的已经走向了极端，丝毫不存在"为个人"的余地。

鉴于上述背景，在战后初期的民主化教育改革中，占领当局首先主导取消了天皇的"神性"与统治权。关于"神性"问题，1946 年 1 月 1 日，天皇颁布的昭书（即所谓"人间宣言"）中称："朕与尔等国民间之纽带……并非仅靠神话与传说而生，并非基于天皇为现人神、日本国民优越于他民族，进而具有支配世界之命运这一虚构观念之上。"② 同月 4 日，文部省为贯彻该诏书而下达训令"我国纯正之君民关系，并非建立于虚构之神话与偏狭之民族优越感之上"③，从而否定了天皇的"神性"。此外，修身、历史教育中的"神话"内容，是战前向学生灌输神国观念的主要途径。因此，ＧＨＱ早在 1945 年 12 月 31 日便下令《停止开设修身、日本历史、地理课》，并要求收回其教科书。在相关新课程的规划中，美国占领当局与日本一线教师都主张"应将神话与客观历史分离"④，文部省也在《关于新国史教科书》（1946 年 10 月）、《国史教学指导要点》（1946 年 11 月）中分别规定"省略神话传说""神话、传说没有必要与历史事实混同，不写入教科书"。⑤ 关于统治权问题，1946 年《日本国宪法》取消了 1889 年《大日本帝国宪法》中有关天皇政治、经济、军事等统治权的规定，仅规定"天皇是日本国的象征"（第 1 条），"天皇仅行使该宪法所规定之国事行为，不拥有国政之权能"（第 4 条），天皇的国事行为要经过内阁的建议与承认（第 7 条），等等。上述天皇"神性"与统治权的取消，是废除"为皇国"教育目的的前提。

废除"为皇国"教育目的的标志是"排除"《教育敕语》。

日本被占领初期，日本教育专家、美国占领当局均不同程度地批判了《教育敕语》存在的问题。1946 年 2 月，日本教育专家委员会在向美国教育使节团提交的报告书中指出："过去的《教育敕语》，旨在将国家与皇运视为最初的、也是最终

---

① 安川寿之輔：『十五年戦争と教育』，川合章、安川寿之輔等：『日本現代教育史』，新日本出版社，1984 年，第 23 頁。
② 宮原誠一等編：『資料 日本現代教育史』（4 戦前），三省堂，1974 年，第 30—31 頁。
③ 同上，第 31 頁。
④ 渡辺彰訳：『米国教育使節団報告書』，目黒書店，1947 年，第 33 頁；文部省教科書局調査科：《关于以前的国民学校国史教科书——国民学校教育的经验及意见调查》，1946 年 5 月。引自宮原誠一等編：『資料 日本現代教育史』（4 戦前），三省堂，1974 年，第 228 頁。
⑤ 宮原誠一等編：『資料 日本現代教育史』（4 戦前），三省堂，1974 年，第 337、340 頁。

日本战后初期民主教育制度的确立及其局限

的教育目的，而不承认个人与人类的价值，希望改正这一点。"[1]1946年《美国教育使节团报告书》中指出："在各种仪式、礼拜天皇像时使用敕语和敕谕，是过去统治学生思想感情的强有力手段，适应了好战的国家主义目的。"[2] 上述《美国教育使节团报告书》中明确要求停止奉读《教育敕语》、礼拜天皇像等崇拜天皇的仪式，美国太平洋陆军总司令部军事谍报局的报告中提出："必须废除'欺骗及误导日本人民使其妄图征服世界'之主要策略的《教育敕语》。"[3]

于是，文部省于1946年10月8日秘密通知全国各学校"抛弃《教育敕语》是我国教育之渊源的旧有观念"，"今后在节日仪式上不再拜读敕语，学校保存敕语副本但不再将其神化"等。[4] 1947年4月11日，远东委员会发布的《日本教育制度改革指令》中规定："敕语、诏敕不得用于教学、研究及学校仪式的基础"，盟总同日就此发表声明，"《教育敕语》失去了作为教育之基础的性质，成为历史性文献。日本教育的目的与哲理，今后由新宪法及议会通过的法律来规定"。[5]继而，占领当局于1948年5月督促日本国会通过废除《教育敕语》的决议。日本政府迫于压力，不得不于1948年6月19日的众参两院先后批准了《关于排除教育敕语等的决议》《关于确认教育敕语等失效的决议》，文部省25日下令收回全国所有学校保存的《教育敕语》副本。《教育敕语》的"排除"与"失效"，标志着"为皇国"教育目的在法律意义上的终结。

（二）"为个人"教育目的的确立

占领初期，参与及主持教育改革的日本教育专家委员会、占领当局、日本政府均指出过战前教育目的中"个人"的缺失。日本教育专家委员会1946年2月提交的报告书中指出："过去的《教育敕语》……不承认个人与人类的价值。"[6] 1946

---

① 戦後日本教育史料集成編集委員会編：『戦後日本教育史料集成』（第1卷），三一書房，1982年，第65頁。

② 寺崎昌男編：『戦後教育改革構想 I 期 1 美国教育使節団報告書』，日本図書センター2000年，第25—28頁。

③ 高橋史朗等：『占領下的教育改革与審査』，日本教育新聞社，1987年，第48頁。

④ 宮原誠一等編：『資料 日本現代教育史』（4 戦前），三省堂，1974年，第142頁。

⑤ 同上，第131、133頁。

⑥ 戦後日本教育史料集成編集委員会編：『戦後日本教育史料集成』（第1卷），三一書房，1982年，第65頁。

年 3 月的《美国教育使节团报告书》指出："忠诚心与爱国心未必是所有国民所不期望的，问题是如何以合理的代价加以确保。以绝对服从和盲目自我牺牲来确保，未免代价太高了。"① 时任文部大臣的高桥诚一郎（1947 年 1 月 31 日就任）也承认："我国过去的教育不顾及个人的自由与主动性，置重点于所谓'皇国民炼成'，强调培养狭隘的国民性。"②

确立"为个人"教育目的的标志，是 1947 年颁布实施的《教育基本法》。该法前言中首先强调："吾等必须贯彻普及的教育，应培育尊重个人尊严、希求真理与和平的人，同时应创造普遍且个性丰富的文化。 兹依据日本国宪法之精神，为明示教育目的、确立新日本教育之根本，制定该法。"继而，该法"第一条（教育目的）"便明确规定："教育的目标必须是完善人格，培养和平国家及社会的建设者，培养爱真理与正义、尊重个人价值、注重劳动与责任、充满独立自主精神的身心健康的国民。"③

《教育基本法》被称为"教育宪法"，是规定日本战后教育制度的根本大法。其中规定的上述教育目的具有三层含义：第一，教育的首要目的是"为个人"，即"教育的目标必须是完善人格……尊重个人价值……充满独立自主精神"，这便从根本上改变了战前"为皇国"的教育目的，具有划时代的重要意义。第二，教育目的也兼顾"为国家"，即"培养和平国家与社会的建设者，培养……国民"，从而避免了极端强调"为个人"。第三，在"个人"与"国家"这一双重教育目的中，新教育理念的原则显然是"个人"为主、"国家"次之。

同时，作为下位法的《学校教育法》（1947 年 3 月 31 日颁布实施）对从小学到大学的各级学校教育机构的教育目的做出了具体的规定："小学以根据身心发育、实施初等普通教育为目的"（第 17 条），"初中以基于小学教育、根据身心发育、实施中等普通教育为目的"（第 35 条），"高中以基于初中教育、根据身心发育、实施高等普通教育及专门教育为目的"（第 41 条），"大学以作为学术中心、广授知识、同时教授研究深入的专门学艺、开发知识·道德及应用能力为目的"（第

---

① 寺崎昌男编：『戦後教育改革構想 I 期 1 美国教育使節団報告書』，日本図書センター2000年，第 7—9 頁。
② 内藤誉三郎：『学校教育法解説』序，光出版社，1947 年，第 1 頁。
③ 長浜功编：『史料 国家与教育——近現代日本教育政策史』，明石書店，1994 年，第 595—596 頁。

52 条）。① 也就是说，战后的各级学校教育目的中均不再出现"遵循皇国之道"的要求，而是更加强调"根据身心发育"，即强调各级教育的目的是"为个人"。

教育目的以"为个人"为主，是日本战后民主教育制度的"灵魂"与"根本"，也是民主教育制度存在的"标杆"与"旗帜"。

二、教育行政的"分权"与"独立"原则

战败后不久，文部省首先废除或改组了战前的教育统制部门②，继而在占领当局的主导下，通过颁布一系列相关法令，开始逐步建立起了"民主""分权"及"独立"的新型民主教育行政体制。

（一）教育行政的"分权"与"独立"原则

战后的教育行政体制首先具有"民主"性质，在该性质之下，又具体表现为"分权""独立"的基本原则。

一是"民主"性质。战前的《大日本帝国宪法》（1889—1946）中，日本政府刻意未写入教育条款，而是规定教育事务由天皇颁布的敕令规定，教育行政的基本原则是"敕令主义"，③ 这就意味着象征国民民主权利的议会无权讨论教育问题，即教育行政体现着"君主"性而非"民主"性。战后，1946 年《日本国宪法》中明确规定了有关教育问题的各项国民权利："思想及意志的自由不受侵犯"（第 19 条），"保障学术自由"（第 23 条），"全体国民都有依法根据其能力接受同等教育的权利。全体国民都有依法使其子女接受普通教育的义务。义务教育免费。"（第 26 条）④。继而，日本政府又以法律形式颁布实施了有关教育问题的根本大法《教育基本法》，并相继颁布实施了其他教育相关法律。这一"法律主义"形式，标志着国民可以通过议会探讨教育问题，从而确保了教育行政的"民主"性质。

---

① 神田修等编：『史料 教育法』，学阳书房，1973 年，第 340、342、343、344 页。
② 如 1945 年 9 月 4 日废除学生动员局，10 月 15 日将"教学炼成所"改称教育研修所（1949 年 6 月改称国立教育研究所），11 月 13 日废除教学局，1947 年 11 月 11 日废除视学制度，等等。
③ 参见臧佩红：《日本近现代教育史》，世界知识出版社，2010 年，第 88—90 页。
④ 长浜功编：『史料 国家与教育——近现代日本教育政策史』，明石书店，1994 年，第 595—596 页。

二是"分权"原则。日本战前的教育行政具有高度集权的特征，1946年《美国教育使节团报告书》指出："日本的教育制度……是以高度中央集权的19世纪教育制度为基础的。……其本质特征是官僚主义"，"文部省是统治日本思想界的权力中心，该机构的权力有可能像以前那样被恶用，因此我们建议削减其行政管理权。"① 1946年12月27日，教育革新委员会第17次大会上通过有关教育行政改革的决议中也建议："改正以往官僚性的划一主义与形式主义，教育要尊重公正的民意，确保教育自主性与教育行政的地方分权。"②

三是"独立"原则。战前的教育行政为内务官僚及军界把持，失去了独立性。1946年《美国教育使节团报告书》指出："（日本战前）整个制度中的各种重要地位，均被非教育者、未接受专业训练的人占据；许多教育官员由内务大臣或内务省官吏任命并对其负责"，"文部省的职能应该完全脱离内务省"。③ 教育革新委员会1946年12月的教育行政改革决议中建议："应确保教育自主性……教育行政尽量独立于一般地方行政，由国民自治组织行使。"④

上述三项原则的法律保障是1947年《教育基本法》。该法的"第十条（教育行政）"规定："教育不服从不正当支配，应对全体国民直接负责。教育行政必须基于这一觉悟，其目标是确立、实现教育目的所必要的各种条件。"⑤ 也就是说，文部省的中央集权统制、其他部门的行政干预均属"不正当支配"，可以"不服从"，从而明文规定了教育行政的"分权""独立"原则；"应对全体国民直接负责"，则更进一步体现了"民主"的原则。

上述"分权""独立"原则，又分别体现在中央与地方的教育行政改革、新教师政策及教科书制度中。

（二）中央与地方的教育行政改革

一是颁布《文部省设置法》（1949年5月31日），取消中央教育行政统治权。

① 渡边彰訳：『美国教育使節団報告書』，目黑书店，1947年，第20、22页。
② 宫原诚一等編：『資料 日本现代教育史』（4 战前），三省堂，1974年，第147页。
③ 渡边彰訳：『美国教育使節団報告書』，目黑书店，1947年，第45、46、50页。
④ 宫原诚一等編：『資料 日本现代教育史』（4 战前），三省堂，1974年，第147页。
⑤ 神田修、山住正己編：『史料 日本教育』，学阳书房，1986年，第33页。

日本战后初期民主教育制度的确立及其局限

日本政府在颁布该法之前明确宣布："文部省机构改革的根本方针，是一改以往中央集权的监督行政色彩，成为给予教育、学术、文化等所有方面以指导建议并支持培育的机构。"①《文部省设置法》具体规定了文部省的设置、任务、权限等，并特别规定："文部省在行使其权限时，除法律（包括基于法律的命令）另行规定之外，不行使行政上及运营上的监督。"②可见，法律赋予文部省的责任与权限是指导性、建议性的，而非专制性的统治权。

二是建立民主的审议会制度，建立民主的咨询，决策机制。在战后初期的民主化教育改革过程中，日本政府先后设立了两个教育审议机构。一是"协助美国教育使节团的日本教育家委员会"（1946 年 2 月），该委员会根据ＧＨＱ的指令设立，委员长为东京大学校长南原繁，委员由大学教授、教育行政人员及各种类型的教育机构负责人共 29 人组成，委员会的主要目的是协助美国教育使节团研究教育改革方案。二是"教育革新委员会"（1946 年 8 月 10 日—1951 年 11 月 8 日），该委员会隶属于首相，首任委员长为前文部大臣安倍能成，副委员长为南原繁（1947 年 11 月就任委员长），委员由政治、教育、宗教、文化、经济、产业等各界的 50 名权威人士组成，委员会主要根据《美国教育使节团报告书》向日本政府提出各项具体改革建议。上述两个委员会的委员长、委员基本上是来自各界的民主人士，其提出的教育改革方案贯彻着民主原则，具有鲜明的民主性质。

三是颁布《教育委员会法》（1948 年 7 月 15 日），确立民主的地方教育行政体制。日本政府在颁布《教育委员会法》前首先宣布了地方教育行政分权、独立、民主的三原则：（1）教育委员会是地区教育责任行政机构，独立于一般行政机构，国家只规定教育的基本事项，具体教育内容的实际运营由教育委员会负责；（2）教育委员会的委员一般实行公选，以彻底实现教育行政的民主化；（3）为了确保教育不受不当干扰，保持教育行政机构的自主性，教育委员会作为都道府县及市町村的独立机构，不隶属于知事及市町村长。③公布实施的《教育委员会法》第一条即规定："该法基于教育不服从不当支配、应对全体国民直接负责之自觉，为了根据公正之民意、根据地方实情实施教育行政，设立教育委员会，实现教育本来之目

---

① 『文部省設置法提案理由』，1949 年 4 月 25 日。引自神田修、山住正己编：『史料 日本教育』，学阳书房，1986 年，第 337 頁。
② 神田修、山住正己编：『史料 日本教育』，学阳书房，1986 年，第 337 頁。
③ 同上，第 334 頁。

的。"

《教育委员会法》①共分"总则""教育委员会组织""教育委员会职务权限""杂则"四章，在如下三方面体现了地方教育行政的"民主"与"独立"：（1）在民主性方面，都道府县教育委员会设7名委员、市町村一级的地方委员会设5名委员，教育委员由选举产生，并对教育委员的选举作出了详细规定。（2）在独立性方面，规定教育委员会由都道府县及市（包括特别区）町村设置，管理执行原来由都道府县或都道府县知事、市町村或市町村长管理的教育、学术及文化事务；除1名委员由地方议会从议员中选举产生外，国会议员、地方议会议员、国家公务员及地方政府职员不得兼任教育委员会委员；教育委员会任命的处理教育事务的教育长，要持有教育职员资格证。（3）在分权方面，规定除特别制定法律之外，文部大臣对都道府县委员会及地方委员会、都道府县委员会对地方委员会不得进行行政上、运营上的指挥监督；同时规定了地方教育委员会的23项权限，其中包括学校及其他教育机构的设立、废止、管理及运营，校长、教师及其他教育工作者的任免、研修，教学课程内容的调查，根据文部大臣制定的标准审定并选用教科书等，此类权限在战前基本上属于文部省或地方政府。

上述《教育基本法》《文部省设置法》《教育委员会法》确立了新型的中央与地方教育行政制度，其特征是民主、分权、独立，从而改革了战前君主、集权、干预型的教育行政。

（三）新教师政策与教科书审定制度

国家在教育实践领域中的教育行政，一方面是通过"教育者"来实施，另一方面则是通过"教育内容"来贯彻。前者表现为教师政策，而后者则表现为教科书制度。

教师政策是日本政府战前统制教育的重要手段之一，占领时期对其进行了民主化改革。

首先是取消单独的教师培养体系，将其纳入大学教育。战前，日本政府通过颁布实施《师范教育令》，确立了独立的教师培养体系，以便"高效"地贯彻推行军

---

①神田修、山住正己编：『史料　日本教育』，学阳书房，1986年，第326—333页。

日本战后初期民主教育制度的确立及其局限

国主义、皇国主义的教育理念及内容。战后，不仅废除了有关师范教育的单独立法，而且 1947 年《学校教育法》中规定的"学校"中也未列入"（高等）师范学校"，这就意味着不再单独设立师范学校。接着，便是将培养师资的任务划归新设立的大学。1948 年 6 月，文部省公布"国立大学设置 11 原则"，其中规定：各府县的大学必须设置教职学部，大学须设置 2—3 年的教师培养课程等。[①] 1949 年 5 月，新制大学正式开学，新的教师培养体制也随之确立：（1）原东京、广岛的文理科大学及高等师范分别改组为东京教育大学、广岛大学的教育学部；（2）原东京、奈良的女子高等师范学校分别改组为国立女子综合大学；（3）北海道、东京、爱知、京都、大阪、奈良、福冈的旧师范学校分别改组为 7 所学艺大学；（4）19 所国立大学设立了学艺学部，18 所国立大学设立了教育学部；（5）北海道、东北、东京、名古屋、京都、九州等原帝国大学新设立与原有诸学部并列的教育学部，专门进行教育科学研究、培养教育研究者及教育行政专家；（6）其他国、公、私立大学都设置了教职课程。[②] 新宪法明文规定了"学术自由"，日本战后的大学拥有较强的独立性，因此在大学中培养师资可以最大程度地避免政府的行政干预，从而确保其民主性。

其次是建立了新的教师资格制度。1947 年 10 月 21 日公布的《国家公务员法》中规定将针对教师公布特例法。于是，日本政府于 1949 年 1 月 12 日公布《教育公务员特例法》，同年 5 月 31 日公布《教育职员许可证法》。该两项法律规定：（1）国立、公立学校的校长、教师、部局长、教育长及专业性教育职员均为国家教育公务员，必须取得教育职员许可证后方可任教。（2）教育公务员的任免均采用选拔考试制：大学校长、部局长、一般教师的录用和任免考试，由大学管理机构负责；其他学校校长及教师的选拔考试，大学附属学校由大学校长负责，非大学附属学校中，国立学校由文部大臣负责、公立学校由其上属的教育委员会教育长负责。[③]新的教师资格制度不同于战前由文部省、内务省及各府县知事任免教师的制度，确保了对教师进行任免与评价的相对独立性。

战前的教科书国定制也是日本政府进行教育行政统制的手段之一，存在诸多弊

---

① 大田堯編：『戦後日本教育史』，岩波書店，1978 年，第 152 頁。
② 同上，第 159 頁。
③ 两项法律内容详见神田修、山住正己編：『史料 日本教育』，学阳書房，1986 年，第 170—172、174—176 頁。

端。战后改革废除了教科书国定制，确立了教科书审定制。1947 年《学校教育法》规定："小学必须使用监督厅审定或认可的教科书，或者是监督厅拥有著作权的教科书"，"有关初中教学课程的事项……由监督厅制定"，"有关高中学科及教学内容的事项……由监督厅制定"，上述各条款中"规定的拥有规定权限的监督厅，当下为文部大臣。"[1] 1947 年 9 月 14 日，文部省下达《关于公开教科书审定》，其中规定："新制定的《学校教育法》允许在小学、初中、高中使用审定教科书。因此，文部省将国定教科书改为审定教科书，向一般的教科书著作广开审定之途。"[2] 随后，文部省相继公布了《教科书审定要领》（1948 年 2 月）、《教科书审定的一般标准》（1948 年 4 月）等文件，具体规定了教科书审定的基本程序与审定标准。

教科书审定制较之国定制，本身便体现了一定的民主性。此外，在教科书的编写、审定过程中，也体现着民主性。例如，一是教科书的编写呈现多样化，且编写者多为进步的民主学者；二是教科书审定过程中起决定作用的教科书委员会委员、教科书调查员等，也多任命专业学者或一线教师；三是审定教科书所依据的基本标准首先便是"尊重个人价值"[3]。

也就是说，战后初期从中央到地方、再到教育实践领域，均确立起了"分权""独立"的教育行政原则，它既是日本战后民主教育制度的重要组成部分，也是民主教育制度得以推行的保障。

三、学校制度的"单轨"制与"普通"化

战败后，日本政府随即便着手恢复在战争中崩溃的学校教育体系。1947 年 3 月 17 日，日本政府公布实施《学校教育法》[4]（共 9 章、92 条及附则），综合规定了学校的"总则""小学""中学""高中""大学""特殊教育""幼儿园"

---

① 神田修、山住正己编：『史料 日本教育』，学阳书房，1986 年，第 150、151、152、157 页。
② 宫原诚一等编：『資料 日本現代教育史』（4 戦前），三省堂，1974 年，第 366—367 页。
③ 《教科书审定的一般标准》（1948.4）中规定所有教科书合格的"绝对条件"首先为："是否与教育目的一致……我国的教育目的由《教育基本法》规定，用于该教育的教科书也不得违反该目的。如有损害和平精神、歪曲真理、不尊重个人价值、鄙视劳动、轻视责任、损害自主精神，必须断定其作为教科书不合格。"宫原诚一等编：『資料 日本現代教育史』（4 戦前），三省堂，1974 年，第 373 页。
④ 神田修、山住正己编：『史料 日本教育』，学阳书房，1986 年，第 148—157 页。

日本战后初期民主教育制度的确立及其局限

等各级教育机构的具体事项，从而确立了新的学校教育制度。中小学从 1947 年度、高中从 1948 年度、大学从 1949 年度相继开始实施新学制。新的学校制度秉承"教育机会均等原则"，具有"单轨"学校制度与"普通"教育内容这两大核心内容。

（一）学校制度的基本原则

1946 年《日本国宪法》、1947 年《教育基本法》及《学校教育法》规定了日本现代学校教育制度的两项基本原则。

一是教育机会均等原则。

日本二战前存在严重的教育机会不平等现象。1946 年《美国教育使节团报告书》指出："日本的教育制度……为大众和少数特权阶级准备了不同类型的教育……"[①] 时任文部大臣高桥诚一郎 1947 年 3 月 17 日在众议院大会上陈述《〈学校教育法〉提案理由》时称："以往的学制，国民学校初等科 6 年毕业后，一是升入国民学校高等科或青年学校，二是经中等学校进入高等学校或专门学校，两个体系截然区别，前者占国民学校初等科毕业生的 75%，这些人即使有能力，也几乎没有接受高等教育的机会。"[②]

基于上述认识，战后法律明文规定了"教育机会均等"原则。《日本国宪法》规定："全体国民有依据法律规定、平等接受与其能力相适应的教育的权利"（第 26 条第 1 项）。《教育基本法》单列"教育机会均等"条款："必须平等地给予所有国民与其能力相应的受教育机会，不因人种、信念、性别、社会身份、经济地位及门第而实行教育上的差别。"（第 3 条第 1 项）文部省《〈学校教育法〉提案理由》第一条即为"基于教育机会均等的考虑"。[③]

二是九年免费义务教育原则。

该原则包括两层含义：一是义务教育"九年制"。日本战前从 1907 年至战败一直实施 6 年义务教育。1947 年《教育基本法》"义务教育"条款规定："国民负有使其所保护的子女接受 9 年普通教育的义务。"（第 4 条）1947 年《学校教

① 寺崎昌男编：『戦後教育改革構想 I 期 1 美国教育使節団報告書』，日本図書センター2000 年，第 7—9 頁。
② 神田修、山住正己编：『史料 日本教育』，学陽書房，1986 年，第 158 頁。
③ 同上，第 158 頁。

育法》规定"小学学制 6 年""监护人有使 6—12 岁儿童就学的义务";"中学学制 3 年""监护人有使 12—15 岁儿童就学的义务"。二是义务教育"免费制"。日本从 1907 年《小学校令》开始规定 6 年制义务教育不得征收学费。战后《日本国宪法》规定"义务教育无偿"(第 26 条第 2 项),1947 年《教育基本法》第 4 条规定"国家及地方政府所设学校的(9 年)义务教育,不征收学费"。

　　上述两项内容仅是国家大法规定的基本原则,其具体的实现又是基于如下学校制度及教育内容等方面的改革。

(二)学制由"多轨"改为"单轨"

　　日本战前的学校制度基本上采取"多轨"制,如下表所示,这一"多轨"制是在明治初年"单轨"制的基础上不断"增轨"而逐渐形成的。

表 1　日本战前"多轨制"学校制度演变表

序号	轨数	内　　容	形成标志
1	单轨	①小学→中学→大学	1872 年"学制"、1879 年"教育令"
2	双轨	①普通小学→高等小学→普通中学→高等中学→帝国大学 ②普通小学→高等小学→普通师范学校→高等师范学校	1886 年"学校令"(《师范教育令》)
3	三轨	③普通小学→初等职业学校(实业补习学校、徒弟学校、简易农学校等)	1893 年《实业补习学校规程》、1894 年《徒弟学校规程》及《简易农学校规程》
4	四轨	④普通小学→高等小学→高等女子学校	1899 年《高等女子学校令》
5	五轨	⑤普通小学→高等小学→中学→专门学校	1903 年《专门学校令》①

　　(资料来源:本文作者根据日本战前相关教育法令整理而成)

　　多轨制是日本国家发展的需要,因为它可以"高效"地培养国家所需的各级各类人才。然而,它使上层国民的子女尽早进入好的升学轨道,同时也减少了中下层国民的子女进入较好升学轨道的机会,因此造成了受教育机会的不平等。

---

　　① "该《专门学校令》完成了多轨制的学校教育制度",见大江志乃夫:《国民教育と軍隊:日本軍国主義教育政策の成立と展開》,新日本出版社,1974 年,第 90 页。

日本战后初期民主教育制度的确立及其局限

战后，为了贯彻上述"机会均等"原则，日本政府确立了"六·三·三·四"单轨制学校制度。文部省《〈学校教育法〉提案理由》中写道："简化学制，将原来的国民学校、青年学校、中学、高等女子学校、实业学校、师范学校、专门学校、高等学校、大学等复杂多轨的学制简化，根据身心发育阶段，原则上实行六·三·三·四的小学、中学、高中、大学。"该文件所列第四条写道："六·三·三·四制度不仅在美国，而且将成为世界性趋势，因此从世界文化教育的观点来看也是有意义的。"① 1947 年 3 月的《学校教育法》所列学校仅包括小学（6 年）、初学（3年）、高中（3 年）、大学（4 年），从而以法律形式正式确立了"六·三·三·四"单轨学校制度，避免了不平等的精英教育的重演。

（三）教育内容由"职业"改为"普通"

日本战前从义务教育阶段便偏重职业教育内容，文部省在战后的《〈学校教育法〉提案理由》中指出了其弊端："从（学生）心身发育不完全的时期便施以职业教育，决定其将来的方向，这从发展个性的教育观点来看是不合适的。"② 正因如此，《日本国宪法》规定："全体国民有依据法律规定、使其所保护的子女接受普通教育的义务。"（第 26 条第 2 项）上述《教育基本法》中规定的 9 年义务教育为"普通教育"；文部省《〈学校教育法〉提案理由》所列第二条即为"普及提高普通教育"③。如前所述，1947 年《学校教育法》中也强调"小学以……实施初等普通教育为目的"，"中学以……实施中等普通教育为目的"。

新制高中也颇为重视"普通教育"。《学校教育法》中规定高中的目的"是在中学教育基础上，根据（学生）身心发展，实施高等普通教育及专门教育"④。也就是说，在高中也是首先重视普通教育。为了实现该"普通教育"的目的，日本政府在新制高中建立之初，便制定了"高中三原则"，其中首先是"综合制"原则，即取消升学与就业的区别。

战前的高等教育也偏重职业技术教育。1946 年《第一次美国教育使节团报告书》中指出："日本高等教育机构的课程，一般普通教育的时间太少，其专业化过

---

① ② ③ 神田修、山住正己编：『史料 日本教育』，学阳书房，1986 年，第 159 页。
④ 同上，第 152—153 页。

早、过窄，过多地着力于职业教育。为了让学生能够自由思考问题，必须为其提供广阔的背景；为了奠定职业训练的坚实基础，必须培养广泛的人文主义精神。"①1948 年的"国立大学设置 11 原则"规定各府县的大学必须设置教养学部。1949 年5 月 31 日，东京大学在全国率先设立的 2 年制教养学部开学。

上述"单轨""普通"的学校教育制度基本原则，改变了战前"多轨""职业"的学校制度特征，是战后教育制度之民主性的重要体现与具体实践。

四、民主教育制度的局限性

如上所述，战后初期的教育改革秉承民主化的宗旨，最终确立了民主教育制度。然而，该制度在教育目的、教育行政、学校制度等方面均存在着一定的局限性。

（一）教育目的之局限

教育目的的局限性，体现在日本政府竭力维护规定战前"为皇国"教育目的的"国体"和《教育敕语》上。

对于"国体"，文部省 1945 年 8 月 16 日下达的遵奉《终战诏书》的训令、9月 15 日公布的《建设新日本教育方针》中，均首先强调"贯彻维护国体之一念""今后之教育要愈加努力维护国体"。②1946 年《日本国宪法》规定"天皇是日本国的象征，是日本国民统合的象征"，从而使天皇仍具有"至高无上"的权威与地位。此外，日本战前教育的最重要特征——"皇国主义"，并没有出现在教育改革的政策与文件中，而代之以"极端国家主义""超国家主义"等概念。这实际上是掩盖了战前日本统治者利用天皇在教育上的特殊地位欺骗国民的实质，也意味着日本朝野上下并未真正反省"为皇国"教育目的的危害性。

对于《教育敕语》，日本政府战败后也一直试图予以保留。时任文部大臣田中耕太郎在第 90 次帝国议会（1946 年 6 月 27 日）上称"要将《教育敕语》作为今后

① 渡辺彰訳:『美国教育使節団報告書』，目黒書店，1947 年，第 88 页。
② 宮原誠一等编:『資料 日本現代教育史』（4 戦前），三省堂，1974 年，第 21、22 页。

日本战后初期民主教育制度的确立及其局限

伦理教育的根本原理"①, 时任文部大臣高桥诚一郎在第 92 次帝国议会贵族院教育基本法案特别委员会（1947 年 3 月 20 日）上也强调："《教育敕语》是表明统治者意志的文件，具有约束国民的效力。在《日本国宪法》生效时，《教育敕语》中与之相抵触的部分失去效力，不抵触部分则与之并存。即《教育敕语》丧失了政治上或曰法律上的效力，但将作为像孔孟之道或摩西戒律一样的东西而存在。"②在日本政府的竭力维护下，《教育敕语》在《教育基本法》（1947 年 3 月 31 日）颁布实施后仍存在了 1 年零 3 个月之久（1948 年 6 月 19 日参众两院宣布"废除"），在迫于压力不得不废除《教育敕语》时，日本政府也是用了"排除""确认失效"等暧昧表述。

上述内容说明，日本当政者并非自愿放弃"为皇国"的教育目的，从而为其日后重新强调"为国家"的教育目的保留了根源、埋下了伏笔。

（二）教育行政之局限

如前所述，战后改革确立起了"分权""独立"的民主教育行政体制，但这两方面均不能说是彻底的。

在"分权"方面，虽然规定"文部省在行使其权限时，不行使行政上及运营上的监督"（《文部省设置法》第 5 条）、"文部大臣对都道府县委员会及地方委员会，都道府县委员会对地方委员会不得进行行政上及运营上的指挥监督"（《教育委员会法》第 55 条），但这两条均附有前提条件"除法律（包括基于法律的命令）另行规定之外"，③ 这就为政府日后进行"监督"与"干涉"预留了法律空间。

另外，在教科书的审定权问题上，1947 年《学校教育法》规定教科书由"监督厅"审定，"监督厅"当时指文部大臣。1948 年《教育委员会法》规定教育委员会的职责之一为"根据文部大臣制定的标准，审定都道府县内所有学校的教科书"，④ 但该法同时规定："在用纸配给制废除之前，都道府县委员会从文部大臣

---

① 近代日本教育制度史料编纂会编：《近代日本教育制度史料》（第 31 卷），大日本雄弁会讲谈社，1958 年，第 425 页。

② 高桥史朗等：《占领下の教育改革と検阅：まほろしの历史教科书》，日本教育新闻社，1987 年，第 57 页。

③ 神田修、山住正己编：《史料日本の教育》，学阳书房，1986 年，第 337、331 页。

④ 同上，第 330 页。

审定过的或文部省编写的教科书中选择教科书。"① 但即使废除"用纸配给制"后，文部省也未将教科书审定权交给教育委员会。

在"独立"方面，中央与地方的教育行政也未能彻底与其他行政分离。1950年《第二次美国教育使节团报告书》中指出："中央（教育行政）组织文部省应该是自由独立的，不应该与其它任何机构合并。现在由其它省实施的教育职能，应该移交文部省。……教育委员会负责教育计划，其财政必须独立。现在的日本，县议会及市町村议会拥有自由削减教育委员会的预算额的权限。"② 可见，法律规定的"分权"原则并未完全付诸实践。

（三）学校制度之局限性

如前所述，"单轨""普通"是战后学校制度之民主性的体现。然而，这两方面也存在着一定的局限性。

关于"单轨"学制，1947 年《学校教育法》规定了"六·三·三·四"单轨制的学校制度，四年制大学是最高阶段，但日本政府于 1949 年 5 月便修改了《学校教育法》，规定设立临时性的两年制短期大学，③ 1950 年度即设立短期大学 149 所、在校生共 15098 人。④ 这实际上是将学校制度从"单轨"制又变成了"双轨"制。

关于"普通"教育内容，1947 年《学校教育法》中虽首先强调中小学实施"普通教育"，但同时要求："（小学）培养日常生活必要的衣、食、住、产业等基础知识与技能"，"（初中）培养社会必要职业的基础知识与技能、重视劳动态度、根据个性选择将来出路的能力。"⑤ 可见，义务教育并非绝对地一味追求"普通"原则，而是允许存在一定的"职业"教育内容。高中则要求"实施高等普通教育及专门教育""提高一般教养，熟习专业技能"⑥，即"普通"与"职业"兼具，1949

---

① 同上，第 333 页。

② 寺崎昌男编：『戦後教育改革構想 I 期 1 美国教育使節団報告書』，日本図書センター2000 年，第 188、189 页。

③ 1964 年 6 月进一步修改《学校教育法》，删除了"临时性"这一表述，从而使短期大学成为长久性制度。

④ 文部科学省编：《文部科学白书》（2005 年度），国立印刷局，2006 年，第 478 页。

⑤ 神田修、山住正己编：『史料 日本教育』，学阳书房，1986 年，第 149、151 页。

⑥ 同上，第 152 页。

日本战后初期民主教育制度的确立及其局限

年 9 月日本全国共有新制高中 1850 所，其中同时设置普通课程与职业课程的约 600 所、占 32.4%，设置 2 种以上职业课程的高中（当时也称为综合制）约 200 所、占 10.8%。[①] 1951 年 6 月，日本政府又颁布《产业教育振兴法》，要求政府必须有计划地扶植大学及高等专门学校等高等教育机构中的农业、工业、商业、水产业等产业教育。此后，为了适应经济高速增长所需的各级各类劳动力，各级学校教育中"职业"内容的比重愈益提高。

上述局限性的存在，归根结底是因为"民主化"的要求来自以美国为首的占领当局这一外力，而曾经推行战前"非民主"教育体制的日本执政者又未被彻底清除，他们迫于压力不得不通过立法确立民主的教育制度，同时又极力预留了与"民主"相对的空间，待被占领状态结束后，遂开始着手修改民主教育制度，开始推行对民主化的"逆动"（日语"逆コース"）。

（作者：臧佩红，南开大学世界近现代史中心、日本研究院副教授）

---

① 大田堯编：『戦後日本教育史』，岩波書店，1978 年，第 145 頁。

日本 80 年代的后现代主义思潮与国民身份认同*

徐一然

内容摘要 20 世纪 80 年代的日本经历了战后经济复苏与经济增长奇迹,已发展为高度资本主义社会。本文从日本 80 年代的时代背景入手,着重探讨了该时期日本社会中出现的过度消费主义倾向,以及新视觉传媒与量产式文化产品的涌现怎样模糊了大众对于现实与虚构的判断。通过分析将该思潮主导下的社会现象、时代文学,本文概括出 80 年代日本社会思潮的以下特点:大胆质疑中心权力话语、既定文化传统和资本主导下的消费狂热等"宏大叙事",主张文化的多元化、个性化和大众化。该思潮进一步冲击了日本明治时代以来由中心权力话语所构建和主导的国民认同框架,一定程度上促进了个体意识的解放。通过与后现代主义的定义与特点的对比,本文认为日本 80 年代的思潮具备后现代主义特征,对日本民众的自我意识独立和文化产业发展都有积极的促进作用。

关键词 日本 80 年代 后现代主义 国民身份认同 日本战后思潮

---

*本文受国家建设高水平大学公派研究生项目资助,中国国家留学基金委 CSC 编号:202008050297。

日本 80 年代的后现代主义思潮与国民身份认同

Postmodernism and National Identity in 1980s' Japan

Xu Yiran

Abstract: Japan experienced the miracle of post-war economic recovery and growth in the 1980s, and has developed into a matured capitalist society. Starting from the background of Japan in the 1980s, this article focuses on the tendency of excessive consumerism in Japanese society during that period, and analyzed how the emergence of new visual media and mass-produced cultural products obscured the public's judgment of reality and fiction. By analyzing the social phenomena and contemporary literature under the leadership of this trend of thought, this article summarizes the following characteristics of Japanese social thought in the 1980s: boldly questioning central power, established cultural traditions, and "grand narratives" of consumer fanaticism led by capital, advocating culture diversification, individualization and popularization. This trend of thought further impacted the national identity framework constructed and dominated by the central power since the Meiji era in Japan, and to a certain extent promoted the liberation of individual consciousness. By comparing with the definition and characteristics of postmodernism, this article believes that the Japanese trend of thought in the 1980s demonstrates the characteristics of postmodernism, which has a positive effect on the self-consciousness and independence of the Japanese people and the development of cultural industries.

Keywords: Japan in the 1980s; postmodernism; national identity; post-war thoughts of Japanese

经历了 20 世纪 50 年代以来的快速经济增长，20 世纪 80 年代的日本已发展为高度资本主义社会。经济层面，战后国力的衰败形式，被奇迹般的高速经济增长扭转，日本自 1968 年以来成为世界 GDP 第二的经济大国。伴随着高度资本主义化，社会呈现出商业化和文化产业化的特点。物质的日益充足和视觉媒体的发展，使消费主义盛行，潜在的泡沫经济危机也逐渐浮现。政治层面，战后国民对于统治阶层的质疑和反抗，经过 60 年代引发强烈社会冲突的新左翼运动和新自由主义运动而达到高潮后，逐渐声势渐息。究其原因与两方面有关：一方面，高度经济发展对物质需求的满足，使民众的关注度从对政治的反思转移到经济提振和对物质消费的狂热上；另一方面，70 年代新左翼运动的极端化和暴力升级，引发广大国民对于政治运动的厌倦和不满，社会运动逐渐失去了大众的支持。权力和意识形态等"宏大叙事"（「大きな物語」），随着战争时代的远去和阴影的消退而不断远离人们的脑海。文化层面，流行文化所代表的"亚文化"成了新的"主流"，精英、权威式话语被平民、大众的狂欢所替代。对于权威和社会共同意识的崩塌，人们不但没有采取战后 60 年代的颓废和痛苦姿态，反而感到振奋和鼓舞。这是一个物质充足、全民狂欢、充满幻觉的时代。

正是在这样的时代背景下，一种全新的思潮蔓延开来：反"宏大叙事"，关注个体的"微小"话语；反对文化精英化，提倡大众文化、亚文化、边缘文化等文化多元化；这种思潮，与后现代主义所倡导的特点不谋而合。本文将以社会现象、时代文学为例，对日本 80 年代盛行的后现代主义思潮形成的时代根源、特点加以分析，并探讨该思潮对于 80 年代日本国民身份认同造成的影响。

一、后现代主义与日本社会

讨论日本社会与后现代主义之前，须要明确这一思潮本身是一个"舶来品"。后现代主义起源于西方的 19 世纪下半叶，比起成熟的理论体系，更接近于一种意识形态运动和价值观念。它更像是"价值观"，而非"方法论"。后现代主义，在字面上可以拆解为"后—现代主义"（Post—Modernism）。比较常见的两种解读，一是理解为时间层面的"现代之后"，另一种是理解为"去现代"，即对于现代主义的质疑、发展和变调。

后现代主义定的核心要义便是对于现代主义所推崇的"宏大叙事"持怀疑的态度。法国哲学家和社会学家让—弗朗索瓦·利奥塔（Jean—François Lyotard）在 1979 年的《后现代状况：知识报告》（*The Postmodern Condition: A Report on Knowledge*）中阐述了后现代主义的核心主张："简化到极致来说，我将后现代定义为对宏大叙事的怀疑。"[①]而"宏大叙事"（metanarratives）则可以理解为基于历史经验和知

---

① Lyotard, Jean—François, *The Postmodern Condition: A Report on Knowledge*, University of Minnesota Press, 1979, p.24.

日本 80 年代的后现代主义思潮与国民身份认同

识所形成的所谓合理性、合法性和绝对权威。"宏大叙事"在哲学、政治学、社会学等不同领域可以细化为我们一般说来的"真理""意识形态"或"社会准则"，等等。在此基础上后现代主义延伸出这样的特点：主张质疑"真理"而非寻找"真理"；主张"多元化"而非"中心化"；关心被边缘化的局部的微小话语，而非主流话语和精英话语。这也就解释了为何广义上，形式主义和后结构主义等包含反抗和颠覆精神的理论，以及后殖民主义、女性主义和生态批判等关注传统上边缘化、相对弱势群体的理论也被认为是后现代主义思潮的一部分。

日本的后现代主义，或者说"去现代主义"文化倾向最早出现在建筑领域。早在 1970 年，建筑设计师丹下健三为大阪万博会设计的广场大屋顶就因反传统而引发争议，80 年代设计的东京都厅新楼等也被认为具有后现代特色。建筑评论家查尔斯·詹克斯（Charles Jencks）最初在他 1977 年的《后现代建筑语言》（*The Language of Post—Modern Architecture*）一书中阐释了"后现代主义"这一超越和颠覆现代主义的新建筑风格。该作品被译介到日本后，代表了一种世界性的潮流。"后现代主义"被当作 80 年代的热门术语普及、推广到各个领域。系统的理论引进是由文学评论界在 80 年代完成的。评论家浅田彰在 1983 年出版的《结构与力量：超越符号学》中以"现象学及存在主义—结构主义—符号学—后结构主义"为脉络，引进了后现代主义思潮产生的理论成果，成为日本当年的畅销作。[1]柄谷行人在 1985 年出版的《批评与后现代》中，从 80 年代中后现代主义与消费社会结合的视角，并进行了"西学东用"的尝试，利用后现代主义的思考对中上健次、坂口安吾、唐十郎等日本作家的作品进行了分析。[2]

需要注意的是，后现代主义作为一个起源于西方的思潮和价值体系，当探讨到后现代主义与 80 年代日本社会时，必须要考虑直接将其套用在日本研究中是否恰当。日本的经济发展脉络、社会文化土壤、政治背景都与西方并不相同。为避免简单粗暴的套用，我们有必要深入分析 80 年代日本的经济与社会背景、时代特色，并将之与后现代主义思潮的特点加以比对，最后分析其影响。

---

① 浅田彰：『構造と力：記号論を超えて』，勁草書房，1983 年。
② 柄谷行人：『批評とポスト・モダン』，福武書店，1985 年。

二、"符号"与"虚构"的时代——高度消费主义与视觉社会

首先我们要从经济与社会背景的角度来分析，日本 80 年代是怎样的一派光景？这样的社会对个人产生了怎样的影响？

50 年代后半到 70 年代，日本经历了高度经济成长期，取得了 GDP 年平均 10% 的增长。[①]国民信心随之振奋。琳琅满目的商品，广告和新的传媒形式不断冲击人们的生活。东京大学社会学教授吉见俊哉在谈到 70 年代以后以西武百货为代表的商家的宣传策略时这样评价道："（70 年代商家的战略）并不单单是对广告的重视。应该说，他们企图通过塑造'形象'（「イメージ」），使其超越'现实'，以掩盖现实的缺陷，甚至公然地对现实进行了改造。"[②]商家企图通过广告和视觉传媒，用人为构造的"形象"来掩盖"现实"，甚至重塑"现实"。就这样，视觉新传媒与量产式文化产品中所构造的形象（虚构）与现实（真实）的界限不断模糊，人们无意间漂浮在真实感丧失的海洋之中。后现代主义理论家鲍德里亚（Jean Baudrillard，1929—2007）在 1981 年出版的《仿真》（*Simulations*）中提出 80 年代社会中存在的"真实感的丧失"这一现象。[③]由于电视、广告等视觉媒体的影响，真实与想象、现实和幻觉逐渐模糊。广告中塑造出来的完美商品，与现实中的产品是否一致？电视里光鲜亮丽的明星和模特，是否有如同他们包装的那般完美？媒体中塑造出来的虚构的形象，实际上只不过是符号。然而当人们相信现实中就是如此，并努力模仿这个形象，企图去使自己贴近这个形象的时候，虚构与真实的界限被模糊，个人也不断沦为符号，而失去了主体性。

敏锐捕捉并批判真实感丧失和个体符号化现象的是文学和评论届。田中康夫 1980 年发表的小说《明净如水晶》（『なんとなく、クリスタル』）刻画了沉溺于高度消费奢侈生活的年轻人的生活。小说中充斥着大量的服饰、箱包等品牌的名称，以及餐厅、酒吧和俱乐部的名字。另外，关于这些品牌或者地点，全文给出多达 400 多条详细的注释，全书与其说是小说，倒更像是一本高档消费指南。这里引用开篇对于主人公房屋的描写的日文原文：

---

① 金子貞吉：「戦後日本経済の時期区分」，『中央大学経済研究所年報』第 50 号，2018 年。
② 吉見俊哉：『ポスト戦後社会』，岩波書店，2009 年，第 53 頁。
③ Baudrillard, Jean. *Simulations. Semiotext(e)*, 1983.

日本 80 年代的后现代主义思潮与国民身份认同

　　それで、(2)FEN に(3)プリセットしたチューナーのボタンを押してみる。なんと朝から、(4)ウィリー・ネルソンの(5)「ムーンライト・イン・バーモント」が流れている。部屋の端に置いてある、(6)ライティングデスクの方に、目をやってみる。(7)紫陽花の花が一本、花びんに差してある。(8)白金台のアンチーク・ショップで買ってきた、淡い色をしたライティング・デスクの上には、なぜか(9)オレンジ色のデジタル目覚ましが置いてある。①

　　大量的片假名或罗马字母组成的外来语在行文中颇为抢眼，甚是让读者不禁忽略掉剧情和人物。这短短几行的描述里，竟有多达 7 个注释，详细对品牌或者时尚进行着点评和解说。这本小说在当时热销 100 万本，并获得 1981 年芥川奖的提名。这本书本身，也作为"高端时尚圣经"成为了消费追捧的对象之一。

　　然而作者本人的真实意图是歌颂这个物质丰足的时代吗？是为了借"品牌热"的东风，创作一本高档消费手册吗？书中看似无忧无虑，过着"水晶"一样生活的年轻人，实则是内在空洞的、失去主体性、被消费文化所裹挟的"人偶"。社会学家藤村正之将 80 年代的"品牌热"和消费热潮称为"符号消费"（「記号消費」），即消费本身超过了必要的范围，是一种通过追求品牌或者某种生活方式的优越感而竞争消费的模式。②藤村指出，这种"符号消费"是一种将人"物化"的过程：个人通过买某类产品，以体现自己对于某种生活方式或者价值观的认同，给自己贴上标签或者说归类，最终产生自己属于某个人群的错觉。就如攒钱买了奢侈品，自己就成为了富豪；手拿一本《明净如水晶》，就能成为书中描述的"水晶"一般"无忧无虑、时尚快活"的主人公。不仅是年轻人，社会中的每一个人，被闪闪发光的"名牌"所吸引、所驱使。个体的主体性和个性被泯灭，化为一个个空洞的符号。

　　文学评论家江藤淳这样评价这部小说："田中注意到了东京都市空间崩溃而变成符号堆积的事实，并且为每个符号细致地加以注解，他的这番辛苦成功地使这部小说得以社会化。"③田中用几乎是挑衅传统文学的方式，企图打破文学和社会生活的界线，用世俗化挑战文学传统中所谓高雅和正统的一面。这本仿佛是消费指南

---

　　① 田中康夫：『なんとなく、クリスタル』，河出書房新社，1981 年，第 1 頁。引用部分括号处为原文自带的注释。

　　② 藤村正之：「消費する主体の形成　若者の生き方の変容」，『社会を消費する人びと：大衆消費社会の編成と変容』，岩波書店，2013 年，第 82 頁。

　　③ 江藤淳・蓮實重彦：『オールド・ファッション――普通の会話』，中央公論社，1985 年，第 119頁。

一般的作品本身也将文学置于商品的位置，接受消费主义时代的拷问。《明净如水晶》的热卖，也许和作品的内容本身一样值得深思。需要强调的是，这部作品中所描绘的年轻人奢华时尚而无忧无虑的生活，恐怕不能反映 80 年代每一个日本人的现实。作品中的描述是夸张与超前的，与其说是写实，倒更应该说是提前预见到了泡沫经济表面的经济繁荣下可能潜伏的危机。也正因为其超前于时代，当时的读者和一部分评论家，大多都未能解读到其深层次蕴含的隐蔽的批判意识。80 年代后期和 90 年代泡沫破裂后，越来越多的社会学家和经济学家开始探讨"过度消费"带来的弊端。早在 1980 年就出版的《明净如水晶》，可谓是很早地洞察到了泡沫经济社会潜伏的危机，并提前敲响了警钟。

三、日本 80 年代"宏大叙事"的退场

前面提到，80 年代开始有个体意识到消费和视觉媒体的无形操控，并出现觉醒和反抗。从更宏观的理论层面讲，这是个体冲击长久以来存在的"宏大叙事"的一环。如上文所述，"宏大叙事"（「大きな物語」）是权力、意识形态和主导思想的统称，不仅在充当思潮先锋的文学艺术领域有鲜明的体现，更潜移默化地渗透到个体的日常生活。它内化为意识形态，如同社会的内置控制系统，成为一种"理所当然""本该如此"的社会共识。"宏大叙事"在不同时代存在不同的具体表现形式，日本的近现代的不同时期，社会中又存在着怎样的"宏大叙事"呢？

明治时期到二战前，统领日本国民意识的是"近代化、富国强兵、国家主义"；二战中是"军国主义、帝国主义"；二战后，国家主义和国家权力遭到质疑和否定，反对斗争频起，一定程度上冲击了狭隘的国家主义和民族主义。60 年代关乎国家主权的安保运动和倡导和平的反越战运动影响力甚广。然而社会运动走向极端化和暴力冲突的出现，使之逐渐失去了大众的支持。同时，伴随着 50 年代到 70 年代的高速经济增长，大型企业与工厂成为引领社会的重要单位。1960 年池田勇人执政后，提出"所得倍增"（「所得倍増」）计划，"去政治化"的同时将国民的关注转移到经济发展上。被称为"高速经济增长范式"（「高度成長のパラダイム」）的"生产第一主义、经济增长至上主义、科学技术万能主义"等原则成为了新的全民共识。[①]伴随着经济生产提高的还有不断上涨的消费热潮，国民开始信奉"消费

---

① 佐和隆光：『高度成長「理念」と政策の同時代史』，日本放送出版協会〈NHK ブックス〉，1984年，第 56—59 頁。

日本 80 年代的后现代主义思潮与国民身份认同

即美德"。吉见俊哉在《后战后社会》（『ポスト戦後社会』）中指出，日本 60 年代是"通过思想实现自我"的时代，而 70 年代以后转变为"通过消费实现自我"的时代。①我们需要注意到，"宏大叙事"仍然在无形中影响和绑架着个体，只不过从过去国家权力以"国家主义"裹挟，转变成了大型企业和财团用"生产与消费"操控。

从 70 年代后期开始，高速成长期宣告结束，经济泡沫不断累积，"宏大叙事"也开始受到了质疑。个体开始觉醒和反思，除了作为"国家与天皇的子民""企业的螺丝钉""被绑架的过度消费者"之外，个体真实的需求和价值。由国家与大型企业写就的"宏大叙事"到了退场的时候，个体创造的"微小叙事"（小さな物語）开始登上时代舞台。不受国家意志的凌驾，不被大型企业束缚，也不做被资本操控的盲目消费者，个人开始觉醒和反抗，追求自我价值。可以说，80 年代的时代潜流，概括起来就是个体对于"宏大叙事"无形的影响从迷茫到觉醒、最终逃离的过程。

比如前文分析的那样，80 年代"宏大叙事"的退场在文学中得以体现。通过文字描写个体在高度消费主义社会中逐渐成为空洞的"人偶"，企图唤醒个体觉醒，意识到资本主导的"过度消费热潮"作为一种新的"宏大叙事"，对个体的操控和影响。觉醒之后，便是转变。从"宏大叙事"到"微小叙事"的转变在广告传媒等领域便可洞见。研究日本消费与市场的学者三浦展在 80 年代任职于 Parco（パルコ）百货的市场与广告部门，他提出该时代的一个巨大转变，就是商家从企图塑造全民认同的"形象"，转变为尊重消费者的个性和需求。过去"女人范"（「女らしく」）、"青春范"（「若者らしく」）这样的广告语，暗示人们要按照社会对于"女人"和"年轻人"的既定标准打造自己的形象。而 80 年代起，"重新发现自我"（「自分新発見」）、"做自己"（「自分らしく」）这样的广告语大量出现。鼓励每个人张扬个性、找寻自我，成为了新的话语。②三浦提道："80 年代，Parco 作为一家企业受到了社会的关注，Parco 思想的基本价值是否定限制了个人的自由生活方式的现有社会制度，并肯定个人自由情感的力量和独立性。"③如三浦所说，人们意

---

① 吉見俊哉：『ポスト戦後社会』，岩波書店，2009 年，第 13 頁。
② 三浦展：「物語不在の時代から生まれたマニュアル志向」，『脱アイデンティティ』，勁草書房，2005 年，第 105、109 頁。
③ 同上，第 105 頁。

识到个体的自由一直以来受到既存社会体制的束缚，开始追求个人的独立和价值。东京大学社会学教授上野千鹤子将"做自己"（「自分らしく」）解读为个体渴望成为"不是任何别人的自我"（「他の誰でもない私」），从而确立了肯定个体差异、尊重个体价值的观念。[①]这种质疑传统和权威，反对国家与企业的"中心化"话语，关注微小话语的抗争，不正体现了后现代主义思潮的特点吗？80 年代的后现代主义思潮深刻影响到诸多领域，不仅体现在宏观的市民文化和消费行为上，更影响到了日本的国民身份认同。接下来将对这一命题进行深入讨论。

四、后现代主义思潮对日本国民身份认同的影响

如果用一句话来概括的话：80 年代的后现代主义思潮，解放了明治时代以来由中心话语构建起来的日本国民认同，促进了日本民众对独立的自我意识和人格的追求。首先我们需要回顾"日本国民"这一概念的构建过程。

"日本国民"这一概念是与日本近代"国民国家"的建立与发展紧密联系在一起的。所以明治时代[②]以前，幕藩体制下民众受地方各"藩国"管理，"日本国民"的定义和描述并不明确，个体将自己认定为"日本"这一国家之"国民"的意识自然比较淡薄。近代明治维新以来，"大日本帝国"这一国民国家得以确立，"国民身份认同"这一话题逐渐成为日本文化和文学批评界讨论的焦点。从生活习惯、文化习俗、民族信仰等广泛视角，"何为日本人，何为日本传统，何为日本精神"等问题被广泛讨论。志贺重昂的《日本风景论》（『日本風景論』1894）宣扬日本的山水风光堪与欧美比肩，激发日本人的民族自豪感和爱国心，可谓是最早带有鲜明民族主义色彩的作品之一。另外，明治时代还出版了许多用英文撰写的作品。内村鉴三的《代表性的日本人》（*Representative Men of Japan*，1894）介绍和赞美了西乡隆盛等五位日本历史名人的生平与功绩；新渡户稻造的《武士道》（*Bushido: The Soul of Japan*，1899）论述了岛国独特的自然风貌如何孕育了"义勇仁礼"等武士道精神，以及武士的生活方式。这些著作广泛涉猎到地理学、社会学、历史学、宗教

---

① 上野千鹤子：「解離と「複数の自己」」，『脱アイデンティティ』，劲草书房，2005 年，第297—298 頁。
② 日本近代的定义，一般指幕府政治结束，明治元年（1868）以来的历史阶段。日本现代，则普遍指二战后至今。本文中亦采用上述分期。

日本 80 年代的后现代主义思潮与国民身份认同

学、美学等各个领域，主题从自然风景到内在精神、从信仰到生活，看似各不相同，然而国民身份认同本就不仅是一个政治问题，还与文化与生活紧密相关。正是这一切塑造和定义了所谓的日本人的"国民性"。这些作品中的描述和阐释，不仅在西方社会中使日本作为一个近代民族国家的形象和定义日益丰满；也同时通过定义日本"国民性"，在日本人中强化了"日本国民"这一新的概念，实现了从"日本人"到"日本国民"的意识转变。符合和具备这些"国民性"的人，才可以称得上是"日本国民"；反过来说，作为"日本国民"，其行为和生活也在无形中被这些符合"国民性"的描述所影响着。

许多定义都是通过划定对立概念的方式来确定的。"国民"这一概念的确立，自然随之产生了"非国民"的概念。在日本近代，"非国民"这一概念却随着日益膨胀的国粹主义和民族主义，成为指代与自己国家的"国民性"（民族特征或者价值观）相违背的日本人。该术语不是指非日本国籍的外国人，而是指不遵循国家意志和国策的，或具有反天皇、反战等特定思想和价值观的人。所以虽然日语字面写作"非国民"，其内涵更接近"非国家主义者"。这个概念的较早例子便是日本近代学者高山樗牛在 1898 年发表的文章《责难'非国民'小说》（「非国民的小説を難ず」）。[1]高山曾在 1895 年甲午战争期间撰写了诸多宣扬爱国主义和民族主义的文章，强调天皇与日本国民"君臣一体"等。在 1904 年的日俄战争期间，与谢野晶子写下反战短歌《你不要死去》（『君死にたまふことなかれ』）。像她这样带有反战思想的作家在当时也被批判为"非国民"。"非国民"这一概念从文学界兴起，并成为审判和监督一般民众的标尺。身为"日本人"，就要做符合日本人身份的事情，以遵从所谓"国民性"的标准要求自己。不难发现，所谓"国民性"是由权力话语和既定传统塑造的，结合前文的分析，无疑是"宏大叙事"的产物。但是它以语言或者习俗等不易察觉的方式渗透到每一个国民的日常生活之中。

80 年代，涌现出了对这种中心权力构建的传统话语进行有意识批判的作家，其中的代表人物之一便是岛田雅彦。岛田雅彦于 1983 年出道，其作品中描述了跨性别者、流亡者、艾滋病患者、流浪汉等被社会边缘化的群体。在 1989 年的采访中，他这样谈论自己的角色塑造："我希望我笔下的角色是日本人，但却与天皇，

---

① 高山樗牛：「非国民的小説を難ず」，『時代管見』，博文館，1899 年，336p。

日语或日本文化都不相关。"①可见，岛田是在自己的创作中有意识地背离三岛由纪夫主张的"日本人"身份认定三要素，以摆脱传统国民身份认同的束缚。对于前文提到的"非国民"概念，岛田在自己的作品中对其进行解构，用片假名重新书写为"ヒコクミン"，消解了它原本的含义。在他 1984 年出版的《流亡旅行者的呐喊》(『亡命旅行者は叫び呟く』1984)中，主角"ワタシ"(发音同日语中的"我")明明是日本人，却声称自己是"非国民"。他拒绝讲日语，并独自逃亡到海外。岛田笔下的"非国民"，不再是权力话语对个体的审判，而是个体主动反抗权力话语所定义的框架，体现了"去中心化"的倾向。"作为日本人意味着成为囚犯"②则指出"日本人"这一身份认定已经成为了束缚国民的牢笼。岛田在对谈中这样阐释自己对于"国民国家"的理解："国民国家试图通过明确'国民'与'非国民'之差异的方式来强行定义'国家'这一概念。但是，差异本应是个人的事情。当国家通过群体、人种、阶级和宗教来概括差异时，国家实际上反而成为了消灭差异的装置。"③岛田的这段话表达了两个层面的意思：一是国民国家通过制造群体差异(是否符合"国民性")来定义何为"国家"，从而企图塑造和影响民众的"国民身份认定"。这也就指出了"宏大叙事"通过国家权力、意识形态和文化传统等形式对于个体施加影响。二是每个个体都存在差异，当这些个体间的差异被用"人种、阶级和宗教"等既定标准简单粗暴的分类时，实际上不是尊重个体差异，而是在消解个体差异。这显然体现了对于个体"微小话语"的关注，对多元化、独立价值、个体自由的倡导。从这个角度上来说，岛田对于国民身份认同这一问题的看法，带有鲜明的后现代主义色彩。

正如前文提到的，从明治时代以来被构建的"日本国民"这一概念，渗透到了一代代日本人的精神内面，深刻影响到了个体的自我认知和日常生活。因此，在探讨对"中心话语导向的国民认同"的解构时，不应只停留在文学作品的分析上。80年代倡导个体存在价值和个体意识的思潮和对于所谓"主流"的思想与价值观的抗争也逐渐渗透到了民众的生活中。在年轻人中，"新人类""御宅族""竹之子族"等对于传统爱国意识和社会责任感持有抗拒态度，专注于自己的内心感受和个人爱好的群体兴起。做"非国民"也无不可，不再因违背"主流"价值观而压抑自己的

---

① 島田雅彦・柄谷行人：「文学のふるさと(坂口安吾再読)」，『新潮』86(12)，1989 年。
② 島田雅彦：『亡命旅行者は叫び呟く』，福武書店，1984 年，第 114 頁。
③ 福田和也・島田雅彦：『世紀末新マンザイ』，文藝春秋，1998 年，第 18 頁。

日本 80 年代的后现代主义思潮与国民身份认同

个性，这显然是对传统规范的大胆挑战。在这些群体兴起之时亦有批判之声，认为他们"缺乏国民意识、不善社交、沉迷个人世界"。但到了 80 年代末、90 年代初，这些群体开始逐渐获得越来越多的认同。①无论群体人数的多少、是否符合所谓的"主流"价值观，新生代群体的个性价值和爱好应该获得社会尊重。应避免社会中心话语对于自我存在的过度强制介入和干涉，塑造独立的自我意识。这样的思辨获得了越来越广泛的接纳。思潮解放了生活与爱好，并且进一步孕育了文化果实。对于日本文化产业的发展来说，80 年代的一个重要的文化成果就是亚文化（サブカルチャー）影响力的扩大。动漫、游戏、科幻、摇滚乐等传统意义上被精英文化、高雅文化和主流文化压抑和排斥的边缘文化反而获得解放，成为了新的潮流。在文化层面的多元化、个性化、大众化，日本文化产业不断破旧出新。经过几十年的发展，21 世纪的今天，上述的许多文化（动漫、游戏等）已经成为日本在世界范围内具有代表性的文化标志，也作为文化产业的重要部分带来了巨大的经济利益。从宏观上来讲，这些成果都与 80 年代思潮对于亚文化的解放和促进作用密切相关。

结　语

80 年代的日本经过战后高速经济发展，已呈现高度资本主义社会形态。物质丰裕的同时，过度消费和视觉媒体对个体和社会的负面影响也逐渐显现。这样的社会经济环境孕育了 80 年代的独特思潮。通过对时代文学和社会现象的分析可知，本文认为日本 80 年代的思潮呈现以下特点：开始出现对国家权力、既定传统、全民消费狂热等"宏大叙事"的质疑，关注个体"微小话语"和个性选择；反对精英主义和中心主义，主张文化的多元化、个性化、大众化。这与西方后现代主义思潮的特点相近。用马克思主义哲学的视角来看，日本 80 年代的高度资本主义所带来的文化工业化和过度消费主义等问题，在西方后现代思潮形成的时期同样存在。虽然日本与西方的社会经济背景和文化传统不尽相同，但通往高度资本主义社会的发展道路上存在的相似问题，为 80 年代日本思潮的孕育提供了土壤。这也可以解释，为何 80 年代日本的思潮呈现出后现代主义的特点。

在日本国民身份认同这一问题上，80 年代思潮使个体开始质疑近代以来中心

---

① 冈田斗司夫：『オタクはすでに死んでいる』，新潮社〈新潮新書,258〉，2008 年，第 57 頁。

权力话语所构建和主导的民族主义和国家主义，开始重新思考个体存在等问题。该时代的文学作品，跳出由权力话语定义的"国民性"框架，大胆对武士道精神等束缚个体自由的传统概念进行反思和批判。同时，随着思想层面的解放，长期被压抑的个体价值和爱好逐渐得到包容和接纳，新世代群体和亚文化在日本社会掀起新的浪潮。

辩证地看，80年代思潮对于个体自由包容的同时，也可能对个体产生一部分消极的影响：社会和群体关怀的过度缺乏，对战争和历史等群体责任的逃避，对于政治议题的冷漠等。不过对于长期处于相对封闭和高度集体主义的日本社会来说，这样的思潮对于个体找寻自我价值，在现代社会中重新定义个人与社会的关系具有积极意义。因此对这一思潮的研究有助于把握日本80年代以后，乃至当代社会的民众思想与心理。另外，从宏观积极的层面上来看，随着文化的多元化和大众化，新世代群体和亚文化浪潮促进了日本独特流行文化的发展，对全球范围内日本新文化形象的塑造，以及文化产业的壮大具有积极的意义。可以说，80年代的思潮不仅一定程度上丰富了对个体意识的思考，也为21世纪日本在世界范围取得的文化成果奠定了思想层面的基础。

（作者介绍：徐一然，早稻田大学国际文化与传播学院博士研究生）

郭沫若对日观的史学探析（1913—1945）*

唐鹤娜　　王美平

内容摘要　　郭沫若是近代为数不多的具有长期留日经历的共产党员，研究其对日观对明晰中国共产党与日本的关系具有重要意义。从留日学习到北伐期间，其"师日观"与"排日观"交错，并逐渐从思想上到组织上入党，成为一名马克思主义者。在日流亡期间，因身为共产党员而遭到日本宪兵和便衣警察的双重监视，体验了日本军部法西斯的得势横行，并受日本侵华行动的刺激而强化了"反日观"，同时从学术角度致力于马克思主义的中国化。全面抗战期间，作为"知日"派揭示日本民族性中的丑恶面，批判日本法西斯体制，在"抗战必胜"的信念之下，从事抗日宣传，贯彻共产党的全面抗战路线，对动员民众抗战、鼓舞我方军民士气、打入敌人内部、动摇日本军心发挥了积极作用，为抗战赢得最终胜利贡献了力量。

关键词　　郭沫若　对日观　中日关系　留学　抗日战争

---

　　*本文系国家社科基金重点资助项目"战时日本政府对中国共产党的调查、认知与决策（1931—1945）"（20A2S012）的阶段性成果之一。

An Historical Analysis on Guo Moruo's View of Japan

Tang Hena　　Wang Meiping

Abstract: Guo Moruo was one of the few Communist Party members with experience of studying in Japan in modern Chinese history. Researching his views on Japan is of great significance to clarify the relationship between the CPC and Japan. From studying in Japan to the Northern Expedition, his attitude on Japan were interwined, while seemed Japan as a teacher, he also had some action of excluding Japan. During the period of the Northern Expedition, he gradually became a Marxist from ideology to organisation. During his exile in Japan, as a member of the Communist Party, he was under the dual surveillance of the Japanese military police and the plainclothes police. He experienced the fascist ascendancy of the Japanese Military, and was stimulated by the Japan's invading China, which strengthened his "anti-Japanese view". During this period, he was committed to the sinicization of Marxism from an academic perspective. During the period of Anti-Japanese War, as he "knew Japanese well", he revealed the ugly face in Japanese nationality, criticizing the Japanese fascist system. Under the belief of "the victory of the Anti-Japanese will eventually come", Guo is engaged in the anti-Japanese propaganda, carrying out total resistance line of the communist party, mobilizing people to the war of resistance, inspiring our military and civilian morale, going into the enemy, and shaking Japanese military's morale, in a word, he contributed his strength to the war of resistance and played a positive role in wining the final victory.

Keywords: Guo Moruo; attitudes toward Japan; Sino-Japanese relation;study abroad;Anti-Japanese war

1894—1895年甲午一战中国战败，彻底颠覆了中日两国的互视观，日本蔑华观逐渐固化，[①]中国国内则确立了"师日"观，随之逐渐兴起赴日留学的潮流。郭沫

---

① 杨栋梁、王美平：《近代社会转型期日本对华观的变迁》，《日本研究》，2008 年第 3 期，第 1—7 页。王美平：《甲午战争前后日本对华观的变迁——以报刊舆论为中心》，《历史研究》，2012 年第 1 期，第 143—162 页。杨栋梁主编，王美平、宋志勇著：《近代以来日本的中国观》（第 4 卷：1895—1945），江苏人民出版社，2012 年，第 1—41 页。

郭沫若对日观的史学探析（1913—1945）

若作为 20 世纪初留日大潮的一员，在日本前后生活了近 20 年，[1]时间跨度大，对日本社会的体验深入，并亲自见证了日本对华政策由"中日亲善"言之凿凿到逐渐暴露其侵华野心直至全面侵华的历史演变过程。而且郭沫若作为近代具有长期留日经历的共产党员的典型代表，研究其对日观有助于从微观层面理解中国共产党与日本的互动关系。

学界就郭沫若对日观的研究，除在对近代中国人对日观的整体研究中偶有涉及外[2]，多从文学与文化交流角度展开[3]，鲜见从史学角度进行个案研究者，且多模糊时间概念，[4]难以体现其对日观的发展变化及其原因。本文拟从史学角度，梳理郭沫若对日观的变化，以小见大地反映清末民初至抗日战争期间中日关系尤其是中国共产党与日本关系的变迁。

一、留日至北伐期间"师日"与"排日"观的交错

郭沫若 1914 年 1 月赴日留学，7 月考入东京第一高等学校预备班医科学习日语，1915 年 7 月升入冈山第六高等学校，1918 年考入九州帝国大学学习医学，1923 年毕业。1924 年携家眷回国抵沪，从事文学创作活动。1926 年 3 月出任广东大学文学院院长，7 月，随军北伐，10 月参加南昌起义，失败后经香港于 1928 年 2 月抵日。[5]在此十余年间，郭沫若的对日观随着中日关系的沉浮而起伏变化。

首先，在留学之初，郭沫若的对日观以"师日""慕日"为主。甲午战后，中

① 郭沫若在日本生活了两个 10 年，分别是 1914 年 1 月至 1923 年 4 月留学时期和 1928 年 2 月至 1937 年 7 月流亡时期两段时间。

② 整体性研究，如刘学照、方大伦：《清末民初中国人对日观的演变》，《近代史研究》，1989 年第 6 期，第 124—143 页；李喜所：《甲午战后 50 年间留日学生的日本观及其影响》，《社会科学研究》，1997 年第 1 期，第 102—109 页；王米娜：《近代中国人日本观综述》，《青年文学家》，2017 年第 2 期，第 168—170 页。

③ 潘世圣：《论郭沫若的日本观——〈郭沫若与日本〉之一》，《郭沫若学刊》，1990 年第 2 期，第 45—53 页；实藤惠秀、实藤远：《郭沫若的日本留学时代》，田家农译，中国郭沫若研究学会、《郭沫若研究》部编《郭沫若研究》（第 8 辑），文化艺术出版社，1990 年；刘勇、李春雨：《郭沫若研究述评》，《北京师范大学学报》（人文社会科学版），2001 年第 9 期，第 14—25 页；吴辰：《迎接郭沫若研究新的春天：中国郭沫若研究会第三届青年论坛综述》，《郭沫若学刊》，2017 年第 2 期，第 71—76 页。蔡震：《文化越境的行旅：郭沫若在日本二十年》，文化艺术出版社，2005 年。

④ 蘇德昌：「中国人の日本観：郭沫若」，『奈良大学紀要』2001 年第 29 号。張淑琴：「郭沫若の日本観」，『人間文化学研究集録』2004 年第 13 号。

⑤ 林甘泉、蔡震主编：《郭沫若年谱长编（1892—1978）》，中国社会科学出版社，2017 年。

国意识到本国的落后和日本的不可小觑，逐步产生师日观。日俄战争后，中国的"师日"潮流更是风靡一时。[①]郭沫若身为留日大军的一员，"师日"与"慕日"构成其留学初期对日观的主要面向。

1914 年，郭沫若对国内教育感到失望，因不想"自误"[②]而在长兄郭开文的帮助下东渡日本"习一技，长一艺"，以报效国家。[③]进一步体验日本之后，他对日本的敬慕有增无减，高度赞扬日本"勤俭淡泊""清洁可风"，[④]评价日本的学生们如"赳赳武夫"，重视文治武功，在科学方面"有与欧美诸国并驾齐驱之势"，中国不应轻视日本。[⑤]当日本礼节与故乡发生冲突时，郭沫若认为故乡的礼节"大大失礼"。[⑥]在后来的回忆中，他甚至将博多湾视为"第二故乡"，[⑦]自称"日本之游子"，[⑧]视回国为出外漂泊，[⑨]其"师日观"与"慕日观"可见一斑。

其次，随着日本侵华野心在"二十一条"问题、巴黎和会中的暴露，郭沫若产生了"厌日"感情，并采取了"排日"行动。

郭沫若在日留学的生活，并非一帆风顺。由于日本在甲午战争中一战成名，日本对华观由"仰慕"转为"蔑视"。到大正年间，日本人用轻蔑的言辞称呼中国的问题更为严重。[⑩]在日本人眼中，中国留学生考试成绩总是垫底。[⑪]日本人称中国混血儿为"中国佬"，[⑫]对中国人怀有"极端的恶意"，以蔑视的语气称中国人为"支那人"。就连著名的学者津田左右吉和原胜郎都"想尽一切办法"企图"割裂"中日两国的文化。[⑬]而日本"蔑华"观的固化使得郭沫若在日本备受歧视。在一次出

①〔日〕实藤惠秀：《中国人留学日本史》，谭汝谦，林启彦译，北京大学出版社，2012 年，第 25—30 页。

② 郭沫若：《十二 致父母》（1914 年 8 月 1 日），郭平英、秦川编注：《敝帚集与游学家书》，中国社会科学出版社，2012 年，第 191 页。

③ 郭沫若：《四十三 致父母》（1916 年 9 月 16 日），《敝帚集与游学家书》，第 231 页。

④ 郭沫若：《六 致父母》（1914 年 2 月 13 日），《敝帚集与游学家书》，第 181 页。

⑤ 郭沫若：《五十三 致父母》（1917 年 5 月 4 日），《敝帚集与游学家书》，第 244 页。

⑥ 郭沫若：《四十九 致父母》（1917 年 1 月 19 日），《敝帚集与游学家书》，第 238 页。

⑦ 郭沫若撰：《自然之追怀》，济民译，《现代（上海）》第 4 卷第 6 期（1934 年），第 957 页。

⑧ 郭沫若：《彷徨（诗十首）·归来》，《创造季刊》第 1 卷第 3 期（1922 年），第 58 页。

⑨ 郭沫若：《创造十年》，上海现代书局 1932 年版，第 108 页。

⑩〔日〕实藤惠秀：《中国人留学日本史》，谭汝谦、林启彦译，北京大学出版社，2012 年，第 20 页。

⑪ 郭沫若：《四十 致父母》（1916 年 1 月 15 日），《敝帚集与游学家书》，第 227 页。

⑫ 郭沫若：《未央》，《创造季刊》第 1 卷第 3 期（1922 年），第 1 页。

⑬ 王屏：《近代日本的亚细亚主义》，商务印书馆，2004 年，第 160 页。

郭沫若对日观的史学探析（1913—1945）

行的过程中，他因遭到日本人的语言侮辱，在极力掩饰自身"狼藉"的同时，希望获得日本人的认可与平等对待。[①]就连他的日本妻子佐藤富子，都常被周围人责难。[②]故而，郭沫若对日本人也心生反感，批评日本人"夜郎自大""忘恩负义"，[③]想尽快完成学业归国，飞向"自由的故山"。[④]

另一方面，日本在一战期间趁西方无暇东顾之机加紧侵华，1914 年对德宣战，侵占山东，随后提出灭亡中国的"二十一条"，其侵华野心暴露于天下。[⑤]郭沫若遂出于爱国热情，为声援国内，从事反日运动。1915 年，因反对日本提出的"二十一条"，郭沫若罢课回国，他在家信中称日本为"鬼国"，批评日本人"骄横"。[⑥]1919 年，他为反对巴黎和会上日本侵占山东，组织"夏社"，纲要有三：一是学习上课之余从事译述，每月寄往国内各省主要新闻社 1—2 次；二是亲自考察日本，为国内研究日本各团体解答相关问题；三是为国内到日本考察提供方便。为此，郭沫若等人撰写了《国货价格调节之商榷》《痛心疾首的会议及其评论》《倭人的〈和洋协调论〉二则》《支倭交战说》《排斥日货的持久策》（即《抵制日货之究竟》）《倭人粮食缺乏情况》等文章，批判日本的侵华政策，并为国内的反日运动出谋划策，[⑦]主张抵制日货绝非一时之"示威运动"，并从消极和积极两方面讨论抵制日货的持久之道。[⑧]

再次，学成归来至北伐期间，郭沫若的马克思主义信仰基本定型，为日后积极从事抗日运动奠定了思想基础。1924 年郭沫若再度返日后，即着手翻译河上肇《社会组织与社会革命》，在此过程中成为了"彻底的马克思主义信徒"。[⑨]在翻译屠

---

① 郭沫若：《行路难（下篇）》，《东方杂志》第 22 卷第 8 期（1925 年），第 121 页。
② 〔日〕佐藤富子：《怀外子郭沫若先生》，周山崎美子、林洁合译，《众生》第 1 卷第 1 期（1938 年），第 13 页；佐藤富子：《我的丈夫郭沫若》，《现代周刊》第 1 卷第 1 期（1938 年），第 18 页；佐藤富子：《回到中国的郭沫若》，赵艺真译，潘世圣校译，《郭沫若学刊》2016 年第 2 期，第 34 页。
③ 《行路难（未完）》，《东方杂志》第 22 卷第 7 期（1925 年），第 113 页。
④ 郭沫若：《留别日本》，《孤军》第 3 卷第 8、9 期（1923 年），第 1—4 页。
⑤ 孙乃民主编，高全书、孙继武、顾民著：《中日关系史》（第 2 卷），社会科学文献出版社，2006 年，第 19—23 页。
⑥ 郭沫若：《二十七 致父母》（1915 年 3 月 17 日），《敝帚集与游学家书》，第 208 页。
⑦ 青岛守备军民政长官法学博士秋山雅致外务次官币原喜重郎殿等，民谍第 54 号电：『排日通信機關ノ設置二関スル件』（1919 年 5 月 22 日），战前外务省记录，B03041666300，日本外务省外交史料馆藏，亚洲历史资料中心。
⑧ 夏社（郭沫若等）：《抵制日货之究竟》，《黑潮》第 1 卷第 2 期（1919 年）。
⑨ 郭沫若：《孤鸿》（1924 年 8 月 9 日），《创造月刊》第 1 卷第 2 期（1924 年），第 129 页。

格涅夫《新时代》（即《处女地》）时对"里面所流动着的社会革命的思潮"印象深刻。之后，他将文艺视为"宣传的利器"，[①]并于 1926 年 3 月写下了《文艺家的觉悟》[②]，4 月中旬写下了《革命与文学》，视文学为"革命的前驱"。[③]

北伐期间郭沫若与共产党人接触较为密切，深受李一氓、周恩来等人的影响。蒋介石发动"四一二"反革命政变后，他写下《请看今日之蒋介石》《脱离蒋介石以后》等讨蒋檄文，被蒋开除党籍并通缉，[④]最终与国民党分道扬镳，并参加南昌起义，失败后经周恩来、李一氓介绍加入中国共产党，实现了从思想上入党到从组织上入党的转变，完全融入共产党，其马克思主义信仰基本定型。

北伐期间，郭沫若较少提及日本，其对日观和前一阶段没有明显的变化。但他在此间逐渐定型的马克思主义信仰与日本实行的"防共反共"政策相左。[⑤]这为郭沫若流亡日本后的曲折经历埋下伏笔。

要之，从留日学习到北伐期间，郭沫若一方面被日本的先进文明所感染，产生"师日"与"慕日"观；另一方面，身为中国留学生又备受歧视，且随着日本侵华野心的暴露，他又产生"厌日""排日"观，并有反日之举。由此，郭沫若的对日观呈现出一种爱恨交织的复杂性，正如其本人所言，日本"既是他寻找到青春梦想的地方，也是他在蹉跎岁月中蒙受精神磨难的地方"[⑥]。

二、流亡 10 年间"反日观"的发展

郭沫若于 1928 年 2 月末抵日，至 1937 年 7 月末归国，在日渡过 10 年的流亡生活。在此期间，日本发动九一八事变，占领东三省，制造"一·二八"事变，建立伪满洲国，进逼华北，以至于挑起卢沟桥事变，发动全面侵华战争。随着日本帝

---

① 郭沫若：《孤鸿》（1924 年 8 月 9 日）《创造月刊》，第 1 卷第 2 期（1924 年），第 137—139 页。

② 郭沫若：《文艺家的觉悟》，《洪水》第 2 卷第 16 期（1927 年），第 133—140 页。

③ 郭沫若：《革命与文学》，《创造月刊》第 1 卷第 3 期（1926 年），第 2 页。

④《南京军政要讯》，《申报》1927 年 5 月 11 日第 4 版；《厅令协缉杨春膏郭沫若》，《申报》，1927 年 6 月 4 日，第 14 版。

⑤ 关于日本在其国内及对华实施的"防共反共"政策，可参见王美平：《日本政府对一次北伐的观察与反应》（《历史教学》，2019 年第 2 期）、《田中内阁"扶蒋反共"政策与蒋日合作（1927—1928）》（《历史研究》，2019 年第 6 期）

⑥ 蔡震：《文化越境的行旅：郭沫若在日本二十年》，文化艺术出版社，2005 年，第 6 页。

郭沫若对日观的史学探析（1913—1945）

国主义对华侵略的步步加深，郭沫若的对日观转以"反日"为主，但碍于其处境而难以公开表态。

其一，因遭到日本宪兵与便衣警察的严密监视，生活压抑，郭沫若的"反日观"进一步强化。由于日本政府在国内外推行"反共防共"政策，故对作为共产党的郭沫若采取了严密监视的政策。当郭沫若被通缉，秘密渡日后，日本政府对他及其人际关系网进行了调查、跟踪，包括其妻佐藤富子和九州帝国大学医学部师生。[①]1928年7月末，日本政府通过驻上海内务事务官的通报获知郭沫若的下述情况："曾在九州大学医学部学习，与当时在该校附属医院的护士佐藤富子结婚回国，眼下养育四个儿女，是积极的共产主义者，前年夏被聘为广东中山大学文学院院长，在职中随着蒋介石北伐，成为该军之宣传部长。去年南昌暴动前后，在南昌相当活跃，在叶挺、贺龙等共产军占领汕头时担任该军的交涉员，但不久败北逃走，其后消息不明。今年1月居于上海，生活潦倒，2月24日前后抵日。"[②]基于上述情报，日本对郭沫若进行调查追捕，1928年8月1日，东京警视厅拘捕郭沫若，3日后释放，但此后郭沫若"全家一直是在警察宪兵的监视之下"，甚至其邻居家都被安装电话，以便随时向警察局报告郭一家的动向。[③]

由于被日本政府发现、监视，为维持生活与创作活动，郭沫若不得不连累一些日本人。在他流亡之初，创造社提供的生活费及其在上海发表文章、出版书籍所得的收入，都由在华的内山完造经小原荣次郎[④]转得，被日本政府发觉，导致小原被拘留5天。郭沫若被释放后拜访小原时，得到的却是今后勿在此处兑款的逐客令。[⑤]郭沫若刚到东京时为躲避警察耳目对其伸出援手的村松梢风夫妇[⑥]最终也与

---

① 警视总监宫田光雄致内务大臣铃木喜三郎，外务大臣男爵田中义一，兵库、广岛西县知事，雪泽内务事务官，外秘第742号电：「共産主義支那人ニ関スル件」（1928年4月18日），战前外务省记录，B04013045900，第0101页，日本外务省外交史料馆藏，亚洲历史资料中心。

② 福冈县知事斋藤守圀致内务大臣望月圭介、外务大臣田中义一、指定厅府县长官、千叶县知事、在上海赤木内务事务官，特外鲜秘第888号电：「共産主義抱持支那人ニ関スル件」（1928年7月23日），战前外务省记录，B04013045900，第115页，日本外务省外交史料馆藏，亚洲历史资料中心。

③ 和生（郭和生）：《回忆旅居日本时的父亲》，王训诏等编：《郭沫若研究资料》（上），知识产权出版社，2009年，第427页。

④ 小原荣次郎（生卒年不详）：从1905年开始，在中国居住过20年。

⑤ 郭沫若：《我是中国人：〈跨着东海〉的第二章》，《今文学丛刊》第1卷第2期（1947年），第6页。

⑥ 村松梢风（1889—1961）：据郭1947年回忆，他与村松在北伐之前由内山完造介绍而有过一段交往，1928年刚流亡到日本的郭一家人在村松的帮助下，在东京和千叶的交界地区市川定居，以避开警察耳目，半年之后郭才被东京警察发现。

之形同陌路。郭沫若在这样的环境中生活，极度压抑，"脑袋子快要炸裂了"。[①] 由此，郭沫若对日本的厌恶与反感自然加深。

其二，观察、体验日本形成法西斯体制的过程。郭沫若流亡日本的 10 年间，正是日本军人通过发动九一八事变，制造"五一五事件"、发起"国体明征运动"、策动"二二六"事件，极力推动军部法西斯体制形成的历史时期。[②]郭沫若对日本的法西斯空气自然有所察觉与体会。

九一八事变后，郭沫若用其 1914 年的诗作"飞来何处峰，海上布艨艟。地形同渤海，心事系辽东"[③]，表达他对日本侵占中国东北的不满。为了构筑战时体制，日本政府加强了对媒体的管制。日本人鹿地亘回忆"日本民众从 1930 年以来，随着军事法西斯的抬头，完全被截断了国际通信"，"日本民众和等待光明一样，等待着'外来的声音'"。[④]1932 年 5 月 15 日，日本军人法西斯发动政变，刺杀首相犬养毅，结束了日本的政党政治体制，形成所谓"举国一致"内阁，以便推动对外战争。郭沫若在 1933 年写的回忆录《自然之追怀》中开篇就讲"在这非常时期的日本"，大自然"变成了别个星球的存在"。[⑤]日本对国外消息的封锁，导致郭沫若也难以了解国内局势。据美蒂回忆，当他告知关于上海和北平的文化运动状况时，郭沫若"高兴得几乎说不出话来"。[⑥]

1936 年，郭沫若在东京亲历了日本军人发动"二二六"事件，在其回忆中就此谈及："'二二六'之变，在当时，我是住在日本的，日本军部把东京播音局占领了起来，用兵士提着枪逼着播音员报告军部所发出的消息。播音员的那战栗而又亢扬的声音，听起来真令人可怜。"[⑦]郭沫若还因"二二六"事件接受日本宪兵的讯问。日军通过"二二六"事件，刺杀了日本内大臣、教育总监、财政大臣等，此后日本政治家集体失声，军部法西斯专制体制确立。翌年，日本发动全面侵华战争。在法西斯体制下，郭沫若发现日本在宣传方面常常歪曲事实，日本发行的《镜头上

---

① 郭沫若：《我是中国人：〈跨着东海〉的第二章》，《今文学丛刊》第 1 卷第 2 期（1947 年），第 12 页。
② 吴廷璆主编：《日本史》，南开大学出版社，1944 年，第 693 页。
③ 郭沫若：《自然之追怀》，《现代》（上）第 4 卷第 6 期（1934 年），第 955 页。
④ 《在各团体欢迎席上鹿地亘先生讲词》，《新华日报》1938 年 4 月 2 日第 2 版。
⑤ 郭沫若撰：《自然之追怀》，济民译，《现代》（上海）第 4 卷第 6 期（1934 年），第 953 页。
⑥ 美蒂：《郭沫若印象记》，黄人影编《文坛印象记》，上海乐华图书公司，1932 年，第 36 页。
⑦ 郭沫若：《忠告日本的政治家》，《救亡日报》（上海），1937 年 9 月 9 日，第 4 版。

看见的支那共产军》上刊载的照片本是日本将逮捕的共产党押去砍杀，却报道成被共产军捕住而强迫投降的百姓。[1]七七事变后，日本政府将侵华战争粉饰为"圣战"，郭沫若批判日本政府"欺骗人民"，歪曲卢沟桥事变，只有通过中国报纸，才能知道事变的起因。[2]

其三，由于受到日本政府的严密监视，郭沫若主要通过对古文字的研究致力于马克思主义的研究与宣传工作，为中国在共产党的领导下进行抗日战争奠定了思想基础。首先，致力于马克思主义的中国化。到日本后，鉴于辩证唯物论在国内运用和接受较为困难，郭沫若认为应该"使之中国化"，因此广泛阅读"科学的文艺论""一般的意识形态"等书籍。[3]在此思想指导之下，他在日本陆续完成《中国古代社会研究》（1930）、《甲骨文字研究》（1931）、《金文丛考》（1932）、《卜辞通纂》（1933）、《古代铭刻汇考续编》（1934）、《两周金文辞大系考释》（1935）、《殷契粹编》（1937）等历史考古大作，开辟了马克思主义史学研究的先河。他在《中国古代社会研究》的序言中公开表态："本书的性质可以说就是 Engels《家族私产国家的起源》的续篇"[4]。其次，积极翻译外国揭露、批判资本主义罪恶的小说，如《石炭王》（1928）、《屠场》（1929）、《煤油》（1930）等，还翻译了马克思《政治经济学批判》（1930）等，通过翻译这些揭露资本主义社会黑暗、宣扬马克思主义学说的书籍，郭沫若更加坚定了马克思主义信仰。

其四，关注国内时局，支持国内的抗日运动与革命事业。随着日本对中国的步步紧逼，郭沫若感到国内处于"不安的时期"，[5]正被"毫不加飨足的帝国主义者""以战车坦克飞机炮舰轧杀自己的无抵抗的同胞，整村整村地屠杀，整船整舰地运人到海里去活沉"。[6]郭沫若虽遭受日本的监视，但依然积极从事抗日运动。1930年，当国内成立左翼作家联盟时，他积极响应，将《少年维特之烦恼》的版税作为

---

① 郭沫若：《我的母国·作为日本文学课题》，《文学丛报》第 1 卷第 4 期（1936 年），第 403 页。
② 殷尘：《郭沫若归国秘记》，上海言行社，1945 年。
③ 郭沫若：《跨著东海》，《今文学丛刊》第 1 卷第 1 期（1947 年），第 23—24 页。
④ 郭沫若：《中国古代社会研究》，上海新新书店，1930 年，序第 6 页。
⑤ 郭沫若：《老生常谈（未完）》，《留东新闻》第 6 卷，第 12 期（1935 年），第 3 版。
⑥ 郭沫若：《在国防的旗帜下》，《文学丛报》第 1 卷第 4 期（1936 年），第 345 页。

基金捐给左联。[1]并于 1935 年加入左联东京支盟，经常从旁指导。[2] "一·二八"事变爆发后，左联联合一切愿意抗战的作家组成"著作者抗日会"，号召全国人民抵制日本侵略。[3]当左联在东京成立支盟时，郭沫若积极向其所办刊物《质文》（前期名为《杂文》）投稿，[4]并负责《社会科学讲座》这一与左联密切相关的杂志。[5]1936年，郭沫若加入中国文艺家协会，与茅盾等人共同署名，该协会秉持"团结一致抵抗侵略"的宗旨从事文艺工作。[6]是年，他还参与"国防文学"和"民族革命战争的大众文学"的论争，从现实出发，认为目前的中国"不只华北化为了边疆"，"没有一处不是边疆"，宣扬"'国'如'防'得好"，"帝国主义"就可以被"打倒"。[7]

可见，郭沫若在日流亡期间，遭到日本宪兵和便衣警察的双重监视，目睹了日本政府封锁国际消息，媒体颠倒黑白、歪曲事实，军人发动兵变，刺杀重臣，军部法西斯得势横行，此等旅日体验都加深了郭沫若的对日反感。而且，日本先后发动九一八事变、七七事变，其对华侵略的步步强化，进一步加剧了郭沫若的"反日观"，促使郭沫若在日期间从事了一系列"反日活动"。

三、抗战期间"知日"视角下的"仇日"与"抗日"

1937 年全面侵华战争的枪声打响后，郭沫若"别妇抛雏"，毅然回国，以其对日了解与认知为基础，通过一系列文章揭露、批判日本，展现出"疯狗"[8]般的

---

① 郭沫若：《跨著东海》，《今文学丛刊》第 1 卷第 1 期（1947 年），第 22 页。
② 林焕平：《郭先生与留东同学的文艺运动》，《大公报》（香港），1941 年 11 月 16 日，第 8版。
③ 孙乃民主编，高全书等著《中日关系史》（第 2 卷），社会科学文献出版社，2006 年，第 214页。
④ 据笔者统计，该刊物共出版 8 期，郭共发表至少 20 篇，平均每期 2 篇，最多的一期达 5 篇。
⑤ 总领事重光葵致外务大臣男爵币原喜重郎殿机秘第 977 号电：「中國革命互濟會ノ外國語雜誌刊行計画ニ関スル件」（1930 年 7 月 11 日），战前期外务省记录，B02030938800，日本外务省外交史料馆藏，亚洲历史资料中心，第 227 页。
⑥ 《中国文艺家协会宣言》，《文学丛报》第 1 卷第 4 期（1936 年），第 496—497 页。
⑦ 郭沫若：《国防文学集谈》，《质文》第 2 卷第 1 期（1936 年），第 107 页。收入《全集：文学卷》（第 16 卷），更题名为"我对于国防文学的意见"。
⑧ 郭沫若：《疯狗礼赞》，《诗歌丛刊》社主编：《开拓者》，成都东方书社 1939 年版，第45—47 页。

郭沫若对日观的史学探析（1913—1945）

"仇日"观，并投身于抗战工作。

其一，揭示日本民族性中的丑恶面。首先，日本的某些人"透顶的势利"，[①]日本人的武士道实际上就是欺软怕硬之道。[②]其次，日本人忘恩负义，虽然"几千年来我们对于日本是竭尽了沾溉的能事"，[③]但失掉理智的日本却把侵略中国作为"重要国策"，作为军人的"天职"。[④]再次，日本人残忍，其程度"简直是无所不用其极"[⑤]。日本在继中国的南京、岳州、平江和潘家峪等地进行大屠杀之后，又在马来亚的怡保、巴利特苏龙、卡各加、班江、莫尔和新加坡等地制造了一系列惨案。[⑥]郭沫若抨击日本侵略军横施滥用毒气毒品，任意轰炸不设防城市与无抵抗的老弱平民，上演了一幕幕屠杀、奸淫、掳掠、焚烧、破坏等惨剧。[⑦]

其二，批判日本的法西斯体制。全面侵华战争期间，日本反动当局不仅镇压共产主义者，也向民主主义者、自由主义者发动新的进攻。东京大学经济学教授大内兵卫等人，以违反"治安维持法"的罪名被捕入狱。东京大学的河合荣治郎教授，以违反出版法的罪名被起诉。对日本发动战争稍有批评的东京大学教授矢原忠雄等人也被解聘。[⑧]对此，郭沫若认为日本实行的是军事独裁，多数日本人没有自由，而只是在"军部的一颦一笑中唯唯否否而已"[⑨]。他还批判日本人的军事教育"是以轻辱中国为它的大原则的"[⑩]，日本的教育体制深深毒害了日本的儿童，日本的儿童并不天真可爱，"动辄便爱做战争的儿戏"[⑪]。

其三，分析了日本侵华战争的缘起、前景等问题。近年来关于日本侵华战争爆

---

① ② 郭沫若：《在轰炸中来去》，《申报》（上海），1937年10月10—24日，第5版。

③ 郭沫若：《理性与兽性之战》，《文化战线》（上海），1937年第1期，第7页。

④ 郭沫若：《三年来的文化战》（1940年7月7日），《大公报》（重庆），1940年7月16日，第3版。

⑤ 郭沫若：《日本残酷心理的剖析》（1938年3月31日），《新华日报》（汉口），1939年4月2日，第3版。

⑥ 吴廷璆主编：《日本史》，第763页。

⑦ 郭沫若：《郭沫若序》，〔英〕田伯烈编著：《外人目睹中之日军暴行》，杨明译，汉口国民出版社，1938年，序第5页。

⑧ 吴廷璆主编：《日本史》，第712页。

⑨ 郭沫若：《中国文化界告国际友人的沉痛宣言》，《救亡日报》（上海），1938年8月24日，第4版。收于《全集：文学编》（第18卷），更名为《告国际友人书》。

⑩ 郭沫若：《纪念台儿庄》，《自由中国》（汉口）1938年第2期，第201页。

⑪ 郭沫若：《日本的儿童》，《文摘》1937年第2期，第14页。

发的必然性与偶然性学界多有争论，①而郭沫若身为流亡者对日本社会内部的情况多有了解，日本的野心在其笔下暴露无遗。郭沫若认为日本侵华"决不是一朝一夕的事体"，而是"处心积虑"预谋已久②，评价正是日本"屡战屡胜"而"不知道战争的惨祸"，助长了日本的侵略野心。③

关于抗日战争的态势问题，郭沫若认为中国不会孤军奋战，预测日本将对苏开战。1937 年 9 月，郭沫若刚回国时拜访中国空军前敌司令部指挥官周至柔④，与其探讨日本接下来的行动。郭详细分析了俄日两国的优劣，认为日本会因为对苏联的恐惧而"先发制人"，中日之间"速战速决已势不可能"。而周则认为日本不会"愚蠢"到同时与两国开战。⑤但就在 1938 年 7 月底，日本在张鼓峰向苏联发起挑衅；1939 年 5 月日本又挑起诺门坎事件。关于抗战前景问题，郭沫若始终持中国必胜的观点，认为日本的煤、铁、棉花等工业原料都依赖于中国，如没有中国，则日本不会强盛。他批评日本的少壮派"鲁莽"，政客无法控制军部，为军部高压的人民则不能振作精神，但反战情绪日益高涨，故而日本最终"没有出路"。⑥

其四，成为宣传抗日的旗手，在行动上为抗战奔走相呼。1937 年 9 月 8 日，在陈诚约其谈话时，郭沫若提出了自己的抗战构想：

> （甲）民众战地工作如救护运输等均应化整为零，（乙）战事延长难民日增，应以移民方法，移送长江上游及西北从事开垦，（丙）选派负有国际声望之学者，以国民代表形式，赴各国宣传，（丁）战地新兴产业速移后方，复兴固有之纺织业，（戊）组织民众运动，（己）多作日文宣传，散入敌阵，以摇动其军心。⑦

---

① 见沈予：《日本大陆政策史（1868—1945）》，社会科学文献出版社，2005 年；贾兴权：《论导发七七事变的历史必然性》，《北京师范大学学报》，1987 年第 4 期，第 71—79 页。两位的主要观点都是日本侵华是一个必然事件。另外，王建朗也认为向大陆扩张是日本的一贯政策，见王建朗：《日本向大陆的扩展政策与中国国民革命运动》。但日本学者主张七七事变的爆发是偶然的。步平、北冈伸一编：《中日共同历史研究报告》，社会科学文献出版社，2014 年，第 55—77 页。

② 郭沫若：《把精神武装起来》，《新语周刊》第 1 卷第 6 期（1938 年），第 102 页。

③ 郭沫若：《中国文化界告国际友人的沉痛宣言》，《救亡日报》（上海），1938 年 8 月 24 日，第 4 版。

④ 周至柔（1899—1986）：1919—1922 就读于保定军校，1933—1934 年赴欧美考察空军教育，1937 年任中国空军前敌司令部指挥官。

⑤ 郭沫若：《在轰炸中来去》，《申报》，1937 年 10 月 12 日第 4 版。

⑥ 《暴敌无出路：郭沫若昨在青记协会演讲》，《大公报》（重庆），1939 年 1 月 8 日，第 3 版。

⑦ 《陈诚向蒋介石提议拉笼郭沫若的电文（附郭沫若对如何抗日救国的意见）》（1937 年 9 月 10 日），军事委员会，761—421，中国第二历史档案馆藏。

郭沫若对日观的史学探析（1913—1945）

上述各项，在敌强我弱的条件下都是有益的政策建议，尤其是最后一项，郭沫若发挥自己懂日文、知日本的特长，身先士卒，投入到抗日文宣工作之中。回国初期，他在上海和夏衍等人一起办《救亡日报》，并发表多篇文章揭露日本民族的丑恶，激励国内人士和国际友人投身抗日。上海沦陷后，他本打算去南洋募捐以发行报刊，但由于多种原因于1938年初辗转到武汉组织第三厅，致力于对敌宣传工作，如筹备"扩大宣传周"，武汉地区民众积极响应，调动了武汉地区民众的抗战热情。①针对日寇在沦陷区推行"毒化政策"，倾销"海洛因、吗啡"等毒品，筹备禁烟计划。②在七七事变一周年之际，筹办"七七纪念周"活动，其中"献金运动"取得较大成果，轰动"整个武汉三镇"，后将这些捐款用于采办医疗器材、慰劳物品以及直接用于现金慰劳等。③此外，郭沫若还进行了大量的演讲工作，动员民众的抗日热情。

三厅解散后，郭沫若又组织文工会，编印《国际问题资料》，进行形势与国际问题的宣传，编印敌情资料与对敌宣传品，并邀请日本问题专家王芃生、李纯青、鹿地亘等举行日本问题讲演会。④其对敌宣传工作区别对待日本军部和民众，将日本军人骂为"蛆虫"⑤，对日本俘虏则实行优待政策。1938年郭沫若到前线去慰劳将士时，见到一个日本俘虏，觉得他"倒也并不怎么凶恶"，并让他"不要害怕"，心平气和地告诉他："战争不是你们的错，是军阀的错。等战争完结了，我们又要把你们送回去的。"⑥这种区分日本军部高层与普通士兵的策略，使得对敌宣传工作取得良好的效果。当他在宋埠看到俘虏掏出这种宣传品时，认为这是三厅的一个"台儿庄"。⑦

总之，抗战期间，郭沫若作为"知日"派揭示日本民族性中的丑恶面，批判日本法西斯体制，在"抗战必胜"的信念之下，从事抗日宣传工作。其相关活动对于鼓舞我方军民士气、打入敌人内部、动摇日本军心发挥了积极作用。其对日态度看

---

① 郭沫若：《洪波曲》，百花文艺出版社，1959年，第53页。
② 同上，第76页。
③ 同上，第88、94页。
④ 谭洛非主编：《抗战时期的郭沫若》，四川省社会科学院出版社，1985年，第120—121页。
⑤ 郭沫若：《关于华北战局所应有的认识》（1937年10月4日），《前卫》第1卷第1期，第2页（1937年）。
⑥ 郭沫若：《洪波曲》，第123—124页。
⑦ 同上，第124页。

似激烈，却是建立在"知日"基础之上，既知其长，亦解其短，[1]在战时状态下促进了中国的"知己知彼"工作，为抗战赢得最终胜利贡献了力量。

结　论

综上所述，郭沫若的对日观虽看似多变，甚至摇摆不定，实则正是近代中日关系的缩影。戊戌变法后，中国为阻挠俄国的侵略，日本为扼制俄国的南下，两国建立了较为密切的合作关系。在此背景下，日本成为戊戌变法、清末新政效仿的对象，"师日"观风靡全国，郭沫若也不例外，赴日留学。然而，一战爆发后，日本侵占山东，提出旨在将中国化为其附属国的"二十一条"，将其侵华野心暴露无遗，"排日观"逐渐成为中国对日观的主要面。在日留学的郭沫若亦采取了一系列的"排日"行动。此后，日本三次出兵山东阻挠北伐统一，挑起九一八事变，发动全面侵华战争，中日两国走向正面对抗。流亡日本的郭沫若，因身为共产党而遭到日本的严密监视，目睹了日本军部法西斯得势横行，此等旅日体验都加深了郭沫若的对日反感。日本对华侵略的步步强化，进一步加剧了郭沫若的"反日观"，促使郭沫若在流亡日本期间既已从事了一系列"反日活动"。七七事变之后，中日关系走向侵略与反侵略的全面对抗时期，郭沫若毅然回国，作为"知日"派揭示日本民族性中的丑恶面，批判日本法西斯体制，在"抗战必胜"的信念之下，从事抗日宣传工作，其相关活动为抗战赢得最终胜利创造了条件。

从近代中国共产党与日本的关系来看，郭沫若与日本的关系，揭示出日本既是近代中国接触、学习马克思主义的重要渠道，也是阻遏中国共产党之发展壮大的重要刽子手。

此外，通过郭沫若对日观的研究，还可以发现郭沫若始终对马克思主义有坚定不移的信仰。他在南昌起义失败后抛弃了蒋介石的高薪职位，加入共产党，其后始终追随共产党。他从"五四"时期经北伐战争再到抗战，都将文学视为"宣传的利器"，勇做时代的"喇叭"，立于时代的潮头。尤其是在抗战期间，他通过文艺宣传动员广大民众的抗日热情，组织民众积极抗日，正与共产党的全面抗战路线不谋而合。

（作者：唐鹤娜，南开大学历史学院研究生；王美平，南开大学历史学院教授）

---

① 中岛健藏：《悼念郭沫若的逝世》，《日本文学情况与研究》，第1期，第10页。

荣休纪念专栏

【编者按】

　　2021 年，南开大学日本研究院李卓教授、赵德宇教授光荣退休。3 月 27 日。研究院为两位老教授举行了隆重的"荣休讲座"仪式。全院师生及来自全国各地的两位教授的弟子参加了讲座。刘岳兵院长主持仪式并致辞。他高度评价了两位教授为南开日本研究和人才培养做出的卓越贡献，代表全院师生向他们表示敬意。他指出老一代教师积极活跃的学术思维、勇于创新的科研精神以及不拘一格培养人才的教育理念，都是南开日研的宝贵财富，是所有老师和同学，特别是年轻研究者们应该好好学习的榜样。他寄语日研青年才俊，薪火相传，砥砺前行，用更高质量的科研成果、更高水平的人才培养力量、更卓越的社会服务担当，迎接新时代挑战，创造南开日研更加辉煌的明天。"荣休讲座"仪式上，李卓教授、赵德宇教授分别做了《研习日本古代史心得谈》和《日本近世佛教的失格》的学术报告，现刊出，以飨读者。同时配发了程永明、瞿亮对两位教授研究业绩的评介，向两位为南开及我国日本史研究的发展多有贡献的专家致敬。

研习日本古代史心得谈*

李　卓

* 本文根据 2021 年 3 月 27 日的"荣休讲座"修改而成。

一、我的日本古代史研究之路

1982 年，作为七七级大学生，在结束了南开大学历史系世界史专业四年的学习之后，我考入南开大学历史系日本史研究室（今南开大学日本研究院的前身），师从吴廷璆先生攻读日本史硕士学位。当时，在学问上尚处懵懵懂懂状态的我，按照吴先生的要求做日本古代史研究，在吴先生指导下，完成了硕士学位论文《论乡户》。1985 年研究生毕业后，我被留在日本史研究室任教(那个时代硕士学位还可以留在大学工作)，继续从事日本古代史研究与教学。那时候系里和研究室非常重视对青年教师的培养，要求打下扎实的基本功。所以毕业后我一直是以研究、积累为主，在最初的几年，发表的一些不成熟的文章全是日本古代史方面的（见成果汇总）。在教学方面，1992 年 3 月，我第一次为研究生开设"日本古代史"课程。记得当时由于研究生的招生指标很少，听课的学生只有来自三个年级的三位硕士研究生。此后几年内，也是因为研究生人数少，这门课程做不到每年都开①，实际上当时其他课程也是这种情况。进入 21 世纪，由于招生指标有所增加，还有一些博士研究生也加入听课的行列，"日本古代史"这门课才做到每年都讲（其间赵德宇老师从 2001 年开始参与进来，2016 年，创价大学博士毕业后归国的王玉玲老师接手这一课程），并一直延续至今。据我所知，国内开设日本通史课程的高校不少，但讲"日本古代史"的并没有几家，而南开日研②的"日本古代史"这门课却能从 20 世纪 80 年代初持续到今天③，数十年间不曾中断，这里面有几代教师的努力和传承，说这门课是南开日研教学的一个品牌也不为过。作为一名任课教师，通过一门课程见证了南开日研的研究生培养过程，回顾起来感到很有意义，这与我国高校教育事业的发展壮大紧密联系在一起。

因为写硕士论文《论乡户》，我开始关注日本的家族制度问题，并于 1993 年

---

① 如 1994 年 3 月，面向 1992 年入学与 1993 年入学的五位研究生讲"日本古代史"。1995 年 9 月讲这门课也是 1994 年与 1995 年两届研究生共五人。1997 年 9 月讲课时，听课研究生第一次达到八人，包括 1996、1997 两届硕士研究生及一位博士研究生，但 1999 年入学的硕士生又降到三人。

② "南开日研"经历了 1964 年 2 月成立南开大学历史系日本史研究室、1988 年 4 月成立南开大学日本研究中心、2000 年成为校属独立实体研究机构、2003 年 4 月成立日本研究院的历程。

③ 南开日研的日本古代史教学，最早的是 20 世纪 80 年代初由武安隆先生讲授的"日本古代史专题"。

成功申报国家教委研究课题"家庭道德与日本近代化的道路"（1993），当时的课题经费是 8000 元。1994 年 9 月，为了进一步提升个人的研究水平，我又一次通过考试，开始师从吴廷璆、王家骅先生在职攻读博士学位。在读博过程中，出于对"日本近代以来所有的成功与失败，都与家族制度有关"的基本认识，选择了"家族制度与日本的近代化"作为博士论文题目，并以相同题目参加了吴廷璆先生主持的"日本近代化研究"课题（该书 1997 年由商务印书馆出版）的写作。在学习与研究中随着认识的提高，1996 年，我第一次申请国家社科基金的课题，以"中日家族制度比较研究"获得了重点题目的立项，此时的研究经费已增加至 6 万元。1997 年以论文"家族制度与日本的近代化"获得南开大学博士学位后，由于研究视野的进一步开阔及学术积累的增加，我的研究范围也从日本家族制度史扩展到日本社会史研究，2001 年杨栋梁教授主持 "日本近现代史研究系列丛书"立项时，我承担了其中《日本近现代社会史》的写作。顺着这样的研究思路，2005 年，又一次申请国家社科基金课题，"'儒教国家'日本的实像——社会史视野的文化考察"，最终成果也是一部日本社会史，这部书有幸入选 2012 年度的国家社科基金优秀成果文库。

我的学术生涯从研究日本古代史做起，到日本家族制度研究，再到日本社会史研究，兜兜转转近 40 年时间，虽然研究领域有所扩大，但"初心"一直在日本古代史研究，研究重点也在这一领域。在退休之前最后一次申请的国家社科基金课题便是"中日古代社会结构比较研究"，其初衷也是想为自己的学术道路做一个总结，并以此告慰引领我走上日本古代史研究之路的吴廷璆先生。在我的职业生涯结束之际，院里安排这次"荣休讲座"，感谢之余，我愿意利用这个宝贵的机会谈谈关于研习日本古代史的心得。

二、中国日本古代史研究现状概述

新中国成立后，以吴廷璆、周一良、邹有恒等先生为代表的老一辈历史学家为建立中国的日本史学，辛勤耕耘，做了大量基础性的工作，并培养了一批研究人才。中国日本古代史研究的真正发展是在改革开放以后，1980 年中国日本史学会成立是一个重要契机。20 世纪 80 至 90 年代，是我国日本古代史研究的第一个黄金收获期^①，其标志：一是有若干日本古代史研究的代表专著出版，如汪向荣的《邪马台国》（1982）、王金林的《简明日本古代史》（1984）、武安隆的《遣唐使》（1985）、王家骅《儒家思想与日本文化》（1994）等；二是以吴廷璆主编的《日本史》^②为代表的多部通史性著作问世；三是多部著作在日本出版发行，最具代表意义的是在日本引起强烈反响的、由六兴出版社出版的 13 卷本《东亚中的日本历史》中，有 5 本是日本古代史的内容^③，以实际行动回应了某些日本学者对"中国的日本史研究只有小学生水平"的评价。

进入 21 世纪以来，随着改革开放带来的经济发展，国家加大社科研究的投入，国际学术交流日渐繁荣，不少海归博士学成归来，诸多因素促进学术研究事业迅速发展。从日本古代史领域来说，新世纪以来的研究特色有以下四个方面。

（一）多部通史性著作相继出版

由于民众对日本的关注度越来越高，为满足需求，通史性著作的出版远远超过前 20 年。相继有浙江大学日本文化研究所的《日本历史》，王新生的《日本简史》，王保田的《日本简史》，王仲涛、汤重南的《日本史》等出版；冯玮著 80 余万字《日本通史》更是创新国内个人独撰日本通史字数的记录。在这些"通史"著作中，古代史均占很大比例。更值得称道的是，《日本古代史》（王海燕）、《日本中世史》（王金林），《日本近世史》（李卓、许译纷等），作为国内首部专门研究日本古代史的通史性系列著作，入选《东方文化集成》而得以出版。

（二）研究领域不断拓宽

经过多年的研究积累，21 世纪以来日本古代史研究在通史性著作基础上，呈现出全方位发展之势，领域不断拓宽，涌现出不少专业性强，理论上有深度的成果。如刘毅的《高天原浮世绘——日本神话》《悟化的生命哲学——日本禅宗》、沈仁

---

① 限于篇幅，本文所列成果只限于出版的著作。
② 该书至今已经印刷了 12 次。
③分别是《倭国と東アジア》（沈仁安）、《奈良文化と唐文化》（王金林）、《織豊政権と東アジア》（張玉祥）、《近世日本と日中貿易》（任鴻章）、《日中儒学の比較》（王家驊）。

安的《日本史研究序说》《日本起源考》、王金林的《日本天皇制及其精神结构》《日本人的原始信仰》《日本神道研究》、王海燕的《古代日本的都城空间与礼仪》《日本平安时代的社会与信仰》、刘晓峰的《东亚的时间——岁时文化的比较研究》、王勇的《日本文化：模仿与创新的轨迹》、徐建新的《好太王碑拓本研究》（在日本出版）、韩昇的《正仓院》与《遣唐使和学问僧》、娄贵书的《日本武士兴亡史》、范景武的《神道文化与思想研究》、蔡凤书的《中日考古学的历程》、林娜的《日本古代律令制国家时期后宫制度研究》，等等。也有不同领域的通史性著作，如杨曾文的《日本佛教史》、王维坤的《中日文化交流的考古学研究》、王维先的《日本垂加神道的哲学思想》、彭恩华的《日本俳句史》《日本和歌史》等从不同领域补充和丰富了日本古代史研究。

（三）近世史研究成为热点

近年来，学界已经摈弃了近世日本是"黑暗""落后""封闭"社会的传统观点，尤其是出于对日本近代化转型研究的需要，加强了对近世史的研究。北京大学在此方面做出了开创性的工作，2001 年，刘金才的《町人伦理思想研究——日本近代化动因新论》、2003 年沈仁安的《德川时代史论》及李文的《武士阶级与日本的近代化》等开启了中国的日本近世史研究。此后仅以"近世日本"为题的著述，就可以举出韩东育的《日本近世新法家研究》、王青的《日本近世儒学家荻生徂徕研究》和《日本近世思想概论》、蒋春红的《日本近世国学思想——以本居宣长研究为中心》、朱玲莉的《日本近世寺子屋教育研究》、杨晶鑫的《近世日本汉方医学变迁研究》等专题性研究著作。此外还有大量从不同角度研究近世史的著作出版，如探讨西学对日本影响的就有赵德宇的《西学东渐与中日两国的对应》、于桂芬的《西风东渐——中日摄取西方文化的比较研究》、李虎的《中朝日三国西学史比较研究》；研究日本对外认识的有冯天瑜的《"千岁丸"上海行——日本人一八六二年的中国观察》、郭丽的《近代日本的对外认识——以幕末遣欧美使节为中心》、邢永凤的《前近代日本人的对外认识》等；探讨近代化转型的如唐利国《武士道与日本的近代化转型》、谭建川的《从往来物看日本前近代教育的嬗变》；研究宗教及民间信仰的如戚印平的《日本早期耶稣会史研究》、刘琳琳的《日本江户时代庶民伊势信仰研究》等；研究日本儒学的如赵刚的《林罗山与日本的儒学》、龚颖的

《"似而非"的日本朱子学：林罗山思想研究》等。近世史研究成果的突出特点是涉猎广泛，具有近代化研究的视野。

（四）研究资料集从无到有

21世纪以来日本古代史研究中尤其值得称道的成就之一是相关资料集的出版。2016年，上海交通大学出版社出版了王勇主持的《历代正史日本传考注》，作为国家古籍整理出版基金资助项目的该"考注"由五卷本组成，对中国从汉魏到明清时代正史中的17篇"日本传"以解题、注释、杂考、研究余录四种形式加以系统整理与研究，为读者提供了日本研究的基础史料及权威解读。2017年，《日本历史基本史料集》第一卷由王金林编撰出版。该书主要选取日本古代有关大和时代、奈良、平安时代和镰仓时代的文献，以概说叙述各时代历史特点与发展历程。该书可以作为一般读者了解日本古代史与文化的权威读物，也可以作为日本史研究者资料索引工具书。期待《日本历史基本史料集》的后续内容尽早出版。

三、中国日本古代史研究还要继续努力的问题

回顾我国的日本古代史研究，成绩显著。但据对改革开放以来日本史论文的数据统计，明治维新后的相关论文占比75.5%，明治维新以前的论文占比24.5%[1]，说明日本史研究中存在着明显的"厚今薄古"倾向。具体而言，从我国的日本古代史研究现状来看，还存在以下问题需要改进。

首先，日本古代史研究需要更多青年学者的参与。从迄今已经出版的研究著作来看，多是中老年学者的成果。老一辈日本古代史研究学者如沈仁安、王金林、赵建民等至今笔耕不辍、著书立说，他们是我们的楷模。此外，诸多研究成果多是被称为"第三代"[2]的著作，如徐建新的好太王碑研究，韩昇的日本古代大陆移民研

---

[1] 杨栋梁、郭循春：《改革开放40年来我国的日本史研究——基于'大数据'统计的分析》，《历史教学问题》，2019年3期。

[2] 关于中国日本研究学者的研究队伍，一般认为民国时期培养的、在20世纪五六十年代活跃于日本史坛的以周一良、吴廷璆、邹有恒、吴杰为代表的老一辈学者为第一代学者；文革前培养的日本研究学者是第二代学者；20世纪80年代以后成长起来的学者是第三代学者；21世纪初崛起的日本研究学者被称为第四代学者。

究，娄贵书、李文的武士道研究，刘金才的町人文化研究等。由于古代史研究写作难度大，论文发表难等现实问题的存在，使青年学者参与古代史研究的积极性受到影响。如何继往开来，实现日本古代史研究的创新与超越是日本史学界面临的课题。近年来，不仅有海归博士加入到日本古代史研究队伍中来，也有南开大学、清华大学、浙江大学、中国社会科学院世界历史研究所等机构培养了一批与日本古代史研究相关的博士研究生。他们是中国日本古代史研究的未来，衷心希望他们在这一领域坚守下去，并尽快在学术研究上成熟起来，承担起研究的重任。再创 20 世纪 80 年代王仲殊、王金林等先生的对邪马台国地理位置所在的观点在日本引起轰动，及被日本学者称为"迄今为止一个由中国人来把握日本儒学的壮举"的王家骅先生对日本儒学研究那样具有国际化影响的成果的辉煌成就。

其次，研究领域需要进一步拓宽。以往的日本古代史研究有两个重点，一是比较重视中国对日本的影响，因而对大化改新、律令时代制度与文化、中央集权制的关注及成果比较多；另一重点是古代中日关系的研究。以王勇为领军的浙江工商大学日本研究团队取得了傲人的成就，其组织参与的中日学者合编的十卷本《中日文化交流史大系》在 90 年代中期就在中日两国同时出版，还在中日两国出版了大量古代中日关系研究与中日文化交流的著作与论文，是学术研究国际化程度最高的研究机构。相比之下，恰如徐建新在做"中国的日本古代中世史研究 30 年综述"时指出的，我们还存在"政治制度与经济制度社会等级与阶级、宗教等问题的研究相对薄弱"的问题，对日本古代社会自身政治、经济、社会结构及历史发展过程中的矛盾与特征还有进一步深入了解的必要，以回答深受中国文化影响的日本为何走上了不同于中国的发展道路这一问题。尤其是平安时代以后的社会变化、幕府时代社会政治经济结构的研究，也应该探讨以皇权为核心的中央集权制度在日本没有走下去的原因。

再次，需改变断代研究布局有欠均衡的局面。总体看来，20 世纪 80 年代至 90 年代中期，古代研究成果较为集中，进入 21 世纪以后，由于一些青年学者的加入，出现了一些对律令制、官僚制等研究的新成果，近世研究也急速升温，而对中世的研究一直较为薄弱。由于资料匮乏、史料解读能力有限等因素的影响，从研究著作上看，很长时间内只有王金林的《日本中世史》及童云扬的论文结集著作《十五十六世纪日本社会经济史论》。两部著作的作者都是年过八旬的高龄学者，这也是该领域后继乏人的缩影。近年来，随着人文社科研究环境的改善及海归博士的加盟，日本中世史的研究开始有了起色。如郝祥满的新著《禅宗东渐与中世日本的社会转型》是系统研究中世日本社会的断代专门史。也有一些水平较高的学术论文发表①，更有了在日本出版著作的中世史研究著作，如钱静怡的《战国期的村落与领主权力》及康昊的《中世的禅宗与日元交流》等。期待以海归博士为主力的日本中世史研究者能够基于出色的语言功底及史料发掘与解读能力，再经过辩证唯物主义与历史唯物主义理论的武装，取得更新更高质量的研究成果。

最后，要努力确立日本史古代史研究在整个世界史研究体系中应有的位置。迄今为止，日本古代史研究似缺乏与世界史研究的同行开展学术交流，多年来曾参加过一些世界古代、中世史研究的学术会议，有明显的被"边缘化"的感觉，日本古代史研究的课题立项也有一定难度。个人认为，在从事日本史古代史研究的学者不多的情况下，主动参与的积极性不够是主要原因。故日本史研究学者们要开阔视野，树立"世界史中的日本史"的学术意识，加强在世界史学术圈的学术交流，改变满足于在日本史圈内自说自话的局面。

四、广义与狭义日本"古代史"分期及其影响

日本古代史的分期，是多年来我一直思考的问题。

如大家所知，当今日本历史分期也是日本近代化的产物。明治维新以后，在近代西方史学影响下，日本的史学研究逐步摆脱了传统的王朝史学，在历史分期方面引进了文艺复兴以来西方史学的古代、中世、近代的历史三分断代法。20 世纪初，兰克学派史学家路德维希·利斯（1861—1928）的学生、已是京都大学教授的内田银藏（1872—1919）首次把日本封建社会晚期的德川幕府时期称作"近世"，并出版了第一部《日本近世史》，此后，把德川时代作为"近世"的历史分期法开始被日本史学界采用，即在传统的"三分法"之外再加上"近世"的"四分法"古代——中世——近世——近代（现代）历史分期被普遍接受，并成为日本史学界和历史教育中的主流分期方法。显而易见，在这种分期中，"古代史"指的是从原始时代到国家形成、发展的时代，时间上应为原始社会到 12 世纪末期镰仓幕府建立为止，

① 如王玉玲的《日本室町时期的德政一揆及其影响》（《世界历史》，2018 年第 4 期），钱静怡的《14—16 世纪日本村落共同体的形成与自治》（《复旦学报》，2020 年第 5 期）等。

包括按政权所在地划分的大和时代、飞鸟时代、奈良时代、平安时代。

中国史学界遵循马克思主义的"世界史基本法则"——人类社会的发展遵循原始、奴隶、封建、资本主义这样必由之路的历史分期，把资本主义社会之前都纳入"古代史"范畴。从中国历史分期而言，对古代与近代采用"两分法"，即以鸦片战争为界，之前为古代，之后为近代。而对世界历史的分期，比较流行的观点是将1500年前后的发生的一系列重大事件如文艺复兴、地理大发现、宗教改革作为近代史的开端，以吴于廑、齐世荣主编《世界史·近代史编》为代表。不过世界通史的分期与采用"两分法"的中国通史分期稍有不同的是采用"三分法"，即把从人类的产生到5世纪西罗马帝国的灭亡为止称为"古代"或"上古"，此后到1500年前后为"中世"或"中古"，此后则为"近代"。

我国在日本史研究与教学中对日本历史的分期参照了中国历史的分期方法，即以明治维新为界，把此前的历史统统作为"古代"，此后的历史作为"近代"。从上述世界历史分期、中国历史分期及日本历史分期来看，对日本古代史的时代概念就出现了差异，我把这种差异称作日本古代史的广义与狭义之分：广义的日本古代史即从原始社会到明治维新的历史，是中国的分期方法；狭义的日本古代史是指从原始社会到镰仓幕府成立的历史，是日本的分期方法。日本"古代史"的广义与狭义之分期的存在，带来我们与国内外学术界的两个不一致之处：一是中国的广义的日本"古代史"与狭义的日本"古代史"在时间段上明显不同；二是与中国的世界史分期不一致，中国的世界通史中对日本史的表述并没有"近世"的概念，当今权威高校世界历史教科书《世界史·近代史编》（吴于廑、齐世荣主编）把战国时代及江户时代纳入近代史部分，而按照我国的日本历史研究与教学传统，这一部分应该属于日本"古代史"范畴。

与日本的历史分期不统一，与中国的世界史分期也不统一，这个看似不是问题的问题实际上一直在某种程度上影响着我国的日本历史研究，尤其是日本古代史研究。它影响了研究走向细化和专业化，也在研究中常常遇到如何恰当表述的问题。如我们研究"日本古代土地制度"，如果集中考察的是奈良、平安时代的土地制度，那么了解日本历史的人不会感到题目有何不妥；但是如果不十分了解日本历史的人就会对这样的题目有不解，即奈良、平安时代并没有把"古代"全部包括进来，那么就应该在题目上表现为"奈良、平安时代的土地制度"或"律令时代的土地制度"。分期方法的不统一，也影响了中国学者与国际学者进行深入的学术交流，如中国研究日本近世史的学者，他虽然也是研究"古代史"，但却很难与日本的"古代史"学者交流。多年来每每与国外同行（也包括日本同行）谈及中国日本史学界的"古代史"概念，往往要进行特别的解释，无形中会遇到一些麻烦。

近年来，学者们在研究与教学中已经越来越注意与强调广义"古代史"中的"古代""中世""近世"不同阶段的区分，但是从整体上来说，仍然以"古代史"涵盖直到明治维新以前的日本历史。在现实中"日本古代史"概念很难变化的大环境下，作为日本史研究与教育工作者，应该有意识地对"日本古代史"的具体分期进行强调与引导，以明了狭义与广义的"古代史"的区别，尤其是在教学中，这样有利于学生在确立研究方向和论文选题时有明确的"古代"概念，少走弯路。

当然，我们平时在研究与教学中，对笼统称为"古代史"的这段漫长的历史，除了越来越多地采用古代、中世、近世这样的分期，常用的还有按照帝王政权所在地的划分，如飞鸟时代、奈良时代、平安时代等。若讨论两种分期方法有何不同，简单地说，前者是世界史意义的划分，即这种分期方法是世界通行的，反映了时代发展与社会性质的变化；后者则是日本史的划分，是朝代的概念。个人认为，作为历史分期，使用"古代""中世""近世"这样的历史分期，比按王朝时代划分更能全面反映社会的发展与进步。这样的分期，比把明治维新前的历史一概归为"日本古代史"要细密、科学得多。

随着国内日本史学界学术水平的提高，已经趋向于更详细、更实证的断代史研究。如前所述，《东方文化集成》在"日本文化编"的选题中，把传统意义的"日本古代史"一分为三，分别出版了《日本古代史》《日本中世史》《日本近世史》，毋宁说这是国内日本史研究领域的一项重要突破。南开大学日本研究院承担的国家社会科学基金重大项目"新编日本史"也分为"古代卷""中世卷""近世卷"。这些不仅是分期问题，也反映了学界对日本史研究在走向深入。

五、日本社会与文化的基本格调是在古代社会形成的

毫无疑问，经过几代学者的薪火相传，中国的日本古代史研究已经取得了许多令人瞩目的研究成果。但客观的说，日本古代史中的不少内容我们还缺乏深入研究，有的已经有所涉及的领域还需要继续深化研究甚至有重新认识的必要。尽管当今人们比较重视中日关系中现实问题的研究，但我一直认为，钓鱼岛问题不是中日关系

研习日本古代史心得谈

的全部，中日关系也不是日本研究的全部。一个国家的历史发展是有连续性的，鉴古知今，了解日本古代史是认识当今日本社会的前提与基础。随着历史研究理论与方法的丰富及研究条件的改善，我们应该继续拓展研究领域，开展全面深入的日本古代史研究。因为日本文化的基本格调是在日本古代社会就已经形成的。

比如"象征天皇制"的存在。相对于二战后法制上的象征天皇制，现实生活中的象征天皇制早在 1000 多年以前就已经存在于日本社会当中。日本是文明社会的迟到者，但这并没有影响到这个国家拥有世界上最古老的皇室，但日本皇室却是君主制国家中最尴尬的皇室，直到明治维新前，只有极其短暂的天皇亲政的历史。早在大和时代，皇室与豪族的博弈，已经凸显了这个千年皇室的命运。大和政权实际上是由诸豪族组成的松散的联合体制，皇室尚未树立起至高无上的绝对权威。因此，削弱豪族势力，确立天皇的最高权威，就成了皇室与朝廷内有识之士在 645 年发动"乙巳之变"的根本原因。大化改新后，日本开始了模仿隋唐的政治、经济制度进行改革的进程，在此后的奈良时代，天皇制进入鼎盛时期。然而，从平安时代开始，天皇的地位便随着中央集权制的衰落而渐趋下降。先是长达两个世纪的藤原氏贵族集团以外戚身份专擅朝廷、独揽大权的摄关政治时代，天皇权力被架空；继而是武家政权建立后镰仓、室町、江户三个幕府政权对朝廷日益严密的制约，天皇已经失去对国家的控制权。在日本历史的绝大多数场合下，天皇不是作为权力的代表，而是作为最高权威的象征而存在。

比如贵族的强权统治。考察日本历史，可以发现一条清晰的轨迹：自日本古代国家形成到明治维新这漫长的岁月里，日本历史舞台的主角其实并不是天皇与皇族，而是贵族——从大和时代的豪族，到律令时代的公家贵族，再到幕府社会的军事贵族。虽然三个阶段的贵族并非一脉相承，但实行强权统治是相同的。相比较而言，幕府军事贵族与古代豪族更为接近，其强权统治是崇尚武力的强权统治。在一定意义上说，大化改新后模仿唐制建立的文官官僚制度实际上偏离了日本历史本来的轨道。从平安时代开始，贵族再度登场，架空天皇的权力，是社会秩序向固有贵族传统的第一次回归；而幕府军事贵族的产生则是第二次回归——向武力、强权的贵族统治的回归，这才是日本历史的本来面貌。当然，这种回归不是单纯的回归历史原点，而是回归了原有的社会结构与传统。认识这一社会结构的特点，我们就不难理解为何明治维新后日本出现了藩阀政治，以及一步步走上军国主义的道路。

比如族制与家制统治。日本早期的历史与世界上的文明古国相比，其落后要以几千年计。但在从公元前 3 世纪到公元 3 世纪的弥生文化时代，得益于大陆文化的影响，快速摆脱蒙昧，建立了古代国家。由于这一过程比较短暂，使原有的氏族组织来不及充分削弱与分化。与氏族共同体关系的天然联系，使大和国家利用氏族组织实行了集团式统治，通过氏族制、部民制等将被征服民进行集体奴役，以掩盖复杂的阶级与身份差别。这一传统对后来的历史影响深远。建立幕府统治的武士集团是典型的以族制为核心的社会单位，被称作"古代氏族制度的复活"。德川时代建立了一整套严格的主从关系体制，用"家"取代了"族"。"家"不仅是各级领主、武士生活的场所，也是构成幕藩体制的政治单位和经济实体。以族制与家制为统治基础的幕府时代，族与家的秩序的混乱是社会动乱的根源。如同福泽谕吉所说："我国的战争只是武士与武士之间的战争，而不是人民与人民之间的战争；是一家与另一家之间的战争，而不是国家与国家之间的战争。"在这种社会结构下，阶级矛盾始终被包容在统治集团内部的矛盾对立中而得不到凸显，从而减少了暴力对抗对社会生产力与人类文明的破坏。这是日本经济建设有相对和平的环境，文化传承不曾中断的重要社会原因。

比如身份等级制度。日本是个等级观念极强的国家，这一点与其民主政体及经济大国的地位形成强烈的反差。在现代日本社会中，人与人之间是一个从上到下的等级序列，每个人都处于一定的等级秩序位置上。判别人的社会地位，衡量人的社会价值的尺度不是以能力，而是以公认的等级秩序。日本的等级秩序有着悠久的历史。早在大和时代，日本就实行等级分明的贵族政治，由大王（天皇）分别给贵族颁赐"臣""连""造""君""直""史"等"姓"，这些"姓"是根据各个氏的出身世系、与朝廷关系的亲疏而决定的，用以区分贵族地位的尊卑、等级的高低。在这种制度下，血统、出身、世系是一个人的立身之根本。日本在大化改新后吸收中国文化的时候，并没有彻底接受中国的科举制，这并不是一个疏忽或偶然现象，而是因为科举制与贵族世系决定一切的传统相距太远，能力主义与血统主义相背离。建立幕府的武士是后起的特权身份，经过 16 世纪末期"兵农分离"政策实施后，身份制度被固定下来，到德川幕府时期作为统治阶级的武士不足总人口的一成，却统治着全国 90% 以上包括农工商在内的庶民，并人为地制造了区别于其他身份阶层的各种特权。士农工商各种身份世袭传承，永远不可僭越，力图靠才能和努力去改变这种现状是不可能的。明治维新之后，身份制度并没有废除，只是进行了重组，日本人真正实现不靠继承、家族背景，而是靠个人的努力和接受正规教育获得在社会上完全平等的地位，还是在战后的事情。

六、认识中日两国文化的个性比强调共性更重要

研究日本历史、尤其是日本古代史，有一个无法回避的话题，即如何评价中国文化对日本的影响。古代日本人曾经多方面学习与模仿中国制度与文化，这是长期以来对古代中日关系的基本共识。而疑惑又难免产生：为什么接受了很多中国文化的日本在发展道路上与中国大相径庭？个人认为，这在一定程度上与学界在日本历史研究及中日关系史的研究与介绍中，较多关注中国文化对日本的影响，较少阐述日本历史自身的特点有关，也与历史研究中研究者侧重不同的领域，缺乏融会贯通有关。大化改新后，在隋唐制度的影响下，日本进入古代国家繁荣发展时期，但是大化改新后及律令时代对隋唐文化的模仿，多停留于制度层面，却不曾触及旧有秩序，或者说外来制度未必适合日本社会的风土，源自中国的制度在与日本原有社会秩序的博弈中，并未存在多久便淡出日本，社会秩序重新回归传统。前述皇室重蹈衰落覆辙、贵族政治的出现、幕府时代军事贵族的强权统治、身份等级制度的实施等，都是对中华制度文明的否定。

舆论普遍认为日本是善于吸收外来文化的民族，但这只注意到问题的一面而忽视了另一面。实际上，日本对外来文化并不是无原则的照搬照抄。仅就日本学习中国文化而言，就是有所选择、有所鉴别的。归纳起来，历史上日本吸收中国文化有四种类型。第一种是积极模仿型，如汉字的使用，年号的运用，服装、建筑的样式等，这些是看得见、摸得着的，主要表现在物质文化、表层文化方面。第二种是先学后弃型，即最初模仿实施，但在实践中发现并不符合本国国情，便中途放弃，主要表现在制度层面，如律令官制、法律、户籍制度、班田制度、科举制度、历法等，均没有坚持多久或被淡化。第三种类型是吸收改造型，即对中国文化进行改造性吸收，以适应本国的国情及统治的需要，主要体现在社会结构、伦理道德方面，如取中国的"士农工商"，却把职业划分变成身份制度；同样以家族为社会基本单位，却忽略了血缘因素、平等因素，独创了以家业为中心、强调纵式延续的"家"制度；同样重视集团主义，却把中国以孝为本的集团主义改造成以忠为本的集团主义。第四种类型是抗拒不受型，即对中国文化中不符合日本国情的内容，从一开始就不予接受，主要表现在生活方式、风俗习惯、"国体"方面，如作为儒家至关重要的人

伦规范的"同姓不婚""异姓不养"始终未被日本人接受，因强调天皇"万世一系"而彻底抵制了"异姓革命"思想，更不消说没有学习中国历史上一些消极的东西——"唐时不取太监，宋时不取缠足，明时不取八股，清时不取鸦片"。凡此种种，认真对日本社会进行观察便可以发现，许多内容在似曾相识中却似是而非。凡是在日本得以长期存在的中国因素，都是上面提到的第一个层面的东西，即物质的、表层文化的内容，而日本固有的传统与精神则始终居于日本文化的最深层，任凭世事变幻而不离其宗。

对日本历史进程进行客观地分析，正因为日本的社会结构与社会矛盾与中国不同，自从律令体制瓦解之后，虽然日本与中国在文化上的联系仍在继续，仍然按其所需摄取中国文化的营养，而实际却走上了与中国完全不同的发展道路。可以毫不夸张地说，日本的"入欧"始于明治以后，而"脱亚""脱华"在平安时代就已经开始了。

古代中国文化把日本从蒙昧引向文明，这是历史的事实。肯定中国文化对日本的影响是必要的，而正视以中央集权制为代表的中华制度文明淡出日本也是必要的，唯其如此，才能有正确的历史观。我们也应客观看待中华文明对周边国家的影响。从文化传播的角度而言，同样的文化会由于传播方与受入方的客观环境不同而呈现出某些变化，就好比中秋节在中国是合家团圆的日子，在日本则只是单纯赏月的日子，到韩国就变成了祭祀祖先的日子。古代日本在引进中华制度文明的过程中，由于人文风土、社会结构并不相同，差异的存在不可避免。只有去掉表象看本质，才能了解中日两国间社会结构与文化传统的差异，并明确一点：虽然中国与日本在历史发展进程上"分道扬镳"表现在近代，而两国在社会结构与文化传统方面的差异在古代社会就已显现。正因为日本社会结构与中国不同，尽管它在表面经过中国文化粉饰，呈现出某些与中国相似的表象，实际上发展道路却大不相同。尤其是中世以后的日本与前资本主义的欧洲有着相近的社会结构，这使它比之于中国能够更顺利地接受近代资本主义生产关系，因此当两国同样面临西方殖民冲击的时候，日本能够较为从容地摆脱危机，直至最后加入资本主义阵营。

寄语青年学者

回顾过往，老一辈学者为中国的日本古代史研究奠定了扎实而丰厚的基础，树

研习日本古代史心得谈

立了优良的学风。展望未来，日本历史还有许多问题有待了解、认识、研究。作为中国的研究者，应该坚持中国学人的全方位整体思维方式，运用唯物史观和辩证法指导日本史研究。尤其要站在中国大地上看日本，要用世界史的视野看日本。在研究方法上，既要以实证主义的史料收集、考证为基础，更要有宏观的史学理论分析，从发现历史现象中阐释历史发展规律，这样才是历史研究的真正意义所在。

（作者：李卓，南开大学日本研究院教授）

日本近世佛教的失格

赵德宇

内容摘要 佛教传日以来，对日本政治、经济、思想等诸多领域产生过重大影响，但近世日本佛教却变得低调且安分，不再像古代那样影响着国家的意识形态，而是以檀那寺的形式，行使着受命于幕府的行政职能和百姓所需要的葬仪等佛教仪式的权利。随着佛教蜕变为世俗社会的行政管理单位，僧侣也出现规模化的群体堕落。近世佛教还受到来自儒学、国学和兰学家们的激烈批判，佛僧们虽曾展开反击，并与天主教展开论战，然而如是抵抗并没能使佛教于思想领域脱离尴尬的境地。虽然近世佛教各宗派在幕府体制下广兴檀林，并有中国僧人赴日开宗立派，为日本佛教思想增添了几分色彩，但总体而言，本应济世度人的佛教到近世蜕化为幕府监控百姓的"精神警察"，背离了佛教的社会宗旨，佛教对权力的顺从也预示了近代佛教的命运。这一切都证明了日本近世佛教的失格。

关键词 近世佛教 行政佛教 寺檀制度 堕落佛教 佛教兴学 黄檗宗

日本近世佛教的失格

Disqualification of Japanese Early Modern Buddhism

Zhao Deyu

Abstract: Since its spread to Japan, Buddhism had a significant impact on Japan's politics, economy, and ideology. However, in early modern times, Japanese Buddhism became low-key and stable. It no longer affects the country's ideology as it did in ancient times. The temples exercised the administrative functions assigned by the shogunate and kept the rights of Buddhist ceremonies such as funerals required by the common people. As Buddhism degenerates into the administrative management unit of the secular society, monks have also experienced a group degeneration. Early modern Buddhism received fierce criticism from Confucianism, Kokugaku scholar and Dutch scholar. Although Buddhists and monks have fought back and waged controversies with Catholicism, such resistance did not make Buddhism out of the awkward position in the field of thought. Although various sects of Buddhism in early modern times bloomed under the shogunate system, and Chinese monks went to Japan to establish sects, adding a bit of color to Japanese Buddhist thought. In general, Buddhism, which should save the world and save people, has degenerated into the "spiritual police" of the shogunate to monitor the people in early modern times, which deviates from the social purpose of Buddhism. Buddhism's obedience to power also heralds the fate of early modern Buddhism. All this proves the disqualification of Japanese early modern Buddhism.

Keywords: Early modern Buddhism; administrative Buddhism; temple system; degenerate Buddhism; Buddhism-initiated school; Obaku sect

在日本学界，"于战后日本佛教史研究的进展中，近世佛教史领域起步较晚"①，至今对近世佛教的评判和历史定位仍显模糊不清。在国内，杨曾文著《日本佛教史》用两章篇幅述及从室町幕府到德川时代的佛教史，其中近世部分以分论

---

① 圭室諦成：『日本仏教史』Ⅲ（近世・近代篇），法藏館，1967 年，第 14 頁。关于日本近世时期的上下限，众说纷纭，本文所指近世包括织田信长和丰臣秀吉政权时期的安土桃山时代（1568—1603）和江户时代（1603—1867）。

各宗为主。该书之外，据笔者涉猎所及国内仅有两篇专论近世佛教的论文^①，可谓凤毛麟角。其中一篇论文追索了相关佛教的法令，认为："近世佛教自带的政治宗教性格注定了它无法脱离和超越政治权利"，而"如影随行的政治功利性，也决定了它必须肯定现实政治统治并为之服务"。^②另一篇论文对近世和近代形成的近世佛教堕落论及其来自佛教界的护法之论做了比较系统的梳理，认为：近世僧侣们在回应佛教堕落论中有所反省，近世佛教的护法思想维护了佛教的权威性、促进了文化的融合，因而"近世佛教界的护法思想为日本佛教的近代化提供了先决条件"^③。两篇论文为了解近世佛教的局部状况提供了一些有益的线索。本文将尝试对近世佛教进行一次整体的评判。^④

日本近世佛教研究之所以难开局面，究其原因，或可认为近世佛教相对此前其他时代显得气短声低，匍匐在幕府体制内少有建树。佛教传入日本以来，或于古代与皇室相依而登堂入室，或于中世镰仓时代实现日本式的佛教创新，或于战国时代以武力与世俗权力长期对峙。可以说，"自古代至中世，社寺的社会势力成为历史上的重要问题。甚至有些场合如果无视社寺问题就不能理解历史变迁脉络"。^⑤而自织丰政权以来，虽然佛教组织依然庞大，"但近世以后在思想界不再拥有主流的地位"^⑥，历史上"本地垂迹"理论中曾经的佛本神从早已变为神本佛从，即原本佛教地位高于神道的定式发生了逆转。^⑦当然，近世佛教虽然不似历史上的佛教那样夺人眼目，但也并非无声无息。诸如：日本佛教界与天主教的论战、在幕府体制下的诸宗兴学、中国僧人赴日开寺立宗等，仍在闪耀着亮点，但已是夕阳余晖。

梳理近世佛教的整体状态，有助于理解日本佛教的历史延续性，有助于了解日

---

① 查阅知网"日本佛教"主题词，截至 2020 年 3 月，有论文 570 余篇，其中专论近世佛教者仅此两篇。对照近些年来国内对日本近世史其他领域的研究成果，近世佛教研究显然如同缺项。

② 回颖、周异夫：《试论日本近世佛教与政权的关系——以近世寺院法令为中心》，《社会科学战线》，2018 年第 9 期。

③ 陈毅立：《日本近世佛教堕落论考辨》，《安徽史学》，2019 年第 6 期。

④ 笔者在写作《日本近世史》书稿过程中，发现了散见于不同领域研究中与佛教相关的史实，并逐渐形成了对日本近世佛教的多视角认知和整体定位，从而生成本文。

⑤ 编集委员代表儿玉幸多：『图说日本文化史大系』第九卷（江户时代上），小学馆，1967 年，第 196 页。

⑥ 〔日〕末木文美士：《日本佛教史——思想史的探索》，涂玉盏译，上海古籍出版社，2016 年，代序第 3 页。

⑦ 在古代日本神道的"本地垂迹"理论中，认为天照大神就是降临到日本的如来，并把神道中各路神灵都当做是各路佛的化身（神佛一体），日本的神依附于佛而存在，佛为本神从之，佛的地位高于神，此即佛本神从。

本近代佛教沦为国家精神工具之宿命的所以然。因而，对作为日本佛教史上承前启后的近世佛教的整体性认知，没有被忽视的理由。此即本文的目的所在。文中或有谬误，谨请学界赐正。

一、日本近世佛教的行政化及其堕落

佛教自传入日本以来的经历，虽然跌宕起伏表象多样，但若论佛教在政治权力方面的地位，可谓每况愈下。佛教 6 世纪进入日本，曾经与政权关系密切，也是日本人重要的精神依托，这可以从古代以来显示神道对佛教依赖的佛本神从的本地垂迹理论中得到证明。然而，战国时期的佛教发展为与政治权力武装对抗的势力，以至于织田信长于 1571 年火烧天台宗比叡山，血洗延历寺，杀僧 1500 余人。对此，新井白石（1657—1725）给予了正面的评价："此举虽残忍，但永久铲除了叡僧之凶恶，应属天下有功之举。"[1]另有真宗本愿寺教团武装对抗织田信长达 10 年之久，成为遏制织田信长统一日本的不容忽视的政治军事势力，这也是佛教武装最后的疯狂，"结果是在天正八年（1580）的议和桌上，使本愿寺的势力解体"[2]。织田信长的后继者丰臣秀吉在继续剿灭异己佛教武装势力的同时，巧用其余佛教势力，从而对佛教诸宗派进行了全国范围的重新整编，使整个佛教界屈从于丰臣秀吉的政权。

在佛教势力已无力反抗而归顺政治权力麾下的情况下，丰臣秀吉开始扶植佛教复兴。有学者认为："破坏与复兴恰如其分地表现了织丰政权在佛教史上所发挥的作用。"[3]1595 年由天台、真言、律宗、五山、日莲、净土、一向等诸宗派各出百名僧人参加的大佛殿千僧供养仪式，意味着丰臣秀吉对整个佛教界统治权的确立。由此，丰臣秀吉向以大德寺、神护寺、鞍马寺、五山、金刚寺、长谷寺等为主的畿内有力寺院下达了统制性的法令，将这些寺院权力置于秀吉的统治机构之中。[4]其间有日莲宗中不受不施派的京都妙觉寺僧人日奥（1565—1630）[5]，因坚持本派原

---

① 圭室諦成：『日本仏教史』Ⅲ（近世・近代篇），第 31 頁。
② 〔日〕末木文美士著：《日本佛教史——思想史的探索》，涂玉盏译，第 111 頁。
③ 中尾尧：「戦国時代と仏教」，中尾尧编：『論集日本仏教史』6（戦国時代），雄山閣，1988 年，第 17 頁。
④ 川崎庸之、笠原一男编：『宗教史』，山川出版社，1985 年，第 281—282 頁。
⑤ 日奥主张对不信"法华经"者，既不接受其布施，也不对其行布施。

则而缺席千僧供养仪式，又于 1599 年拒绝出仕德川家康，遂被流放对马。日奥之后虽被赦免，但日莲宗中以身延寺为中心的"受派"与池上寺为中心的"不受派"的对立依然存在，身延寺派于 1630 年（宽永七年）和 1665 年（宽文五年）上诉幕府，结果是不受不施派的许多僧侣被处以流放。之后，幕府于 1669 年对不受不施派下达了禁令，并将其赶出寺院。此后，"幕府将不受不施派当作与天主教并列的邪教予以取缔"①。可见，佛教已经失去了自主性，甚至"不受不施"派也没有远离政治的自由权利。

丰臣秀吉对佛教的统制为德川幕府预定了佛教政策的基调，也可以认为是对战国时代佛教政治军事势力肆意扩张的历史性惩罚。及至德川幕府建立，随着对朝廷的限制和管理力度的加强，历史上与朝廷关系密切的佛教，也随着朝廷的衰微而失去了往日的荣光。佛教对世俗权力表现出史上少有的顺从，德川幕府也投桃报李，任用佛门精英参与幕政。德川幕府建立之初，即任用承兑（1548—1607）等佛僧处理有关寺院事务，因承兑早逝，遂登用临济宗宗主金地院崇传（1569—1633）和侍奉前三代幕府将军的南光坊天海（1536—1643）②参与幕政和治理佛教。崇传不仅起草了天主教驱逐令等外交文件，还帮助制定幕府的宗教政策，并参与策划了"公家诸法度"和"武家诸法度"等幕府"基本法"。崇传"还与幕府普代老臣们一起商议广泛的国政，作为幕藩体制创立期的政策立案者而活跃"③，被称为德川幕府的"黑衣宰相"。如果说崇传是幕府的"黑衣宰相"，那么天海则可称为幕府重塑佛教的功臣。天海最大的历史功绩在于复兴比叡山的学问，并于 1625 年（宽永二年）在江户建立并积极经营关东天台东叡山宽永寺，之后东叡终于在 1659 年（明历元年）升格为凌驾于京都比叡山之上的日本天台宗总本山。由此，天台宗被一分为二，遏制了京都比叡山像昔日那样拥兵自重局面的再现，同时也显示了江户相对于京都成为名副其实的政治、文化、宗教中心。此外，战国时代显赫一时的真宗石山本愿寺也在江户幕府初期分裂出东本愿寺，二者各领其半，从根本上削弱了真宗的势力。④诚然，上述"僧侣政治家"们并非是以佛家思想参与幕政，但就对佛教

① 川崎庸之、笠原一男编：『宗教史』，第 289 页。
② 关于天海的年龄其说不一，几种说法超过百岁，本文是根据高柳光寿、竹内理三编：《日本史辞典》（角川书店 1989 年）"天海"条的释文。
③ 圭室谛成：『日本仏教史』Ⅲ（近世·近代篇），第 41 页。
④ 详见圭室谛成：『日本仏教史』Ⅲ（近世·近代篇），第 67—69 页。有关真宗教团体制详见柏原祐泉：『日本近世近代仏教の研究』第一篇，平楽寺书店，1969 年。

的重新布局而言，确实发挥了重要的作用，当然这也昭示了德川幕府"以佛制佛"治理佛教策略的成功。

1635 年幕府设立寺社奉行，居三奉行（另有勘定奉行、町奉行）之首，直属将军。观寺社奉行之职，寺（寺院）在前、社（神社）在后，也足见幕府对佛教的关照。寺社奉行管理着佛教和神社的一般行政事务和裁判等，并监督僧尼和神官，将佛教和神道纳入到幕府的行政管理体系。从 1665 年由幕府将军签署的"诸宗寺院法度"可以探知幕府对佛教的态度以及佛教各宗派在幕藩体制中的位置。诸如："诸宗法式不可乱，不知一宗法式者不可为寺院住持、并不可立新义说奇法，本末之规式不可乱，不可结党徒起争端，寺院佛阁修复之时规避华美，寺领（财产）一律不得买卖并抵押"等，而且"诸宗要坚守如上诸条……如有违犯者，可随科之轻重处置"。[①] 由上述法度不难看出寺院势力已然被紧紧束缚在幕府的统治体系之内，这种管制一直贯穿到德川幕府的终结。

幕府还通过"本末制度"，自上而下地控制了佛教诸宗派各级寺院，各宗派需向幕府提供"本山"之下的"本寺"至"末寺"的系列化的寺院配置情况。"本山"具有对属下寺院征收赋税和人事支配的权力，而幕府也将佛教完整系统地纳入自己的统治体制之内。由此，各派本山的权力受到了幕府的保护，也乐得配合幕府的政策。幕府与佛教诸宗本山各得其所共享祥和，再不用担心双方政治对峙，甚至武装对抗了。

此外，由于当时德川幕府急需剿灭天主教的社会影响，因而顺势借助了佛教势力。幕府不仅有序地统制了佛教，而且还利用被幕府系统"优化"过的佛教寺院管理着庶民百姓，此即萌芽于中世、成熟于近世的寺檀制度。顾名思义，寺檀制度即寺院与檀家（也称檀那，即施主）关系的制度化。在寺檀制度下，所有家庭必须要与特定寺院结合在一起，各寺院要拥有一定数量固定的檀家。檀家有承担檀那寺（即檀家们归属的寺院）的经济所需等方面的义务，同时也有任免住持等权力。

与寺檀制度配套的措施还有为严禁天主教政策而设立的"寺请制度"和"宗门人别帐"，"江户时代的'宗门人别帐'从宽文十一年（1671）开始采用全国统一的文本制成，此乃与查禁天主教政策具有极强的关联性"。[②] 檀家们为证明自己

---

① 歴史研究会編：『日本史史料』3 (近世)，岩波書店，2008，第 165 頁。
② 圭室文雄編：『論集日本仏教史』7（江戸時代），雄山閣 1986 年，第 25 頁。

不是天主教徒或者已经放弃天主教信仰，必须得到所属檀那寺开具的花押证明。此外，领主还要通过檀那寺和村役人制作"宗门人别帐"，以资对所属住民进行管理。虽然天主教徒很快便几乎消失殆尽（有极个别地区的天主教徒转入地下，一直坚持到幕末），但寺檀制度却保留下来，寺院也变成了檀家的管理者，凡结婚、供职、旅行、转居等必须要有檀那寺开具的非天主教徒的证明。檀家们被紧紧束缚在檀那寺的监控之下，幕府通过寺檀制度对民众进行着严格的控制，"这样，寺院就成了户口管理处兼思想警察了"。①幕府通过寺请制度赋予了寺院管理户籍的功能，檀那寺酷似村公所，俨然成为幕府行政体系中的基层单位。由上述可知，"所谓的禁止信仰基督教，毋宁说只是一个借口，其真正的目的是要控制民众"。②

由上述内容可知，在江户时代"的确可以说是佛教向政治屈服，但是如果考虑到掌握基层民众不仅靠行政，还必须借助佛教的力量，仅此也可以说宗教的作用是很大的"③。也正因如此，幕府在政治和信仰上压制佛教的同时，也给予佛教得以生存的经济上的补偿。

寺檀制度的另一大功能是由檀那寺承包了檀家们的佛教仪式，尤其是民众丧葬仪式，因而江户时代的佛教也被称为葬仪佛教。葬仪佛教不仅成为佛教的经济基础，而且通过葬仪和墓地的管理，对草根民众日常生活产生着重要而长久的影响。葬仪佛教几乎是江户时代日本佛教的名片，今日日本之"生的神道""死的佛教"（一般婚礼、生子多由神道操办，家中丧事则由佛教承担）现象，就是源于江户时代葬仪佛教制度。古代以来，日本人就把死亡视为"凶秽"④，"死为众所忌讳之事，日本人以之为'秽'，把'秽'委任给外来的宗教，因而确立了生活结构的安定平衡感"。⑤

如此制度设计似乎是对佛教的优待，形成了传承至今的日本独特的葬仪佛教的固定化⑥。日本学界对此褒贬不一："近世佛教形成的葬祭佛教的机能，作为幕藩

① 〔日〕井上清：《日本历史》，阎伯纬译，陕西人民出版社 2011 年，第 141 页。
② 〔日〕末木文美士：《日本佛教史——思想史的探索》，涂玉盏译，第 112 页。
③ 末木文美士：『日本宗教史』，岩波書店，2006 年，第 137 頁。
④ 〔日〕义江彰夫：《日本的佛教与神祇信仰》，陆晚霞译，商务印书馆，2010 年，第 105 页。
⑤ 〔日〕末木文美士：《日本佛教史——思想史的探索》，涂玉盏译，第 110—111 页。
⑥ 20 世纪末，媒体虽曾对檀那寺僧侣为檀家授法名、管理寺院内墓地并收取墓地费、法名费、供养费等问题有过争议，但仍然认为这些"死的佛教"习俗活动是理所当然的事情。参阅沢博勝：「近世の葬祭と寺院——社会集団論の視点から」，高埜利彦・安田次郎編：『新体系日本史』15(宗教社会史)，山川出版社，2012 年，第 342 頁。

日本近世佛教的失格

权力末端机构发挥着统治民众作用的事实受到重视,从宗教本来的使命来看,一种观点将此视为宗教的堕落。还有一种相反的观点,即重视近世佛教对民众社会现世利益所发挥的机能。"[①]上述不同观点都有各自的理由,然而,从精神信仰而言,江户时代的佛教非但不是人们自由信仰的精神家园,反而将民众束缚在寺檀制度的罗网之内,使檀家们失去了诸多自由。正因如此,江户时代"佛教徒普遍丧失信仰心,虔诚笃信者减少"[②]。檀那寺不但通过"宗门人别帐"和"寺请制度"监督并管辖活着的人,还通过整理"过去帐"照看管理着死者,也许对死者的关照和管理,才稍稍显示着宗教关怀的意味吧。及至明治维新,明治政府虽然承认了"信教自由",但葬式佛教对基层民众的影响依然不减。

简而言之,整个江户时代幕府对佛教采取的是限制、利用和统制管理的政策,甚至严禁佛教界在佛学论争中发表"异说",尤其严禁破坏其他宗派秩序的理论。佛教也乐得趋附于幕府的管理体制,以换取自身的生存安定。由于佛教完全依附于世俗政权,因而迅速走向世俗化、伦理化,成为幕府的思想统治工具。也有观点认为上述幕府为佛教设定的社会角色"实质上是幕府对寺院的保护,保证了寺院的地位"[③]。

由于江户佛教被紧紧禁锢在德川统治秩序之内,"墨守古仪古法,新仪新说被一概禁止。为了保证寺院的地位,佛教界一般缺乏活力,流于安逸,僧侣的腐败堕落成为问题"[④]。近世佛教的行政化也不可避免地沾染了封建官僚腐败的痼疾,"使僧侣彻底堕落下去,从而完全丧失了佛教的宗教生命"[⑤],以至于出现佛教的大面积腐败现象。诸如:寺院开龛[⑥]以为财源,甚至寺院被允许卖彩票,谷中天王寺、汤岛天神喜见院、目黑不动龙泉寺被称为"三大彩"[⑦]。寺院彩票流行之初虽多为重修庙宇之用,但"其目的虽然不只为积蓄财富,但多少也必有堕落之倾向"[⑧]。此外,僧尼交欢也多有发生,据当时一位武士日记所载:法号称日成的尼姑与妙莲寺

---

① 藤井学:「近世仏教の特色」,『日本思想大系』57、岩波书店,1973 年,第 574 页。
② 同上,第 577 页。
③ 编集委员代表儿玉幸多:『図説日本文化史大系』第九卷(江户时代上),第 201 页。
④ 同上,第 198 页。
⑤ 〔日〕井上清:《日本历史》,阎伯纬译,第 141 页。
⑥ 将寺院秘藏的佛像等供信徒膜拜,起初是为结缘,之后逐渐成为寺院筹措收入的手段。
⑦ 参阅编集委员代表儿玉幸多:『図説日本文化史大系』第十卷(江户时代下),小学馆,1967 年,第 175 页。
⑧ 辻善之助:『日本仏教史』近世篇之四,岩波书店,1955 年,第 477 页。

一淫僧私通，而此僧又与一浪人之妻有染，日成不能容忍，二人撕破脸，丑事败露。[①]另据时人释龙晓所作《论童训》所记，畿内寺院僧侣生活混乱不堪："名为清僧却为妾筑宅，或以'大黑'之名蓄养尼僧。若尼僧妊娠，因担心丑闻外传，便谎称领养弟子。"[②]更有甚者，"宽政八年（1796）八月二日，幕府于吉原及其他行乐场所拘捕僧侣七十余人，并于日本桥示众后流放孤岛。这一众僧侣是在吉原观赏灯笼并夜宿青楼，早上离开时被拘捕的。七十余众一同示众乃未曾有之事"。[③]此次对僧侣的惩戒，也可谓僧侣堕落之标志性事件。熊泽蕃山对佛僧的评价，道出了僧侣堕落的客观原因："僧侣多凡人，愚劣者多，一事无成者为和尚，无用之人入寺院，恶者为改变形象而变身僧侣。"[④]所谓"更无道德僧徒，虽殊胜于外，实酒色于内，丑行无所不至""僧侣耽于奢侈追利求富，乃当时通弊"。[⑤]在江户时代，佛教颇遭非议，能乐艺人也常用僧侣打趣，以至于"堕落佛教"至今仍是评价江户时代佛教的常用语。

总之，"到江户时代……利用佛教甚至檀家制度，使佛教完全地形式化。同样的本末制度与阶级制度也使佛教逐渐走向形式化……佛教几乎陷入麻痹状态，寺院因僧侣的怠惰，只形式上勉强保有其地位"。[⑥]近世佛教走向了自己所主张伦理的反面。

二、日本近世佛教思想的尴尬境地

江户时代的佛教不仅在政治上匍匐于幕府的权威之下而风光不再，佛教思想也受到来自知识界的批判。佛教自传日以来，于佛教思想领域的日本化多有建树，镰仓佛教思想清新通俗，融汇宋学的佛教"五山文学"更是几乎成为当时日本思想界的统领。此外，中世以来除儒家忠义精神之外，佛教一直受到武士阶层的青睐，因

---

① 『鸚鵡籠中記』4，『名古屋叢書続編』12，名古屋市教育委員会，1968年，第108页。详见许益菲：《<鸚鵡笼中记研究>——微观视域下的元禄社会文化史考察》，南开大学博士论文，2020年。
② 编集委员会代表儿玉幸多：『図説日本文化史大系』第十卷（江户时代下），第176页。
③ 辻善之助：『日本仏教史』近世篇之四，第406页。
④ 熊沢蕃山：「集義外書」，辻善之助：『日本仏教史』近世篇之四，第446页。
⑤ 辻善之助：『日本仏教史』近世篇之四，第405—406页。该书还列举了大量当时记述僧侣堕落与各类恶行的原始资料。
⑥ 〔日〕末木文美士：《日本佛教史——思想史的探索》，涂玉盏译，第113页。

日本近世佛教的失格

为武士的职业是战斗，时刻与死亡相伴，因而需要来自宗教的慰藉，其中对佛教的依赖尤深。由此"佛教的教养与儒教的教养作为武家精神的基盘而并存"。[①] 然而，随着近世以来儒佛思想的分离和近世佛教的世俗行政化，于佛教理论领域陷于沉寂的同时，也逐渐失去了和平时代武家阶层的信众。这虽然"并不意味着在武家个人精神生活中驱逐了宗教"，但"佛教与儒教在武家之间被切割，佛教只是作为统治庶民的工具被利用，已经不再具有作为武家精神基盘的意义"[②]。

与佛家在思想领域中的节节败退相对，近世的其他学问思想领域却竞相争鸣，先有朱子学如日中天，儒家内部诸多学派各有立论，又有国学和兰学相继兴起，成为日本思想史上炫人眼目的时代。上述江户三学虽然主张各异，但却不约而同地剑指佛教。加之出自佛教内部的反戈一击，更使趋向式微的佛教雪上加霜。

江户时代朱子学鼻祖藤原惺窝（1561—1619）从相国寺还俗而专攻朱子学，将五山禅僧用作修行工具的宋明理学从禅学中独立出来并加以系统化，从而创立了京都朱子学派。藤原惺窝脱佛归儒的同时，对佛教的空虚之论进行了尖利的批判："我久从事释氏，然有疑于心。读圣贤书，信而不疑，道果在兹岂人伦外哉。释氏既绝仁种又灭义理，是所以为异端也。"[③] 对藤原之论，时之名僧颇出异议："释承兑、灵三皆以才学自负，尝诘难惺窝曰'吾子初奉佛，今又为儒，此乃弃真归俗也，吾子何昧义如此。'惺窝曰：'夫戾天理，废人伦，以何谓之真？'二释默然。"[④] 惺窝培养了一批优秀的儒学家，"师其说者凡百五十人"[⑤]，门下林罗山、松永尺五、那波活所、堀杏庵被称"藤原四天王"。藤原惺窝及其后辈的耀眼地位及其对佛教的批判，反映了江户时代初期排佛思潮的趋势，也映衬了佛教思想式微的窘境。

近世佛教不仅招致儒家的批判，在佛教与神道相缠绕的本地垂迹理论中，也由近世之前的佛主神从转为神主佛从，佛教降为从属地位。更有复古神道学家荷田春满对"瞿昙之教"侵蚀国学忧心忡忡，并认为"胎金两部之余沥"，也多是"今人之伪造"，以至于荷田春满"自少无寝无食以排击异端（指佛教和儒学）为念"。

① 柏原祐泉：『日本近世近代仏教の研究』，平楽寺書店，1969年，第200頁。

② 柏原祐泉：『日本近世近代仏教の研究』，第200頁。

③ 「惺窩先生行状」，『日本思想大系』28，岩波書店，1975年，第224頁。

④ 井上哲次郎、上田万年監修，小柳司気太校：『先哲叢談』巻の一，春陽堂書店，1936年，第4頁。

⑤ 黄遵宪：《日本国志》，上海古籍出版社，2001年，第334頁。

①而在以经世致用为治学目标的兰学家们看来，佛家虚空之论自然是"于世无补"，本多利明甚至揶揄佛家读经是"不知所读为何，闻如蛙鸣"②。总之，各家各派对佛教的批判，聚焦其脱离社会现实的负面消极因素，"近世排佛论剑锋所指在于佛教的非人间性或称彼岸性""与其说是针对教理，莫如说主要的是限于指责佛教的社会性危害。"③

有学者讲述了排佛趋势，并对出自儒者、国学家和大名的排佛者做过具体统计，"儒者及准儒者中从藤原惺窝到藤田东湖 40 人、国学家并神道学家中从白井宗因到松冈行义凡 12 人、大名从德川义直到德川齐昭凡 9 人"④。对来自各方的围攻，佛教一方也涌现诸多"护法"之论以回应攻击者，现列于下，以呈现当时双方攻防之原貌：反驳林罗山的黄檗宗龙溪《弁证录》、黄檗宗潮音《扶桑护佛论》、临济宗白隐《读神社考弁疑》、真言宗寂本《神社考邪排佛教论》，破熊泽蕃山的黄檗宗潮音《摧邪论》，破太宰春台的曹洞宗乙堂《驳弁道书》，针对富永仲基的净土宗文雄《非出定后语》、潮音《金刚索》，破贝原益轩的真宗誓铠《排僻篇》、真宗致净《嗤谬论》，破中井竹山的真宗南溪《角毛偶语》，破平田笃胤的曹洞宗良月《追蝇拂》、真宗义导的《笃胤驱》。⑤总体而言，学僧们的抗辩没能让佛教脱离遭围攻的窘境，更不能消弭僧尼腐败的社会现实。从上述内容也可知，排佛与护法之争聚集了诸多各派学者，而且贯通了江户时代的不同时期。诸学各派群起排佛，尤其是江户初期朱子学登堂入室得到幕府的青睐，都在挤压着佛教思想。

除上述江户三学对佛教的围攻之外，佛教与天主教的瓜葛也不容忽视。近世佛教也并非全线被动防守，因为上帝给佛家送来了新对手——天主教，这也为佛教提供了一次展现其存在的机会。

日本天主教开教者沙勿略，曾高度赞誉了日本人的文化资质："这个国家的国民是在我们接触过的国民中最杰出的。"⑥然而，分属东西的两种思想文化体系的初次相遇，不可避免的会发生碰撞，而在日本社会根深蒂固的佛教首当其冲。沙勿

---

① 荷田春満「創学校啓」，『日本思想大系』39，岩波書店，1972 年，第 333—335 頁。
② 本多利明：「西域物語」，『日本思想大系』44，岩波書店，1970 年，第 98 頁。
③ 柏原祐泉：『日本近世近代仏教の研究』，第 307 頁。
④ 辻善之助：『日本仏教史』近世篇之四，第 399—400 頁。
⑤ 川崎庸之、笠原一男編：『宗教史』，第 293 頁。
⑥ アルーペ神父：『フランシスコ・デ・ザビエル書簡抄』下巻，井上郁二訳，岩波書店，1991 年，26 頁。按：此时沙勿略尚未到过中国。

日本近世佛教的失格

略曾攻击佛教僧侣说："和尚中的一些人过着堕落的生活，与同宗派的尼姑住在一起，国民视此为背德行径。据民间传闻，尼姑妊娠或服药或堕胎都是公开的。据我至今见过的和尚与尼姑的寺院，国民的传闻是实情。"[①]而更让沙勿略不能理解的是："与和尚相比，反倒是俗世的人们过着遵从道德的生活。然而和尚照样受到尊重，实在令人惊讶。"[②]可见，自天主教耶稣会进入日本之初就种下了与佛教冲突的种子。而佛教一方也大多仇视天主教，据传教士记述："和尚们如狂徒奔走市街，在所有公开场合煽动人们痛骂我等宣讲的教义，还造谣说我等食人肉，住处有尸骨。"[③]因而有在日耶稣会士直言：僧侣和神官"是我们的竞争者和不共戴天之敌"[④]。看来，两大世界宗教的某些狭隘性注定了他们互为天敌的宿命。

在耶佛冲突过程中，一个颇有戏剧性的情节引人注目。

江户时代初期的"特异思想家"不干斋巴鼻庵（1565—1621）由佛归耶和以佛战耶前后互搏的两次转向，可谓佛教在思想上归顺幕府的绝妙注脚。巴鼻庵少时在京都受教于临济宗，法名惠春。1583 年改信天主教，1586 年作为修道士入耶稣会[⑤]。巴鼻庵受洗入教后，不仅于天主教教理，而且对西洋近代科学的成果也颇有心得，并于 1605 年作《妙贞问答》，推崇天主教而纵横批驳神（神道）、儒、佛诸家思想。其中排佛之论大略有三：其一，用西洋宇宙观批判佛教宇宙观的须弥山天界说；其二，认为佛教遵信的释迦牟尼、阿弥陀佛、大日如来没有救济来世的资格；其三，认为佛教思想的本质不过是其臆想得来的"空无"教义。[⑥]其中攻击的重点是佛教的空无说："佛法之极归于空。云佛者亦空也"，而"空即无，言之无物，佛亦不可为尊"[⑦]。与贬斥佛教空无观相对，巴鼻庵认为天主才是真实存在："真实之主乃我宗置万物基本之天主"，即"此天地万象万善万德齐备之创制者"，乃"真实之主也"[⑧]。由于"不干斋巴鼻庵是当时八宗兼学，甚而十宗、十二宗兼学的屈指

①② アルーベ神父：『フランシスコ・デ・ザビエル書簡抄』下巻，井上郁二訳，岩波書店，1991年，第 29 頁。

③ 村上直次郎訳：『イエズス会士日本通信』上，駿南社，1931 年，第 29 頁。

④ アルマンド・マルディンスス・ジャネイラ：『南蛮文化渡来記』，松尾多稀子訳，サイマル出版会 1971 年，第 23 頁。

⑤ 土井忠生：『吉利支丹文献考』，三省堂，1963 年，第 396 頁。

⑥ 参阅今井淳、小澤富夫編：『日本思想史論争』，ぺりかん社，1979 年，第 132 頁。

⑦ 海老沢有道校注：「妙貞問答」，『日本思想大系』25，岩波書店，1980 年，第 146—147 頁。

⑧ 同上，第 147 頁。

可数的硕学"[①]，因而巴鼻庵的倒戈，对佛教可谓是沉重的打击。

然而巴鼻庵于 1608 年弃教退出耶稣会，蛰伏多年后，于 1619 年协助幕府参与禁教活动[②]。巴鼻庵于 1620 年作《破提宇子》，批判天主教的虚伪，并援用当时荷兰人的说法，提出天主教的最终目的是要统治和掠夺日本诸国（荷兰是新教国家，而且在日本与葡萄牙是利益竞争关系）。《破提宇子》被当时天主教日本管区长形容为"地狱的鼠疫"[③]，可见对日本天主教会打击之沉重。然而，《破提宇子》对佛教与天主教的褒贬之论，只是颠倒了《妙贞问答》中的评价立场而已。巴鼻庵在《破提宇子》中，为佛教之"空无"恢复了名誉，所谓："天主教不辨真理，闻（佛）法性无智无德便以为不可而弃之，又闻天主有智德以为是而取之"，然"无之一字有不可思议之谓也……天主教之人不解无字之义，只如字面读取无智无德之语，（不知）无智无德乃真实也"，"云天主有智有德而无依据"，因而"所谓天主有德乃自夸也，犹如一毫未断之凡夫之说也"。[④]

《破提宇子》虽然是巴鼻庵对自己信仰和思想的否定之否定，但基本看不到其信仰变化的内心精神肉搏，更不见其思想两次转向的心路历程，因而其"破邪显正"之论也相对苍白。对此，学者们做出了种种评判，诸如：认为《破提宇子》思想表现和说服力远不如《妙贞问答》[⑤]，"在《破提宇子》约 3 万言的篇幅中……从头至尾充斥着感性的、情绪主义的倾向……却达不到在哲理上进行较量的高度"。[⑥] 还有学者认为，巴鼻庵放弃天主教信仰，并非完全是追随幕府的政治行为，而是出自对教会没能为其叙任司铎等做法的不满[⑦]，因而可以理解为与信仰无关的背叛。但是，无论如何巴鼻庵的"轮回转向"，并与幕府禁教相呼应而著《破提宇子》，当可以视为来自佛教阵营"完美"配合幕府严禁西教政策的典型事例，也是幕府佛教

---

① 井手勝美：「不干斎ハビアン "妙貞問答" 上巻 "禅宗之事" について」，『キリシタン思想史研究序説』，ぺりかん社，1995 年，第 229 頁。
② 有关巴鼻庵的相关活动，可参阅井手勝美：「不干斎ハビアンの生涯」，『キリシタン思想史研究序説』。
③ 井手勝美：「不干斎ハビアンの生涯」，『キリシタン思想史研究序説』。
④ 海老沢有道校注：「破提宇子」，『日本思想大系』25，第 429 頁。提宇子：葡萄牙语 Deus（神），日语音译为デウス，借用汉字提宇子，泛指天主教。
⑤ 三枝博音：『西欧化日本の研究』，中央公論社，1958 年，第 276 頁。
⑥ 李小白：《从 "妙贞问答" 到 "破提宇子"：十七世纪前期日本宗教思想界的徘徊》，《古代文明》，2007 年 4 月，第 1 卷第 2 期。
⑦ 参阅井手勝美：「不干斎ハビアンの生涯」，『キリシタン思想史研究序説』。

政策之下佛教徒支持严禁天主教政策的一个缩影。

三、"佛教兴学"的局限与中国佛教再传日本

以上谈论了江户时代佛教的世俗行政化及其思想上的尴尬局面。其实，如果仔细盘点，江户佛教也还是出现了诸多名留史册的名僧。前述之金地院崇传和南光坊天海之外，还有临济宗大德寺派高僧、东海寺开基者泽庵宗彭（曾因紫衣事件[①]被幕府流放，后又得到将军家光的赏识），又有临济宗中兴之祖白隐禅师终其一生84 载渡人无数。元禄年间还曾呈现诸宗派复兴的气运。崇传与天海等名僧虽然使佛教适应了幕府的政治需求，但也不能认为他们就是对佛教的背叛，正是由于有他们对佛教的制度化设计，才使得佛教有序地生存下来，并在某些领域有所生发。尤其是重修比叡山延历寺、兴建东叡宽永寺和东西本愿寺两立的形成，建立了延续至今的日本天台宗和净土真宗各自的双轨格局。

江户时代的佛教思想虽然遭受幕府的强力压制和来自不同学统和一些大名的批判而日渐式微，但也并非毫无声息，其间各派宗学也有可圈可点之功。各宗派在脱政治军事化之后，开始恢复本宗之学，纷纷建立教学机构。诸如："天台以东叡山学校为中心下设关东十檀林（学问所）、新义真言宗在地方开设田舍檀林、净土宗于江户增上寺以下有关东十八檀林、真宗东本愿寺派的学寮和西本愿寺派的学林、日莲宗一致派和胜劣派分别于下总饭高寺以下设十二檀林及上总宫谷本国寺以下设七檀林、曹洞宗也在江户设立栴檀林，等等。此外，天台宗的延历寺喜多院、真言宗的金刚峰寺、新义真言宗的长谷寺智积院、临济宗的妙心寺和大德寺、京都以及镰仓五山、曹洞宗的永平寺和吉祥寺及泉岳寺、黄檗宗的万福寺等各大寺院也都附设学寮、劝学寮、劝学院等，分别从事宗学研究。"[②]

上述诸"檀林"的设置，似乎反映着诸宗争相兴学的景象，不过这种风气却因幕府统制佛教政策而大打折扣。名为兴学，但却要为维护幕府统制而墨守各宗成规，施教者与受教者要严守上下关系，禁止受教者发表异议，"不可立新义、说奇法"，

---

① 1627 年（宽永四年）后水尾天皇为换取寺院对财政贫困的宫廷的捐助，未与幕府协商而准许京都大德寺和妙心寺一些僧人穿着紫衣。后被幕府察知，判定此举违反幕府法度，因而无效，并流放了泽庵等僧人。皇室颜面扫地。

② 川崎庸之、笠原一男编：『宗教史』，第287—288 頁。

尤其严禁具有破坏现存秩序的宗论，日莲宗"不受不施"派的下场可谓典型事例。

如果说"不受不施"派因对抗幕府而遭灭顶之灾，那么本愿寺与幕府的配合则是因合作而致信仰沦陷的例证。本愿寺教团"念佛修行应敬慎之法"中曰："诸佛菩萨诸神等不可疏略、诸宗诸法不可轻视、明辨仁义礼智信、勿忘国王恩。"①由此可见佛教遵从幕府各宗派和平相处等法度，顺应社会世俗规范之一斑。然而，由亲鸾创始的净土真宗核心教义是"绝对相信弥陀本愿他力为往生解脱之因的'信心为本'说"②，因而不拜其他神灵。上述顺从幕府的规定，显然违背了净土真宗的教义。当基层信徒要实践本宗教义时，又受限于本宗之"法"。本愿寺上层学僧做了如下解释："吾邦所称神社者之中，有权灵与实社之别。……于吾宗门坚诚礼拜恭敬实社之邪神，因若如此不仅不得福反招祸之故。……权社之神灵以天照大神为首之众神皆悉佛菩萨之变化（即本地垂迹之说），何以不能相容？"③这段解释中的"权灵与实社"之区分，明确了近世本愿寺的基本原则，即对于无权之"实社邪神"还是要遵照本宗宗旨而禁止崇拜的，因为会招来灾祸，而对"权灵"则可以不惜违背本宗宗旨而予以崇敬，因为这种崇敬会得到来自幕府的"福报"。不仅如此，战国时代曾雄霸一方、俨然大名的本愿寺，更于1680年（延宝八年）供奉德川家康以来四位将军的排位，成为德川家的护持宗教，充分显示了积极亲近幕府的态度，"近世本愿寺教团已经丧失了亲鸾精神"④。总之，"可以说在日本从未有过脱离世俗的宗教……佛教反映出对世俗的关心"⑤。

"诸宗寺院法度"决定性地限制了佛教新说的出现，而本愿寺的上述事例揭示了本山末寺制度压抑着遵从本宗教义信仰自由的事实。在德川幕府的统治结构之中，佛教各宗本山被编入幕府统治下的社会网络系统。

佛教界也并非完全没有抗争，紫衣事件和"不施不受派"的命运即是著名的例证。然而，在强大的幕府权力面前显得那么微弱无力，最终结果不言自明。这或许

---

① 星野元贞：「近世本願寺教団における民俗宗教観の諸相」，二葉憲香編：《続国家と仏教　近世近代編》，永田文昌堂，1981年，第1頁。
② 杨曾文：《日本佛教史》（新版），人民出版社，2008年，第239頁。
③ 釋仰誓：「僻難對辨」，妻木直良編：《真宗全書》第46卷，蔵経書院，1914年，第458—459頁。
④ 星野元貞：「近世本願寺教団における民俗宗教観の諸相」，二葉憲香編：《続国家と仏教　近世近代編》，第15頁。
⑤ 日本文化論壇編：『日本文化の伝統と変遷』，新潮社，1958年，第112頁。

日本近世佛教的失格

是佛教放弃抵抗而自甘匍匐于幕府权力阶下的原因之一吧。本来日本文化中的宗教信仰心就很弱，加之幕府"佛教行政化"政策和"不可立新义、说奇法"的思想管制，以至于佛教难有起色，甚至有观点认为江户时代几乎是没有宗教的时代。但是如果变换一个角度，追溯一下历史，或许就不觉得江户时代佛教有什么异常了。佛教传日之初就被赋予了护国功能，平安时代天台、真言两大宗派皆以"镇护国家"为念，所谓"为国念诵，为国祈祷，为国讲般若""国无谤法之声，家有赞经之颂，七难退散，国界守护"^①。空海还将东寺改名为教王护国寺，可以说："浓厚的镇护国家思想是日本佛教的特色之一。"^②不过，古代佛教之护国理念为佛家自觉，而江户时代佛教与政治权力的合作则是沦陷后的臣服。这种差异大概就是江户佛教思想相对停滞的隐秘原因。

为避免对近世佛教失格认识的绝对化，还应该客观地认识近世佛教的闪光点。与上述日本传统佛教的境遇相对照，中国佛教新风再传日本成为闪耀的亮点。佛教僧人在中日文化交往史上占据着显耀的地位，从遣唐使以来宋元明历朝历代日本僧人来华未曾间断。尤其是室町幕府足利义满对明称臣，中日间实行勘合贸易，而历次勘合贸易的正副使节几乎都是从京都五山选出的佛教僧侣^③，这些僧侣承担着贸易之外的文化交流的使命，可见僧侣入华已成惯例。然而，到江户时代中日间佛教僧侣的流向发生了逆转，即以中国僧侣赴日建寺开宗为主要交流渠道。究其原因，主要是德川幕府禁止日本人出国，僧侣也不例外。此外，明清交替也曾使诸多中国精英因种种原因渡日、并定居日本，其中的佛教僧侣夺人耳目。而入清之后，从顺治到乾隆对佛教实行保护和治理，雍正更被认为是与梁武帝并列的"佛教皇帝"，由此出现了佛教的黄金时期，因而邀约清朝僧人赴日也就顺理成章了。据统计，自1620年（元和六年）到享保年间（1716—1735）有63位明清僧人赴日，其中56人是入清以后到日本的，除两人被确定回国、两人疑似归国之外，其余皆终老于日本或无详细记载。^④历史上中日佛教交流主要是由日僧来中国而实现的，而江户时代的中日佛教交流，则完全通过中国僧人赴日来实现。

---

① 吴廷璆主编：《日本史》，南开大学出版社，2000年，第115页。
② 吴廷璆主编：《日本史》，第115页。
③〔日〕道瑞良秀：《日中佛教友好二千年史》，徐明、何燕生译，王一凡校，商务印书馆，1992年，第97页。
④〔日〕木宫泰彦：《日中文化交流史》，胡锡年译，商务印书馆，1980年，第684—692页。

　　江户时代初期,通过赴日本长崎进行贸易的中国商人申请、并得到日方许可后,于1620年（元和六年）、1628年（宽永五年）、1629年（宽永六年）,分别以明朝僧人真圆为开山创建兴福寺（南京寺）、以觉海为开山创建福济寺（漳州寺）、以超然为开山创建崇福寺（福州寺）。[①] 上述由"归化僧"们建立的"三福寺"（亦称唐三寺）内均设有妈祖堂[②],担任着护佑赴日华商的职能,因而历代住持须由中国僧人担任,如遇无华人能继任主持,则需要经幕府批准后,由华商从南京、漳州和福州等处名刹请派僧人赴日。值得注目的是,元和、宽永年间正值彻底驱逐天主教传教士的严厉禁教时期,这似乎传达着幕府对中西两种文化的选择。

　　如果说"唐三寺"的职能是护佑华商并代行葬仪,那么黄檗宗的传日则属于名副其实的佛教教派传播了:"若论新宗派之勃兴,首推由隐元开宗之黄檗宗。"[③] 在兴福寺几经周折的努力和郑成功的支持下[④],1654年名扬中日两国佛教界的福建黄檗山万福寺住持隐元隆琦禅师（时年已63岁）率弟子20余众到长崎,继而上京都、下江户,"谒见将军纲吉,进而接受大老酒井忠胜等人的归依"。[⑤] 通过与幕府"结缘",隐元终于在京都南宇治建万福寺、创黄檗宗[⑥],由幕府"寄进四百石"并免除诸役。隐元所传宗旨简而言之有三,即:"众生本有佛性,应自修自悟""说法中提倡儒家伦理,特别提倡孝道""主张在修禅的同时还应念佛"（念佛禅）。[⑦] 这后两条与传统禅宗确有不同,尤其是第三条似乎是对传统禅宗的颠覆。隐元之禅风对当时日本禅宗及禅宗文化给予了很大的刺激,打破了当时日本禅宗的"寂静"。隐元在兴福寺说法,"竟有僧俗千人前来听法"[⑧],更"出现临济宗的龙溪、独照、

　　① 圭室谛成:『日本仏教史』Ⅲ（近世・近代篇）,第92页。
　　② 具体过程可参阅木宫泰彦:《日中文化交流史》,胡锡年译,第693页。
　　③ 圭室谛成:『日本仏教史』Ⅲ（近世・近代篇）,第91页。
　　④ 1654年隐元为赴日来到厦门,郑成功特地送"斋金为供",出国时又"拨舟相送"。隐元出发日,郑成功因政务繁忙而"不及面辞",当年七八月间致信隐元,表达"眷念"之情。南炳文:《南明政权对日通好求助政策的六种表现》,南开大学日本研究中心编《日本研究论集2003》,天津人民出版社,2003年。
　　⑤〔日〕道瑞良秀:《日中佛教友好二千年史》,徐明、何燕生译,王一凡校,第105页。
　　⑥ 按:"在中国本无黄檗宗,隐元所传实为临济宗法系;只因明代以后的临济宗已与净土信仰密切结合,其宗风与宋元时代传到日本的临济宗有明显不同,又因隐元是在幕府支持下单立僧团的,故把他所建僧团用其寺'黄檗山万福寺'的名称,称之为黄檗派、黄檗门派,近代以后正式称为黄檗宗。"杨曾文:《日本佛教史》（新版）,人民出版社,2008年,第534页。
　　⑦ 参阅杨曾文:《日本佛教史》（新版）,第536—537页。
　　⑧ 杨曾文:《日本佛教史》（新版）,第535页。

日本近世佛教的失格

铁牛和曹洞宗的铁心、独本（皆为学僧）等转投隐元门下"[①]的佛教界的"异动"。隐元禅师之后的继任者木庵不断扩建厅堂，之后历代主持万福寺者皆为归化僧。直到享保（1716—1735）年间，由于中国商人从中图谋私利，幕府废除了必须由中国僧人担任住持的惯例。此后"除了大鹏（第十五世祖、第十八世祖）、伯珣（第二十世祖）、大成（第二十一世祖）三人以外，中国僧人完全绝迹了"。[②]虽然如此，隐元禅师创立的黄檗宗一脉却在日本生生不息，至 1772 年（明和九年），在日本各地有末寺 340 所[③]，与临济宗、曹洞宗并称为日本三大禅宗。在幕府规定"不可立新义、说奇法"的时代，黄檗宗反而得到幕府的支持，薪火相传、广为播散，成就了日本近世佛教史上的突出业绩。[④]

值得注意的是，清代赴日僧人还具有重要的附加文化价值。书画艺术不断传入日本，明清僧人携带大批书画来日珍藏，"黄檗山等简直成了明清名人书画的美术馆"[⑤]。加之，"隐元以下各僧人也都擅长此道"，因而"号称德川时代南宗画始祖的祇园南海、柳里恭等人，据说都以能作黄檗山各僧人的画为奋斗目标"。[⑥]黄檗山俨然成为日本文人雅士的景仰之地。在佛教艺术领域，上述唐三寺和黄檗宗在各地的寺院建筑都是典型的明清建筑风格，"至今步入黄檗山万福寺山门一步后，一切均为中国寺院式样，并非日本寺庙样式"[⑦]。此外，赴日的黄檗宗等明清僧人在印刻、医学、音乐以及饮食文化和生活方式等方面，都对日本文化产生了一定的影响[⑧]。总之，在当时中日两国没有国交关系的情况下，明清赴日僧人成为两国间面对面文化交流的无可替代的媒介，功不可没。

结　语

综观日本近世佛教，在来自政治权力的严酷镇压和利益诱惑的双重政策笼罩之

---

① 圭室諦成：『日本仏教史』Ⅲ（近世·近代篇），第 93 页。

② 〔日〕木宫泰彦：《日中文化交流史》，胡锡年译，第 695 页。

③ 杨曾文：《日本佛教史》（新版），第 536 页。

④ 针对黄檗宗传法，另有心越兴俦受兴福寺邀请于 1677 年（延宝五年）来日本传曹洞宗。"由于异宗僧徒的诬陷而一时遭到禁锢，但后来却被德川光圀接到水户去，创建祇园寺，据说开堂时，来自四方的群众竟达一万七千余人。"见木宫泰彦：《日中文化交流史》，胡锡年译，第 696 页。

⑤⑥〔日〕木宫泰彦：《日中文化交流史》，胡锡年译，第 697 页。

⑦〔日〕道瑞良秀：《日中佛教友好二千年史》，徐明、何燕生译，王一凡校，第 105 页。

⑧ 篇幅所限，难以言尽。〔日〕木宫泰彦：《日中文化交流史》专有详述。

下，可谓今不如昔，其政治地位远不及古代佛教，而宗教影响又难与镰仓佛教相提并论。佛教在近世以前可分为国家佛教和民间佛教，而到江户时代则被合二为一了，从古代意识形态的地位，沦落为寄生于政治权力之下的"行政佛教"。佛教的行政化改变了寺院的宗教性质，本应慰藉人们心灵的佛教，反成为幕府权力约束并监控百姓的"精神警察"。

不过，佛教之尊严以及精神权威虽然跌入低谷，但并没有消亡。这种现象似可解释为德川幕府已经将符合其自身统治需要的朱子学奉为上宾，因而不再需要佛教的辅佐，但作为一个历史久远的传统宗教又不可能一举消除，更何况用之有益。日本近世佛教的宗教功能萎缩和碌碌无为，又是江户时代社会长期稳定的至关重要的因素之一。正是被招安后的唯命是从，成为日本近世佛教失格而陷于尴尬境地的历史要因。近世佛教的失格，又是明治政权初期废佛毁释运动的诱因。废佛毁释风潮虽然历时短暂，但却使近代佛教不得不保持低调，延续了近世对权力顺从的性格基因，因而顺理成章地成为龟缩于天皇制政府卵翼之下"翼赞宗教"的卑微地位。①

（作者：赵德宇，南开大学日本研究院教授）

---

① 正是对近代天皇的绝对服从，使得曾师从明清赴日高僧的日本佛教界，异化为支持近代日本对华侵略战争的精神助力。这是非常值得研究的历史课题，有待今后继续探讨。

臻于至善　精益致远
——李卓先生日本社会文化史研究述评

程永明

谈及自己的日本史研究学术生涯，李卓先生总会提及自己的恩师吴廷璆先生，在吴先生的学术指导下，李卓先生于 1985 年完成的硕士论文《论乡户》，是为李卓先生"研究日本家族制度的开端"。①此后，李卓先生综合运用历史学、社会学、伦理学、法学、人类学等多学科理论，致力于日本家族问题的研究，勤奋耕耘、著述甚丰。在近 40 年的学术生涯中，先生以"日本家族制度"这一研究为基干，不断"开枝散叶"，其研究成果涉及日本女性史研究、中日文化比较、日本皇室研究、女子教育、古代贵族制度、日本对外侵略战争、家训研究、企业经营等诸多专题史研究，终成"日本社会文化史研究"这棵"参天大树"。

一、关于日本古代史的相关研究

李卓先生的研究生涯开始于日本古代史的研究，而其关于日本古代史的研究，始于对日本氏姓制度的研究。早在 1985 年，李卓先生就在《氏姓制度与日本社会》（《史学月刊》，1985 年第 5 期）一文中指出，氏姓是古代日本的社会组织和政治制度。它以氏区分贵族血统，以姓鉴别等级高下，维是持统治秩序。了解氏姓制度的原委，是揭示日本历史乃至日本社会特点的一个重要方面。

氏是职业、世系的标志，姓是贵族身份的象征。氏与原始社会自然发生的氏族有着本质不同，它是贯穿了奴隶制，体现了父家长制统治，又保留了血缘关系的混合体，是大和奴隶制国家的社会组织，也是日本自阶级社会形成至大化改新前的社会基本单位。姓基于氏产生并服务于氏，它与中国古代用以区分血统和作为婚姻关系依据的姓大相径庭，"其姓氏者为人之根本"②，是表示贵族身份尊卑、等级高低的标志。氏姓制度对于扩大统治基础，维护朝廷利益曾起到一定作用。但随着时间的推移，氏姓制度及其一系列特权，逐渐形成了天皇统治的离心力量。在朝廷式微、皇权旁落、朝野上下结党成派的情况下，氏姓制度再无存在的基础和必要。

在论及氏姓制度的历史渊源时，李卓先生指出，日本作为阶级社会的迟到者，跳跃式历史进程固然缩短了它与先进国家的距离，却难免将旧制度的残余匆匆带入新的社会结构之中。而岛国的地理隔绝性又致使牢固的氏族观念与氏族组织从未受

---

① 见李卓：《家族制度与日本的近代化》"后记"，天津人民出版社，1997 年，第 276 页。
② 《令义解》国史大系本，第 39 页。

臻于至善　精益致远——李卓先生日本社会文化史研究述评

到过剧烈冲击，从而使其得以在较长时间里保持了生命力。而其得以存在的经济基础则是日本奴隶社会实行的一种集团式统治——部民制，当部民制瓦解之时，也就是氏姓制度的末日。

李卓先生在此基础上进一步对部与部民进行了研究，在《部、部民及其区别》（载于《外国问题研究》，1986 年第 2 期）一文指出，作为认识大化改新前日本社会的一把钥匙[1]，学界关于部民及部民制的研究着墨颇多，但对部——部民出现的前提以及二者的区别则鲜有研究。

李卓先生进一步指出，氏姓制度尽管泯灭，但日本人喜欢结群的传统习惯却一直保留至今，那就是把集团的利益作为处理人与人之间关系的最高准则，这种"集团主义"立足于家族主义，而氏姓制度则是其根源。关于这一点，李卓先生从日本社会犹如一个大家庭，家长就是天皇，天皇是这个家族国家一切道德的根源；日本人非常注意小集团的利益，无论是在公司还是企业中，阶级关系始终被"家"的观念掩盖着；在家族式的社会内，渗透着森严的等级制和浓厚的门阀观念这三个方面，论述了当今的集团主义、家族主义与氏姓制度的渊源关系。

另外，李卓先生还认为，作为大和国家社会基本单位的氏集团，也成为了大化改新之后作为户籍单位的乡户的母体。关于乡户的研究，李卓先生撰写有《论乡户》（载《日本研究》，1986 年第 2 期）。该文指出，日本在大化改新后，对中国的政治、经济制度乃至风俗文化几乎无所不学。通过编户造籍来控制公民的作法原出于对中国的模仿，但是作为户籍单位的乡户则与中国的家庭形态大相径庭。李卓先生认为乡户的主要特点是：第一，乡户是包含广泛血缘亲属关系的大家族，成员有户主、户主配偶、户主直系亲属、户主旁系亲属以及寄口与奴婢等。血缘范围广，人口多，呈现多层次的结构。第二，乡户虽是户籍单位但不是农业生产单位，在乡户主的负责之下由房户分别进行内部经营，国家也不得不在一定程度上承认了房户具有某种独立的经济，房户是生产单位却无法律权力的特殊的经营方式。第三，户籍关系掩盖阶级关系。总之，李卓先生对于乡户的特点总结是五个字——"复合大家族"。复合二字兼有单婚小家庭的结合、广泛血缘关系的结合和不同阶级成员的结合等多种含义，以这种大家族为国家统治的社会基本单位，在世界历史上绝无仅有。乡户及房户的出现，绝不是在大化改新后短短几十年内才出现的，而是氏瓦解，

---

① 王金林：《日本古代部民的性质——兼论日本未经历奴隶制社会》，《历史研究》，1981 年第 3 期。

家庭发展长期演变的结果。

李卓先生进一步指出，乡户的本质特征父家长制的实行。一是体现特定社会关系的父家长制家族，一是存在于许多国家（尤其是东方国家）历史上的社会现象——父家长制度，二者既有联系，又不相同。作为体现特定社会关系的父家长制家族是社会发展一定阶段的产物，是父系氏族社会的基本细胞，这个大家族是许多小家庭的结合体。而作为社会现象而存在的父家长制伴随着父家长制大家族的产生而产生，却未与它一起寿终正寝，而绵亘存在于整个奴隶社会与封建社会，只不过是它的次生的、再次生的形态罢了。

最后，李卓先生指出，任何社会形态中的生产力与生产关系都是一个复杂的结合体。乡户这种封建大家族构成了律令国家的社会基本单位，但并不意味旧制度的残余已被彻底廓清，氏族制度、父家长制度、奴隶制度都以其残余形态继续存在着，这就是日本封建社会的特征。

二、关于日本家族制度的相关研究

李卓先生从 20 世纪 90 年代初期即开始关注日本家族制度研究，数十年来笔耕不辍，相继撰写了数十篇论著，《家族制度与日本的近代化》（天津人民出版社，1997 年）是先生关于日本家族制度的"集成"，可谓国内"日本家族制度研究第一人"。

（一）关于家与家庭方面的研究

家族的缩影是家庭，而家庭的缩影则是家。李卓先生有诸多论著是关于日本家与家庭的相关研究。早在 1993 年，李卓先生即指出："日本人的政治生活、精神生活乃至经济生活都被置于'家'的观念的束缚之下，可以认为，近代以来日本的成功与失败，都与日本传统家族制度及家族道德有密切关系"。[1]

对于日本传统的家族制度，李卓先生的定义是，"所谓日本传统的家族制度，是指在家族结构、家族道德等方面都具有本国的特点的家族制度，它在幕府时代产

---

① 李卓：《日本传统家族制度与日本人家的观念》，《世界历史》，1993 年，第 4 期。

臻于至善　精益致远——李卓先生日本社会文化史研究述评

生并不断巩固，在德川时代达到顶峰。明治维新之后，《明治民法》的制定，给它注入新的生命力，这种曾经盛行于武家社会的封建家族制度被推行于全体国民，成为此后一直到 1945 年战败为止日本国民家族制度与家族生活的准则"。而其最具特色之处，李卓先生将其归结为重"家"而轻个人；重家名而轻血缘；日本家族道德中的孝与恩三点。

（二）关于家族制度与日本近代化方面的研究

李卓先生在 20 世纪 90 年的研究成果，基本上都是围绕日本的家族制度与日本的近代化这一课题展开的，不仅相继撰写了十余篇相关论文，并于 1997 年作为博士学位论文的最终成果，出版了《家族制度与日本的近代化》（天津人民出版社，1997 年）这一总结性研究成果，这一研究成果也充分展示了李卓先生关于家族制度与日本的近代化方面深入而扎实的研究。

首先是关于家族主义的研究。从幕府政治视角，李卓先生在《略论家族主义的幕府政治》（载于《日本学刊》，1996 年第 3 期）一文中指出，日本独特的武家政治染有浓厚的家族主义色彩。以幕府成立为标志的武家统治，表面上是公家与武家政权长期并存，但以将军或执权为首的武士阶级操纵了全国的政治实权，无论是哪一个幕府，实不过是将军（或执政）一家统治的天下，犹如父家长统治的家族一样。李卓先生进一步指出，这种家族主义幕府政治的历史渊源便是"古代氏族制度的复活"。从企业家族主义经营的角度，李卓先生先后撰写了《试论近代日本企业家族主义经营的形成》（载于《天津社会科学》，1994 年第 5 期）、《近代日本企业家族主义经营的原型——德川时代的商家经营》（载于《现代日本经济》，1995 年第 4 期）两篇论文。

所谓家族主义经营，李卓先生的定义是把企业这种机能集团类比为家族血缘集团，最高经营者社长、厂长就是家长，所有从业人员都是家庭一员，职工与企业是相互依赖的"命运共同体"。在这个大家庭中，模拟的家族关系掩盖了阶级关系，只有经营者与从业员之称，而无资本家与工人之分。这种模拟家族关系在企业中的运用，直接表现为职工对企业的忠诚依赖和对集体利益的追求。日本企业家族主义经营的主要内容便是雇佣关系上的终身雇佣制、工资制度上的年功序列制、生活保障上的企业内福利制以及劳资关系中的家族主义意识形态。而上述内容无疑成为了日本在明治维新后迅速实现经济的近代化和战后经济高速发展，并在国际竞争中取胜的关键因素。

而上述日本企业中的家族主义经营，李卓先生的研究认为其是日本传统家族制度的产物，即在德川时代的商家经营中，家族主义经营便已成为普遍的习惯。同族经营、终身雇佣的思想不仅是德川时代商家经营的精髓，而且也为后来家族主义经营的形成提供了现实的基础。可以说，德川时代商家的同族经营传统既是近代企业家族主义经营的原型，但又有所区别。前者体现了封建的家族制度原理，而后者则是受资本原理支配的模拟的家族制度的原理。李卓先生更进一步指出，正是德川时代的经营传统在被抛弃殆尽后，又被重新认识从而运用到近代企业经营中去的。被重新拾起已被抛弃的德川时代商家的家族主义经营思想，将传统的家族制度与家族道德导入企业管理，用家族式的温情主义来掩盖对工人的赤裸裸的剥削。德川时代商家经营思想的"回归"，使商家的家族体制及经营传统被近代日本人继承和发展，从而形成了独具特色的经营体制，在近代以来日本经济发展中发挥了重要作用。

（三）关于家族国家观方面的研究

对于大多数日本人来说，"家"既是他们赖以生存的物质的存在，也是他们终生为之奋斗并终生受其辖制的精神的存在，它基于血缘而成又不唯血缘，"家"的利益至高无上，成员个人微不足道。在家的观念下，日本人的家族结构往往以超现实、超血缘、超阶级的"复合大家族"的形态出现，所以极易被利用和扩大，从而服务于某种目的。

其中最为典型的便是国家伦理中的"君臣一家"和企业道德中的"劳资一家"与"企业一家"。所谓"君臣一家"是近代日本统治者极力鼓吹的家族国家观的核心，它利用传统的"家"的原理，将国比拟为家，将君臣关系比拟为父子关系，是直到战败为止日本统治阶级控制民众的有力工具。

对于家族国家观，李卓先生先后著有《近代日本家族国家观浅析》（载于《日本学刊》，1992年第4期）及《家族国家观——近代日本政治的误区》（载于《天津社会科学》，1996年第6期）两篇论文。

李卓先生指出，所谓家族国家观就是将政治权力与家族父子关系等同起来，实现了天皇（君主总家长）对国民（臣民、家庭成员）的统治的国家伦理观，它是在

臻于至善　精益致远——李卓先生日本社会文化史研究述评

传统的家族制度基础上派生出来的，因此家族关系中必须遵循的一切伦理道德同样适用于国家关系中。李卓先生认为，明治维新后有两大事件为家族国家观的形成推波助澜，一个是"民法典论争"，一个是《教育救语》的制定。"民法典论争"是家族主义意识形态的充分暴露和表演，通过这场论战，不仅奠定了传统家族制度在日本近代史中的法律地位，也奠定了家族国家观的理论基础。而《教育救语》的制定，则标志着家族国家观的形成。李卓先生指出，鼓吹国就是家，家就是国，将国作为家的扩大以及鼓吹忠孝伦理道德是其主要特征。

日本在第二次世界大战中的失败，宣告了家族国家观的彻底破产，"君臣一家"受到唾弃，而"企业一家""劳资一家"则经过改头换面被保存下来，形成堪称"日本式经营"的现代经营管理方式的核心。日本企业的经营管理者巧妙地运用日本人的家族传统与家族道德，将战前日本人的"一切为了家"的观念和家族主义经营传统移植到现代企业的经营管理中，把职工的利益与企业的利益紧紧联系在一起，使劳资之间结成"命运共同体"，人们将它称作"集团主义经营"或"公司主义经营"，被誉为战后日本经济高速发展、在国际竞争中以优取胜的"秘诀"。

（四）关于日本家训方面的研究

从研究日本家族制度时，李卓先生便一直对日本的家训非常关注。并相继撰写了《日本家训浅论》（载于《南开学报》，2002 年增刊）、《从家训看日本人的节俭传统》（载于《日本学刊》，2006 年第 4 期）、《家族伦理在日本现代化进程中的作用——兼谈对中国家族伦理的反思》（载于《世界近现代史研究（第三辑）》，2006 年 9 月）以及《日本家训的基本特征》（载于《山西大学学报》，2009 年第 1 期）等多篇论文。上述论文指出，以家训治家是中国传统家族文化中的显著特色，也是东邻日本在吸收中国文化过程中积极借鉴和模仿的内容之一。然而，日本的家训在存在范围、训诫对象、编撰风格、功能作用、内容侧重、发展趋势等方面明显有别于中国的家训，体现了日本家族结构与社会结构的特征。首先，李卓先生认为日本的家训肇始于皇族与贵族社会，发达于武家社会和町人社会，存在于皇室、贵族、武家、商家、农家各个社会阶层。从对后世的影响而论，则以武家家训与商家家训最具典型性。并从训诫对象超越血缘、编纂风格简单随意、齐家治世融会贯通、治家传家重在实用、延续存于近代社会等方面对日本家训的基本特征进行总结和分析。

在此基础上，李卓先生还专门撰有《日本商家家训及其基本精神》（载于《现代日本经济》，1997 年第 2 期）、《日本企业的社是与社训》（载于《当代亚太》，2006 年第 12 期）对比较典型的日本商家家训及其在现代社会的延续做有专门研究。

除本人对日本的家训开展有深入研究外，李卓先生在培养博士研究生时关于日本家训研究的选题规划和设计，更是体现出先生对日本家训的格外重视。在其学术指导下，先后有博士研究生完成了有关日本武家家训、商家家训、女子家训、蒙学读物等研究领域的博士学位论文，作为该方面的成果集成，李卓先生与诸弟子共同著有《日本家训研究》（天津人民出版社，2006 年）。

（五）关于中日家族制度的比较研究

在谈及日本家族道德中的孝与恩时，李卓先生指出，对于父母的孝是中日两国家族道德的核心，但是比较起来，日本的"孝"与中国的"孝"在内容上又不完全相同。在中国的孝道中，单方面强调亲权，要求子女绝对服从父母，而在日本的孝道中，还有"恩"的内容，即子女的孝就是报父母的恩，孝是以恩为前提的。这方面，李卓先生先后主编有《日本文化研究——以中日文化比较为中心》（中国社会科学出版社，1998 年）、《传统文化与家族文化——中日比较研究》（天津人民出版社，2000 年）。并撰写有《古代中华制度文明在日本的结局——中国文化对日本影响的再认识》（载于《东北亚学刊》，2012 年第 1 期）等论著。

三、关于女性史的相关研究

女性史研究是社会文化史的重要组成部分，关于日本女性史及其与中国的比较研究，也是李卓先生研究的一大学术贡献。

早在 20 世纪末，李卓先生就撰文对日本妇女社会地位的演变进行了分析研究（《日本妇女社会地位的演变》，载于《日本研究》，1998 年第 1 期）。在该文中先生指出，在日本历史上，古代日本女性拥有较高的社会地位，除了女性一直是生产活动中的主力这一原因外，最主要的还在于日本在进入阶级社会之后，仍然长期保留着母系制的残余。其突出表现就是长期流行招婿婚。直到武家社会形成之前，

臻于至善　精益致远——李卓先生日本社会文化史研究述评

女性都曾有较高的社会地位。在此之后，随着婚姻形态的变化和封建家族制度的形成，才逐渐丧失了她们昔日的辉煌。明治维新后，近代教育的普及虽然造就了大批有知识的妇女，而人们注重和社会提倡的女性形象只是"贤妻良母"，女性仍然处于受压迫的地位。这种不平等的状况直到战后才得到根本改观。

对于明治维新后日本妇女地位所发生的变化，李卓先生以岛崎藤村的《家》对女性形象的描写为中心进行了重点剖析（见《从岛崎藤村的〈家〉看明治后期的日本女性形象》，载于《日本问题研究》，2014 年第 2 期）。先生结合明治后期的时代背景特征，将该长篇小说中的各种女性形象总结为"贤良型"知识女性、"屈从型"传统女性、"谋生型"劳动女性和"卖身型"贫困女性四个层次，展现了明治后期在社会转型时代不同层次女性的不同命运。先生认为通过这些女性形象可以了解当时日本女性的生活状况与社会处境，进而了解她们的社会地位。

李卓先生继而通过多篇论著，对上述"贤良型"女性以及良妻贤母观进行了重点研究。在《近代日本女性观——良妻贤母论辨析》（载于《日本学刊》，2000 年第 4 期）一文中，先生指出日本人虽继承了中国儒家"男尊女卑"的思想，但"女子无才便是德"的观念却没有在日本生根。相反，女子教育在一定程度上受到提倡。明治维新后，由于文明开化运动的影响和西方文化的传入，使人们认识到进行女子教育、提高母亲素质的重要性。从中村正直的"造就善良的母亲说"到森有礼的培养"良妻"和"贤母"的女子教育观，构成了日本近代新的女性观即"良妻贤母论"的起源。而甲午战争后对女子教育普及差距的认识以及战争胜利刺激下女子就业机会的增加，使日本的女子教育进入迅速发展时期。1899 年 2 月日本政府颁布的《高等女子学校令》，更是标志着培养"良妻贤母"已经成为国家公认的女子教育理念。对此，先生认为，良妻贤母思想的出现并不是偶然的，它是畸形的日本近代化的一个矛盾的产物。良妻贤母思想的根本出发点还是从传统的家族道德出发，从男性社会的需要出发，把妇女限制在家庭内，置妇女于不平等的地位，实际上不过是男尊女卑的封建女性观在新的社会条件下的翻版。但与此同时，女性家庭地位的提高、女子有与女子平等的受教育权利、体现为近代国家国民的自觉等积极意义也是不可忽视的。

在上述日本良妻贤母观研究的基础上，先生进一步将其与中国的贤妻良母观进行了比较研究（见《中国的贤妻良母观及其与日本良妻贤母观的比较》，《天津社会科学》，2002 年第 3 期）。先生指出中国的贤妻良母观体现为日本良妻贤母观对中国的"逆输入"。中国虽早有"贤妻""良母"或曰"良妻""贤母"之类的提法，但其标准在中国史籍中却很难找到明确的答案。"贤妻良母"是首先由日本人作为女子教育理念提出来，并由日本"逆输入"到中国的。而"女子无才便是德"的传统观念以及中国近代女子教育尤其是官办女学的迟缓，导致中国的女子教育普及较日本落后 80 年以上，也造就了两者不同的命运。对此，先生认为近代以来的贤妻良母观虽然是受日本的影响而产生，但是从来就没有知识和教育的内涵，这是中国的贤妻良母观与日本的良妻贤母观的根本区别。进而，先生又撰文《"良妻贤母"与"贤妻良母"的不同命运——近代中日女子教育比较》（《载于《日本学论坛》，2007 年第 1 期），通过对前近代和近代中日女子教育的比较，进一步验证了自己的观点，那就是"学"与"不学"是日本良妻贤母与中国贤妻良母的根本差异所在，同时先生还指出，从这个意义上说，近代日本"良妻贤母主义"的女子教育是值得我们研究并借鉴的。

　　为此，先生专门相继撰文对日本近代的女子教育进行了专题研究。《大隈重信近代女子教育思想研究》（载于《天津师范大学学报》（社会科学版），2017 年第 4 期）一文指出，大隈重信是日本近代著名的政治家和教育家，他一生积极参与日本的各项改革，并致力于女子教育事业。他的女子教育理念具有保守性和进步性的特点。他倡导社会赋予女子权利，让女子接受高等教育、学习实业知识并做丈夫的贤内助，推崇一夫一妻制，反对自由恋爱，反对一切动摇以家族制为根本的女权思想。大隈重信的女子教育论，体现了近代日本女子教育的矛盾性，但其用发展的眼光看问题，具有进步意义。另外在《近代日本女子教育发展原因探析》（《南开学报》（哲学社会科学版），2012 年第 2 期）一文中，先生指出，日本作为率先实现近代化的亚洲国家，与其教育事业尤其是女子教育的发展具有密切联系，并从江户时代平民教育机构——寺子屋已经把女性作为教育对象，为明治以后女子教育的普及奠定了良好的基础；明治维新后女子教育经历了曲折发展过程，从最初模仿欧美国家脱离实际，转而根据本国国情，扎实发展；民间办学是官办女校的重要补充，公私并举的双轨制教育体系与男女双轨制学校体系促进了私立学校发展，民间办学热情是近代女子学校发展的动力；培养良妻贤母的目标使女子教育得以立足等方面，对近代日本女子教育发展的原因进行了深入剖析。

臻于至善　精益致远——李卓先生日本社会文化史研究述评

四、关于天皇及皇室的相关研究

李卓先生还有部分论著涉及对日本天皇及皇室的研究。如李卓先生以"习谷"为笔名发表了《日本皇室的菊花章》（载于《现代日本经济》，1989 年第 2 期），可视为先生专门论述天皇与皇室的开始。该文论述了菊花纹章是如何被确定为皇室象征的历史过程。随后，李卓先生相继撰写了有关日本女帝的两篇文章，即《日本历史上的女皇》（载于《历史教学》，1990 年第 2 期）和《日本历史上的女帝》（载于《日本研究》，1990 年第 3 期）。两文同时指出，从公元 6 世纪末到 18 世纪的 1000 多年中，曾经有十代、八位女皇（其中两人两次即位）出现在日本历史舞台上。李卓先生指出，"若从第一个称帝的推古女皇算起，日本女皇的出现要比中国的大周皇帝武则天称帝的时间（690）早 98 年，亦在朝鲜新罗第 27 代国王暨第一代女王善德女王（632—647 在位）登基之前①。对于日本女帝较多的原因，李卓先生认为首先源于日本在原始社会的女性崇拜，日本古代国家成立后女子一直具有较高的社会地位，在婚姻形态上也盛行从妇居式的访妻婚；其次还在于日本古代国家内保存了大量氏族制度的残余，在皇位继承制上体现为以兄终弟及占主导地位，而在受大陆文化的影响后，逐渐向父子继承制转变，在后继天皇年幼不能马上即位之时女性以皇后或准皇后身份起中继作用。总之，女皇的出现，乃是直系的父子继承制的一种特殊表现形式，并维护了这一原则。女帝中的推古天皇积极推动了圣德太子的改革，而持统女系对律令制的完成做出了积极的贡献。

经过幕末的"尊王攘夷"和倒幕运动，天皇重新回到日本政治舞台。明治维新后，为建立中央集权的近代天皇制国家，明治政权需重振天皇与皇室权威。对于该问题，李卓先生撰写有《明治时代天皇权威的重建》（载于《四川大学学报》2016 年第 6 期）一文指出，明治政权采取了重塑天皇与皇室在官民中的形象、让天皇重归民众视线、大力扩充皇室财产等一系列措施，致力于消除以往天皇被排除在政治中心之外、穷困潦倒所带来的负面影响。并指出在短短二十几年时间，明治政权从政治、社会、经济等各方面把权力式微的千年皇室与原本文弱的明治天皇打造成实实在在的日本最高统治者，使其成为了日本近代史的核心。

---

① 李卓：《日本历史上的女皇》，《历史教学》，1990 年第 2 期。

此外，有诸多论著是围绕皇位继承及天皇退位问题展开的，而这方面的研究也体现了先生作为日本社会史研究的学者对现实问题的关注。2016 年 7 月 13 日，日本 NHK 电视台披露明仁天皇意欲退位这一爆炸性的信息，随后的 8 月 8 日，明仁天皇通过电视讲话，向民众委婉传递了退位的意愿。李卓先生迅速以《日本问题研究》为平台，以特约主持人的身份组织了"天皇制专题研究"这一专栏，并亲自撰写了《日本的皇位继承制度与<皇室典范>》（载于《日本问题研究》，2016 年第 6 期）一文。李卓先生认为，日本皇室是世界上历史最悠久的皇室，是日本传统与文化的核心承载者。明仁天皇提出退位愿望，不是单纯、孤立的事件，而与战后日本民主改革乃至明治维新都有密切的关联，而日本政府、尤其是安倍政权长期以来对皇室继承危机的不作为态度，或是引发明仁天皇以退位求得危机解决的根本原因。在该文中，李卓先生认为，《皇室典范》是基于宪法制定的天皇皇位继承等有关皇室事务的法律。明治时代出于建立天皇专制主义政权的需要，于 1889 年颁布的《皇室典范》结束了皇位继承混乱无序的历史，作为与宪法具有同等效力的最高法规，确立了天皇至高无上的地位。第二次世界大战结束后，根据新宪法制定的新《皇室典范》，天皇的地位和性质发生了本质变化，但在皇位继承制度方面依然沿袭了明治《皇室典范》的基本原则。这一战后改革不彻底的后果，束缚了皇室的发展，也是当今日本皇室出现继承危机的根源。同时，李卓先生还发表了《明仁天皇"退位"的法律制约与现实困境》（载于《东北亚学刊》，2016 年第 6 期），从皇室陷入皇位继承危机、改革皇室制度的法律制约、"退位"面临的现实困境三个方面进行了分析。

随着日本第 125 代天皇明仁于 2019 年 4 月 30 日退位，平成时代落幕，李卓先生又相继撰写了《天皇退位：千年皇室传统的回归》（载于《世界知识》2019 年第 8 期）、《天皇退位的历史与现实》（载于《日本学刊》2019 年第 2 期）两篇论文。从古代皇位交替以退位为主、近代皇室制度的确立及对退位的否定以及"特例法"与天皇退位传统的回归三个方面的研究，指出日本皇室是世界上传承最久远的皇室。对于日本国民来说，千年皇室宛如完成了历史的穿越，"退位""上皇"等早已陌生的词汇突然回归现实，在相隔两个世纪之后再次进入天皇与上皇同在的时代。围绕对天皇退位的关注与争论，不啻于一场对日本传统文化的回顾与历史知识的普及。

此外，李卓先生还撰写了诸多关于日本社会史、文化史方面的综合性论著。今

臻于至善　精益致远——李卓先生日本社会文化史研究述评

年，恰逢先生荣退，回顾先生从事日本社会文化史讲学与研究的 40 年历程，学生认为先生之研究有如下几方面的特点：其一是勤勉学问，笔耕不辍。近 40 年来，先生出版有近 10 部专著、百余篇学术论文，并有多部主编和译著，可谓著作等身。作为女性学者，自然更多地承担着家庭劳务、子女教育的重任，也更多地承担着孝敬和照顾老人的孝道，先生能有如此学术成就，实为后辈学习、效仿之楷模。其二是中日交融，古今贯通。先生不仅在有关日本家族制度研究、日本社会史研究方面著述颇丰，且关于中日比较的研究类成果也为数不少。同时，尽管以日本古代史和社会史为专，但对现实问题和当代问题也不落人下，充分体现了先生治学的问题导向与时代意识。其三是学风严谨，精益致远。先生的教学态度、治学风格以及学生指导都甚为严谨，充分体现了南开史学"惟真惟新，求通致用"的优良传统。其四是语言优美，学文并重。先生的论著，虽为学术研究，但精于用语的仔细推敲与精心的文字打磨，显得其文字语言十分精美，这也充分反映了先生扎实的文字功底，体现了"学问"与"文学"的并重。

（作者：程永明，天津社会科学院日本研究所研究员）

放眼世界究东瀛历史之变　立足中国探日本文化之基

——赵德宇教授与日本文化史研究

瞿　亮

放眼世界究东瀛历史之变　立足中国探日本文化之基

2021 年 3 月，赵德宇教授于南开大学日本研究院光荣退休。值此之际，回顾总结赵德宇教授近 30 年来在日本史领域的教学、科研方面的业绩，赞其贡献、传承后学，很有必要。赵德宇教授长期致力于日本文化史、中日文化交流史领域的探索，在继承南开大学吴廷璆、武安隆、王家骅等前辈扎实探究幕藩体制与近代日本[①]、日本摄取外来文化论[②]和中日儒学比较[③]的基础上，在中日西学比较、近世至近代日本文化变革、日本文化多重结构分析等方面开辟出既扎实立足于历史事实，又独具见解的研究路径，培养了数多在该领域继续深入探索的学生，推动了中国的日本史尤其是文化史研究朝着具有横向比较视野与纵向历史深度的方向发展。赵德宇教授为南开大学日本研究院发展做出的积极贡献值得铭记，他放眼世界、立足中国的学术特色亦值得推广和发扬。

一、以西学东渐比较为径　探究两国近代化的历史动因

在知识分子回城热和恢复高考的时代大潮下，赵德宇教授抓住机遇于 1979 年进入南开大学历史系学习，当时的南开大学历史系群贤云集，他深受美国史领域的杨生茂先生、明清史领域的南炳文先生、日本史领域的吴廷璆、武安隆、王家骅先生启发，在具备了扎实的中外历史基础下，立志涉足中日现代化和对外开放的先声——西学东渐史。

改革开放之初，知识界掀起的最大涟漪莫过于"西学热"与"文化热"。"文革"刚刚结束，对于本土问题的焦虑，知识界开始转向西方寻求思想资源。商务印书馆的汉译世界学术名著丛书系列在国家政策的主导下一直致力于马克思之前的古典哲学的译介。知识人在现实与历史的碰撞下求索前近代东西方对接时失之交臂的原因。汤一介、李泽厚、朱维铮等文化研究者分析了中国接受西学的历程、阶段及问题点，而 80 年代史学界对于明治维新的研究热潮，也将关注点放在了日本吸收学习外来文化的特质上，"许多国家，其中包括中国和日本，都曾对这个西来之学，这个西来的有广泛意义的影响力，开门又关门，关门之后又重新打开。有的改造出自上层，看来比较主动；有的是在内外交困之下终于被迫走上改造的道路……

---

① 吴廷璆：《百年南开日本研究文库——日本史通论》，江苏人民出版社，2019 年。
② 武安隆：《百年南开日本研究文库——日外文化交流史论》，江苏人民出版社，2019 年。
③ 王家骅：《百年南开日本研究文库——日本儒学史论》，江苏人民出版社，2019 年。

这个改造过程以及在这个过程中的矛盾、斗争、波澜起伏，应当是历史发展为世界历史的一个必须研究和说明的主题。这是迄今为止世界历史上最重要的横向发展的主题"①。属于东亚儒家文化圈的中国与日本，步入近代早期之前亦存在与西洋文明对接的相同境遇，但最终二者近代化却走上了不同道路，中国是在抵抗西洋近代化中逐渐找寻主体性，而日本则是在接受西洋文明中波动起伏丧失了主体，②导致二者产生如此巨大差别的原因，当时中国日本史学界吕万和先生已有涉足但没有继续展开，受武安隆先生、吕万和先生启发与激励，赵德宇教授对这一问题怀着执着追寻的态度进入到其学术生涯的早期探索。③"中日两国近代走上不同的道路，固然有诸多历史原因，但两国近代前夕西洋学水平的差异及由此产生的历史影响应该是极其重要的，甚至是起决定性作用的因素之一。鉴于历史自身发展的这种连续性，本书把目光延伸到前近代中日两国与西方接触的历史阶段，即对两国的西洋学史作一考察。这不仅因为它们在时间上是两国不同近代史的源头，还因为它们将涉及科学技术在历史发展中的重要作用这一理论问题"④。

　　值得注意的是，赵德宇教授并没有仅以某一个文明为中心，而是在站在全球化早期各文明相互交流与共同发展的角度，对早期传教士和中日早期西学予以客观论述。他结合史实分析了耶稣会士在中日两国采取与其在美洲传教士的文化入侵者姿态不同，"他们并没有在其他国家那样居高临下的主人心态，相反，他们非常尊重并努力学习传教地的文化……耶稣会将一批又一批传教士派来远东，在传播天主教的同时，也把西方科学传入中国和日本……东来传教士多为受过良好教育并具有真才实学的耶稣会士中的佼佼者，其中有天文学家、地理学家、数学家和哲学家……正由于耶稣会士们的上述特点和他们执着精神，才使这次历史上的文化传播和交流延续了近 200 年"⑤。文化的交流是推动文明进步的重要途径，斯塔夫里阿诺斯分析美洲、非洲、大洋洲地区的原住民受到西洋近代文明冲击时毫无还手之力时谈到，

---

① 吴于廑：《世界史学科前景杂说》，《吴于廑文选》，武汉大学出版社，2007 年，第 39 页。

② 参见〔日〕竹内好：《近代的超克》，生活·读书·新知三联书店，李冬木、赵京华等译 2005 年；孙歌：《主体弥散的空间》，江西教育出版社，2002 年；〔日〕沟口雄三著：《作为方法的中国》，孙军悦译，生活·读书·新知三联书店，2011 年。

③ 赵德宇：《西学东渐与中日两国的对应——中日西学比较》，世界知识出版社，2001 年，第 326—327 页。

④ 同上，序言第 2 页。

⑤ 赵德宇：《西学东渐与中日两国的对应——中日西学比较》，世界知识出版社，2001 年，第 9 页。

放眼世界究东瀛历史之变　立足中国探日本文化之基

由于缺乏文明之间的交流，致使这些地区的技术、思想和制度尚且处于较为原始状态，相反，亚欧大陆诸国能够形成长久且持续的抵抗，亦因为此前多次文明间交流推动其社会进步。①

吴于廑分析推动世界历史的发展要素时也强调了各文明间横向交流所其起到的积极作用，"所谓世界历史的横向发展，是指历史由各地区间的相互闭塞到逐步开放，由彼此分散到逐步联系密切，终于发展成为整体的世界历史这一客观而言的……到了 15、16 世纪，资本主义在西欧萌芽滋长。随着地理大发现、西方国家的海外殖民扩张以及世界市场的形成，过去长期存在的各国、各地区、各民族间的闭关自守状态才在越来越大的程度上被打破，整个世界在经济、政治、文化等各方面也才逐步形成密切联系的、互相依存又互相矛盾的一体"②。作为地理大发现之后最为重要的文化交流之一的西学东渐，从全球化角度而言，对于近代知识传播与人类认知领域的突破无疑具有积极意义，赵德宇教授将耶稣会赴中日两国的传教士视为文化传播使者具有世界性眼光。

在分析西学初次在中日两国际遇时，赵德宇教授从传播者与吸收者的双重视角诠释耶稣会在东亚的意义。日本的耶稣会士把信仰与物资文明渗透至大名与信众，使安土桃山时代"南蛮文化"曾一度风行于西日本地区，造成了南蛮科学的缓慢发展，③但由于教义与势力威胁统治秩序，触发了包括丰臣秀吉、德川家康、德川家光在内日本统治者的排斥与镇压。"天主教教义、教规动摇了作为日本集权统治系统主干的忠君思想、主从关系、家族制度等国风伦理，成为与日本统治者正法对立的异端……禁教悲剧是被视为异端的天主教思想及其追随者与日本当政者政治哲学对立的必然结局"④。虽然天主教教义与日本传统文化的疏离致使日本采取极其残酷手段禁教锁国，但赵德宇教授肯定了"南蛮文化"为日本带来近代天文地理知识、外科医术，"南蛮科学真是日本迈向近代科学的桥梁，这一时期输入的西方外科技术，地图、地球仪、天文仪器等为江户时代中期兴起的旨在吸收欧洲近代科学的兰学准备了物质手段。更为重要的是，南蛮科学培育了日本人的实证精神和朴素

---

① 〔美〕斯塔夫里阿诺斯著：《全球通史》下，吴象婴、梁赤民译，上海社会科学院出版社，1999年，第 2—8 页。
② 吴于廑：《世界历史——<为中国大百科全书·外国卷>作》，《吴于廑文选》，武汉大学出版社，2007 年，第 48—49 页。
③ 参见赵德宇：《试论南蛮文化》，《世界历史》,1996 年第 1 期，第 75—77 页.
④ 赵德宇：《西学东渐与中日两国的对应》，世界知识出版社，2001 年，第 42 页。

的唯物主义世界观，它为兰学的兴起建立了科学研究的认知论基础"①。但总体而言，在这一时期的日西文化接触中，天主教信仰占据了主导地位，而携带进日本的西洋科学技术毋宁说是副产品。

而在华传教士则令教义中国化，赴中国的耶稣会士利玛窦、艾儒略等人采取了尊重传统儒家文化与传播科学的手段，这得到徐光启、李之藻、孙元化等朝廷官员甚至康熙皇帝的青睐，但中国方面则主要关心的是科学技术而非对天主教信仰，"耶稣会士对中国所产生影响的主要方面在于西方的科学技术"②，"耶稣会士强调的是天学高于科学，而中国士大夫们和明末清初历代皇帝把这个次序颠倒过来，将摄取西方文化的重点定位在西方的科学技术，对西方文化的取舍做出了正确的选择"③。由此可见，赵德宇教授并未因明治维新的迅速近代化成就而刻意拔高在日本统治者对待南蛮文化的心态与策略，也没有因洋务运动、戊戌变法屡屡因为"中体西用"而否定中国士人与统治者在吸收早期西学时的积极与理性态度，这种置于具体语境的"知识考古"尝试难能可贵。④

而到论述江户时代对待西方文明时，赵德宇教授则从制度体制、社会响应和个人努力三个方面进行了立体性解读。他指出虽然自德川家光颁布"锁国令"，但并不意味着完全封闭，"德川幕府锁国的目的在于驱逐天主教，以扫除对幕府体制的威胁，而不是要隔断与西方人的联系……可以根据自己的需要选择西方的文化和信息……如江户幕府这样规模之大、且主动而有选择地吸收外来文化的例子，可谓绝无仅有。因此驱除葡萄牙人，与其说是锁国，不如说对外来文化的一种选择，而且从了解世界发展的角度来看，是一次历史的进步"⑤，他明确点明锁国论是虚像的观点，具有重要意义。幕府主动禁教使得江户时代的日本并非处于固步自封状态，而是在开放有序体制下完成学术知识的沟通与贸易的交流，以长崎为中心的港口贸易成为日本与世界交流的主要窗口。⑥而自八代将军德川吉宗以来兴起的兰学，亦

① 赵德宇：《西学东渐与中日两国的对应》，世界知识出版社，2001年，第48页。
② 同上，第91页。
③ 同上，第96页。
④ 关于知识考古学的方法，葛兆光曾对福柯的理论与中国思想史研究做过详细论述，参见葛兆光：《思想史研究课堂讲录——视野、角度与方法》，生活·读书·新知三联书店，第49—72页。
⑤ 赵德宇：《论"锁国"》，《日本学刊》，1996年，第4期，第133页。
⑥ 关于长崎在江户时代作用的著述，参〔日〕大庭脩著：《江户时代日中秘话》，徐世虹译，中华书局，1997年；〔日〕松浦章著：《明清时代东亚海域的文化交流》，郑洁西等译，江苏人民出版社，2009年；〔日〕唐纳德·金著：《日本发现欧洲：1720—1830》，孙建军译，江苏人民出版社，2018年；G·B

放眼世界究东瀛历史之变　立足中国探日本文化之基

诞生出新井白石、杉田玄白、前野良泽、山村才助、司马江汉、高野长英、渡边华山、本多利明等研习兰学的精英，大量兰学塾与兰学书籍的扩大与传播为其提供了源源不断的近代知识和信息。这使得原本在西学东渐起步阶段稍晚尚处幼稚的日本，历经二百余年兰学的滋养后，为明治维新的近代化建设储备了语言功底、书籍知识与人才梯队。[1]

赵德宇教授专门分析了兰学者渡边华山的文明观与变革论，"回溯渡边华山以前的日本兰学史，总体看来研究对象主要集中在西洋的自然科学。其间虽有工藤平助的《赤虾夷风说考》、林子平的《三国通览图说》和《海国兵谈》，本多利明的《经世密策》等经世兰学'横议幕政'，但是这些著述分别局限于开发属岛、海防、殖民、经济等局部专门领域。与上述论著相比，华山描述的是立体、动态的世界，因而从文明发展论的高度把整个日本和世界纳入视野……正是这个思想高度形成了渡边华山浓烈的民族危机意识，并在以兰学知识批判幕府的基础上，又增加了用西洋社会原理改造日本的理论功能"[2]，指出华山已经超越简单地照搬与模仿西洋，意识到通过改变内在政治体制、思想观念来应对西洋威胁，而这也影响了高岛千帆、小关三英、江川龙英、佐久间象山等幕末精英。

他还看到渡边华山的文明观相比福泽谕吉等近代知识分子文明论更具有和平发展的指向性，"华山的原则是：讲武敷德……就是说日本要以武德保国，但绝不能像西方殖民主义者那样肆意侵夺他国。可见这是一种自强自卫策略，是一种世界人类和平共生的思想，可称为健康的爱国主义。而在与儒学诀别的福泽谕吉那里，却在爱国主义的幌子下宿命地丢弃了和平，公开主张为在弱肉强食的国际强权当中生存下去，就必须诉诸武力"[3]。他指出兰学知识同传统伦理融合的渡边华山这一个体不仅为日本近代化提供出和平崛起道路而且还设计出日本式"人类命运共同体"构想，又明确道出佐藤信渊、福泽谕吉等知识分子的富国强兵、对外扩张意识在近代日本宿命般延续与发展，"明治维新以来，日本在为追求一国之利的富国强兵口号煽动下，不断疯狂发动侵略战争，完全忘记了渡边华山的人类共生原则和在

·サンソム著：『西欧世界と日本』，筑摩書房，1966年；荒野泰典：『近世日本と東アジア』，東京大学出版会，1988年等。

① 详见赵德宇：《西学东渐与中日两国的对应》，世界知识出版社，2001年，第183—206页。
② 赵德宇：《渡边华山兰学探析》，《世界历史》，2006年第2期，第83页。
③ 同上，第84页。

国际关系中无德则危的警告。近代以来的日本日本如能遵行渡边华山的告诫，可避免无数悲剧的发生"①。正是在对渡边华山个体探究的延长线上，赵德宇教授发现了近世—近代转型中日本文化由进步至倒退的轨迹，梳理该过程并找到其病理症结就成为他下一个阶段所主要致力的方向。

在分析西学自康熙中叶之后在中国逐渐萎缩并制约中国近代化的原因时，他也并不是如某些日本学者一味归咎于华夷思想与天朝上国心态。桑原武夫认为"中国人对自身文明拥有绝对自信，故很难为外国的事物所吸引，他们始终持有没有必要认真学习外来文明的态度"②，丸山真男致力于探究江户时代衍生出异于中国朱子学的道德与政治分离、物理与道理分离这一日本式"近代思维"③，川胜平太则直接把江户时代日本从华夷思想中蜕变视为实现"脱亚"过程④，他们始终把近世以来中国对待外来文明视为被动消极地抵触。赵德宇教授以事实为依据，指出即便到了康熙时代"礼仪之争"拐点之后，中国秉承坚持自文明为主体的"拿来主义"精神，"明清时代的西学输入为人们澄清了一个事实，即当时士大夫阶层中的有识之士，非但不像人们不加区别地形容的那样"冥顽不化"，而且如饥似渴地引入先进的西方科学，表现得十分谦虚。甚至高居九五之尊的顺治、康熙也将学有所长的传教士请来宫中做宫廷教师"⑤。他指出康熙出于保护本国文化不受侵袭、主权不受干涉的禁教措施具有合理性，"礼仪之争彻底暴露了罗马教廷和耶稣会以外的在华传教士们对中国文化的无知和心胸狭窄……不是康熙排斥西方文化，而恰恰是罗马教廷在固执地排斥中国文化"⑥。

而分析西学萎缩最终与中国近代化失之交臂时，他也为慨叹"西学东源"说令知识分子"削弱了对西方科学的热情……使西学弱化为经学的一个支流。这种趋势固然对整理中国古代科学技术的成果不无益处，但是另一方面，原系西学主要特征之一的科学实践精神，也随着整理国故的潮流而渐次淹没不存"⑦。正因为自乾隆、

---

① 赵德宇：《渡边华山兰学探析》，《世界历史》，2006 年第 2 期，第 84 页。

② 桑原武夫：『ヨーロッパ文明と日本』，朝日新聞社，1974 年，第 41 页。

③ 参见〔日〕丸山真男著：《日本政治思想史研究》，王中江译，生活·读书·新知三联书店，2000 年。

④ 参见〔日〕川胜平太著：《文明的海洋史观》，刘军等译；上海文艺出版社，第 129—133 页。

⑤ 赵德宇：《西学东渐与中日两国的对应》，世界知识出版社，2001 年，第 211 页。

⑥ 同上，第 145 页。

⑦ 同上，第 151 页。

放眼世界究东瀛历史之变　立足中国探日本文化之基

嘉庆之后自上而下对西学失去了包容、开放、平和与热情，才致使即便出现了林则徐、魏源等睁眼看世界的精英，他们也只是局限在仓促应对外来殖民危机将技术、军事放在首位，无法扭转自幕末洋学兴起之后日本举国上下全面彻底"文明开化"之间的差距。"林则徐的西学还只停留在反侵略的本能反应，学习西方的重点还仅限于军事技术和应用外交领域，远没有达到渡边华山那样深邃的西洋观。以华山西学为参照系，便可清晰地映照出中国近代西学的先天不足，中体西用论即是典型的反映……由林则徐创始的近代西学发展到康有为、梁启超的变法运动，整整花了半个世纪，而最终仍不免归于失败"。在对中国应对西学因文化交流阻断而感到惋惜的同时，他还指出自鸦片战争之后西方文化是伴随其炮舰和条约侵入中华导致了中国人民抵触西方，[①]这也看到了半殖民地中国在近代抉择的艰难。总结西学东渐得失时，他站在以史为鉴的角度认为闭塞与自大致使落后挨打，"中国近代西学的先天不足决定性地延宕了中国近代化的进程，成为近代中国落后的一个关键性症结"[②]。

赵德宇教授对中日西学东渐史的研究是 20 世纪八九十年代中国学术界反思历史、为改革开放寻找历史启示与教训的一个缩影。它固然具有时代赋予其学习先进文化、致力开放的特征，同时这一时期研究中所强调的和平发展、兼容并蓄也对而今百年未有之大变局时代具有启发意义。

二、以近世—近代文化转型为线　辨析日本盛衰的精神症结

进入 21 世纪，中日两国实力对比发生逆转，在持续"失落二十年"不景气环境下日本寻求在政治、文化上突破战后秩序。参拜靖国神社问题、历史教科书问题、东海油气田问题及钓鱼岛等领土争端问题让中国民众对于日本及日本文化的态度降到冰点，一时间各类否定与批判日本的声音此起彼伏。与此同时，随着新媒体传播速度加快，战后日本形形色色的大众文化产物也以各种渠道与中国民众接触，民间的动漫游戏热、偶像歌手影视剧热、历史大河剧热，山冈庄八《德川家康》[③]、

---

① 赵德宇：《林则徐和渡边华山的西洋研究》，《书屋》，2007 年第 4 期，第 17 页。
② 赵德宇：《西学东渐与中日两国的对应》，世界知识出版社，2001 年，第 254 页。
③〔日〕山冈庄八著：《德川家康》，岳远坤、陈都伟译，南海出版公司，2007 年。

司马辽太郎《丰臣家族》^①《新选组血风录》^②、井上靖《风林火山》^③等历史小说风靡中国书市，国内的日本战国历史同人网、游戏文化网、影视文化论坛也对日本政治、历史、文化、社会等方方面面进行热烈讨论。民间对日感情两极化氛围下，中国的日本学界针对这种变化进行了现实与历史的结合，从政治体制、社会观念与文化心态多角度展开了各类分析论述。^④在新的情势与需求下，赵德宇教授参与了南开大学主持教育部人文社科重点基地重大项目"日本现代化研究"，专门致力于深究近世—近代日本文化转型。他带领几位博士研究生合著《近现代日本文化史》，力图对自江户时代到当代以来纷繁复杂的文化现象、观点进行梳理，从连续性角度出发寻求导致近世到近代日本文化衍变的主导要素，发掘战前与战后思维逻辑的关联，厘清近世以来外来文化与本土传统碰撞融合的历程，以"摆正感情与理性的位置"^⑤态度编著"中国人理解的日本文化史"^⑥。

为了剖析江户至明治日本看似进步实则后退的精神病理，《近现代文化史》首先基于学术界种种先行研究对文化与文明进行了各自界定，"文化是精神的，文明是物质的"^⑦，"文化在先，文明在后……文明与文化都有自己的属性，是不能相互替换的概念"^⑧，文化与文明的区别对应中国近代的体用之辩，日本近代的魂才之分。《近现代文化史》之所以如此构架全篇，是因为赵德宇教授意图通过江户时代文化发展的多元灿烂到明治时代逐渐失衡、自大、独断，来论证虽然其步入近代文明但文化却倒退复古。^⑨

与学界普遍将江户时代与明治之后视为前近代—近代两个不同阶段并各隶属不同领域不同，《日本近现代文化史》把江户时代归为"近代前史"，并列出明治和战后建构江户时代的种种观点^⑩，进而指出"江户文化是连接日本近代文化的一

① 〔日〕司马辽太郎著：《丰臣家族》，陈生保、张青平译，重庆出版社，2008年。
② 〔日〕司马辽太郎著：《新选组血风录》，张博译，重庆出版社，2010年。
③ 〔日〕井上靖著：《风林火山》，许宁译，重庆出版集团，2008年。
④ 具体参见杨栋梁：《新世纪以来我国的日本研究状况与展望》，《南开日本研究》，2016年刊，第217—231页。
⑤⑥ 赵德宇等：《日本近现代文化史》，世界知识出版社，2010年，第7页。
⑦⑧ 同上，第3页。
⑨ 同上，第192—196页。
⑩ 明治至战败之前的日本学界往往认为江户时代与明治体制呈反方向，包括德富苏峰、平泉澄、田口卯吉、福泽谕吉等知识分子都从尊皇史、殖民扩张、文明论各角度予以负面评价，而战后在探索日本经济高速成长原因时，诸如贝拉、赖肖尔、安德鲁·戈登、唐纳德·金等欧美学者肯定了江户时代对日本现代化的意义，丸山真男、子安宣邦、渡边浩、前田勉等日本思想史界学者亦承认了江户时代存在自身近代的可能性。

放眼世界究东瀛历史之变　立足中国探日本文化之基

节至关重要的链条"①，从民族传统文化发达成熟、儒家思想流派纷呈、西洋文化不断流入及文化民族主义萌生四个领域，不仅呈现出江户时代文化的方方面面，也把握住各文化之间的相互关系与发展脉络。庶民阅读需求的增加促成了以俳句、浮世草子、读本小说为代表町人文学的发达，"反映出的价值观念、审美意识等为日本人打上新的烙印"②，而以能乐、歌舞伎、净琉璃为首的舞台艺术也某种程度上引导了江户民众的价值导向，以菱川师宣、葛饰北斋、歌川广重为代表兼具自然与肉体之美的浮世绘体现出庶民日常生活，这些也牵引着其社会里层与幕府朱子学意识形态产生疏离。③该著勾勒出自藤原惺窝、林罗山再至林家官学主张后，点明了近世朱子学合理化、秩序化、相对化的特性，"从君主到士农工商的存在都是基于天道而产生的人道，要求社会各阶层的人们都各安其位，以维持社会的稳定……在客观上使统治者的权威相对化，实际上也为统治者在社会政治领域做了定位"④。

他指出伊藤仁斋、荻生徂徕以及怀德堂学派致力于格物穷理为"顺应了元禄时代前后经世实学和经验科学的需要"⑤，这种从道德伦理领域脱离出来的理学衍化为唯物主义自然观和经世致用的实学。而他还指出中江藤树、熊泽蕃山、大盐中斋、吉田松阴为代表的阳明学派带有重实践和反体制的双重特性，这也影响了幕末至明治的政治思想。《日本近现代文化史》将安土桃山时代"南蛮文化"与江户中期兴起的"荷兰之学"视为西洋文化持续作用于日本的历程。天文史地、外科医术从起初满足好奇和偶尔所需，到山片蟠桃、司马江汉、渡边华山将其视为变革社会与幕藩体制的利器，最终到幕末成为改革的主要助力，"明治维新初期大规模吸收西方文化的运动，绝非日本民族一时的心血来潮，明治政府求知识于世界的口号正是兰学积累、发展的自然结果"⑥。他指出德川光圀、安积觉、藤田东湖、藤田幽谷编修《大日本史》过程中形成的尊皇思想与国体论成为近代皇国史观的基础，并批判

---

① 赵德宇等：《日本近现代文化史》，世界知识出版社，2010年，第10页。

② 同上，第13页。

③ 丸山真男在《日本的思想》中谈到明治以后的近代化在政治、法律、经济、教育等所有领域引进了源于欧洲的"制度"，并在不断"改良"的形式下被推进，但它始终与"人情的自然"形成矛盾，来自欧洲的制度在与基于本土的人情对抗中难以被体系化，土著的情感变成乡愁成为明治以来日本国家体现前近代性与近代性双重性的症结。而实际上，江户时代的庶民文化已经与引入的朱子学意识形态形成了类似于近代日本的紧张感。参见丸山真男著，区建英、刘岳兵译：《日本的思想》，生活·读书·新知三联书店，2009年。

④ 赵德宇等：《日本近现代文化史》，世界知识出版社，2010年，第34页。

⑤ 同上，第36页。

⑥ 同上，第49页。

贺茂真渊、平田笃胤、本居宣长等国学者为抬高自身文化盲目排斥"汉意"是狭隘极端之举，认为复古神道凌驾于儒、佛、耶思想之上并加以主导是"一种文化倒退"①。总之，《日本近现代文化史》力图证明江户文化的烂熟不仅是日本传统文化发展的巅峰，也为近代文化的勃兴打下了基础，在日本文化史乃至世界文化史上占有重要的地位。在总结论述近世文化时，该著认为"不能因为它发生在封建时代就否定其历史意义。江户文化告诉人们，封建时代照样可以创造灿烂的文化，而近代文化并不是对前近代的完全否定"②。而近世文化的更新与复古并存、官方与民间学术的较量、多元化与纯化运动交织最终又导向了尊皇倒幕这条道路，并把许多遗留的矛盾带入到近代。

与日本近世相反，《日本近现代文化史》阐述了明治以来的国家意识形态吞没其他进步及多元思想，日渐走向保守专制的历程。种种史实表明，明治新闻媒体、宗教信仰、历史意识、哲学思想及国民教育往往在欧化与国粹之间摇摆，最终无论是新闻报道的多元性、宗教的超脱与救济情怀、实证与启蒙主义并行的史学潮流，还是意图融合东西的京都哲学和独立出世的国民教育，在对内强化国体意识对外突出跟随列强侵略扩张的氛围之下，都不能幸免而遭到压制，进步多元的文化淹没在举国一致"忠君爱国""富国强兵"的动员之下。该著还举出久米邦武因坚持历史实证主义而遭致笔祸，内村鉴三由于倡导基督教宽容平和精神被冠以大不敬罪，原本超越世俗的神道与佛教与国家主义绑定起来蜕化为国家神道和"大日本佛教报国团"这类反近代理念的怪胎等鲜明实例，认为明治以来日本"形成了一个典型的文明进步与文化倒退，或者物质进步与精神倒退的两难怪圈"③。该著从官民两个层面分析了之所以产生这种症结的原因，首先，明治政府的文化政策是围绕国家主义和军国主义展开的，"明治政府的文明开化政策，与殖产兴业一样，是作为富国强兵的配套政策提出的，因而多停留在这一表面，而且一旦脱离富国强兵的主线，进步的文化也会遭受无情的打击"④；其次，近代天皇制下的日本国民并不具备独立人格和自由精神，"明治时代的日本人把忠君爱国作为最根本的德行……日本人个人人格的缺失是酿成天皇专制的温床，使近代西洋文化理念难以撼动原始迷信的神

---

① 赵德宇等：《日本近现代文化史》，世界知识出版社，2010年，第61页。
② 同上，第62页。
③ 同上，第195页。
④ 同上，第193页。

放眼世界究东瀛历史之变　立足中国探日本文化之基

皇观念"①。他总结出明治文化是一种跛行形态，"御制的皇国文化造成了明治时代的文化跛行，而文化的跛行势必造成日本现代化道路整体的跛行"②，日本近代化除了其迅速殖产兴业和富国强兵所带来的辉煌成绩之外，更多造成了自由与理性的缺失和盲目扩张对外侵略，而这直接葬送了明治以来令世界倾慕的现代化成果。

《近现代日本文化史》遵循布罗代尔所强调的"长时段"对人类所起到的深远作用，以连续性为切入点，通过丰富的史实深入到近世—近代各阶段文化发展历程中，致力于说明这条看似连续的发展脉络中，文明与文化的走向非但没有步调一致，反而逐渐走进了文明进步而文化倒退的二元悖逆困境。近年来学界对明治近代化也提出存在二元背反的观点，③这与《近现代日本文化史》的考论亦达成了契合。

三、以兼容并包、内外兼蓄为鉴　洞见百年日本文化的得失

突出文化自信，讲好中国故事的新时期赋予中国世界史学界新的要求，一方面深化对海外汉学、海外中国认识的研究，通过从他者眼中来进一步了解和反思自身，一方面则强调立足中国，确立以中国为本位的世界史研究。在这一背景下，赵德宇教授参加南开大学日本研究中心主持教育部重大课题"近代以来日本人对华认识与行动选择"和国家社科基金重大项目"新编日本史"，通过对江户时代中国观和近现代日本文化的再探索，肯定多元文化对中日交流的积极贡献，而批判各类排斥、压制外来文化的恶举与盲从。

儒学、兰学、国学是江户时代学术体系中最主要的三大流派，其学问构成本身就与外来文化密不可分，但由于明清交替、民族主义抬头和兰学兴起，它们的中国观均发生巨大改变，由此衍生出具有极端民族主义和排外性质的思想。赵德宇教授指出，正因为吸收以儒学为主的中国文化才使得江户时代幕府统治秩序稳定、学问

---

① 赵德宇等：《日本近现代文化史》，世界知识出版社，2010年，第193页。

② 同上，第194页。

③ 详见〔日〕安丸良夫著：《近代天皇观的形成》，刘金才、徐滔译，北京大学出版社，2010年；〔美〕詹森主编：《剑桥日本史》卷五，王翔译，浙江大学出版社，2014年；〔日〕三谷博著：《黑船来航》，张宪生、谢跃译，社会科学文献出版社，2017年；〔日〕坂野润治著：《未完的明治维新》，宋晓煜译，社会科学文献出版社，2018年；李永晶：《分身：新日本论》，北京联合出版公司，2019年；武寅：《明治维新给世界双重震撼》，南开日本研究2018年刊；韩东育：《日本对外战争的隐秘逻辑》，《中国社会科学》，2013年第4期等。

繁荣，肯定了朱舜水等人为中日文化交流做出的积极贡献，"对中国儒学和儒者的尊重几乎成为江户时代初期日本知识界对华认识的共识"①。他分析指出明清易代后日本儒学"华夷变态"观和日本型华夷秩序修正主义致使中国形象受损、崇拜中华的意识淡漠，但依然没有动摇中华文化的主流地位。②而国学排斥汉意、神皇至上的民族主义对中国及思想文化做了彻底的否定，他抨击平田笃胤、本居宣长等国学者恶用神皇思想为日本优于万邦并统御世界提供理论，并分析了极端文化民族主义上升为侵略他国预想的佐藤信渊学问体系，指出完全排斥中国和中国文化"使得原本通过摄取外来文化而丰富多彩的神道文化和民间信仰，龟缩成狭隘的'日本固有之道'了"③，批判了单一而独断的文化对其历史带来的毁灭性打击。而杉田玄白、本多利明等兰学者以新知弱化汉学和传统知识，增加了西洋合理主义知识在学术体系中的分量，赵德宇教授认为这相比儒学与国学"可以从容地对中西学问和社会文化做出比较，或取或舍，或兼而用之。正因为兰学家们相对客观公允的态度，使他们最具有资格对中西文化做出公正的评判"④。他认为导致江户时代三大学问体系都矮化中国的一大要因还在于"中日两国之间的文化交流不多……在缺乏真正了解的隔海议论中所得出来的中国认识，被陈舜臣称之为理念而非现实的"⑤，再次强调了交流能够减少傲慢与偏见，并坚持即便如此也没有动摇中华文化对前近代日本的影响。

赵德宇教授尤其注重"近世—近代"日本文化发展连锁链条中内与外的作用。所谓"内"，即内部衍生出的各类文化样态，而"外"则指的是各历史时期给其历史进程带来影响的外来文化。由于自古以来日本就有摄取外来文化并成为其一部分的成功经验，因此内与外的界限并不分明且杂糅在一起。他强调"内"一旦进行摆脱"外"影响的各种"纯化"运动时，就容易形成独断、专横甚至侵略的趋向，故赵著的阐述和论证也充分表达了对专制、迷信和自大情结而扼杀文化、压制文化的不满。在论述极端民族主义与扭曲神道关系时，他先肯定传统神道正因为"吸收了佛教、儒教思想等外来文化，才丰富了神道文化精神的内涵"⑥，而扭曲神道却"把

① 赵德宇：《日本"江户三学"中的中国认识辨析》，《世界历史》，2015年第4期，第89页。
② 同上，第92—93页。
③ 同上，第93页。
④⑤ 同上，第98页。
⑥ 赵德宇：《日本"扭曲神道"与极端民族主义》，《日本学刊》，2014年第4期，第130页。

放眼世界究东瀛历史之变　立足中国探日本文化之基

传统神道中的外来思想文化作为异己的特征进行了非理性、全方位的攻击和排斥，并试图以此建构以神国史观为内核的日本民族精神的认同，由此使传统融合神道被彻底扭曲而陷入恶性排外、唯我独尊的文化民族主义的思想泥沼"①。

他对荷田春满、贺茂真渊、本居宣长和平田笃胤为首的国学家以复古神道抬升自身文化并诋毁和排斥中国文化进行了否定，指出复古神道最终衍化为毫无理性和包容的极端民族主义，"终于被天皇制国家全盘继承，幻化为统治整个日本民族精神的国家神道"②。在分析佐藤信渊《天柱记》和《混同秘策》两个失去理性、狂妄自大且极富侵略色彩文本时，他指出其比起复古神道增加了对外实施暴力的欲求而更具破坏力，并认为这与国家神道的结合直接连接了近代军国主义发动侵略战争的逻辑，"为近代日本提供了以神国—皇国史观为理论依据和精神依托发动对外侵略战争的完整战略方案"③。在分析近代国家神道带来危害时，他强调以明治以来国家神道来统合国民精神的一系列措施抹杀了个人的独立人格和多元包容的理性精神，将国民驯化为天皇制的精神奴隶和战争暴力的机器，"国家神道无疑是一次逆历史文化发展的反动"④。通过论述战后右翼借靖国神社问题和历史问题尝试恢复国家神道的种种行径，来再次强调"警惕国家神道统治时代日本帝国实施对外暴力扩张的历史悲剧的重演"⑤。

在其总结性著述《日本近世与近代文化史论》中，赵德宇教授进一步批判了专制、迷信和自大情结扼杀文化、压制文化。他痛斥丰臣秀吉和德川家光暴力禁教迫害信徒，为自大守旧的林罗山和乾隆皇帝感到痛惜。⑥他点明明治初年举国上下盲目文明开化而鄙夷汉学的浅薄，批评明治政府以国权至上控制媒体和教育、以极端国粹主义淹没反对扩张的声音，并指出这最终致使明治时代的现代化成果"却为极端民族主义的神国史观所绑架，走向封建帝国主义类型的野蛮对外侵略战争道路"⑦，认为维新却最终导致复古这一倒错，⑧正是人们需要从明治文化发展的惨痛教训中总结的经验。

---

① 赵德宇：《日本"扭曲神道"与极端民族主义》，《日本学刊》，2014年第4期，第130页。
②③ 同上，第137页。
④ 同上，第144页。
⑤ 同上，第149页。
⑥ 详见赵德宇：《日本近世与近代文化史论》，江苏人民出版社，2019年，第136—156页。
⑦ 赵德宇：《日本近世与近代文化史论》，江苏人民出版社，2019年，第69页。
⑧ 同上，第310页。

在总结近世—近代日本文化的得失时，赵德宇教授指出拿来主义的实用性、传统文化的稳固性及多元文化的并存性致使其既保留了自身根基又积极摄入了外来文化，这也是对武安隆教授《日本吸收外来文化史说》所突出"传统文化与外来文化实现对接与融合，寻找一条两全性的进路"①思路的进一步延续发展。他认为加藤周一将日本文化归结为杂种文化恰恰体现了其"杂交优势"，"这种杂交优势，可以不断地摄取世界强势文化的养分，融入自身传统文化的体内，从而防止自身文化的退化"②。回顾从明治维新至战败，从战后经济高速成长再到"失去的二十年"的百年来日本文化发展历程，赵德宇教授认为正是因为自傲心理使其屡次由盛转衰，③在谈到对未来日本文化发展方向与期望时，他一如既往地强调摒弃自卑与自傲、兼容并包的和平交流才是其动力，"就任何一个民族的文化发展而言，妄自菲薄的自卑情结自不可取，理性的谦虚态度也是不可或缺，与此相对应，理性的文化自尊是进步的动力，而感情的盲目自傲则是致命的病源。这也正是近代以来日本故事给人类带来的启示"④。

赵德宇教授这种超越"一国民族文化史"的论述与见解打破了以往日本文化研究的常规和局限，其以他者为镜，而做出文化须走向多元并存、海纳百川的梳理与总结，可作为我国文化发展的借鉴。

结　语

赵德宇教授扎根南开大学日本研究院，长期致力于近世与近代日本如何处理西方、东方及自身文化，从历史发展历程的角度展开文化研究，注重日本近世与近代文化之间的连续性与断裂性。在坚持"过去不确定又不连续的事实只有交织成为故事时才能被理解"⑤的基调下，他兼顾了文化叙事和文化主题，在叙述史实和梳理脉络的同时得出规律性或者借鉴性的结论与评述，为中国的日本文化史、中日文化

---

① 武安隆：《文化的抉择与发展——日本吸收外来文化史说》，天津人民出版社，1993年，第68页。

② 赵德宇：《日本近世与近代文化史论》，江苏人民出版社，2019年，第462页。

③ 同上，第462—463页。

④ 同上，第463页。

⑤ 〔美〕克伦·哈图恩著：《文化史与叙事性的挑战》，吴子苾译，载陈恒、耿相新主编：《新史学第四辑·新文化史》，大象出版社，2005年，第29页。

放眼世界究东瀛历史之变　立足中国探日本文化之基

交流史研究以及构建中国特色世界史话语体系方面做出了重要贡献。

　　赵德宇教授不仅在学术上兢兢业业，具有扎实功底和独到见解，而且待人谦逊、儒雅随和，他教书育人注重因材施教和德才兼备，培育出的硕博士人才也逐渐在教学、科研及对外交流等领域发挥作用。作为其弟子之一，笔者至今还铭记他在为学和工作各阶段如沐春风地启发与教导，在文末谨以最诚挚的祝福表达对老师的感激之情，祝愿老师退休生活丰富多彩、身体健康、阖家欢乐、诸事顺遂！

　　　　　　　　　　　（作者：瞿亮，湘潭大学哲学与历史文化学院讲师）

书评·综述

探析思想资源与日本国家认同建构关系的有益探索

——评田庆立的《战后日本国家认同建构》

龚　娜

日本战败之际,护持国体与保留天皇制成为日本投降的底线。在美国的设计下,昭和天皇被免于追究战争责任,天皇制也以同民主主义相结合的方式保留下来。田庆立的《战后日本国家认同建构》[①]一书通过细致深入的历史考察,为世人清晰地呈现了战后日本象征天皇制的形成过程与发展脉络,并依托"自我—他者"的认知分析模式,提出在战后日本国家认同建构过程中,天皇和天皇制作为内部资源被充分利用,成为维系和支撑日本民族精神的主要内核。

作者系统阐述战后日本建构国家认同过程中如何挖掘、吸纳、整合并利用本土资源和外来资源,侧重从文化认同和政治认同角度,集中考察形塑日本国家认同的主体——政治家、知识精英及普通国民,如何为突出和强化自我民族特性付诸努力,又是如何依凭来自美国和中国的外来思想资源为其建构国家认同服务。

该书作为国家社会科学基金项目"战后日本国家认同建构的思想资源研究"的结项成果,凝聚了作者多年来关于日本国家认同建构问题的主要成果,是作者对日本政治进行深入观察与思考的结晶,也是探析思想资源与日本国家认同建构逻辑关系的有益尝试。该书逻辑谨严、语言流畅,充分吸收了日本学界的研究成果,采用多学科相结合、微观研究与宏观研究相结合的方法,运用了丰富的文献资料,理论联系实际,史论结合,论从史出,无论是理论阐释还是历史分析都具有一定高度,读后给人以启发和思考。

一、深化充实国体与天皇制关联性的实证研究

只有了解制度的源流与本义,才能真正理解与发现制度演化的要因。"国体"是日本政治学中特有的概念,出现于幕末时期,专指日本以天皇统治为核心的国家体制、社会体制以及价值体系等。二战后期,以昭和天皇为首的日本统治集团为了"护持国体",罔顾国民性命,一味拖延战争,并最终以"圣断"的政治阴谋,成功地维持了天皇制国体。

自明治维新以来,日本有关"国体"的阐述意见纷纭,其内涵亦依循时代而不断发生嬗变。该书认为,"国体论"的核心无非是将神国观念、"万世一系"的天皇统制与近代民族国家建设结合在一起,从而保证天皇及天皇制在确证"自我"及

---

① 田庆立:《战后日本国家认同建构》,社会科学文献出版社,2021年1月。

探析思想资源与日本国家认同建构关系的有益探索

形塑近代民族国家认同方面发挥统率、凝聚及统合等作用。

战败对天皇制的存续而言乃是最大的危机，日本在探寻回避天皇战争责任对策的同时，也面临如何守护天皇制这一难题。该书明确提出，对于战后初期的日本政府领导人而言，最为重视的是"维护天皇制=护持国体"这一等式，并对其加以反复重申和强调。天皇本人更是希望通过最大限度地摸索反击的机会，进而达成对日本最为有利的条件，以护持国体与保留天皇制。

主张保留天皇制以及拥护天皇制的政府的继续存在，使日本不可能从根本上反省自己的战争责任，其结果导致日本政治长期右倾化，造成日本政府和相当比例的日本国民不愿承认对外侵略战争的性质，竭力逃避战争责任。[①]对于这一点，该书明确指出，保留天皇制与不追究天皇的战争责任，其后果是日本国民丧失了与历史划清界限的机会，甚至一度考虑退位的昭和天皇也失去了在公开场合提及战争责任的机会。战后的天皇制，无论是在国内还是国际上都作为"负伤的象征天皇制"被保留下来。

美国是战后日本象征天皇制的主要设计者。该书指出，美国政府和以麦克阿瑟为首的 GHQ 决定保留天皇制，并非是基于天皇无战争责任的判断，而是认为若将天皇作为战争罪犯逮捕并付诸审判，天皇有罪的可能性极高。但是果真如此的话，在日本国民的心中天皇就会以"殉道者"的面貌出现，可能促使日本人萌生报复的念头，这必然引发长期的相互复仇的连锁反应。对此抱有担忧的麦克阿瑟判断，只要不让天皇退位，并因势利导地对天皇加以利用，反而会顺利地推进占领进程。因此基于这一高度的政治判断，美国政府与麦克阿瑟决定免除天皇罪责，并在东京审判中将天皇的名字从战犯嫌疑人名单中勾掉。

实际上，对昭和天皇的举证确实也存在一定困难。在近代日本政治体制下，天皇在对外决策方面往往都是间接参与，通过"密室指导"，巧妙有效地回避责任。在东京审判过程中，内阁和军部为了保护天皇，承担了侵略战争的全部责任，这使得昭和天皇的责任更加难以追究。当然，其中更起决定性作用的还是美国不愿予以深入追究。

---

① 宋志勇：《论东京审判的几个问题》，《中共党史研究》，2005 年第 5 期。

二、系统阐释天皇制民主主义的基本内涵

明治维新通过维系天皇制传统与立宪主义的有机融合得到复古重生，在二战后的民主化改革中，天皇制又与民主主义结合起来，以天皇制民主主义的方式，制订出构建战后日本的总体方案。仅仅通过对天皇的改头换面，就从本应承担战争最大责任者成为民主主义与和平主义的化身。至于构成天皇制传统的内在因素，甚至昭和天皇本人作为战争发动者都纹丝未动地保留下来。这一内外矛盾亦表现在日本从国家层面上对历史问题的拒认、对旧有价值系统的迷执以及对国家身份认同的困难。

围绕天皇制民主主义，该书主要从四方面加以阐述。首先，多数知识分子认为战败之后的时代背景下探讨民主主义与君主制并行不悖。他们主张，所谓"民主主义"就是尊重民众人格，自古以来就在日本固定下来，天皇也一直在遵守民主主义原则，所以面对盟国的民主化诉求，天皇制是日本各界认为最为适合的学理依据。

其次，战后宪法宣称，日本将构筑尊重国民权利的民主制国家，同时天皇也位居其间。进而在日本政府的广泛宣传下，天皇成为新生国家日本国民统合的象征，成为致力于推进和平与民主主义的重要核心。

再次，昭和天皇通过摆出强调与国民维持一体感的人间天皇的姿态，在免除自身战争责任的同时，也与和平主义及民主主义联系起来。天皇发布的《凡人宣言》，其核心内涵就在于强调民主主义与天皇制的亲和性。

最后，日本民众通过与天皇接触，逐渐重塑了以天皇为中心的国家意识，树立了新的天皇观。作为国民统合象征推行"民主化"的天皇并非神格化的存在，而是更加重视与民众保持联系，与世人保持"亲近感"。

对于象征天皇制的影响力，作者评价道："重构的天皇制与战前相去甚远，随着民主主义社会的构建，天皇制对民间社会和普通国民的影响力、传统力及威慑力日趋弱化。"①

虽然战后日本在确立国民主权后，天皇基于国民情感的汇聚而成为象征，皇权再度被封印，但天皇制传统仍在断裂中延续。受长期的皇国史观教育的影响，日本国民与天皇之间的情感依然强烈。虽然天皇的神格在法律上不存在了，但在多数日

---

① 田庆立：《战后日本国家认同建构》，社会科学文献出版社，2021年，第73页。

探析思想资源与日本国家认同建构关系的有益探索

本人心目中，天皇仍然是一个不同于普通人的特殊存在，这种拥戴虽有许多是来自日本民众的朴素感情，但也暗藏危机，容易被右翼政客们利用。

三、集中聚焦美国和中国等外来思想资源

该书在研究方法上大胆创新，采用了"自我—他者"的认知分析模式。这一模式是指民族国家作为"想象的共同体"，不仅包括对共同体"自我"自身共性的尊崇及体认，还包括对异域"他者"的认知和想象。国家认同的建构不仅根据本民族国家的文化传统和国民特性从内部加以界定，而且也需要通过与其他国家进行比对，在不断寻求差异性的互动中建构起来，两者是不可分割的统一体。

依托这一理论，作者提出，战后日本建构国家认同的资源主要涵盖三个层面的内容，作为本土资源的象征天皇制以及来自美国和中国的外来资源，自内而外地界定了战后日本国家认同的向度。

从战后日本国家认同建构的演变轨迹来看，日本既有意识地挖掘本土的天皇制精神资源，以期达到增强民族凝聚力和统合国民的目的，也积极地吸纳和整合来自美国的思想资源，加入以美国为首的西方自由主义阵营，并以"和平国家"和"民主国家"自居，期望在世界范围内提升自身国际地位和彰显自身软实力。通过日美结盟的方式推行日美基轴外交，一方面能够集中精力专注于经济建设；另一方面也付出了追随美国、缺乏外交自主性的代价。在冷战体制下，"他者"中国从意识形态层面而言，更多地与日本处于敌对状态，由于中日两国在政治制度、国家利益、意识形态和价值观等诸多方面存在根本性分歧和结构性矛盾，因而日本对中国抱持一系列负面认知。日本在确立经济大国地位后，通过与中国的对比往往展现出自明治时代以来的优越感。然而随着中国的快速发展，由于中日两国呈现"两强并立"的态势，日本审视和观察中国的心态也发生了微妙变化，自卑感和警惕感潜滋暗长，2000 年来处于强大中国笼罩下的历史意识与中国迅速发展的现实叠加在一起，导致"中国威胁论"在日本甚嚣尘上。

《战后日本国家认同建构》一书不仅立意明确、内容丰富、方法得当，整体研究专业精深、系统全面，更为重要的特征就是呈现出一个多样化的研究范式，从而构筑起了与以往不同的研究视角，展现出了新的研究视域，是一部引人深思、颇具启发性的学术著作。

（作者：龚娜，天津社会科学院日本研究所副研究员）

"中国日本史学会 2021 年会暨两次世界大战期间日本的内外矛盾及其政策选择学术研讨会"会议综述

程永明

"中国日本史学会2021年会暨两次世界大战期间日本的内外矛盾及其政策选择学术研讨会"会议综述

由中国日本史学会主办，东北师范大学历史文化学院、东亚研究院，南开大学日本研究院、世界近现代史研究中心联合承办的"中国日本史学会2021年会暨两次世界大战期间日本的内外矛盾及其政策选择学术研讨会"于2021年8月21日召开，受疫情影响，本次会议以线下与线上结合的方式进行。

本次会议在南开大学日本研究院、东北师范大学历史文化学院等地设立分会场，来自70多所高校及科研院所的330余位学者以线下和线上的方式参会，提交学术论文109篇，为学会近年来规模最大的一次学术年会。

会议开幕式由中国日本史学会宋志勇秘书长主持。中国日本史学会杨栋梁会长从章程修改、组织建设、学术活动、科研项目、学会财务等方面对2020—2021年度学会的主要工作进行了汇报。随后举行了《日本社会变迁研究——纪念中国日本史学会成立四十周年论文拔萃》（四卷本，江苏人民出版社，2021年9月）的出版发布会，并由中国日本史学会前会长张健与东北师范大学副校长韩东育致辞，就论文集出版的动议、论文遴选、编辑、筹措出版经费等情况进行了介绍。

在大会主题报告阶段，北京大学历史学系宋成有教授、东北师范大学副校长韩东育教授、北华大学东亚历史与文献研究中心郑毅教授、苏州科技大学历史学系祝曙光教授、中国社会科学院日本研究所胡澎研究员分别以"大正时期'国体论'境遇与昭和初期的'国体明徵'运动""关于日本新旧宪法的兴废原理""虚幻的建构：'满洲国'表象空间的制造与殖民地属性的构成""试论日本军部西进战略的形成与演变"、"战时体制下的'国民动员'研究"为题进行了精彩的大会发言。

本次会议共设"日本古代史""日本近代史""日本现代史"3个研讨专题，分设6个分科会场。

在闭幕式阶段，中国日本史学会名誉会长汤重南研究员、中国日本史学会原副会长周颂伦教授、中国日本史学会副会长徐建新研究员、王新生教授、张跃斌研究员，以及会长杨栋梁分别作了总结发言，既对中国日本史学会的未来发展提出了具体的思路，也对青年日本史研究者提出了诸多希望和建议。

本次会议共收到论文109篇，内容涉及军事、医疗、教育、航运、文化交流、政治制度等日本史诸领域，取得了丰硕的研讨成果。本综述从日本政治史与经济史、日本对外关系史、日本文化史与思想史、日本社会史等5个方面对会议论文进行评述。

一、关于日本政治史、经济史的相关研究

其一是围绕日本明治宪法体制、政党政治、统制体制等问题的研究。关于明治宪法及其体制的研究方面，韩东育论文从日本新旧宪法的形成过程、基本内涵等进行了比较分析，指出和平宪法作为区隔日本国战前与战后的根本法界标，是对日本为何发动战争、为何战败、战争性质为何、今后走向何方等问题所做的最直截了当的解释和未来规定。商兆琦论文认为，在《明治宪法》规定下，天皇对统治权的行使，是通过将其委托给各个国家机构来实现的，从而导致了战前天皇制"一头双面"和战前政治构造"多头一身"的特征。

在关于日本政党政治研究方面，陈伟论文认为近代日本政党内阁期的选举运动是一种两党优位制的选举运动，为战后的选举运动奠定了基础，导致选举运动中出现的一些负面因素，比如政治资金问题，也成为战后日本选举运动中一个难以彻底根除的痼疾而为时人所诟病。刘树良论文指出 1929 年 7 月至 1931 年 12 月期间的民政党内阁时期的政军关系遭到巨大冲击和破坏，有政党自身的问题，更是军部势力政治化的结果。而造成这一问题的根源，恐怕还在于明治宪法体制本身。黎力论文提出了"二·二六"事变的发生为 20 世纪 30 年代日本政治提供了主张打倒政客、军阀、财阀主导的既有政经秩序，通过刷新内政、整顿吏治而不是对外战争来克服当下的国家危机的另外一种可能性的观点。张东论文指出九一八事变后日本在政治焦躁中寻求"昭和维新"，最终体制转型，走向大政翼赞之道。另有两篇论文是围绕统制体制展开的，郭冬梅论文认为内务省在战争总动员中通过强化其地方行政和警察行政，力图牢牢地把控地方，建立起延伸到底层部落的严密的法西斯统治体制。而吴玲论文则以文部省 1930 年代后逐步推行思想统制政策为线索，梳理了"天皇机关说"事件后日本政府、军方、舆论界乃至大众对事件的应对，并关注日本政府在各方舆论压力下，逐步实行学术与思想统制的过程，进而探寻政府和社会舆论的集中压制对日本人文学术界的影响。

其二是关于日本经济史及对外经济关系史研究方面，姜春洁论文认为明治维新前，选择"倒幕"西南藩国的实力强盛得益于西日本特别是濑户内海地区沿岸航运的繁荣发展。云大津论文通过围绕着通信事业的"积压"问题所实施的通信政策的市场属性的界定，揭示了日本社会、特别是经济社会经营环境的基础（"个"与"场"

"中国日本史学会2021年会暨两次世界大战期间日本的内外矛盾及其政策选择学术研讨会"会议综述

的广泛存在）的本质性作用，即反映了日本经济社会竞争市场秩序的坚韧性。张玉来论文从战前从培育扶植到军事化统制、战后从闭门发展到开门放飞两个方面分析了德国历史学派对日本培育汽车工业的影响。田中景论文以北海道夕张市为例分析了人口负债对经济发展的影响：就业机会减少→财政收入减少→人口进一步减少→……的恶性循环，指出日本的人口负债所造成的地方经济社会疲敝的教训是惨痛的。尹晓亮论文基于心理传导路径，对日本规避石油危机转向社会危机的顶层设计进行了深入分析。程永明论文从作为理想的上位概念（企业使命、企业愿景、经营思想）到作为实践原理的下位概念（行动准则、业务领域）对日本企业经营理念的基本要素进行了分析。董顺擘、宋欣然论文认为作为日本推进地方振兴的一项措施，故乡税制度在增加地方自治体财政收入、促进地区经济活性化、开发"关系人口"、发挥宣传作用以及促进自治体之间的良性竞争等方面发挥了积极的作用。该制度的理念及其在实践中的经验也为我国推进乡村振兴带来一定的启示。许悦雷论文以20世纪70—90年代日本对加拿大投资为例，运用定性和定量的分析方法，分析了日本综合商社在对外投资中的特点及其作用。林娜论文考察了 JICA 对太平洋岛国医疗援助的方式与路径，分析了具体案例及援助效果，总结了援助特点与存在的问题，并探讨了中国应该借鉴的经验与启示。

二、关于日本对外关系史的研究

有两篇论文对发生在日本历史上的两场战争进行了分析。学界关于白村江之战的研究多从国际关系的文脉中叙述，但王凯论文则从日本国内王位继承的视角，认为历史上的白村江之战是作为母亲的皇极（齐明）痴爱自己的长子中大兄，执着于使其成为大王而做出的种种选择的结果。胡炜权论文以"壬辰战争"性质的阶段性变化为中心对丰臣秀吉的"内交"和"外交"进行了探讨，并指出与其执着地争论秀吉的对外观，不如从秀吉的征服手法来加以检讨。

有论文对日本数届内阁的外交政策进行了专题分析。日本与英美等国保持着表面上的跟随态度，亦参加世界和平进程。但林凡果论文认为《非战公约》引发的"违宪"问题拖垮了田中义一内阁，一定程度上导致此后日本对待和平的态度更加消极，直至战败《非战公约》的精神才真正被写进了日本宪法第九条。文春美论文认为寺内正毅内阁主导"鲜满经济一体化"政策的制定和实施，并试图推广到"满洲"其至中国内地，而其主导的西原借款便是 20 世纪 30 年代"日满支经济一体化"政策的雏形。徐思伟论文指出芦田的历史作用与影响长期为学界所忽略、轻视，并对二战期间芦田均的外交对案及战后构想进行了分析。

日本在对外侵略战争中，多次面临战略的抉择。如毕世鸿论文从日本南进政策的实施程序、关键阶段、目标等方面对两次世界大战期间日本"南进"东南亚政策的演变进行了论述。徐传博论文则认为德国扩张攻势对促成日本实施"南进"决策产生了重大影响。而吴佩军论文则对两次世界大战期间日本海军的内部矛盾及其"华南政策"的演变进行了分析，认为 20 世纪 20 年代末开始，日本海军高层内部出现了舰队派与航空派之间的派系竞争。在侵略华南的问题上，舰队派主张大胆进攻，航空派则考虑欧美列强的在华利益，采取谨慎态度。两派之间既有摩擦，也有配合，最终在日本帝国主义侵略华南和实施"南进"战略的过程中逐渐融合。长期以来学术界关注日本的北进与南进战略，而忽视了日本的西进战略。祝曙光论文指出，西进战略以"回教工作"为核心，继伪满洲国、伪蒙疆政权之后军部企图在中国西北地区策动建立第三个傀儡国家——"回教国"，从而使法西斯轴心国家的统治区域连成一片。

有数篇论文从不同的研究视角深入分析了日本的对外侵略战争。如杜小军论文论述了太平洋战争与日本主要港口发展之间的关系。指出太平洋战争前的准战争状态时期，军需扩大，日本主要港口的货物吞吐量和交易额都大幅增长，基础设施建设也取得大幅进展。太平洋战争期间，日本政府建立了对港口及船舶的统制管理体制，主要港口都变为服务于战争的军事运输据点，正常货运和贸易额大幅减少，而美军空袭及敷设水雷等，更使港口及船舶遭受破坏和损失。有的港口甚至失去其功能，直到 20 世纪 50 年代初才得以恢复。孙雁论文则对日本对外侵略中三菱系战舰参战情况进行了探析。指出从建立伊始，三菱财阀的造船业就接受军工订单，为日本的对外战争服务，并主动配合军方的对外侵略活动。三菱系的舰船，在日本历次对外战争中都有参与，从早期的提供后勤运输，到中后期所生产的军舰直接参战，可以说三菱系战舰发展史就是日本对外侵略的一个缩影。刘茹论文则对日本细菌战体系的建立与崩溃进行了论述。指出第一次世界大战后，细菌战逐渐受到日本军方的关注和支持，在日本国内建立细菌战研究基地，九一八事变后，在中国东北建立细菌战基地，随着侵华战争和太平洋战争的扩大，在中国华北、华中、华南地区以及东南亚地区相继建立细菌部队，形成上至天皇、参谋本部、陆军省，下至日军各

"中国日本史学会2021年会暨两次世界大战期间日本的内外矛盾及其政策选择学术研讨会"会议综述

集团军的决策和指挥体系，逐步建立起覆盖中国和东南亚的细菌战体系。细菌战体系的建立与日军在亚太地区的战略相配合，并随着日本战败而崩溃。

也有数篇论文论及日本的对外殖民政策及其思想。如张晓刚论文认为在日本全面实施大陆政策，特别是殖民中国东北之时，日本东洋史学充当了极不光彩的角色，其目的实是为日本侵略政策服务。在战后，东亚史学继续成为日本史学界的一个重要的研究领域，其动向值得高度重视，理应对其保持相当清醒的认识。另外段凡、张晓刚论文指出，作为近代日本著名殖民学者的东乡实，在其殖民叙事框架内，包含"农业殖民""渐进的同化主义"及"国际秩序观"三方面内容。移民政策是日本海外殖民统治的重要一环。对此，孟月明论文指出日本当局大力鼓励日本内地人移殖中国台湾，用日本人全面控制、同化中国台湾人，以实现日本内地延长主义，让中国台湾最终变成日本的一部分，并认为殖民移民文化也是影响当前日台关系的重要社会历史心理症结之一。

有论文对发生在20世纪初期中日、中俄间的冲突事件进行了分析。魏仕俊论文指出1908年2月二辰丸私卸军火本系该船主个人行为，日方在与中方交涉中却将之上升至外交层面，采用老辣的外交手段与强硬的交涉态度乃至武力威胁，从而引发了中国国内首次大规模抵制日货运动，国族观念也随之逐渐觉醒。孙景钊论文认为1920年发生在西伯利亚干涉战争期间，庙街事件后日本的行为不仅加深了日本国民与政府之间的矛盾，同时也加深了与美国之间的对立关系。此外，万鲁建论文认为天津沦陷后租界从管理模式、居民构成和空间环境都与之前有了巨大变化，逐渐从一个繁华"乐园"一变而为充斥着危险的"围城"，成为日本侵占天津的一个缩影。张传宇论文则对20世纪上半叶泰国华侨的抵制日货运动进行了论述，认为其具备组织性和彻底性。但同时也指出泰国华侨亦受到自身经济地位的局限、日商的竞争和泰国当局的压制的影响，其面临的阻碍与付出的代价也越来越大。

日本的对华政策历来是中国的日本史学者关注的重点，此次会议有不少学者的论文是围绕日本的对华政策展开研究的。刘峰论文指出北伐时期田中义一内阁的对华政策未必一定以"援张"为底线，实际上对于南京国民政府亦有相当之考量，故在第一次山东出兵期间他选择了较为谨慎的态度以避免刺激南京，进而又在东方会议上展现出了将对华政策重点转向南京政府的迹象。这为此后中日关系的走向造成了深远的影响。有数篇论文对九一八事变前后日本的对华政策进行了研究。如王美平论文认为东北易帜后，日本由此判明张学良对日积怨极深，遂以首相兼外相通过驻奉天总领事正式警告张学良的形式，表达了一旦东北做出"侵害"日本既得权益之举，甚至在其扩大"满蒙权益"问题上表现出不合作的态度，日本就将动武侵略东北的政策方针。此实乃日本政府发动九一八事变的宣言书，故所谓关东军"独走说"实属片面。李少鹏论文指出昭和初年的日本，弥漫在担心失去中国东北殖民权益的所谓"满蒙危机"中。日本陆军对于如何解决这一"危机"存在两种构想，一种是后来被关东军实施的在中国东北制造事端，即众所周知的九一八事变；另一种是在日本国内发动政变，成立军政府，实行国家改造。为推行后一构想，樱会和民间右翼势力结合，曾阴谋在1931年3月20日发动一次政变，史称"三月事件"。此次政变虽然在发动前被叫停而流产，但在九一八事变后这两种构想合流，合力推进了日本的法西斯化进程。杨殿林论文认为日本报界在事变前大肆渲染日本在中国东北的危险境地，煽动日本民族情绪，呼吁日本政府对华采取强硬措施，对于九一八事变的爆发起到了重要的推动作用。武向平论文根据日本原始档案资料，从九一八事变与"满洲事件费"入手，探讨了关东军"独走"背后日本天皇和军政财三方的"契合"与"通融"，以此揭示日本预设关东军"独走"背后的政治"谋略"，达到推卸天皇及政府战争责任之根本目的。

本次会议论文中有相当数量的论文是围绕伪满时期日本的对华政策展开的，反映了近年来我国日本史学者对该领域研究的最新成果。郑毅论文指出，伪满洲国是日本帝国殖民体系中重要的一个组成部分，日本在中国东北人为制造了一个虚幻的"独立国"，日本满蒙学研究者配合帝国的国策政治，制造出一个独立的学术空间"满蒙学"；从殖民地属性而言，伪满洲国是一个典型的殖民地政府，是一个傀儡政权，伪满洲国是日本帝国殖民统治方式转变的起点，同时也成为日本帝国覆亡的原点。20世纪以降随着日本势力在中国东北地区不断的加深，中国东北地区的日本人小学音乐教材中出现了极具中国东北特色的"满洲唱歌集"。对此，马冰论文认为"满洲唱歌集"与日本本土文部省唱歌趋同化的同时，"满洲国"之歌的出现体现了"满洲日本化"与"满洲国家化"二者之间的矛盾。战争主题的唱歌中呈现出一种"战争显现化"与"敌人模糊化"的矛盾，也就是对战争赤裸地描写的同时又将具象敌人模糊化。但是在近代日本殖民扩张的历史中去解读这种多重两面性的矛盾，它就会消解为隐藏在唱歌复杂表象背后的统一的日本殖民主义。

有论文从不同的研究视角对日本在伪满的统制进行了深入分析。如石艳春论文以日本"满洲移民"时期的南乡村为例，对日本侵华战争期间的"满洲移民"进行

"中国日本史学会2021年会暨两次世界大战期间日本的内外矛盾及其政策选择学术研讨会"会议综述

了论述,指出虽然这些移民大多是在地主制下挣扎的最下层农民,但是他们霸占与掠夺中国农民的土地与房屋,是移民侵略政策的实施者,是殖民统治的有力支持者,是侵略战争的积极参与者。付丽颖论文指出九一八事变前日本对中国东北地区金融扩张的特征包括为侵华军事行动提供军费支持、配合日本控制东北经济命脉的野心、金融资本与日本财阀资本的融合。最终日资银行在中国东北的外国银行中占据了绝对优势,使日本货币在中国东北地区广为流通,为九一八事变后日本迅速控制中国东北地区金融提供了便利。发动九一八事变后日本公然实施鸦片侵略政策,安善花、任永泽论文指出日本在中国东北的实施的鸦片政策具有互为表里的两个层面,即日本对"关东州"和伪满洲国实行具有禁毒与纵毒二重特性的鸦片政策。看似矛盾的两种政策之间交互作用,掩盖了日本对中国东北鸦片政策的毒化侵略实质。季泓旭论文指出日本利用伪满《出版法》塑造了出版业的基本秩序,并对伪满出版业的最高管理机构、报刊杂志时事情报来源、记者身份获取方式、图书出版发行机构、文艺家与文艺杂志进行一元化控制。为统合民众,并进行战争动员,"民族协和""王道乐土""战时增产""鬼畜英美"成为日本利用伪满出版业宣传的核心政治话语。伪满出版业沦为日本在伪满实施"国民精神动员"、开展"文化总体战"的宣传工具。

戴宇、蔡百松论文以伪满时期日本对中国东北地区白俄侨民群体的管控问题进行了分析。指出日本在中国领土上肆意指使白俄侨民群体挑起各种争端,把白俄侨民群体捆绑进自己的战争体系之中,不仅是日本侵华罪行的重要组成部分,同时也是日本希望在东北地区扶植反苏势力,防范及对抗苏联的重要表现之一。万亚萍论文以九一八事变前夕民国期间文史学者刘穗九对"满铁"图书馆的考察认知入手,字里行间无不透露出其对日本借助图书馆实施对华文化侵略的担忧。佟大群论文则认为伪满东北方志是特殊时代的特殊产物,是日本为实现其殖民业绩展示、"满蒙独立"鼓吹、日本民族优秀宣扬等政治目的而扭曲的历史叙事。

本次会议有多篇文章涉及日本对海外尤其是中国的情报、调查等方面的研究成果,颇具特色。如刘豫杰论文指出,明治日本的对满情报活动几乎是与维新同步,在参谋本部成立后的数年之间就立刻迎来高峰,到《天津条约》前后进入新阶段,迟至甲午战争前一年福岛安正的满洲侦查,日本陆军已经掌握了从军事到社会、从气候到风土的全方位满洲情报,最终确立起清国不堪一击的孱弱形象。同时认为日本的战败并非是情报缺乏或者是轻视情报,相反,正是以军部大臣制和统帅权独立等为代表的国家在制度体系上的异化，最终使得日本被情报反噬。邱帆论文对甲午战前日本对东三省的侦察及其政策演变进行分析，认为日本人的恐俄心理既是引起明治政府关注进而侦察东三省的起因之一，同时也是马关谈判期间使明治政府决策层在割占东三省领土问题上相对收敛野心的重要因素。

于振冲论文指出第一次世界大战爆发后日本东亚同文书院对京杭大运河的六次调查，实质上充当了日本政府对华决策的背景调查之用。布局京杭大运河是近代日本构建在华航运网络企图的一部分，也从侧面反映出了一战后日美英俄在华的实力消长和复杂关系。刘爽论文以鸟居龙藏家族的蒙古调查（1906—1935）作为分析对象，指出这种家族式研究团体在中国边疆地区多次从事调查研究在学术界并不多见。他们的东蒙古调查具有双重性，一是学术价值高，二是国家御用学术性质，其研究成果是一种无形的殖民财。郭循春论文对 1920 年代日本陆军对华调查活动与调查统制工作进行了分析，指出这种调查为其 30 年代的对华行动提供了前提条件。

此外，翟新论文基于东亚同文会机关杂志《支那》的考察，首先分析东亚同文会共存论的内容和提出理由，然后围绕当时有涉中国重要利权的废除、治外法权和山东问题处理考察共存论的实质，在此基础上讨论作为该论的认识基础的中国时局观及其局限。李超论文对《旧金山和约》中通过日本对所谓剩余主权及其依附条款的认知与应对的考察，并结合美国设计剩余主权概念及其所依附条款的意图，可知就媾和后的琉球地位安排而言，日美两国基本上达成了一种政治默契。陈巍论文指出 1992 年日本应联合国安理会要求向柬埔寨派遣自卫队，一方面是为柬埔寨问题的和平解决发挥作用，另一方面也出现了违反其和平宪法的趋向。日本积极介入柬埔寨问题的解决，反映出其从经济大国走向政治大国的抱负。张跃斌论文则对日本对华负面舆论的原因及其变化的可能性进行了分析，指出日本对华负面舆论是影响中日关系健康发展的一大障碍。其原因在于日本媒体的宣传和引导，这与社会上形成的对华刻板印象相互影响，形成恶性循环。葛建华论文认为中日韩地区是中国海洋利益最为集中、海洋矛盾最为复杂的地区，加强海上非传统安全合作是中国在中日韩地区分享海洋发展机遇、共同应对海洋威胁挑战、推进中日韩海洋合作、建立海洋安全保障机制的必由之路。

"中国日本史学会2021年会暨两次世界大战期间日本的内外矛盾及其政策选择学术研讨会"会议综述

三、关于日本文化史、思想史专题

管宁论文对奈良东大寺二月堂所行"御水取"法会进行了分析，指出其虽名曰"佛事"，其中多杂道法、民俗、娱神社火，究其所本，颇近当时盛行的"祈谷行事"。祈禳木气再生，五谷丰登，农事大畅也。康昊论文认为室町幕府初期确立了一系列政治仪式，通过对仪式空间、时间、人员、器物的选择和对政治记忆的唤起、重现、重构，抹杀"反叛"记忆，展现其对后醍醐天皇、镰仓幕府和中世公家政权政治遗产的继承，塑造自身作为和平重塑者、战争终结者的形象。

有部分论文围绕中日之间的文化交流以及中国文化对日本的影响展开。明清时期，中国与琉球交流频繁，琉球尊崇汉文，汉籍在琉球日益流布。对此，修斌论文对琉球汉籍的形成、流布及其影响进行了研究，并指出琉球汉籍在域外汉籍中是个较为独立的区域系统，其生成和流布与中琉关系特别是中琉文化交流的方式密切相关。孙薇论文则以琉球国汉籍《历代宝案》为主，从产生时间、活动地点等方面对冲绳广为流传的"海神祭"及其在琉球历史中发挥的独特作用进行了分析。江静论文对历史上中日僧侣往来从遣隋使、遣唐使来华时期（600—840）、唐朝晚期至明朝初年（9世纪晚期—14世纪末期）、遣明使来华时期（1371—1557）、明朝末年至清朝前期（17世纪初—18世纪初）四个时期进行了分期论述，并对每一时期的主要特征进行了总结。郭雪妮论文指出袁宏道的《瓶史》在日本的接受肇始于18世纪中叶，其接受的初期阶段主要由日本花道家完成，后期接受主要在汉文学领域。

此外，许美琪论文指出，18世纪末日本长崎奉行所编纂了一系列关于海外信息的资料丛编，其中就包括近藤重藏的《亚妈港纪略稿》，作为日本第一部专门针对澳门的资料汇编，对于澳门史和日本史研究均有相当的史料价值。郝祥满论文指出第一次世界大战后确立的"凡尔赛——华盛顿体系"让颇感孤立的日本面临外交战略的调整，遂积极推动中日佛教界的往来以营造中日友好气氛。日本外交在图穷匕见之后仍然于1934年举办"第二次泛太平洋佛教青年会大会"，伪装协调姿态以欺骗世界。胡亮论文以小浜市•若狭町为案例，分析了日本文化遗产的整体性保护理念与特点，认为其主要体现在文化资源体系、历史发展脉络、文化场域以及组织关系四个方面。

本次会议涉及日本思想史及其相关领域的论文较多。关于近世时期的思想史研究，如许益菲论文认为学问和知识的世界成为江户时代公家得以发挥影响力的有限空间。儒教只是公家学问体系中的一环，兼修和汉之学才是其学问的全貌。并指出公家学习儒学的行为背后，其实是其在江户时代幕藩权力体系中维持文化影响力和政治存在感的需要。杨立影论文认为获生徂徕思想的重要价值体现在为了"挽救浮世"，徂徕对当时主流学问提出质疑和反思，据此勾勒出他所想象的社会秩序，从而为激烈变动的 17 至 18 世纪的日本社会寻求新出路。因此，包括获生徂徕在内，我们在思考日本近世思想史时，脱离不开对复杂的"世"的解读。万丽莉论文认为山崎闇斋完成了垂加神道初创期的理论建设，跡部良显和伴部安崇等人传承其衣钵，进一步完善神道理论化的同时致力于神道教化实践，促进了垂加神道在民间的推广。并指出垂加神道演绎了作为"道"的神道向作为"教"的神道的转变以及"道"与"教"的互生关系。而侯雨萌论文则详细考察了吉田松阴幕府观的整体基调、松阴对幕府的攘夷诉求以及松阴种种"讨幕言行"的历史背景及其真正用意，在此之上提出了关于吉田松阴幕府观的新解释：吉田松阴不是讨幕论者，其一切言行都为攘夷与尊王而服务。

关于近代思想史方面的论文，如张晋论文指出，作为日本明治时期民众思想家的田中正造，其民主思想包含地方自治是民主思想的表现，日本国会是实现民主主权的形式，宪法是实现人民主权的保障三方面内容。其民主思想中重视生命权利和财产权利，对其环境思想与和平思想有着重要的影响。田中正造的民主思想强调"民权"在当时的历史背景下具有先进性。张光新论文认为明治维新以后日本人通过课堂和教科书等形式的教育，使得儒教的忠孝道德与国家主义相结合，形成了"忠君"即"爱国"的天皇制国家主义思想。宋成有论文就大正时代"国体论"面临的挑战、昭和初期"国体明征"运动的演进过程及其与侵华战争的关联作了充分探讨。赵晓靓论文强调指出在近代日本建构现代国家的历史进程中，儒学的"民本主义"理论为北一辉、吉野作造等思想家在其宪政构想中论证权力的人民性价值提供了重要的东方理论资源。这一事实表明，民主主义价值观绝非近代欧洲文明所独有，它是人类文明的共同成果，是人类命运共同体的人文基础。同时，"民本主义"在近代日本遭遇挫折的教训则揭示出平衡"民主"与"自由"、正确认识民主价值的普遍性与民主实践的复杂性，是现代国家健康发展之不可缺少的条件。

周晓霞论文认为在太平洋战争开战前后，以京都学派为代表的日本知识界显露出一种强烈的"世界史的意识"，其中尤以高山的《世界史的哲学》的影响为最。

"中国日本史学会2021年会暨两次世界大战期间日本的内外矛盾及其政策选择学术研讨会"会议综述

他提出的"世界多元论"打破了欧洲迄今毫无异论的"世界一元论"的世界史观，但其基于文化多元论（文化类型学）形成的"世界多元论"不仅难以解释日本对中国所实施的侵略，以及对朝鲜的殖民统治，而且很难确立日本在"普遍世界史"中的主体性地位。牟伦海论文对占领初期进步知识分子的天皇制思想进行了比较研究。他认为相比于占领当局在制度层面的改革——象征天皇制，占领初期日本进步知识分子则更强调推动思想意识层面日本国民大众天皇观转变的重要性。抨击近代天皇制的神权色彩，倡导树立理性天皇观是占领初期日本进步知识分子天皇制思想共同的启蒙意义。

另有两篇论文是围绕梁启超展开的相关研究。如杜品对新渡户稻造与梁启超的"武士道论"进行了比较研究，认为新渡户稻造与梁启超的"武士道论"的相同之处在于，二者都将武士道看作是本民族的传统精神，但需要重新诠释为民族文化传统，寻求与西方文化的同一性，拉近本国与欧美的距离，接纳西方"文明"。不同国度、不同视角与立场使两部武士道著作呈现出核心观念与著述风格上的差异。这种差异与二者诉求对象不同、本人经历不同有关，从根本上说，则源于中日两国近代的生存环境、国际地位以及国家发展面临的不同课题。而范晓雅论文则对梁启超戊戌变法失败流亡日本期间的思想流变进行了研究。认为梁启超通过日本人的著作和译著，吸收了西方学说，进而对中国传统的王朝观念即"天下"观念进行反思、判析、糅合以至更新，由此衍生出近代"国家"观念，开始了他近代"国家"观念的萌芽与发展之路。

四、关于日本社会史的相关研究

本次会议有部分学者的论文是围绕日本社会史的相关研究展开的。王方论文认为贡举制的引进，是日本历史上的又一次向中华先进文明的靠拢，它保证了汉文化素养绵绵不绝，这是律令政治展开的先决条件之一。与之相对，荫位制是贵族世袭特权的表现，以个人的威望恩济子孙，否定公平竞争，从今日的眼光来看并非是持论公允的。江新兴论文认为日本中世时期的养老机制，体现了功利性、临时性的时代特点，其中能看到继承制度变革和佛教思想、儒家思想对其深层次的影响。郑辟楚论文指出日本近世的百姓一揆对于幕藩体制发挥着既裂解又延续的双重功能，实现了民间秩序与支配秩序的共栖。宋宁而论文指出糸满渔民是近代琉球渔业者的代表，糸满渔民群体的"网组"展现了琉球群岛底层民众集体所形成的社会共同体的强大合力。而这一社会共同体正是基于琉球群岛特定空间中的生产及生活而产生的富于生命力的社会结构。琉球群岛的发展需要建立符合自身社会共同体发展规律的自治机制。许晓光、李荣的论文指出日本明治时期资本主义经济迅猛发展的同时，劳动者的处境却日益恶化。思想界针对这种状况，各类知识分子皆表现出对劳动者处境的深切人文关怀，而这无疑构成了社会主义思想在日本产生的前奏。魏艳春论文对两次世界大战期间日本的内外矛盾及其劳动政策选择进行了分析研究。

国民精神总动员运动是一场席卷战时日本的国民运动。邹灿论文认为学界针对该运动虽有颇多研究成果，但多限于某一具体问题或个案研究，甚少从宏观层面讨论该运动的整体展开机制。并从决策、制度、组织这一层面，对 1937—1940 年间战时日本国民精神总动员机制及其流变的概貌进行了梳理，进而考察其与日本战争体制的关系。胡澎论文也指出，侵略战争期间日本当局通过"国民动员"将几乎全体日本国民纳入了战时体制。他们利用各种宣传途径向日本民众灌输军国主义思想，使国民认同并支持侵略战争。同时，当局又对国民进行了组织化管理，每一位国民分别被吸收到邻组、妇女团体、青少年团体、在乡军人会等形形色色的官方团体之中。并进一步指出"国民动员"是日本当局驱使民众参与战争体制并对战争"协力"的一项重要政策。此外，赖正维、黄玥瑜的论文针对冲绳战役时期日军"防谍"政策的实施与影响进行了研究。指出随着太平洋战争日益推进，日本统治下的冲绳社会"战时体制"开始加速形成，军事动员、国民精神总动员、物资动员、防谍动员、劳动力动员等军事化动员行动得到开展，其中"防谍"为其重要一环。并指出日军因"间谍"罪名大量虐杀平民的根本原因在于战前对冲绳人不信任的宣传，以及历史上长期以来对冲绳人的歧视心理。

战后初期的日本社会呈现出前所未有的纷繁复杂与剧烈变动。冯帅论文指出普通民众的历史观感、黑市、"潘潘"和"粕取文化"四个面向集中体现了战后初期日本社会的失序与衰颓状态。与此同时伴随美国占领军的到来，日本逐步开始了摆脱社会失序状态，继而寻求转型发展的过程。李征论文以 2020 年版的《厚生劳动白皮书》为中心，对日本人口、劳动与社会保障结构的变迁进行了研究。他认为2020 年版《厚生劳动白书》以"令和时代的社会保障与劳动者"为主题，展现了当今日本社会的人口、劳动与就业的主要内容。其中对于人口老龄化、家庭结构变迁、女性就业、地域过疏等问题做了现实呈现及趋势预期，并提出了相应的课题与对策。

五、其他专题研究

本次会议有部分论文较为集中在历史认识问题（包括对右翼问题、战争记忆问题等的相关研究）以及灾情疫情防控方面。

关于日本历史观的专题研究中，涉及战争记忆的有如下论文，如陶赋雯论文对日本二战电影媒介记忆主体进行了批判性研究。认为每一个民族或国家都有其相对偏重的历史记忆和历史叙述框架。当代日本二战电影所构建的历史总体上偏向于"大和魂"的塑造，缺乏对其作为战争加害者罪行的反省，在战争记忆主体性上呈现巨大流变，虚无主义、表达娱乐化沉渣泛起，战争记忆迄今为止未取得历史共识和社会共识。这种对二战时日本犯下的滔天罪行"非忏悔化"的历史反思，是对全球政治秩序与二战记忆重建的严峻挑战。雷娟利论文指出，二战后成立的"全缅甸战友团体协议会"，使对缅甸战场微观战史的书写做出了丰硕成果，其书写特点体现在多维度还原缅甸战场全貌，与日本公刊战史形成内容互补，但存在书写者历史观迥异、表达能力优劣不一，多对战争惨烈的描述而对日军罪行记录过少等问题。王晓阳论文以二战后日本广岛的战争记忆建构论述了日本的历史认知。指出广岛原爆记忆在战后日本社会战争记忆建构方面具有独特作用，其战争纪念也因此具有典型意义。通过分析广岛这座城市的集体记忆与个人记忆的双向建构，以及从战争记忆转化为和平建设的路径，可以加深对战后日本战争责任问题的认知，对全面评价战后"日式"和平主义的发展也有重要意义。

对于日本右翼的相关研究，如瞿亮在论文中对"南北朝正闰"问题与近代日本"皇国史观"的构建的关系进行了论述，认为为了充分体现出王政复古的维新政权历史合理性与合法性，自幕末以来史学上的"南朝正统论"则填充了尊皇论的历史空间。成为统合国民"扶冀皇运"的工具，使近代日本的历史思想产生倒退，也成为右翼法西斯思想滋生的重要依据。孙立祥在论文中认为战前日本右翼势力经历了从"传统右翼"谱系向"革新右翼"谱系的嬗变，"革新右翼"谱系与"传统右翼"谱系既有区别又一脉相承。并指出战前日本右翼势力研究有五个问题须给予特别关注和重视：对其祸国殃邻的历史危害性要有深刻的认识；对其思想理论的毒害性不宜低估；对其逞凶肆虐的社会土壤不应回避；对其成员的所谓"献身精神"不可掉以轻心；对其暗杀传统需保持高度警惕。刘燕论文认为 20 世纪 90 年代以来，日本右翼分子在日本侵略战争责任等历史问题上的错误认识，一方面极大伤害了被侵略国家人民的感情，不利于国家间的和平与友好；另一方面影响着日本政治家及民众对历史问题的正确认识，极易导致日本再次走上军国主义歧路。丁诺舟论文从起源、类型、思维逻辑与社会影响四个方面论述了日本右翼势力的"历史战"攻势。认为"历史战"是以历史认识领域为主战场的舆论战，历史战论客将南京大屠杀、"慰安妇"等历史认知冲突归结为中国、韩国等国家捏造历史，向日本发动历史战的战争行为，号召舆论界与历史学界在全世界范围内积极展开反击，获取历史战的胜利。同时指出历史战论客广泛利用各种媒体平台与多种手段，向日本国内乃至国际社会渗透其历史主张，造成了不容忽视的社会影响。另有刘景瑜论文以 2016 年 10 月 1日成立的日本民间团体——历史认识问题研究会为中心，对战后的日本右翼团体及其历史认识进行了分析。此外，何睦论文以日本历史教科书中的"十五年战争"内容为案例分析了"大抗战"观的建构问题。

此次会议，有学者对日本历史上的防疫问题开展了研究。如王玉玲论文认为日本作为与大陆地区隔海相望的岛国具有地理上的隔离性特点。这样的特点在古代一定程度上保护了日本人免受大陆疫病的侵袭，但恰是这种地理位置上的隔离性同时导致了日本人的免疫能力难以建立。结果，尽管日本人免于受到频发传染病的威胁，但只要传染病从外部传入，便会迅速肆虐开来，造成灾难性的后果。孙志鹏论文以1914 年日本突发的斑疹伤寒及其防疫措施进行了研究，认为其在日本的"突发"，既有客观的疫病传播因素，也有人为的认知错误因素。其防疫措施虽面面俱到，但缺乏精准度，增加了政府的防疫成本和民众的生活负担。郭小鹏以关东大地震后的传染病防控措施进行了分析研究，认为在大地震面前显示出现代工业城市在巨灾面前的脆弱性。日本政府在抗震救灾的同时尤为重视疫情防控，灾后防疫以防为主、防控结合，使得疫情趋于稳定，大灾之后无大疫。

此外，本次会议中，蔡凤林论文认为日本古代历史自 8 世纪初律令制国家确立，在古代日本政治制度建设的每一个重要历史阶段或时期，均与所对应的中国历史的政治态势的深刻影响密切相关，且始终没有超越与中国历史态势之间的联系而独自推进，对于中国古代历史发展进程对日本历史的影响进行了研究。张明国论文以日本"理化研究所"为例，对两次世界大战期间日本基础研究的发展进行了历史考察。于洋对 1877—1886 年间东京大学成立初期的古典教育概况进行了研究。

"中国日本史学会2021年会暨两次世界大战期间日本的内外矛盾及其政策选择学术研讨会"会议综述

　　总之，本次会议具有如下三方面的特点：一是从参会人数来看，参会学者和会员为有史以来规模最大的一次，达350余人之多；二是从年龄结构来看，老中青三个年龄层次的会员都积极参加，且青年日本史学者不断涌现；三是从论文内容来看，此次会议提交的论文中，围绕"两次世界大战期间日本的内外矛盾及其政策选择""伪满相关问题""日本在海外的调查与情报收集""日本右翼问题""国民总动员"以及"日本疫情防控史"等方面的研究都颇有新意。

（作者：程永明，天津社会科学院日本研究所研究员）